Diese Neuausgabe ist keine bloße Überarbeitung. Online, Blog und Twitter haben teils ganz neue Formen des Journalismus geschaffen, teils das alte Handwerk dermaßen bedrängt, dass ein neuer Anlauf nötig war – gestützt natürlich auf das Altbewährte: saubere Sprache, gründliche Recherche und den klaren Wunsch, durch den Dschungel der Milliarden Bytes eine Schneise der Information zu schlagen. Dazu präsentiert dieses Buch erstmals ein eigenes Kapitel über die Arbeit in und mit «PR» und Pressestellen. So wird das seit Jahrzehnten bewährte Handbuch nun noch wertvoller als ideale Orientierung für Berufseinsteiger, Volontäre und Jungredakteure. Aber auch für den erfahrenen Schreiber ist es immer wieder hilfreich, über Neues auf dem Laufenden zu bleiben.

Noch nie waren Journalisten für die demokratische Gesellschaft so wichtig wie in diesem Zeitalter der explodierenden Information. Also war es auch noch nie so dringlich, kundig, kritisch und anschaulich in dieses schwierige und großartige Handwerk einzuführen. In klaren Schritten werden die Formen des Journalismus und die Probleme des Journalisten dargestellt, anschaulich, prall von Beispielen aus der Praxis.

Zur Praxis gehört exakte Information: Was erwartet mich in diesem Beruf? Wie unterscheidet sich die Arbeit in der Zeitung von der in der Zeitschrift, im Fernsehen, in der Online-Redaktion, im Internet? Wie sieht der Alltag in den Redaktionen aus? Wo eigentlich kann ich mich bewerben? Was sollte ich vorher schon wissen, damit ich mich nicht blamiere? Das Buch gibt die Antworten.

Informationen über die Autoren finden sich am Ende des Buches.

Wolf Schneider
Paul-Josef Raue

Das neue Handbuch
des Journalismus
und des Online-Journalismus

Rowohlt Taschenbuch Verlag

Vollständig überarbeitete und erweiterte Neuausgabe von
«Das neue Handbuch des Journalismus», Januar 2012

Veröffentlicht im Rowohlt Taschenbuch Verlag,
Reinbek bei Hamburg, Juni 1998
Copyright © 1996, 1998, 2012 by Rowohlt Verlag GmbH,
Reinbek bei Hamburg
Umschlaggestaltung ZERO Werbeagentur, München
(Illustration: FinePic, München)
Satz aus der Stempel Garamond
Gesamtherstellung CPI – Clausen & Bosse, Leck
Printed in Germany
ISBN 978 3 499 62825 2

Das für dieses Buch verwendete FSC®-zertifizierte Papier
Lux Cream liefert Stora Enso, Finnland.

Inhalt

1 Was dieses Buch will 9

Die Journalisten 11
2 Welche Journalisten wir meinen –
und welche nicht 11
3 Warum die Gesellschaft bessere Journalisten braucht 13
4 Was solche Journalisten können sollten 15

Der Online-Journalismus 23
5 Die Internet-Revolution 23
6 Der Teaser – alte Regeln, neuer Nutzen 28
7 Die Online-Redaktion 31
8 Podcast – Fürs Hören schreiben 40
9 Video-Journalismus 43
10 Was Journalisten von Bloggern lernen können 45

Schreiben und Redigieren 49
11 Verständliche Wörter 49
12 Durchsichtige Sätze 51
13 Der heilige Synonymus 57
14 Konkret geht vor abstrakt 62
15 Das Redigieren 64
16 Lexikon unbrauchbarer Wörter 68

Wie Journalisten recherchieren 91
17 Die eigene Recherche 91
18 Wie man eine Recherche organisiert 101

Wie Journalisten informiert werden 109
- 19 Die Nachrichtenagenturen 109
- 20 Waschzettel und Verlautbarungen 122
- 21 Die Pressekonferenz 127

Wie Journalisten Leser und Hörer informieren 131
- 22 Warum alles Informieren so schwierig ist 131
- 23 Was ist eine Nachricht? 134
- 24 Woraus wird eine Nachricht? 141
- 25 Wie schreibt man eine Nachricht? 144
- 26 Das Interview 151
- 27 Vorsicht, Zahlen! 160
- 28 Die meisten Journalisten sind unkritisch 169
- 29 Viele Journalisten manipulieren 174
- 30 Analyse – Synthese – Hintergrund 177

Die unterhaltende Information 183
- 31 Das Feature 183
- 32 Die Reportage 187
- 33 Wie man eine Reportage schreibt 192
- 34 Das Porträt 204
- 35 Der Boulevardjournalismus 209
- 36 Der Zeitschriftenjournalismus 215

Die Meinung 223
- 37 Der Kommentar 223
- 38 Die Satire 231

Wie man Leser gewinnt 239
- 39 Ein heikler Souverän 239
- 40 Das Layout 240
- 41 Das Foto 247
- 42 Die Bildunterschrift 253
- 43 Die Infographik 258

44 Die Überschrift 260
45 Lead, Vorspann und Teaser 266

Die Redaktion 273
46 Wer hat die Macht? 273
47 Newsdesk und Ressorts 276

Presserecht und Ethik 287
48 Wie Journalisten entscheiden 287
49 Wie Journalisten entscheiden sollten 289
50 Presserecht 294

Pressesprecher und PR 301
51 Wie man in der PR arbeitet 301
52 Wie Öffentlichkeits-Arbeiter informieren 303

Die Zukunft der Zeitung 307
53 Was die Leser wollen 307
54 Die neue Seite 1 311
55 Der neue Lokaljournalismus 315
56 Service und Aktionen 319
57 Wie können Zeitungen überleben? 324

Ausbildung und Berufsbilder 331
58 Die Ausbildung zum Redakteur 331
59 Die journalistischen Berufe 335
60 Der freie Journalist 338

Welche Zukunft hat der Journalismus? 341

Service 349
A. Literatur 349
B. Medien-Kodizes 354
C. Erste Adressen 379
D. Die deutschen Zeitungen 383

E. Die meistbesuchten Nachrichtenseiten im Internet 395
F. Journalistenschulen 396
G. Hochschulausbildung 402
H. Lexikon journalistischer Fachausdrücke 407
    Namen- und Sachregister 451
· Die Autoren 463

1 Was dieses Buch will

Wir wollen Orientierung bieten: jungen Menschen, die erwägen, Journalist zu werden, aber von diesem Beruf noch keine realistische Vorstellung besitzen; angehenden Journalisten, die dabei sind, dieses großartige und schwierige Handwerk zu erlernen; und ebenso gestandenen Redakteuren, wenn sie den Wunsch haben, sich zu vervollkommnen oder über die Fallstricke und die Tücken ihrer Tätigkeit einmal nachzudenken.

Dabei nehmen wir, wo immer es sich anbietet, eine Unterteilung vor, die im Beruf und auch in solchen Büchern nicht geläufig ist: zwischen den herrschenden Gebräuchen und dem Versuch, ihnen dort, wo wir sie für schlecht halten, bessere Modelle entgegenzusetzen. Die Einübung in das überwiegend Übliche schulden wir den Berufsanfängern; die Kritik daran glauben wir uns selber und allen erfahrenen Redakteuren schuldig zu sein, ebenso der Rolle des Journalismus im demokratischen Staat.

Natürlich wird uns die Frage beschäftigen, warum Journalisten und *Blogger* einander oft verachten – und wie sie voneinander lernen könnten (Kapitel 10). Den *Online*-Journalismus dagegen behandeln wir als eine bloße Spielart des klassischen Handwerks – nur dadurch unterschieden, dass auf dem Bildschirm noch ungeduldiger gelesen wird als in der Zeitung; die letzte Zeile eines Textes erreichen die wenigsten.

Mit dieser Ausnahme gilt nach unserer Überzeugung für alle Sparten des Journalismus: Die Einstellung zum Beruf und die Grundzüge des Handwerks sind allen gemeinsam – mindestens sollten sie es sein: die saubere Recherche, die klare Darstellung, der Wille, unsere Mitbürger redlich und lebendig zu informieren.

Nicht einmal in der Sprache sollte es einen Unterschied geben, einer verbreiteten Irrlehre zum Trotz: Dem Rundfunkjournalisten wird gepredigt, dass er *für die Ohren* schreiben soll; wir predigen den Zeitungs- und Online-Redakteuren dasselbe, und wir werden ausführlich begründen, warum.

Wenn wir uns insoweit *an alle* wenden, die Journalisten sind oder werden wollen, so müssen wir doch eine technische Einschränkung machen: Diejenigen Teile des Handwerks, die allein für Funk und Fernsehen typisch sind – zum Beispiel Umgang mit Mikrophon und Kamera, Moderation, Drehplan und Schnitt –, die behandeln wir nicht; das ist ein eigenes Feld, das nach einem anderen Buch verlangt. Auch geriete man, zumal bei Hörfunk und Fernsehen, alsbald in Definitionsprobleme: Wer zieht die Grenze zwischen dem Journalisten und der bloßen Plaudertasche?

Die Journalisten

2 Welche Journalisten wir meinen – und welche nicht

Wir meinen die nicht, bei denen man sich streiten kann, ob sie Journalisten zu heißen verdienen. Wer in der Branche nur einen Job finden, wer sich also lediglich marktgerecht verhalten will – muss nur wenig können und wenig wissen, und Verantwortungsgefühl schadet ihm nur.

So verlangen die privaten Hörfunk- und Fernsehsender nach dem *Dampfplauderer*, der jederzeit in der Lage ist, auf allen Kanälen die Lautsprecher zu verstopfen. Dazu muss er nur dreierlei beherrschen: niemals um ein Wort verlegen zu sein, seine eigenen Versprecher unheimlich komisch zu finden und auch schlechte Witze nicht zu unterdrücken.

Viele *Zeitschriften* wiederum setzen auf ihre begnadeten Tipp-Geber: «20 Tipps, wie Sie einen Mann glücklich machen» zum Beispiel oder jene Diät-Ratschläge, deren Wirkungslosigkeit seit Jahrzehnten als erwiesen gelten kann. Etliche Billigblätter brillieren mit dem neuesten Klatsch aus Königshäusern. Dass der großenteils erfunden ist, bestreitet niemand; man fragt sich nur, ob die Redakteure eher naiv oder eher zynisch agieren.

Auch gibt es Zeitschriften-Chefredakteure, die ihre privaten Beobachtungen, Aha-Erlebnisse oder Schicksalsschläge in einen Artikel oder gar in eine Serie verwandeln lassen, gestützt auf den in der Branche sprichwörtlichen «Immermehrismus»: «Immer mehr Frauen gehen fremd» oder «Eifersucht – die neue Geißel».

Boulevardzeitungen erfinden seltener – sie jubeln hoch. Zu jener Wahnsinnsnachricht der *Bildzeitung* von 2009 zum Beispiel: «Oliver Pocher – Schweinegrippe!» Mit der ähnlich atemraubenden Unterzeile: «Wie gefährlich ist das für seine schwangere Sandy?»

Völlig ungefährlich! Alle Journalisten hätten das wissen können an diesem 29. November 2009: Denn am 9. Oktober hatte der Vorsitzende der Arzneimittelkommission der deutschen Ärzteschaft öffentlich festgestellt: «Die Gesundheitsbehörden sind auf eine Kampagne der Pharma-Industrie hereingefallen», am 1. November warnte der Präsident der Bundesärztekammer vor «Panikmache», und am 9. November schrieb der *Spiegel*: «Würden die Medien die normale Wintergrippe genauso aufgeregt verfolgen, müssten wir im Winter *täglich* schreien: ‹Schon wieder 100 Grippe-Tote!›»

Damit aber sind wir bei den Journalisten, die wir *meinen*: die von den seriösen Zeitungen und Sendern nämlich. In aberwitziger Überreizung der Bilder von hundert Atemschutzmasken auf den Straßen der Stadt Mexiko hatten auch sie die Panik herbeigeschrieben.

Wie schon beim Rinderwahnsinn, BSE: Null Tote in Deutschland – aber im Januar 2001 war diese englische Kuh-Seuche die größte Sorge der Deutschen, vor den damals vier Millionen Arbeitslosen. Bis die *Süddeutsche Zeitung* sich im August aufgerufen fühlte, die Hysterie, an deren Zustandekommen sie durch mehrere Aufmacher lebhaft mitgewirkt hatte, nun ihren Lesern vorzuwerfen: «Der Verbraucher neigt zur Hysterie – dabei ist das Infektionsrisiko beim Rinderwahn minimal.»

Ja, diese Journalisten meinen wir: Mit ihren ehrenwerten Absichten sind sie nicht gegen den Krawall gefeit, wenn er nur unter «vorrangig» aus den Agenturen donnert.

Und auch das Gegenstück meinen wir: die *verknöcherten* Journalisten. Ihre Kalkablagerungen finden sich immer noch in jenen saturierten Abonnementszeitungen, die jahrzehntelang mit journalistischen Mitteln nicht ruiniert werden konnten – und auch in der großen Auflagen- und Anzeigenkrise geduldig auf die kleiner werdende Leserschar hinabschauen. Diese Blätter tun das Äußerste, um ihre eifrig zitierten Vorzüge gegenüber dem Fernsehen – Analyse, Reportage, Hintergrund – entweder nur im Munde zu führen oder wenigstens im Inneren der Zeitung zu verstecken. Warum wir das für vorgestrig halten und wie – gerade in der Krise – alles anders werden kann, zeigen wir in den sechs Kapiteln zur «Zukunft der Zeitung».

Mit einer Handreichung also wollen wir's versuchen: für alle, die diesen immer noch großartigen Beruf ergreifen – oder, obwohl längst im Geschirr, mal frisch über ihn nachdenken wollen.

3 Warum die Gesellschaft bessere Journalisten braucht

Wenn die demokratische Gesellschaft funktionieren soll, dann ist sie auf Journalisten angewiesen, die viel können, viel wissen und ein waches Bewusstsein für ihre Verantwortung besitzen. Nur dann können sie ihrer zweifachen Aufgabe gerecht werden: Durch den Dschungel der irdischen Verhältnisse eine Schneise der Information zu schlagen – und den Inhabern der Macht auf die Finger zu sehen.

Das Zweite funktioniert schon ziemlich gut. Längst gehören die Journalisten zu den Mächtigsten im Lande. Sie selbst bestreiten das natürlich, und die Politiker hören es nicht gern und bestreiten es auch. Aber: Gegen die Schlagzeilen der Presse kann kein Politiker regieren. Mindestens ein Dutzend Vorhaben hat die deutsche Regierung in den letzten Jahren preisgegeben, weil die Presse kritisch und hämisch darüber berichtete.

Auch über Verfehlungen von Politikern lässt sich sagen: Die Presse hat so viele aufgedeckt, dass vermutlich kein hohes Risiko besteht, Verstöße gegen das Recht oder den politischen Ehrenkodex könnten lange unter der Decke bleiben. Zuweilen scheint eher die umgekehrte Sorge berechtigt: dass ihre Macht einige einflussreiche Journalisten dazu verführt, gegen einen Politiker auch wegen einer Lappalie ein Kesseltreiben zu veranstalten.

Was indessen höchst unzulänglich funktioniert, ist die Art, wie die Journalisten die wichtigere ihrer beiden Aufgaben wahrnehmen: ihre Mitbürger gescheit zu informieren. Hier lag von jeher viel im Argen; im Zeitalter der Info-Fetzen auf unzähligen Kanälen aber wird aus der Schwäche eine Katastrophe.

Von der Hälfte aller Journalisten deutscher Sprache lässt sich behaupten, dass sie sich für ihre Leser und Hörer eigentlich nicht interessieren. Wer in beamtenähnlichem Status bei einem öffentlich-rechtlichen Sender oder wer bei einer Abonnementszeitung mit regionalem Monopol beschäftigt ist, der steht unter der Versuchung, seine Spalten oder seine Minuten so zu füllen, dass er sich möglichst wenig anzustrengen braucht. Der Anteil derjenigen Journalisten, die dieser Versuchung erliegen, schwankt von Redaktion zu Redaktion, manchmal von Ressort zu Ressort; erheblich ist er überall. Bei der Einübung in das Übliche, die wir den Benutzern dieses Buchs schulden, wird solcher Beamtenjournalismus immer wieder ausgeleuchtet werden.

Diejenigen Journalisten aber, die um ihre Leser oder Hörer kämpfen müssen, weil sie bei Privatsendern, Boulevardzeitungen oder überflüssigen Zeitschriften arbeiten – sie liefern überwiegend auch nicht gerade das, was sich als gescheite Information einstufen ließe.

Dazwischen gibt es eine ziemlich kleine Minderheit von solchen, die sich redlich plagen, das Unwichtige auszusondern und das Verworrene zu klären, wie sie es ihren Mitbürgern schuldig sind. Nur sie füllen die lebenswichtige Rolle aus, die das demokratische Staatswesen ihnen zuweist: Indem es die Wahlentscheidung in die Hand aller erwachsenen Bürger legt, baut es darauf, dass die Wähler wenigstens einigermaßen den Hintergrund und das Für und Wider ihrer Entscheidung kennen; die Journalisten sind die Instanz, deren Aufgabe es ist, ihnen zu diesem Informationsgrad zu verhelfen.

Also kann nichts wichtiger sein, als die Minderheit derjenigen Redakteure, die ihre staatsbürgerliche Rolle sauber spielen, so zu stärken, dass sie eines Tages zur Mehrheit wird. Dies umso mehr, als immer mehr Informationsbrocken auf uns niederprasseln, wodurch unser Bedarf nach dem Ordner und Sortierer dramatisch steigt.

Schon 1979 beklagte Hans Heigert in der *Süddeutschen Zeitung* den «Fetzenjournalismus», der in den Nachrichten von Zeitungen und Sendern dominiere; die Realität richte er als Büfett von Appetithäppchen an. Über die *Tagesschau* schrieb Heigert, sie kombiniere eine verwirrende Abfolge zusammenhangloser Bilder mit einer

Wortsuada, «die dich zuerst nervös macht, dann gereizt, schließlich schlaff und endlich so stumpf, daß du mit allem zufrieden bist, was nun folgt».

1979! Da gab es noch kein Privatfernsehen und kein Internet, und die Tagesschau dauerte immer 14 Minuten – nicht jene eine Minute, in der sie heute vor 20 Uhr mehrfach über die Sender geht. Bald werden wir 200 oder 500 Kanäle haben, und durchs Internet rasen Milliarden Info-Fetzen.

Die Zeitungen, die im 21. Jahrhundert prosperieren wollen, brauchten Journalisten, die das Talent besitzen, «eine endlose Vielfalt von Ereignissen zu bewerten und zu erklären», sagt Max Frankel, ehemaliger Chefredakteur der *New York Times* – bessere Journalisten also als bisher.

4 Was solche Journalisten können sollten

Und wie kommt man zu besseren Journalisten? Kann man denn Menschen klüger machen, als sie sind? Und wenn nicht: Inwieweit lässt sich Journalismus *lernen*? Ist es nicht vielmehr ein reiner Begabungsberuf, wie viele Leute, ja gerade viele Journalisten behaupten?

Zunächst, vor aller Begabung: Es gibt einige Grundeigenschaften, die einer mitbringen sollte, der Journalist werden will – vor allem gute Nerven, Arbeitsdisziplin und ein Quantum Selbstvertrauen. Der *Zeitdruck* ist groß und allgegenwärtig, selbst in Monatszeitschriften, wenn der Redaktionsschluss naht; und in der Tageszeitung sind die letzten Minuten vor dem Abschluss oft die reine Nervenmühle.

Arbeitsdisziplin bedeutet: Wenn der Auftrag lautet, bis 18 Uhr 60 Zeilen geschrieben zu haben, so hat er ausgeführt zu werden, auch bei Kopfschmerzen, privatem Ärger oder dem Gefühl «Heute ist einfach nicht mein Tag».

Selbstvertrauen ist nötig: im Außendienst, weil der Journalist bereit sein muss, fremde Menschen zum Reden zu bringen und Politikern peinliche Fragen zu stellen; am Schreibtisch, weil der Redakteur fortlaufend Entscheidungen zu treffen hat, obwohl ihm oft nur unzulängliche Informationen vorliegen oder sein Hintergrundwissen dafür nicht ausreicht oder Platznot ihn zwingt, heute auch Minderwertiges zu drucken, morgen auch Wichtiges wegzulassen.

Die Langsamen, die Mimosen und die Schüchternen also sollten den Beruf wohl nicht ergreifen. Nun zu dem, was man im engeren Sinn als «Begabung» bezeichnet.

Natürlich: Ohne Begabung ist alles nichts. Aber ohne Lernen ist auch nichts. Selbstverständlich hätte Goethe nicht auf Anhieb eine gute Schlagzeile formulieren können, und auch Mozart war gut bedient damit, dass er einen Vater hatte, der ihm das Klavierspielen beibrachte. Noch besser bedient war Paganini: Der erwies sich nämlich als zu faul, um auf der Geige zu üben, und sein Vater zwang ihn dazu mit Schlägen und mit Essensentzug.

Woraus man sieht: Auch ein Genie muss noch lernen – und auch Nichtgenies können sehr viel lernen. Diese Einsicht ist die Basis einer seriösen Journalistenausbildung. Sie geht davon aus, dass guter Journalismus sich aus vier verschiedenen Quellen speist: der Begabung, dem Charakter, dem Wissen und dem Handwerk.

Begabung: Das ist ein Quantum Intelligenz, ein Quantum Sprachtalent und ein hurtig arbeitender Verstand. Diese Eigenschaften sind überwiegend angeboren, jedenfalls einem Erwachsenen nicht mehr zu vermitteln.

Charakter: Da braucht der Journalist vor allem fünf Eigenschaften, die teils angeboren sein, teils sich in der Kindheit entwickelt haben mögen:

Neugier lautet meist die erste Antwort von Chefredakteuren auf die Frage «Was braucht ein Journalist?» Werner Holzer, langjähriger Chefredakteur der *Frankfurter Rundschau*, forderte «angeborene und durchtrainierte Neugier auf alles, was geschieht».

Aber auch *Streitlust* braucht der Journalist, Harmonie darf *nicht* sein oberstes Bedürfnis sein; lieber soll er Zwietracht säen, als versöhnliches Geschwätz zu produzieren.

Und *Rückgrat* soll er haben. Für Verleger und Intendanten ist das sicher manchmal unbequem, aber für Leser und Hörer ist es großartig, wenn der Journalist den vielfältigen Versuchungen und Pressionen widersteht, die auf ihn eindringen; wenn er bereit ist, sich Feinde zu machen und auch zu seinen Freunden kritische Distanz zu wahren, sobald er über sie schreibt.

Misstrauen ist eine zu selten geübte Königstugend. Der bereits angesprochene Rinderwahnsinn (BSE) von 2001 wie auch die Schweinegrippe von 2010 waren Seuchen, die nicht durch Viren und Bazillen, sondern durch Journalisten verbreitet wurden. An BSE starb in Deutschland nicht ein Mensch, aber Millionen lebten in Angst, ja im Januar 2001 galt den Deutschen der Rinderwahnsinn als ihre größte Sorge, vor der Arbeitslosigkeit.

An der Schweinegrippe starben weit weniger Deutsche als an der einheimischen Wintergrippe, und frühzeitig tauchten Indizien auf, dass die Pharma-Industrie hier eine Hysterie anheizte, um sich Milliarden in die Taschen zu schaufeln. Niemals gab es einen seriösen Grund, eine der beiden Nachrichten aufzumachen; ins Vermischte hätten sie gehört. In Kapitel 28 («Die meisten Journalisten sind unkritisch») wird das Thema noch einmal aufgegriffen.

Schließlich sollte der Journalist *frei von Hochmut* sein. Es gibt ungeheuer hochmütige Redaktionen, machen wir uns da nichts vor. Redakteure gibt es, die es nur schwer ertragen können, dass sie nicht im Nebenberuf auch noch Bundeskanzler sind; Redakteure, die in den Spiegel schauen und zu sich selber sagen wie Nestroys Holofernes: «Ich möcht' mich einmal mit mir selbst zusammensetzen, nur um zu sehen, wer der Stärkere ist – ich oder ich.»

Das also waren erwünschte *Talente* und *Charaktereigenschaften*. Ehe der Journalist sein eigentliches Handwerk erlernt, sollte er aber schon zweierlei erworben haben: Fachkenntnisse und Weltkenntnis.

Fachkenntnisse werden nach einem verbreiteten Vorurteil an den Universitäten erworben. Gegen diese Ansicht vieler Chefredakteure haben wir drei Einwände.

Erster Einwand: Längst ist unser Erziehungssystem imstande, den ungebildeten Akademiker zu produzieren. Unter den Kandidaten in der Endauswahl zur Hamburger Journalistenschule haben im

Durchschnitt drei Viertel einen akademischen Grad; aber auf die Wissensfrage «Welcher der drei Kriege, die Bismarck führte, war der wichtigste, und wann fand er statt?» gab es kaum zehn Prozent richtige Antworten (der gegen Frankreich 1870/71) – oft aber Kritik: So was brauche man nicht mehr zu wissen, dafür sei der Computer da.

Was ein mehrstufiger Unsinn ist. Denn: 1. Im Live-Interview kann man den Computer nicht befragen. 2. Wer auch die wichtigsten Daten und Zusammenhänge nicht im Kopf hat, muss für jeden Text dutzendfach ins Internet und versaut seine Termine. 3. Wenn es ihm an einem Mindestvorrat an Daten und einem universalen Hintergrundwissen fehlt, wird er die Fallstricke seiner Vorlage nicht erkennen und dutzendfach Unsinn in die Zeitung lassen. War es nicht genug, dass der Feuilletonchef der *Zeit* über Goethes gespanntes Verhältnis zum Frankfurter Güterbahnhof berichtete?

Wissenslücken also können Akademiker haben, dass es einer Sau graust. Dazu kommt ein zweiter Einwand gegen eine kritiklose Hochschätzung des Studiums: Seine meisten Befürworter sagen, es sei ganz egal, ob einer Germanistik, Astrophysik oder Zahnmedizin studiert habe; Hauptsache, er habe gelernt, gründlich zu recherchieren, wissenschaftlich zu arbeiten, Zusammenhänge herzustellen und darzustellen.

Ob er das wirklich gelernt hat, da haben wir unsere Zweifel. Aber selbst wenn er es gelernt haben sollte – spricht denn irgendetwas *dagegen*, dass er das wissenschaftliche Arbeiten an einem Thema übt, das journalistisch auch noch von Nutzen ist?

Natürlich, kein Studium ist gänzlich überflüssig, irgendein Vorteil springt immer heraus. Aber wenn jemand Germanistik studiert, dann kann er in derselben Zeit leider *nicht* Romanistik, Slawistik oder Sinologie studieren – und hätte nicht jede Redaktion viel mehr davon, dass ein Redakteur Polnisch, Chinesisch oder Portugiesisch spricht, als dass er sich mit Walther von der Vogelweide mittelhochdeutsch unterhalten könnte?

Irgendetwas studiert haben, Hauptsache «studiert» haben: Ist das wirklich eine wohlabgewogene Forderung – oder hat es am Ende eine psychologische Verwandtschaft mit jenen Heiratsanzeigen, in denen Akademikerwitwen herrisch fordern, auch ihr Künftiger müsse ein Akademiker sein?

Jura und Volkswirtschaft – das sind gute Studien für Journalisten, weil die wirtschaftlichen und juristischen Probleme allgegenwärtig sind. Naturwissenschaften sind hochwillkommen: Man denke an einen Physiker, der über Atomkraftwerke nicht nur mit Emotionen schreiben kann, sondern auch mit Sachkenntnis!

So lautet unser Rat an junge Leute, die Journalisten werden sollen: «Da die meisten Chefredakteure Akademiker bevorzugen, müsst ihr wohl studieren. Aber dann studiert erstens zügig und zweitens etwas Handfestes, worüber Bescheid zu wissen dem Journalisten und seinen Lesern nützt – also *nicht* Germanistik, Literaturwissenschaft, Kommunikationswissenschaft, Psychologie, Soziologie!»

Jenen Chefredakteuren, die auf einem akademischen Abschluss bestehen, möchten wir drittens zu bedenken geben: Wenn einer, statt vier bis sieben Jahre in Göttingen oder Tübingen zu studieren, vier bis sieben Jahre Entwicklungshelfer gewesen wäre – wäre der euch wirklich weniger wert? Der wüsste doch, wie es auf der Welt zugeht, und ist nicht ebendies eine journalistische Kardinaltugend? Wie viel *Weltkenntnis* erwerbe ich durch meinen innigen Umgang mit Wolfram von Eschenbach, verglichen mit sieben Jahren unter den Hungerleidern dieser Erde?

Weltkenntnis – das ist ein zentrales Stichwort. Denn es wimmelt von Journalisten, die nicht wissen, wie es auf unserer Erde aussieht. Und es wimmelt von Journalisten, die ihre privaten Aha-Erlebnisse mit einer Zäsur der Weltgeschichte verwechseln und sie mit diesem Anspruch als Leitartikel unter die Leute bringen.

Da gab es den Chefredakteur einer großen Zeitschrift, den mit plötzlicher Erschütterung die Einsicht traf, dass in Berlin «die große Verlogenheit» ausgebrochen sei. Verlogenheit ist aber nichts, was noch irgendwo ausbrechen könnte: Seit die Affen sprechen lernten und sich Menschen nannten, benutzten sie die Sprache zum Transport von Wahrheit, Irrtum, Lüge und Geschwätz, und daran hat sich seit zwei Millionen Jahren nichts geändert, auch nicht in Berlin;

höchstens, dass Berufspolitiker mehr lügen als andere Menschen, aber dies nun auch schon dreitausend Jahre lang.

Auch kennen wir Kollegen, die bei dem Satz «Am schönsten waren auf Java immer die langen Sommerabende» nicht stutzen, obwohl es doch so dicht am Äquator weder einen Sommer noch einen langen Abend gibt. Und solchen Unsinn lassen sie dann stehen und verbreiten ihn unter fünfmal hunderttausend Lesern.

Natürlich, alles kann man nicht wissen. Deshalb wünschen wir von einem guten Journalisten, dass er neben seinem Fachwissen – in der Physik oder auf den Philippinen – eine universale Halbbildung besitzt. Wir sollten das Wort «Halbbildung» von seinem negativen Beigeschmack befreien und sie uns für den Journalisten ausdrücklich wünschen.

Universalbildung kann ja niemand mehr beanspruchen; Gottfried Wilhelm Leibniz war der Letzte, der sie für sich in Anspruch nahm, und der ist 1716 gestorben. Aber auf möglichst vielen Feldern wenigstens ein halbes Wissen, eine Ahnung zu haben: Das würde den Journalisten zieren. Fehler zu erkennen ist möglich und wertvoll, auch wenn man die richtige Antwort *nicht* weiß; nur wer den Fehler wittert, hat den Antrieb, die Wahrheit aufzuspüren. Das wäre fruchtbare Halbbildung.

Auch ziert es den Journalisten, sein Heimatland nicht für den Nabel der Welt zu halten; über Indianer oder Malaien nicht mit abendländischen Maßstäben herzufallen; und zu wissen, dass Grönland bei weitem nicht so groß ist wie Afrika, auch wenn es auf den meisten Weltkarten so aussieht.

Nachdenken überhaupt ziert den Redakteur, und zwischen Terminnot und Routine kommt das Denken häufig zu kurz. «Behaltet den Kopf über Wasser, Kollegen!», möchten wir allen jungen Journalisten zurufen. «Ihr seid für das alles zuständig, für das wenigste ausgebildet und durch fast nichts legitimiert. Aber ohne euch funktioniert sie nicht, die Demokratie. Ihr seid dazu da, eure Millionen Leser und Hörer so fair und so gründlich zu informieren, dass sie bei den nächsten Wahlen keine allzu schlimmen Dummheiten begehen. Also: Lernt – plagt euch – macht den Rücken steif – traut keinem, der euch etwas verkaufen will; und wenn ihr dann selber leidlich Bescheid wisst: Dann gebt euch Mühe, es euren Lesern und Hörern so mitzuteilen, dass sie es verstehen *können* und dass sie es lesen *wollen*.»

Eine solche Gesinnung zu wecken und jungen Journalisten das Handwerkszeug mitzugeben, mit dem sie dieser Gesinnung nachleben können – das ist die zentrale Aufgabe, die wir uns mit diesem Buch gestellt haben.

Was Redakteure für die Demokratie leisten müssen

Das Bundesverfassungsgericht hat in seinem «Spiegel-Urteil» am 5. August 1966 den Wert der freien Presse für eine Demokratie deutlich gemacht. Aus den Aufgaben der Presse sind die Verpflichtungen für Redaktionen und Redakteure ableitbar:

Eine freie, nicht von der öffentlichen Gewalt gelenkte, keiner Zensur unterworfene Presse ist ein Wesenselement des freiheitlichen Staates; insbesondere ist eine freie, regelmäßig erscheinende politische Presse für die moderne Demokratie unentbehrlich.

Soll der Bürger politische Entscheidungen treffen, muss er umfassend informiert sein, aber auch die Meinungen kennen und gegeneinander abwägen können, die andere sich gebildet haben. Die Presse hält diese ständige Diskussion in Gang; sie beschafft die Informationen, nimmt selbst dazu Stellung und wirkt damit als orientierende Kraft in der öffentlichen Auseinandersetzung.

In ihr artikuliert sich die öffentliche Meinung; die Argumente klären sich in Rede und Gegenrede, gewinnen deutliche Konturen und erleichtern so dem Bürger Urteil und Entscheidung. In der repräsentativen Demokratie steht die Presse zugleich als ständiges Verbindungs- und Kontrollorgan zwischen dem Volk und seinen gewählten Vertretern in Parlament und Regierung. Sie fasst die in der Gesellschaft und ihren Gruppen unaufhörlich sich neu bildenden Meinungen und Forderungen kritisch zusammen, stellt sie zur Erörterung und trägt sie an die politisch handelnden Staatsorgane heran, die auf diese Weise ihre Entscheidungen auch in Einzelfragen der Tagespolitik ständig am Maßstab der im Volk tatsächlich vertretenen Auffassungen messen können.

So wichtig die damit der Presse zufallende «öffentliche Aufgabe» ist, so wenig kann diese von der organisierten staatlichen Gewalt erfüllt werden. Presseunternehmen müssen sich im gesellschaftlichen Raum frei bilden können. Sie arbeiten nach privatwirtschaftlichen Grundsätzen und in privatrechtlichen Organisationsformen. Sie stehen miteinander in geistiger und wirtschaftlicher Konkurrenz, in die die öffentliche Gewalt grundsätzlich nicht eingreifen darf.

Der Funktion der freien Presse im demokratischen Staat entspricht ihre Rechtsstellung nach der Verfassung. Das Grundgesetz gewährleistet in Art. 5 die Pressefreiheit. Wird damit zunächst ein subjektives Grundrecht für die im Pressewesen tätigen Personen und Unternehmen gewährt, das seinen Trägern Freiheit gegenüber staatlichem Zwang verbürgt und ihnen in gewissen Zusammenhängen eine bevorzugte Rechtsstellung sichert, so hat die Bestimmung zugleich auch eine objektiv-rechtliche Seite. Sie garantiert das Institut «Freie Presse».
(BVerfG 20, 162ff.)

Online-Journalismus

5 Die Internet-Revolution

Revolutionen wirbeln durcheinander. Das Internet ist eine solche Revolution.

Das Internet wirbelt das Leben durcheinander und den Alltag der Menschen.
Niemals zuvor hat ein neues Medium unser Leben so schnell verändert. Alle jungen Menschen und weit über die Hälfte der Älteren sind online. Sie verbringen täglich mehrere Stunden vor dem Computer- und Handy-Display, lesen und schreiben Mails, pflegen Bekanntschaften in virtuellen Gemeinschaften, lernen Menschen kennen, denen sie im wirklichen Leben nie in die Augen schauen werden, twittern mit Fremden über ein neues Buch oder die Marmelade zum Frühstück, informieren sich über Politik, das Wetter, die Börse und die Bundesliga, kaufen Bücher und Medikamente, durchforsten Suchmaschinen, führen im Wohnzimmer ihr Bankkonto, spielen und gewinnen Kriegsschlachten, schauen sich Amateurvideos aus Hawaii und Turkmenistan an.

Das Internet ist im engen Sinne kein Medium, sondern ein Vertriebsweg. Es hat keine Moral, ist weder gut noch schlecht; es transportiert alles, ohne Ansehen von Person und Sinn.

Das Internet wirbelt Demokratien durcheinander.
Im Internet findet der Bürger alle Informationen, die er lesen will, aber auch mehr, als er je lesen kann. Es wird gepriesen als Verwirklichung einer Sozialutopie, die allen Bürgern Zugang zu jeder Information und Teilhabe am öffentlichen Leben ermöglicht; es wird verdammt als Weg zur Mediendiktatur, in der viele wenig lesen und wenige viel, in der die Kontrolle der Mächtigen leidet.

Die Fülle der Informationen verführt dazu, sich nur nützliche Nachrichten zeigen zu lassen. Eine Suchmaschine analysiert, für was sich ein Nutzer interessiert, sortiert es für ihn in Schubladen und bietet ihm immer mehr vom Gleichen an.

Das schade einer Gesellschaft, meint der amerikanische Blogger Eli Pariser. «Demokratie braucht Bürger, die Dinge von einem anderen Standpunkt aus betrachten. Stattdessen werden wir mehr und mehr in unsere eigene Blase eingeschlossen.»

Demokratie braucht Massenmedien. Alle sollen alles Wichtige kennen – und wenn schon nicht alle, dann möglichst viele. Das gelang Zeitungen und mit Abstrichen dem Fernsehen recht gut, bevor das Internet die Massen erreichte. Im Internet bewegen sich zwar Massen, aber es versteckt die wichtigen Nachrichten und bedient nur eine Minderheit, die sich noch informieren will.

Für Professor Dieter Rucht vom Wissenschaftszentrum Berlin taugt das Internet zur Beschaffung und Verbreitung von Informationen, aber nicht zum Wecken von politischem Interesse. «Vor allem die ohnehin schon Interessierten nutzen es für politische Information und Aktion.»

Das Internet wirbelt die Wahrheit durcheinander.
Das Internet gaukelt den Menschen vor, sie könnten alles erfahren, billig und schön. Doch sie erkennen nicht, was wahr ist und was falsch, sie kennen die Interessen nicht hinter der Auswahl, sie kapitulieren vor der schieren Fülle und langweilen sich über unattraktive Präsentationen mit flauen Bildern und irritierender Werbung.

Die meisten Bürger haben weder Zeit noch Lust, stundenlang nach der Wahrheit zu suchen. Sie nervt die ungefilterte Fülle an Lesermeinungen, die rechthaberisch wirken und aggressiv. Der Medienberater Markus Reiter kommentiert resignierend: «Die Hoffnung, allein die Kakophonie des Internets mache die Gesellschaft demokratischer und den Journalismus automatisch besser, erweist sich als eine Illusion.»

5 Die Internet-Revolution

Das Internet wirbelt die Mächtigen durcheinander.
Die USA wählten einen Außenseiter zum Präsidenten, der seinen Wahlkampf intensiv über Internet führte. Als er gewählt war, musste er im Internet peinliche Geheimdepeschen lesen: Geheimakten aus dem Gefangenenlager Guantanamo und Kriegstagebücher aus dem Irak und Afghanistan.

In Diktaturen helfen Blogger, die Macht zu durchlöchern, Tyrannen zu stürzen und Demokratien zu etablieren. Sie geben Bürgern, die nur Propaganda kennen, ungefilterte Informationen über den wirklichen Zustand des Landes.

Doch auch Tyrannen nutzen das Netz zur Festigung ihrer Macht: Sie sperren Internet-Seiten wie in China oder bewegen sich in sozialen Medien wie Facebook, um an Namen von Oppositionellen zu kommen.

Auch in Demokratien nutzen die Mächtigen das Netz für ihre Desinformation. Da Gratisnachrichten, seriös verpackt, für viele attraktiv sind, wächst die Gefahr, dass sich viele Bürger nur so informieren und bevormunden lassen.

Das Internet wirbelt die Nutzung von Medien durcheinander.
Die einen sagen den Untergang der traditionellen Medien vorher und spotten über die «Holz-Medien», also Zeitungen und Zeitschriften. Die anderen preisen Zeitung und Zeitschrift als Oasen, in denen jeder konzentriert die wichtigen Nachrichten liest. Sie finden Unterstützung bei Hirnforschern, die herausfinden, dass unser Gehirn eine gedruckte Seite problemlos liest – der Bildschirm dagegen überfordert es: Schlechte Auflösung, kleineres Sichtfenster, deutlich langsameres Lesen.

Folgt man Wolfgang Riepl, vor hundert Jahren Chefredakteur der *Nürnberger Zeitung*, verdrängt kein neues Massenmedium ein altes, sondern ändert nur seine Funktion. Nach dem Riepl'schen Gesetz dürfte die Zeitung überleben, indem sie sich nicht mehr aufs Aktuelle konzentriert, sondern auf Lokal- und Hintergrundberichte; vielleicht erscheint sie nicht mehr überall und nicht mehr täglich.

Ob Papier oder Bildschirm – den Journalisten muss es wenig stören, solange er gebraucht wird als verlässlicher und glaubwürdiger Wegweiser in der Demokratie. Gerade die Glaubwürdigkeit muss er deshalb hegen im Wettbewerb mit Facebook und Bloggern.

Das Internet wirbelt die Märkte durcheinander.
Den meisten Verlagen geht das Geld aus. Zeitungen und große Magazine bedienen die Massen, viele Unternehmen brauchen aber nur Minderheiten zur Werbung. Die finden sie im Internet leichter, genauer und billiger. Werbekunden bewegen sich dorthin, wo sie ihre Kunden am besten treffen.

Zunehmend zieht sich die Werbeindustrie aus Zeitungen und Zeitschriften zurück und lässt ihr Geld im Internet. Dort landet nur ein Bruchteil bei den Verlagen, der größte Teil bei Giganten wie Google oder Apple, die mit Nachrichten anderer reich werden.

Werbeagenturen, ebenso wie Parteien und Lobbyisten, benutzen Blogger, um ihre Botschaften zu verbreiten, oft fingiert, als Information getarnt – preiswert und effektiv. So stellten Wirtschaftsprüfer fest: Die Bahn hat in nur einem Jahr über eine Million Euro für Beiträge in Internet-Forum und Radio bezahlt – mit der Auflage, dass der Auftraggeber nicht erkennbar war.

So wird der Leser immer wichtiger. Machte ein Zeitungsverlag früher zwei Drittel seines Umsatzes mit Anzeigen, so hat sich das Verhältnis umgekehrt: Das meiste Geld verdienen die Verlage mit Abo und Einzelverkauf. Nicht mehr die Anzeigenabteilung, sondern die Redaktion, so sie Qualität liefern kann und will, wird zum Garanten der Rendite.

Das Internet wirbelt die Verlage durcheinander.
Noch nie haben so viele Menschen Zeitungen und Zeitschriften genutzt, zählt man die Zahl der Leser auf Papier und im Netz zusammen. Die Krise der Zeitungen und der Zeitschriften ist ein Vermarktungsproblem: Wie schaffe ich es, im Internet mit erstklassigem Journalismus so viel Geld zu verdienen wie mit bedrucktem Papier?

Als Verlagsmanager bei einem Medienforum über Geld statt über Inhalt sprachen, kommentierte Oliver Jungen in der *FAZ*: «Es war, als sei man unter elektronischen Bauern, die um jeden Preis die Milchquote steigern wollen, auch wenn dabei das Euter platzt: eine Milchmädchenrechnung.» Auch Verleger sehen die Gefahr, wie Michael Ringier aus der Schweiz: «Die meisten Verlage generieren ihre Umsätze im Internet nicht mit Journalismus, sondern mit Katzenfutter und Hot-Dog-Zangen.»

Die Einzigartigkeit des Journalismus, für die Ringier plädiert, müssen Journalisten schaffen. Als Zeitungen konkurrenzlos waren, konnten sie die Leser mithin auch mit langweiligen Texten, oberflächlichen Recherchen und unscharfen Bildern halten. Diese Verachtung des Publikums war immer schon verwerflich, aber lange folgenlos. Heute kann sie Zeitungen in den Ruin treiben.

Das Internet wirbelt die Redaktionen durcheinander.
Verlage sparen in den Redaktionen. So schrumpft die Zahl der Redakteure, aber die Größe der Redaktionsräume wächst. Statt in kleinen Büros mit überquellenden Schreibtischen sitzen Redakteure heute in großen Sälen, wie die Älteren sie nur aus Hollywood-Filmen kennen.

Angelsächsische Redaktionen haben schon immer in gigantischen Newsrooms gearbeitet. So wird die Organisation der Einzelkämpfer effizienter, die Organisation der Zeitung einfacher, die Technik komfortabler, die Recherche grenzenlos und das Gespräch mit Kollegen und Lesern leichter. Der Preis für dieses Paradies der unendlichen Möglichkeiten ist hoch: Immer weniger Redakteure müssen immer mehr leisten und alle Kanäle füllen, also Zeitung und Internet, Video, Radio, Twitter.

Das Internet wirbelt den Journalismus durcheinander.
Das Internet macht einen Traum wahr, den Traum der Unendlichkeit von Raum und Kommunikation:
- Ist der Raum auf einer Zeitungsseite endlich, so sind die Räume im Internet unendlich. Jeder schreibt so lange und so viel, wie er will;

er stellt alle Materialien, die er genutzt hat, neben seine Artikel und macht dem Leser das Wissen nutzbar, das er hat.
- Ist die Zeitung eine Einbahnstraße der Kommunikation, so bietet das Internet die Chance des Dialogs mit der denkbar kleinsten Verzögerung: Ich schreibe, mein Leser reagiert sofort – und umgekehrt.

Doch der Weg vom Traum zum Albtraum ist kurz:
- Die meisten Leser wollen gar nicht mehr lesen, sie verzweifeln vor der Masse der Informationen – und wenden sich im Internet gleich den Vergnügungen und Zerstreuungen zu, die einen Mausklick entfernt liegen.
- Der Dialog im Internet besteht zum Großteil aus Schwachsinn oder Dampfplauderei, er kostet mehr Zeit, als er Gewinn bringt.

Die Regeln für klassischen Journalismus ändern sich im Internet nicht. «Grundlage der neuen Medien sind die Prinzipien der alten Medien», sagt der Journalistikprofessor Stephen Quinn aus Australien. Quinn steht nicht im Verdacht, den alten Medien nachzutrauern. Jungen Journalisten in seinen Seminaren rät er, sich als Redakteur täglich einige Stunden in den sozialen Netzen zu tummeln; in Werkstätten trainiert er mit ihnen, wie sie diese Netze nutzen.

6 Der Teaser – alte Regeln, neuer Nutzen

Trotz aller Neuheiten, trotz Wikis und Microblogging, VoiceOverIP und Instant Messaging – im Internet geht es um das Alte, um Texte und Bilder. Mehr nicht.

Die Menschen wollen lesen und schauen und sich dabei informieren, so ergiebig und so lustvoll wie möglich. Seit Jahrhunderten kennen Schriftsteller, ob Mönche, Dichter oder Journalisten, die Techniken der Verführung – und die ist unabhängig davon, ob man eine Tintenfeder nutzt, Lettern aus Blei oder eine Computertastatur.

Der Mönch, der vor tausend Jahren die Bibel abschrieb, wusste genau: Schon im ersten Buchstaben muss er seine Leser locken. Er malte farbig die Geschichte der Brotvermehrung oder Auferstehung in den Anfangsbuchstaben, der über mehrere Zeilen lief. Dieses Initial malte er so kunstvoll, dass Sammler heute Unsummen für diese Handschriften zahlen. Dabei trieb den Mönch dasselbe an wie Journalisten heute: Locke gleich zu Beginn des Textes deinen Leser!

Die Kunst des Initials, des ersten Satzes, des Teasers oder Twitters ist über Jahrhunderte gleich geblieben: Es ist die Faszination von Buchstaben, die uns neugierig machen. Deshalb können Novizen, Praktikanten, Volontäre und Blogger nicht lange genug die Kunst des Anfangs üben, üben, üben.

Dabei sind die Anforderungen an einen Teaser höher als an Vorspann oder ersten Absatz: Das Auge kann ja nicht beiläufig weiterschweifen – anklicken muss ich!

Die Kunst des Anfangs ist jedoch Handwerk, somit ein Trost für alle: Erlernbar ist es, wenn auch mühsam. In den guten Journalistenschulen schreiben die Anfänger wochenlang nur Nachrichten, eben die kurzen Texte, ohne die Journalisten niemals erfolgreich sein können.

Sicher braucht der Journalismus auch lange Reportagen, Analysen und Leitartikel. Aber wem nützt die schönste Reportage, wenn der Leser in den ersten Zeilen nicht merkt, dass das Weiterlesen lohnt?

Deswegen ist der Teaser so entscheidend im Internet. Zum einen dominiert auf dem Bildschirm das flüchtige Lesen, das Scannen von Texten, zum anderen sind die Verlockungen im Netz ungleich größer als in einer mittelalterlichen Bibliothek oder auf einer Zeitungsseite. Gleich neben dem Textblock reizen im Netz Spiele und Dossiers, Fotostrecken und Filme, Bücherläden und Autotests, die hundert schönsten Bauwerke und die zehn günstigsten Schnäppchen.

Die mittelalterliche Handschrift, das Vorbild aller Verführung, verfolgt uns ins Internet-Zeitalter: Starkes Bild und erster Satz sind entscheidend. Auf einer Seite im Netz braucht der gut geschriebene Teaser ein Foto oder eine Graphik, damit er überhaupt wahrgenommen wird.

Wer einwirft, das sei nur für die wenig Gebildeten nötig, schaue noch einmal zu den Mönchen vor tausend Jahren: Die malten und schrieben für die wenigen Gebildeten, die Latein beherrschten und die seltsame Dialektik der Theologie. Ja, auch der Gebildete will verführt werden, den Redakteure gern anführen, wenn sie langweilige Texte voll Kauderwelsch als den wahren Journalismus ausgeben.

«Erzählt den Kern der Geschichte und macht Lust auf mehr», steht zum Teaser in den «Textstandards» von *Spiegel Online*. Diesen Aufbau erklärt die *Spiegel*-Redaktion als verbindlich für die ersten 270 Zeilen eines Textes:

1. **Reiz**. Leser einfangen: gerade bei schwächeren Thesen um knackigen Einstieg bemühen
2. **Kernthese**. Nachricht mitteilen: kurz, klar und mit möglichst kraftvollen Worten benennen
3. **Rampe**. Lust auf mehr machen: öffnender Aspekt des Themas («Aber sehen Sie selbst»-Satz).

Wer das Handwerk der kurzen ersten Sätze lernen will, lese diese Kapitel:
- «45 Lead, Vorspann und Teaser» sowie die weiteren Kapitel in «Wie man Leser gewinnt»,
- «25 Wie schreibt man eine Nachricht?»,
- «Klassische Zeitschriften-Vorspänne» (zu finden im Anhang von «36 Der Zeitschriften-Journalismus»).

Wer auch über hundert oder fünfhundert Zeilen zum Lesen verführen will, lese das Kapitel «Schreiben und Redigieren».

Wer in den ersten Sätzen zum Lesen verführt, wird seinen Weg im Journalismus gehen, gleich welche Technik uns nach iPad und Web 4.0 noch überraschen wird. Er ist für alle Zeiten und alle Techniken gewappnet.

7 Die Online-Redaktion

Wer in den Journalismus einsteigen will, beginne im Lokalen oder einer Online-Redaktion; am besten verbindet er beides. Er besucht am Samstag den Kreisparteitag, berichtet noch aus der Stadthalle mit einem Live-Ticker, fotografiert und dreht ein kleines Video; am Sonntag schreibt er für die Zeitung einen ausführlichen Bericht mit Hintergrund und Analyse und, wenn man ihn lässt, einen Kommentar.

Hat er seine Aussiedlerreportage am Samstag in der Zeitung nicht unterbringen können, versucht er es am Sonntag noch einmal. In der schwach besetzten Online-Redaktion dürfte er Erfolg haben. Allerdings liest kein *Redakteur* seinen Text. Die Chance, dass ein *User* kritisiert, ist höher, als dass ein Redakteur dies tut. Das Netz hat eben einen großen Bauch, es verschlingt selbst Texte und Bilder, die für eine Zeitung unverdaulich sind.

Online-Redaktionen sind meist chronisch unterbesetzt. Oft senden sie 18, bisweilen 24 Stunden am Tag. Sie müssen so schnell, so zuverlässig und so verständlich sein wie Nachrichtenagenturen. Sie müssen in Städten und auf dem Land für einen stetigen Informationsstrom sorgen, obwohl es nur wenige Quellen gibt. Sie müssen unentwegt reagieren auf Kommentare von Lesern, die sie User nennen. Sie müssen schnell zwischen dem Nörgeln und nützlichen Hinweisen unterscheiden.

Nicht selten arbeiten Online-Redakteure mit schwächerer Technik als ihre Leser. Der Medienberater Joachim Blum beklagt veraltete und isolierte Redaktionssysteme für Zeitung und Online, schmalbrüstige Datenleitungen, angejahrte Computer und aberwitzige Sicherheitsrestriktionen. Ja: Für einen syrischen Bürgerrechtler ist es technisch einfacher, Videos verbotener Demonstrationen ins Netz zu stellen als für einen Lokalzeitungsredakteur die Fotos einer Bürgermeister-Ehrung.

Eigentlich müssten die Besten mit der besten Technik in der Online-Redaktion arbeiten, doch der Status der Online-Mitarbeiter ist bescheiden: wenig geachtet, schlecht bezahlt, hoch belastet. Zeitungsredakteure mögen Online sowieso nicht: Sie sind überzeugt, ihre Artikel würden im Netz schlecht präsentiert und verschenkt; sie fürchten, ein kostenloses Angebot treibe die Verlage in den Ruin. In der Tat subventionieren die Abonnenten der meisten Zeitungen den Online-Auftritt, der mit Werbung nicht zu finanzieren ist.

Wie arbeitet eine Online-Redaktion?
«Online-Redakteure sind die dummen Textschrubber, die nichts können», sagt Ex-*Handelsblatt*-Redakteur Thomas Knüwer. Mit solch einer Arroganz urteilen Zeitungsschreiber nicht selten, doch die Klage hat einen wahren Kern: Onliner schreiben unermüdlich Texte um, die sie als Rohfassung vom Newsdesk bekommen; sie kürzen, bearbeiten PR-Texte, indem sie zumindest die Quelle angeben; sie füllen eben das Internet, und nicht selten tun sie es ohne Sinn und Verstand.

Den Verstand haben sie – der Sinn kommt ihnen abhanden, wenn eine kleine Mannschaft, bisweilen nur ein Einzelner, das unersättliche Netz kontinuierlich füllen muss. Nur Nachrichtenseiten, die ständig Aktuelles bieten, werden immer wieder aufgerufen. Die eiligen Leser, die im Netz für die Klickzahlen sorgen, haben das Neue im Blick, nicht das Tiefgründige.

«Es ist ein fataler Irrtum, wenn Online-Redaktionen zu Erfüllungsgehilfen der Zeitungsredaktion degradiert werden», meint Harald Ritter, Ex-Chef-vom-Dienst der *Sächsischen Zeitung* und *Badischen Zeitung*. Er berät Verlage und Redaktionen und sagt ihnen: «Online-Redaktionen müssen sich profilieren können, um beim Überangebot im Internet Leser locken und binden zu können.» Für Ritter ist das auch mit kleiner Redaktionsmannschaft möglich, selbst mit nur einem Onliner – wenn Chefredakteure die Redaktion stets crossmedial arbeiten lassen und Tagebücher, Kolumnen, Podcasts, Videos von Redakteuren fördern und fordern.

Die Zugriffe auf den Online-Seiten der Zeitungen sind am höchsten, wenn sich die Welt schnell dreht, wenn Erdbeben und Bürgerkriege die Menschen erschüttern oder ein Mordprozess und schwere Unfälle im Lokalen. Dreht sich die Welt langsam, wird es schwierig.

Zeitungsredaktionen haben noch Zeit, Recherchen zu planen, große Geschichten zu schreiben, Texte gegenlesen zu lassen. Online-Redakteure leben meist von der Hand in den Mund.

Auch *Spiegel Online* muss zuerst einmal schnell und aktuell sein. Der Chefredakteur Mathias Müller von Blumencron sagt in einem Interview:

> *Das Medium verlockt dazu, Texte einfach ins Netz zu stellen, und das birgt natürlich ein Risiko. Wir haben immer wieder bewusst unsere Geschwindigkeit gebremst: Wichtige Nachrichten müssen natürlich ganz schnell auftauchen, das erwarten unsere Leser völlig zu Recht; zentral ist aber, dass die Informationen in einer bestimmten Weise aufbereitet werden.*

Auch im Netz muss die Qualität stimmen. Wer online weniger Qualität liefert als in der gedruckten Zeitung, der schadet seinem Ruf und beschädigt die Marke. Selbst Leser, die sich nur im Internet informieren, gehen zur *Süddeutschen* oder *FAZ* und den regionalen Marktführern.

Vorbild für die meisten Online-Redaktionen ist *Spiegel Online*. Aber nur große Zeitungen können sich den Aufwand leisten: eigener Chefredakteur, ein Online-Newsdesk (Balken genannt wie bei *Bild*), zwei Chefs vom Dienst, welche über die Themen der Homepage entscheiden; über Ticker-Redakteure für jedes Ressort, welche die Nachrichten verfolgen, Gegenleser, Fachredakteure; Super-Producer, die sich um die «Assets» kümmern, also Videos, Fotostrecken und Graphiken.

Zwei komplett getrennte Redaktionen sind sinnvoll bei einem wöchentlich erscheinenden Nachrichtenmagazin, weniger sinnvoll und unbezahlbar sind sie bei Tageszeitungen. Da die getrennten Redaktionen dieselben Informationen sichten, haben fast alle Regionalzeitungen die Planung und Auswahl für Zeitung und Internet am Newsdesk konzentriert. Alle Mitarbeiter arbeiten gemeinsam an einem Tisch für alle Medien. Dazu mehr im Kapitel 47 (Newsdesk und Ressorts).

So sind die Online-Seiten der meisten Zeitungen ein Spiegel der gedruckten Seiten, nur erweitert um den permanenten Redaktionsschluss und die Vergrößerung des Angebots. Gibt es dennoch eine Online-Redaktion, hat sie kaum mehr den Titel «Redaktion» verdient. Sie arbeitet nicht eigenständig, sondern bekommt ihre Aufträge vom Newsdesk. Die Redakteure sind mehr Techniker als Blattmacher, nur selten Reporter und Rechercheure (es sei denn im Netz):

- Sie schreiben die Eilmeldungen, wandeln Texte und Fotos der Redakteure fürs Internet um, da die meisten Redaktionssysteme zu kompliziert und langsam sind für das Online-Geschäft.
- Sie erweitern die Texte der Redakteure, indem sie im Netz nach Hintergrundinformationen suchen, die elektronischen Archive durchwühlen und Links setzen.
- Sie schneiden und besprechen Videos, die von Redakteuren oder Freien als Rohmaterial geschickt werden.
- Sie moderieren die Kommentare und Mails der User.
- Sie garantieren, dass sich ständig etwas bewegt: Neue Nachrichten, auch wenn es nur PR-Texte sind, neue Fotos, neue Videos. Im besten Fall redigieren sie, nicht selten gilt: Copy and paste, also: Kopieren und einfügen.

Wer schnell reagiert, muss aufpassen, dass er nicht überdreht. Nie wurde so viel voneinander abgeschrieben wie im Internet, nie waren Nachrichten so unsicher. Der Bluewater-Skandal ist ein Produkt der fatalen Maxime «Schnelligkeit vor Korrektheit»: *Dpa* und viele Online-Redaktionen meldeten ein Selbstmordattentat, das nie stattgefunden hat, in einer Stadt, die es gar nicht gibt, unter Berufung auf eine Radiostation, die nie gesendet hat.

Auch die Nachrichtenseiten von Google und anderen Suchmaschinen sind alles andere als verlässlich. Sie spüren mechanisch Nachrichten auf, richten sich nach Schnelligkeit und Masse, und niemand, wirklich niemand aus Fleisch und Blut sitzt in einer Redaktion und prüft. Da helfen nur ein solides Wissen und ein routiniertes Misstrauen, das spürt, wenn der Boden schwankt.

So schnell eine Falschmeldung ins Netz kommt, so schnell kann sie wieder korrigiert werden. Das ist ein Vorteil des Internets: Deutlich und für jedermann sichtbar erscheint die verbesserte Nachricht. Wer in einer Zeitung eine Falschmeldung druckt, braucht 24 Stunden, am Wochenende gar 48 Stunden für eine Korrektur. Wer am Samstag vor einer Wahl einen Kandidaten fälschlicherweise bezichtigt, richtet so einen unermesslichen Schaden an.

Wer als Redakteur das Internet sinnvoll nutzt, gewinnt auch Vorteile, die seinen Online-Auftritt ebenso attraktiver machen wie die gedruckte Zeitung:

- *Online-Redaktionen haben ständig Kontakt zu ihren Lesern.*
  Interaktiv, Web 2.0 – hinter den Modewörtern steckt ein bisschen Sinn und viel Unsinn. Sinnvoll war es schon immer, das Wissen, die Erfahrung und Kritik der Leser zu nutzen, je schneller, desto besser. Durch das Netz bekommt die Redaktion noch vor dem Druck Hinweise und Kommentare von Lesern, Anregungen, Themen- und Recherchetipps; sie erkennt Kontroversen und kann zu Debatten auffordern.

  Unsinnig ist es, jeder Besserwisserei und Nörgelei nachzugehen. So kann sich jede Redaktion verheddern, sich stundenlang mit wenigen Kritikern plagen und ihre eigentlichen Aufgaben vernachlässigen. Dagegen helfen nur Augenmaß und klare Regeln, die man auch den Nutzern mitteilt: Registrierung, um Fälschungen zu vermeiden; Prüfung und Freigabe von Kommentaren durch Redakteure; Blogs zu einem Thema nur über kurze Zeit.

- *Redaktionen kommen an Informationen, die sie früher nie oder zu spät erreichten.*
  Ein Pakistaner twitterte von Hubschraubern über Abbottabad, Minuten bevor US-Soldaten Osama bin Laden erschossen haben. Auch lokale Redaktionen profitieren, wenn inmitten einer Massenkarambolage Augenzeugen twittern, fotografieren und telefonieren. Es muss nur einer in der Redaktion wach genug sein, den Wert der Nachrichten zu erkennen und ihre Glaubwürdigkeit zu beurteilen.

- *Redaktionen können aktuelle Geschichten so schnell und so umfangreich schreiben wie nie zuvor.*
In kürzester Zeit sind Texte und Bilder verfügbar von Orten, an denen sich keine professionellen Journalisten aufhalten. Wie sah Japan aus am 11. März 2011 – in den acht Stunden vor Erdbeben und Tsunami? Wer um Fotos und Mitteilungen per Mail oder Facebook bat und das Netz durchkämmte, bekam private Bilder von Japanern und Touristen. Diese Recherche mündete online in eine Dia-Schau und taugte zu einem 38-seitigen Schaustück im Magazin der *Süddeutschen Zeitung*: «Japan, wie es nicht mehr sein wird.»
- *Redaktionen können in Nischen gehen, die der Zeitung verschlossen bleiben.*
Selbst im Schwarzwald oder in der Uckermark können die Zeitungen nicht von jedem Dorf, jeder Hausmusik oder jedem Wettskat berichten. Online hat Platz für alle und alles und nutzt Texte und Bilder von Lesern, die den Ehrentitel «Bürger-Reporter» bekommen. Verlagsmanager hoffen, so die Zeitungen füllen zu können. Doch die Leser sind träger als gedacht, die wenigen Geschichten meist langweilig – und eine Auswahl durch einen Redakteur ist unerlässlich, auch damit nicht Rechtsradikale oder PR-Profis den Platz füllen.

Trotzdem ist jeder Redaktion zu empfehlen, systematisch in die hyperlokalen Tiefen zu tauchen. Die Chance nutzen sonst Journalisten außerhalb von Zeitungsredaktionen. Pionier der Lokalblogs, einer Lokalzeitung im Netz, ist Hardy Prothmann mit seinem Heddesheim-Blog. Diesen gründete er für die 10 000 Einwohner der Stadt Heddesheim in Nordbaden. So ärgert er sich über die Hofberichterstattung des *Mannheimer Morgen*:

> «Während die handzahmen Regionalblätter überwiegend ‹Bratwurstjournalismus› bieten, gibt es, seitdem wir berichten, Hintergründe, die es vorher nicht gab. Und Meinungen, die es bestimmt gab, die aber nicht öffentlich wurden.»

- *Redaktionen haben Platz ohne Ende.*
  «Der Online-Journalismus beginnt dort, wo der Print-Journalismus aufhört», sagt Oliver Michalsky, stellvertretender Chefredakteur der *Welt*. Der Onliner stellt Töne, Bilder, Graphiken und Filme zur Geschichte, er veröffentlicht die Materialien, die er bei der Recherche benutzt hat, oder verlinkt darauf, er diskutiert mit seinen Lesern, er bloggt und twittert. So verwandelt sich eine große Zeitungsreportage im Netz zu einem kleinen Buch, das sich durch die Hinweise der Leser ständig verändert. Doch hier gilt ebenfalls, was den Journalismus auszeichnet: Er schafft idealerweise eine sinnvolle Struktur, scheidet Wichtiges von Unwichtigem – bei Texten wie bei Bildern, aber auch bei den Links; er sortiert, damit sich der Leser nicht verirrt. Nischen, die für Spezialisten gedacht sind, muss er auch als Nischen ausweisen.
- *Redaktionen lassen sich von ihren Lesern kontrollieren.*
  Ob es Journalisten wollen oder nicht: Leser wachen über ihre Arbeit und kritisieren sie. In den USA schauen Redakteure von Regionalzeitungen jeden Morgen in die Blogs, die ihre Arbeit kontrollieren. In Deutschland sind solche Blogs noch selten; allein der *BILDblog* hat viele Leser, gegründet 2004 von *Spiegel*-Autor Stefan Niggemeier, früher Medienredakteur der *Frankfurter Allgemeinen Sonntagszeitung*.

  Wer klug ist, integriert die Kritik der Leser in seinen Online-Auftritt, antwortet ihnen, diskutiert mit ihnen. Er legt seine Quellen offen, es sei denn sie sind vertraulich, und lässt Fragen zu wie: Ist die Pressemitteilung korrekt zusammengefasst? Fehlen wesentliche Aussagen? Ist die Quelle durch PR verschmutzt? Wie ist der Kontext eines Zitats?

  Die Jury des Henri-Nannen-Preises erkannte 2011 einem Reporter des *Spiegel* die Auszeichnung ab, weil er seine Quelle nicht genannt und den Eindruck erweckt hatte, er habe alles selber gesehen und gehört. Hätte er zumindest im Internet seine Quelle offenbart, wäre ihm und dem *Spiegel* eine Debatte erspart geblieben. Wer noch klüger ist, nutzt das Wissen seiner Leser, unter denen viele Experten sind, für seine Recherche.

Online First

Sollen Redakteure ihre Texte und Fotografen ihre Bilder sofort ins Netz stellen? «Online First» bedeutet: Alles zuerst ins Netz, erst später in die Zeitung.

«Online First» ist das Geschäftsmodell der *Jungfrau Zeitung* in der Schweiz. Zehn Redakteure recherchieren in der 45 000-Einwohner-Stadt Interlaken und schreiben nur fürs Internet; die wichtigsten Nachrichten werden zweimal in der Woche in der Abo-Zeitung gedruckt. Auch einige Regionalzeitungen statten ihre Reporter, vor allem im Lokalen, mit Notebooks oder Laptops aus, damit sie direkt eine Meldung fürs Netz schreiben können.

Der Springer-Verlag führte «Online First» für seine Tageszeitungen in Berlin ein, für *Die Welt* und die *Berliner Morgenpost*. Er will guten Journalismus schnell ins Netz stellen, neue und vor allem junge Nutzer locken und binden – zuerst kostenlos und später gegen Bezahlung.

Die meisten Verlage haben nicht nachgezogen, auch nicht Springers *Bild*, die deutsche Zeitung mit der größten Auflage. Auch die meisten Redakteure bleiben skeptisch: Wenn teure Stoffe im Netz verramscht werden, sinken die Erlöse, werden Redaktionen noch kleiner – und so sei Qualität kaum mehr zu schaffen.

Stefan Plöchinger, Online-Chefredakteur der *Süddeutschen Zeitung*, plädiert gegen «Online First» als generelle Regel und für einen Kompromiss: «Man muss je nach Geschichte entscheiden; jedes Thema ist ja anders. Generell: Eine Exklusivnachricht zum Beispiel muss nicht zuerst online erscheinen.»

Die Debatte um «Online First» wird enden, wenn die meisten Texte zu bezahlen sind – auf Papier wie im Netz. Was nicht einzigartig ist, wird kostenlos und unverzüglich im Netz stehen; das Einmalige liegt hinter einer Schranke, die sich nur nach dem Bezahlen öffnet.

Online-Redaktionen arbeiten wie Zeitungsredaktionen, nur viel schneller und viel härter. Wer sich vom Zeitdruck nicht drangsalieren lässt, wer die Technik souverän beherrscht, wer auch mal auf eigene Faust recherchiert und mit fertigen Texten und Bildern in

die Redaktion kommt – der hat als Anfänger große Chancen, zumal viele Zeitungsredakteure Online wenig achten und beachten.

Hyperlokale Regeln
Bart Brouwers leitet das lokale Online-Angebot der niederländischen Zeitung *Telegraaf*. Er hat Gebote für hyperlokale Nachrichtenseiten aufgestellt, die er beim 19. Forum Lokaljournalismus 2011 vorgestellt hat. Das sind einige davon:

1. Wir Journalisten müssen raus aus unserer Burg, den Elfenbeinturm einreißen und einen Marktplatz daraus machen.
2. Wir müssen uns verabschieden von den typischen Journalistenattitüden: «Wir sind etwas Besonderes» und «Wir wissen mehr als unsere Leser».
3. Wir waren nie allwissend. Nun laden wir Leser ein, mit ihrem Expertenwissen die Berichterstattung besser zu machen.
4. Wir sind Teil des Publikums, sind mittendrin statt nur dabei. Wir machen uns gemein mit den Bürgern!
5. Wir holen Partner mit ins Netz, bevor wir das Rad selbst neu erfinden.
6. Wir erzählen auch von Fehlschlägen.
7. Wenn wir etwas wissen, veröffentlichen wir es sofort, verbessern es dann und reichern es weiter an.
8. Wir akzeptieren, wenn nur ein Bruchteil der Nutzer auch selbst Inhalt beisteuert.
9. Wir Journalisten müssen auch geschäftlich denken. Es gibt nicht mehr das eine große Geschäftsmodell wie bei der Tageszeitung. Ein Mix aus vielen Geschäftsmodellen muss den Umsatz bringen.
10. Wir automatisieren so viel wie möglich.

8 Podcast – Fürs Hören schreiben

Noch nie war es so einfach, Radio zu machen, wie im Internet. Nur heißt Radio im Internet nicht Radio, sondern *Podcast*. Jeder kann seine Texte sprechen, mit ein wenig technischem Geschick in eine MP3-Datei verwandeln und ins Internet stellen. Wer es anspruchsvoller will, geht für eine Reisereportage mit dem Mikrophon nach draußen und sammelt Originaltöne ein.

Das Podcast nutzen selbst die etablierten Rundfunksender für ihre besten und anspruchsvollen Stücke, für Features, Hörspiele, Lesungen oder Reportagen. Wer sie im aktuellen Programm verpasst hat, kann sie im Internet aufrufen wie beispielsweise Jürgen Wiebickes «Philosophisches Radio» von WDR 5, das so seine Hörerzahl fast verdoppelt.

Auch Zeitungsredakteure können ihre Texte sprechen und ins Netz stellen: den Aufmacher der Titelseite, Kolumnen, Features und Reportagen. Mit geringem Aufwand an Kosten und Raum kann jede Redaktion ein kleines Studio einrichten, in das der Leitartikler geht, um seine Meinung vorzulesen – nicht nur für sich selbst, sondern für ein paar tausend Hörer. Blinde und Sehbehinderte schätzen es, Autofahrer mögen es, Dauer-Kopfhörerträger können so Lust auf Zeitung bekommen.

Der Redakteur schreibt immer für die Ohren, er muss sich immer als Sprecher denken. Wir «hören» immer (so wie Beethoven seine späten Werke selbstverständlich hörte, obwohl er taub war).

Die Schrift ist eine späte Zugabe zur mündlichen Rede und das stumme Lesen wiederum ein sehr spätes Stadium ihrer Nutzung. In der Antike war die Schrift überwiegend eine bloße Unterlage für den Redner, bis an die Schwelle der Neuzeit war sie für Leser überwiegend die Einladung, sich den Text selber hörbar vorzulesen.

Noch aus dem 16. Jahrhundert ist überliefert, dass der Abt eine Klosterzelle betrat und den Mönch tadelte, dass er nicht in der Bibel lese. «Aber ich lese doch!», sagte der Mönch. «Ich höre ja nichts!», sagte der Abt. Und Kinder *sprechen* selbstverständlich, während sie lesen oder schreiben lernen.

Auch haben wir eine Lautschrift: Der Buchstabe «a» ist ein optisches Symbol, den unser inneres Ohr in den Laut «a» umsetzt (wie der Dirigent die Note «cis» hört, wenn er sie in der Partitur liest) – mit messbaren elektrischen Spannungen im Ohr, in der fürs Hören zuständigen Hirnregion und sogar in der Zunge.

Jeder Text ist also de facto *für die Ohren* geschrieben. Was sich nicht gut anhört, ist nicht angenehm zu lesen. *Laut* lesen ist für den Autor die beste Qualitätskontrolle, egal, ob der Text auf Hörer oder auf Leser zielt; das laute Lesen entscheidet auch über die zumutbare Länge des Satzes. In der Linguistik ist oft von der «Atemsyntax» die Rede, in Erinnerung an den römischen Rhetor Quintilian, der schon im 1. Jahrhundert n. Chr. forderte, die Sätze «atemgerecht» zu formulieren.

Und so haben denn fast alle Stilisten von Rang, die fürs Lesen geschrieben haben, ihren Text zuvor mit den eigenen Ohren getestet.

Der ideale Text für Hörer wie für Leser ist an die gesprochene Sprache angelehnt, durch Niederschrift diszipliniert und für die Ohren geschrieben.

Alles in allem: *Soll man denn schreiben, wie man spricht?* Ja – mit den Einschränkungen, die im Wort «angelehnt» zum Ausdruck kommen. Die Basis für alles, was wir schreiben, sei unsere natürliche Rede. Wir sollten dann nur

- unsere Sätze zu einem grammatisch korrekten Ende bringen;
- von unseren Wörtern die flapsigen wägen, die vulgären tilgen und das treffendste noch suchen;
- auf schiere Wiederholungen verzichten (falls sie nicht zur *schönen Redundanz* gehören);
- das mutmaßliche Übermaß an Füllwörtern beseitigen: Liest man die Abschrift einer freien Rede, so erschrickt man unwillkürlich über die vielen «ja» und «doch» und «nun».

Ein Grenzfall: Inwieweit darf man geläufige mündliche Verkürzungen ins Schriftliche übernehmen? Denk doch *mal* nach – Da tut sich *was* – Er wurde *fünfzig*. Das ist eine Ermessensfrage, bei deutlich zunehmender Sympathie (auch des Autors) für die mündliche Form.

Völlig falsch ist die in Journalistenzeitschriften oft aufgestellte Behauptung, einfache Sätze müsse man Hörern auch deshalb anbieten, weil Zuhören schwieriger sei als Lesen. Nicht, wenn der Sprecher gut ist. Die oft grandios verschachtelten Sätze Thomas Manns sind in einer guten Hörbuch-Version (wie der von Gert Westphal) leichter verständlich als bei stummer Selbstlektüre – indem der Sprecher die Nebensätze leiser als die Hauptsätze liest, indem er die Struktur des Satzes hörbar, erlebbar macht, weit über die dürftigen Chancen der sieben Satzzeichen hinaus.

Was ist nun *trotzdem anders*, wenn man schreibt, um gehört zu werden? In Radio und Fernsehen wird seit Jahrzehnten die Faustregel verkündet: «Da der Hörer nicht zurückhören kann, müssen wir einfache Sätze schreiben.» Die Regel ist richtig – ihre Begründung ist falsch: Einfach, durchschaubar sollten Sätze *immer* sein. Denn dem Nicht-zurückhören-*Können* des Hörers entspricht in 95 Prozent der Fälle das Nicht-zurücklesen-*Wollen* des Lesers. Was liest man denn zweimal? Bedrohliche Schriftsätze von Rechtsanwälten – und in der Zeitung ausnahmsweise mal den Satz oder den Absatz *davor*, falls man das gerade Gelesene interessant findet, aber nicht einordnen kann. Dieser Minderheit zuliebe sollten Texte fürs Hören in der Tat die Quelle, das handelnde Subjekt häufiger als der Zeitungstext, wiederholen, im Grenzfall außerdem einen komplizierten Sachverhalt noch einmal verkürzt formulieren.

Der einzige weitere Unterschied zwischen Hören und Lesen ist das geringere Aufnahmevermögen des Hörers für *Zahlen*. Im Fernsehen erscheinen die Ergebnisse von Wahlen, Umfragen und dergleichen vernünftigerweise sofort auch in der Schrift, im *Hörfunk* endet die Aufnahmefähigkeit bei drei bis vier Zahlen, und die dürfen nicht kompliziert sein: 4,2 Millionen Arbeitslose prägt sich leichter ein als 4 221 000 Arbeitslose, und 4 221 650 Arbeitslose wäre grotesk.

Für Texte zum Lesen und Texte zum Hören gelten dieselben Gesetze der Verständlichkeit und dieselben Regeln der Attraktivität: die konkreten, die schlichtesten möglichen Wörter in schlanken, transparenten Sätzen.

9 Video-Journalismus

So einfach Podcast ist, so schwierig ist *Fernsehen* im Internet. Wer beim Vorlesen seiner Kolumne nuschelt, verbucht dies als Originalität und verweist auf Dichter wie Thomas Mann oder Gottfried Benn. Wer nicht weiß, wie er sich vor der Kamera bewegen kann, sollte es lieber sein lassen – es sei denn, er ist ein Naturtalent. Allerdings wird nichts so oft angeklickt wie Filme von lokalen Ereignissen, vorzugsweise im flackernden Blaulicht von Polizei und Feuerwehr.

Doch *nebenbei* ist Fernsehen im Internet nicht zu machen. Notwendig sind eine teure Kamera nebst Mikrophon und Kopfhörer, ein Laptop mit großem Speicherplatz, ein gutes Programm zum Schneiden des Rohmaterials, Routine und viel Zeit. Die *Vorarlberger Nachrichten* haben fünf «Mojos» als Redakteure angestellt, Mobile Journalisten, die täglich ein gutes Dutzend Videos aus dem österreichischen Bundesland produzieren müssen – komplett geschnitten und getextet. Zudem liefern sie Texte zu den Video-Beiträgen, die auf der Homepage zu lesen sind.

Dennoch sollte jeder Lokalreporter, erst recht jeder Fotograf, eine kleine Kamera mit sich führen. Einige Chefredakteure, wie Horst Seidenfaden von der *HNA* in Kassel, statten alle Lokalredaktionen mit kleinen, preiswerten Videokameras aus. Sein Ziel: «Jeden Tag aus jeder Redaktion ein interessantes Video auf unserem Portal.»

Ist der Lokalredakteur als Erster und Einziger am Unfallort, dann ist nicht so entscheidend, wie er filmt, sondern was er filmt. Wenn er zu einem Routinetermin fährt wie der Ehrung eines Bürgermeisters, dann lohnt nicht der Aufwand, eigens einen Video-Journalisten auf den Weg zu schicken. Der Lokalredakteur sendet den Video-Film mittels Laptop oder Handy in die Zentrale. Zumindest in größeren Redaktionen sitzt ein Profi oder jedenfalls Halbprofi, der aus dem Rohmaterial einen guten Beitrag schneiden kann und dafür ein bis zwei Stunden braucht.

Für den Anfänger lohnen dennoch Grundkenntnisse des Filmens und Schneidens – nicht nur weil Online-Redaktionen meist schwach besetzt sind. Wer mit der Video-Kamera gut umgehen kann, wer die Bedeutung von Totale und Nahaufnahme kennt, kennt die Bedeutung von Perspektiven; dies Wissen nützt ihm auch beim Gestalten von Seiten in der Zeitung und im Internet. Wer den Goldenen Schnitt beherrscht, produziert keine einförmigen Zeitungsseiten mehr, auf der alle Artikel auf der Mittelachse stehen, oder stellt bei einem Fotoporträt den Bürgermeister platt in die Mitte. Er lernt, Langeweile zu vermeiden durch ein wenig Unruhe auf einer Seite oder einem Foto.

Die «Five-Shot-Regeln», also die fünf wichtigsten Kamera-Einstellungen, orientieren sich an den W-Fragen der Nachrichten. Sie sollte jeder Amateur beherrschen, der auf *YouTube* seine Videos stellen will, erst recht jeder Redakteur, der sich eine Kamera schnappt:
1. Einstellung: WAS passiert? – Die Aktion in Großaufnahme
2. WER macht's? – Der Akteur in Großaufnahme
3. WO findet es statt?
4. WIE gehören Aktion und Akteur zusammen – aus einer neuen Perspektive gefilmt?
5. WOW-SHOT: Ein eindrucksvolles Bild zum Schluss.

Wie erlernt ein Anfänger diese Grundkenntnisse? Dazu taugt ein Handbuch wenig, er vertraut sich besser einem Video-Profi an, begleitet ihn und übt. In einer Online-Redaktion kommt er mit ein wenig handwerklichem Geschick und wachem Blick schnell zum Zuge.

Wer professionell mit der Kamera arbeiten will, sollte es studieren oder berufsbegleitend lernen, etwa bei der Schweizer Journalistenschule, die einen einjährigen Studiengang anbietet: «Visual Multimedia Editor».

> «In the end, it is the story that matters – not the equipment» (Kirk Allen Mastin). Die Geschichte muss stimmen, nicht die Technik. Also kann ein Anfänger schon mit einer leichten Flip-Cam kurze Videos drehen, die für den Online-Auftritt einer Zeitung taugen. Beherrschen muss er die Five-Shot-Regeln, mehr nicht.

10 Was Journalisten von Bloggern lernen können

Zwischen Journalisten und Bloggern herrscht Krieg. Schon der einzelne Blogger hat eine schlechte Presse: Da breite sich eine Herrschaft selbstgewisser Amateure, ja Stümper aus, die alles zuließen, «was in anderen Medien längst als geschwätzig, dumm oder auch verbrecherisch geächtet oder geahndet wird» (*FAZ*). Das Internet sei «voller Loser, Bruchpiloten und Halb-Analphabeten» (Henryk M. Broder in der *Welt*).

Wenn die Blogger sich gar zu einer Gemeinschaft vernetzen, dann «spielen sie sich als mediale Avantgarde auf und schauen auf die traditionellen Medien herab – ungefähr wie der Floh auf den Hund» (*Frankfurter Allgemeine Sonntagszeitung*). «In den Debatten-Foren dominieren Rechthaber und sabotierende Schmierfinken» (*Süddeutsche Zeitung* 2009). Auch von «digitaler Verdummung» ist die Rede; Blogger seien «meinungsstark und ahnungslos»; ein Kollektiv von Amateuren gängle mit gefährlichem Halbwissen, aber missionarischem Eifer die öffentliche Meinung.

In der Tat: Da hat ein epochaler Machtwechsel stattgefunden – zum zweiten Mal. Bis zum Aufkommen der ersten Zeitungen im 17. Jahrhundert gab es nur das Herrschaftswissen der Regierenden und einiger Großkaufleute. In der zweiten Hälfte des 20. Jahrhunderts aber war in der freien Welt der Zustand erreicht, dass der Berufsstand des Journalisten jeden, der es wissen wollte, so ziemlich über alles Bemerkenswerte auf Erden unterrichtete. Unstreitig hatten und haben Journalisten den Vorzug, im Durchschnitt gebildeter zu sein, mehr von der Welt zu wissen und besser schreiben zu können als das Gros ihrer Leser – im Durchschnitt.

Dass sie gleichzeitig die *Schleusenwärter* sind, Leute also, die entscheiden, was überhaupt zur Veröffentlichung durchgelassen werden soll – das hat einen Vorteil und einen Nachteil auch. *Der Vorteil*: Sie ließen und lassen das ganz und gar Gleichgültige und das offenbar Unsinnige und Erlogene nicht herein; sie wägen und prüfen, und sie haften für das, was sie passieren lassen und wie sie es tun. *Der Nachteil*: Dabei treffen sie natürlich auch Fehlentscheidungen – fahrlässig, verblendet oder korrumpiert. So oder so: Eine Minderheit entschied allein, was die Mehrheit wissen konnte. Überwiegend entschied sie kritisch und gescheit. Aber keineswegs immer.

Es verwundert nicht, dass viele von dieser einflussreichen Minderheit nun ihrem Monopol nachtrauern und die «Blogosphäre» kritisch beäugen – so, wie viele Blogger, umgekehrt, einen bloßen Generationenkonflikt diagnostizieren: *Wir* sind jung, unser ist die Zukunft!

Manche etablierten Redaktionen stimmen ihnen sogar zu. «Die Journalisten haben ihren Priester-Status verloren, was ihnen heftige Phantomschmerzen bereitet», schrieb die *Welt*, und die *Frankfurter Rundschau*: «Die vierte Gewalt» (die Presse) «wird nun selbst kontrolliert … und nicht selten zu Recht. Denn den Redakteuren in ihren Büros sitzen Tausende vor ihren Computern zu Hause gegenüber, die auf dem einen oder anderen Gebiet Fachleute sind, während der Autor eines Artikels oft eher der versierte Vermittler ist als der Experte.»

Unbestritten ist, dass die Netzzeitung *Huffington Post* im amerikanischen Präsidentschaftswahlkampf von 2008 eine große und offenbar saubere Rolle gespielt hat. Arianna Huffington, die Gründerin und Herausgeberin, sagte 2009 in der *Süddeutschen Zeitung*: «Viele Journalisten haben sich in der Vergangenheit allzu häufig als Stenographen, nicht als ‹Watchdogs› verstanden. Ihren Presseausweis haben sie als Eintrittskarte missbraucht, um den Mächtigen möglichst nahe zu sein.»

Ja, das kam vor. Blog und Twitter haben aber ebenfalls ihre Unschuld längst verloren. Mit beiden betrieb Obama Wahlkampf bis zur letzten Minute. Die britische Regierung hat 2009 ihre Beamten zum Twittern aufgefordert und ihnen dafür eine Richtlinie von 20 Seiten an die Hand gegeben. Beide Medien eignen sich also für eine kostenlose, allgegenwärtige politische Propaganda – in einem Umfang, den die Zeitungsjournalisten ihren Lesern großenteils ersparen.

Andererseits haben Blog und Twitter der Presse auch geholfen: Wo Journalisten keinen Zutritt hatten, haben Blogs aus China und im Frühjahr 2009 eine wahre Twitter-Lawine aus Iran für Informationen gesorgt und die Mächtigen in Bedrängnis gebracht (wie dies auch zu den journalistischen Tugenden zählt).

Wurde aber per Blog und Twitter immer die schiere Wahrheit übermittelt? Muss die Summe aller Blogs und *tweets* aus den unfreien Ländern überhaupt eine repräsentative Meinung widerspiegeln? Könnte sich nicht eine Minderheit durch überlegene Twitter-Aktivität den Anschein der Mehrheit verschafft haben, fragte die *Süddeutsche*?

Und wie, fragte die *New York Times*, prüfen wir die Quellen und die Absichten dieser Do-it-Yourself-Journalisten? Können wir bei ihnen denn journalistische Tugenden wie Distanz und Misstrauen voraussetzen? Etwas als Erster zu bekommen, das sei leicht – es korrekt zu haben, sei teuer (*Getting it right is expensive – getting it first is cheap*).

Wie etliche, zumal amerikanische Zeitungen hat die *New York Times* seit den Unruhen im Iran einen Redakteur mit der hauptberuflichen Auswertung der *tweets* und Blogs beauftragt – sie zu sichten lohnt, aber sie kritisch zu prüfen ist Journalistenpflicht. Der Blog-Redakteur der *Washington Post* sagt es schärfer: «Die Masse der Bürger entwickelt sich von ‹einigermaßen informiert› zu ‹völlig uninformiert›. Menschen, die nicht Zeitung lesen oder Fernsehnachrichten hören, sind die Verlierer.»

Dem setzte ein «Internet-Manifest» von 15 deutschen Bloggern und Journalisten 2009 die Behauptung entgegen: «Der einzelne Mensch kann sich so gut informieren wie nie zuvor.» Leider ist dies doppelt falsch: Er *kann* eben nicht, wenn nicht Journalisten klassischen Stils den Mahlstrom der Blogs und *tweets* sichten und gewichten.

Den richtigen Weg hat der Chefredakteur der *Deutschen Presse-Agentur*, Wolfgang Büchner, aufgezeigt: *dpa* müsse in Zukunft nicht nur die Texte seiner Korrespondenten sichten, sondern auch das Web. «Es ist ein Traum, wie viel Material uns dort zur Verfügung steht!», sagte er. Aber eben diese neue Welt aus Facebook, Blog und Twitter «braucht Menschen, die Ordnung schaffen: uns Journalisten».

Internet und Zeitung, Amateurschreiber und Profis rücken enger zusammen. In der Art zu schreiben könnten sie sogar voneinander lernen: die Journalisten etwas lockerer, origineller, unbürokratischer – die Generation Internet drastisch mehr um Sprach-Ökonomie bemüht – beide verbündet in dem Wissen: Mit links läuft gar nichts, ein bisschen Mühe muss sein, gelesen zu werden ist die Kunst aller Künste.

Schreiben und Redigieren

11 Verständliche Wörter

Seit 1949 gibt es in Amerika, seit 1974 im deutschen Sprachraum eine exakte Wissenschaft namens Verständlichkeitsforschung. Wenn die Journalisten sich ihrer Ergebnisse bedienen würden, sähe die deutsche Presse besser aus. Die meisten aber tun es nicht, ja die wenigsten haben auch nur je davon gehört, dass eine solche Wissenschaft vorhanden ist und dass es sich lohnen könnte, sich mit ihr zu befassen. Dies umso dringender, als die weitgehende Verlagerung des Lesens vom Papier auf den Bildschirm die Ungeduld begünstigt, das Aufhören nach wenigen Zeilen also desto wahrscheinlicher macht.

Ihre traurige Mischung aus Abneigung und Unkenntnis teilen die Journalisten mit den Germanisten und den Linguisten. An der Verständlichkeitsforschung wird nicht etwa gezweifelt; sie wird einfach ignoriert.

Die junge Wissenschaft bietet keine Sensationen an. Sie liefert einen wissenschaftlichen Unterbau für das, was Martin Luther mit überwältigendem Erfolg betrieben hat, und setzt seine Praxis in Messzahlen um, die jedem Gutwilligen den Weg zu Luther weisen. Und das heißt: zu einer Sprache, die jeder verstehen kann, auch der Hilfsarbeiter – ohne dass sich jedoch, und das ist die Kunst, der Professor durch Billigware beleidigt oder unterfordert fühlte.

Die wichtigsten Einsichten der Verständlichkeitsforschung lassen sich in genau zwei Rezepte fassen – unglaublich leicht zu merken also, nur leider schwer zu beherzigen: Denn man muss das meiste vergessen, was einem auf Schule und Universität fünfzehn oder mehr Jahre lang eingetrichtert worden ist.

Dieses Kapitel handelt vom ersten Rezept: Kurze Wörter sind *fast immer* verständlicher und zugleich farbiger, kraftvoller als lange

Wörter. Das klingt simpel; aber wer sich daran halten möchte, gerät schon hier mit sämtlichen akademischen Moden und bürokratischen Vorlieben über Kreuz. Da will man ja keine Gründe, sondern Motivationsstrukturen, keine Hirsche, sondern Rotwildbestände, keine Laune, sondern einen Befindlichkeitspegel, keine leeren Betten, sondern Kapazitätsüberhänge im Beherbergungsgewerbe. Und diese vielarmigen Wortpolypen muss ich alle zerschlagen, falls ich für Leser oder Hörer schreiben will.

Neu ist auch daran nichts, nur wissenschaftlich abgesichert und in eine Schreibregel umgesetzt. Jean Paul hat gesagt: «Je länger aber ein Wort, desto unanschaulicher.» Schopenhauer hat gesagt: «Man brauche gewöhnliche Worte und sage ungewöhnliche Dinge.» Churchill hat gesagt: «Die alten Wörter sind die besten und die kurzen die allerbesten.»

Den Nobelpreis für Literatur hat Churchill bekommen, und mit vier uralten Einsilbern hat er Geschichte gemacht: Nicht die Mobilisierung aller nationalen Energiereserven unter Inkaufnahme von Schweißabsonderung und Blutverlust stellte er den Engländern 1940 in Aussicht, sondern *blood, sweat, toil, tears* (wovon wir *toil*, die Mühsal, aus unerfindlichen Gründen nicht ins Deutsche übernommen haben).

Auch im Deutschen haben sich fast alle wichtigen Dinge und starken Gefühle zu einsilbigen Wörtern verdichtet: Haus und Hof, Geld und Geiz, Wut und Gier, Hohn und Spott, Not und Qual, Tod und Mord. In der gesamten Lyrik kommen Wörter von fünf und mehr Silben, Wörter wie insbesondere, umständehalber oder Durchführungsverordnung, nicht vor.

Was folgt daraus für den Journalisten – da ihm doch ebensolche Silbenschleppzüge ohne sein Zutun täglich hundertfach über den Schreibtisch rasseln? Wenn er zugleich verständlich und saftig schreiben will, so legt er seine eigenen Texte auf die kürzestmöglichen Wörter an, und in fremden Texten sucht er die Wortballons und sticht sie an, damit alle Luft aus ihnen entweichen kann.

Natürlich, Schlüsselbegriffe aus Politik und Wirtschaft sind solchem Zugriff entzogen. Aber kaum spricht einer von unabwendbaren Gegebenheiten, kann der Redakteur es ja mal mit Fakten oder Zwängen versuchen, und wo von einer mangelnden Akzeptanz weiter Bevölkerungskreise die Rede ist, sollte er schreiben, dass offenbar viele Leute das nicht mögen.

Nichts steht dem im Weg als die Routine allzu langer Schul- und Universitätsjahre und vor allem die Gesinnung, die damit einherzugehen pflegt: Wenn ich schlichte Sachverhalte in bombastische Begriffe packe, dann habe ich das Ziel meiner Zunft erreicht, meine Professoren achten mich, und bei vielen meiner Leser wird das Unverständnis mit entmutigter Bewunderung einhergehen. Beschreite ich indessen den umgekehrten Weg, so wird die Zunft mich verachten; nur meine Leser werden mich lesen und lieben.

Und mein Ressortleiter? Handelt es sich um Wirtschaft oder Feuilleton, so wird er vermutlich auf der Seite der Experten und der Professoren stehen; ich muss also listig zu Werk gehen. In den anderen Ressorts hat man im Großen und Ganzen nichts gegen gutes Deutsch, wenn es einem denn fertig auf den Tisch kommt.

Die Verständlichkeitsforschung ist eine exakte Wissenschaft. Es gehört sich, dass jeder Journalist von ihr Kenntnis nimmt. Schon mit dem einen ihrer beiden Kernrezepte kann man, so man will, seine Sprache revolutionieren: Ich tue das Äußerste, um nach den kürzestmöglichen Wörtern zu suchen; Achtsilber versetzen mich von heute an in Panik.

12 Durchsichtige Sätze

Es ehrt den Journalisten, wenn er mehr als einen Gedanken hat; zum Beispiel zwei. Noch mehr Ehre aber würde er auf sich laden, wenn er diese beiden Gedanken in die simpelste, die nächstliegende, die einzige schlüssige Reihenfolge brächte: erst der erste Gedanke – dann der zweite Gedanke.

Wer das für eine Binsenweisheit hält, der hat noch nie einen vom

Lehrer für gut befundenen Deutschaufsatz gelesen und noch nie eine Abonnementzeitung deutscher Sprache. Dort wimmelt es vom Gegenteil – als ob es Preise gäbe für die maximale Verrührung und Verquarkung zweier Aussagen mit Hilfe von eingeschobenen Nebensätzen, Klammern, Parenthesen, Attributen und Partizipialkonstruktionen.

So fand sich in einem Artikel zum Thema «Bio-Läden und was dahintersteckt» der Satz: «Heute sind die beiden, die 100 000 Euro in das Geschäft investiert hatten, zerstritten.» Das muss man auf der Zunge zergehen lassen.

Heute sind die beiden (aha, sie sind. Was sie heute sind, erkläre ich dir später; erst bringe ich meinen zweiten Gedanken unter:) *die 100 000 Euro in das Geschäft investiert hatten* (eigentlich ist das sogar der erste Gedanke, die Investition lag ja vor dem Streit – aber schon kehre ich aus der Vergangenheit in die Gegenwart zurück und erzähle dir, was sie heute sind:) *zerstritten.*

Was für ein Unsinn von einem Satz! Grammatisch korrekt und sonst gar nichts. Wie wäre es, wenn man erst den einen Gedanken komplett erzählte und dann den anderen? Zum Beispiel so: «Heute sind die beiden zerstritten – und dabei hatten sie 100 000 Euro in das Geschäft investiert.» Oder, noch besser, in der dramatischen Zeitfolge: «Erst haben sie 100 000 Euro in das Geschäft investiert – und nun sind sie zerstritten.» Chronologie hergestellt, Vernunft hergestellt, Verständnis erleichtert, aus dem Wortquark ein bürgerliches Drama in zwei Akten geknetet.

Eingeschobene Nebensätze sind immer problematisch, denn sie kleistern ja einen zweiten Gedanken mitten in den unvollendeten ersten hinein. Vollends unerträglich werden sie, wenn sie eine zweite, noch dazu eine korrespondierende *Hauptsache* enthalten. Für zwei Hauptsachen gibt es nur *eine* unverkrampfte Form der Mitteilung: zwei Hauptsätze.

Stehen die beiden so entstandenen Hauptsätze in einem so engen Zusammenhang wie hier, dann werden sie natürlich nicht durch einen Punkt getrennt; der gäbe ja das Signal: Und nun folgt etwas anderes. Nein, es folgt der zweite Akt desselben Dramas! Also ist ein

Komma viel besser (lies weiter, gleich kommt's!), ein Semikolon gut, ein Gedankenstrich am besten.

Satzbau-Regel 1: Die nächstliegende, die lebendigste, die kraftvollste Form der Mitteilung ist der *Hauptsatz*. Kurze, miteinander korrespondierende Hauptsätze werden nicht durch Punkte getrennt.

Satzbau-Regel 2: *Eingeschobene Nebensätze* sind unerwünscht, denn sie mogeln eine zweite Aussage mitten in die erste hinein. Ist die zweite Aussage ihrerseits eine Hauptsache, so muss sie in einen zweiten Hauptsatz verwandelt werden; ist sie eine Nebensache, eine bloße Erläuterung, so ist ihr angemessener Platz der *angehängte Nebensatz*.

Man möchte nicht glauben, mit welcher Unbefangenheit gegen eine so erzvernünftige Regel gesündigt wird. Ein Einschub von 29 Wörtern im *Kölner Stadt-Anzeiger*:

> **David Robertson**, nicht nur ein bravouröser Techniker, der, wie in Elliott Carters Doppelkonzert für Cembalo, Klavier und zwei Kammerorchester erforderlich, auch schon einmal zwei geradezu vertrackt unabhängige Tempi zugleich dirigieren muss, **ist ein ebenso feinfühliger Modellierer des Klangs**, der hier und in Cohnlohn Nancarrows «Piece No. 2» für kleines Orchester die gelegentliche Rigidität der Partituren hörgerecht und brillant zuzubereiten versteht.

Ein Einschub von 34 Wörtern in der *Badischen Zeitung*:

> **Das Forum**, auf dem in früheren Jahren noch Persönlichkeiten wie Rita Süssmuth, Pierre Pflimlin, Lothar Späth, Carl Carstens auftraten, woran der Vorsitzende der CDU-Landtagsfraktion in Rheinland-Pfalz, Christoph Böhr, in seiner Rede in Hambach erinnert, **hat sich zu einer Veranstaltung verknöcherter Rechter gewandelt**.

Und dies sind nicht die Produkte grimmigen Suchens – dergleichen findet sich vielmehr mit hoher Wahrscheinlichkeit in jeder Abonnementzeitung jeden Tag. Vermutlich kommt niemand auf die Idee, die zitierten Sätze als elegantes Deutsch anzusehen – was sie rechtfertigen könnte, wenn es um Literatur ginge. Es geht aber um Journalismus, um die redliche Unterrichtung von Hunderttausenden unserer Mitbürger; und da müsste die Eleganz, falls sie der Verständlichkeit ausnahmsweise widerspräche, durchfallen gegen diese.

Für das Verständnis eingeschobener Nebensätze gilt, und das ist der Kern des Generalrezepts Nr. 2 für alles verständliche Schreiben: Unser Kurzzeitgedächtnis bewältigt im Durchschnitt eine Strecke von drei Sekunden, und in diesem Zeitraum liest der Durchschnittsmensch sechs Wörter oder zwölf Silben.

Selbstverständlich, das sind grobe Mittelwerte: Je nach dem Grad der Aufmerksamkeit können es weniger oder auch mal mehr als drei Sekunden sein; je nach der Schulung im Umgang mit schwierigen Sätzen mag dieser oder jener auch mehr als sechs Wörter überbrücken; nur im Durchschnitt haben Wörter zwei Silben («Steuerharmonisierungstendenzen» haben zehn); und auch Silben, die genauere Maßeinheit, erfordern einen ganz unterschiedlichen Lese- und Artikulationsaufwand, je nachdem, ob es sich um die jeweils vier Silben von *inkognito* oder *Schnellzugzuschlag* handelt.

Wer aber für Hunderttausende schreibt, *kann* sich an gar nichts anderem als dem Mittelwert orientieren, und wer dabei unter Zeitdruck steht, für den ist das Wörter- oder Silbenzählen schon die Obergrenze des Zumutbaren. So möge jeder, der gelesen oder verstanden werden will, sie beherzigen, die

Satzbau-Regel 3: Was im Satz zusammenhängt, darf nie um mehr als sechs Wörter oder zwölf Silben auseinandergerissen werden. Und was hängt zusammen?
- Der Hauptsatz. (Am besten sollte er durch nichts unterbrochen werden, maximal aber durch einen Einschub von zwölf Silben.)
- Die Bestandteile des Verbums.
- Subjekt und Prädikat.
- Artikel und Substantiv.

Das Verb besteht im Deutschen überwiegend aus zwei Teilen: in allen zusammengesetzten Formen (ich habe ... geschrieben, ich werde ... kommen) und bei vielen Verben auch in Präsens und Imperfekt (Ich schlage ... vor, mir fiel ... auf). Die Grammatik zwingt uns, diese Teile auseinanderzureißen: «Ich schlage einen Kompromiss vor» muss es heißen; «Ich schlage vor einen Kompromiss» ist leider nicht deutsch.

Wie lässt sich diese grammatikalische Not mit den Forderungen der Verständlichkeitsforschung versöhnen? Dadurch, dass wir zwischen die Teile des Verbums nie mehr als sechs Wörter oder zwölf Silben schieben – und nicht 27 Wörter = 61 Silben wie im Wiener *Standard*:

> *Bei Finanzausgleichsverhandlungen zwischen dem Bund sowie den Ländern und Gemeinden **wurde** am Freitag die Diskussion über die von den Sozialpartnern verlangte Kürzung der Wohnbauförderung und die Einführung von Zahlungen der Gebietskörperschaften an den Familienfonds auf den 27. September **vertagt**.*

Und schon gar nicht 33 Wörter = 76 Silben wie in der *Berliner Zeitung*:

> *Das **schließe** eine gründliche und termingerechte Bearbeitung der Genehmigungsverfahren, so für den Bau eines atomaren Zwischenlagers, die Stilllegung und den Abbau der Blöcke und gegebenenfalls auch für die Errichtung einer zentralen atomaren Werkstatt mit Schmelzanlage, **ein**.*

Schon nach rund 18 Sekunden hat der Leser erfahren, dass hier *ein*geschlossen wird (und nicht ausgeschlossen, wie es ja ebenfalls hätte heißen können) – so kann man Leser verschaukeln und verprellen.

Subjekt und Prädikat, Satzgegenstand und Satzaussage, gehören genauso eng zusammen. Die oben zitierten Beispiele machen deutlich, dass die ohnehin unzumutbaren Einschübe ein beliebtes Mittel sind, zugleich diesen Zusammenhang zu zerreißen: In der *Badischen Zeitung* 34 Wörter = 64 Silben zwischen Subjekt und Prädikat, das heißt mehr als das Fünffache des Erträglichen. Jeder Schreiber, der gelesen werden will, ist gehalten, solche Satzmonstren zu zerschlagen und aus den Trümmern neue, durchsichtige Sätze zu bauen – ohne Wenn und Aber.

Attribute heißen nach ihrer Stellung im Satz diejenigen Wörter, die man zwischen den Artikel und das Substantiv schieben darf (wie die Grammatik sagt), aber nicht schieben sollte: mehr als sechs um keinen Preis, sagt die Verständlichkeitsforschung; doch am besten überhaupt keine oder allenfalls ein Adjektiv, sagen die Stilistik und die Vernunft. Wie kann ich mehrere Eigenschaften einer Person oder einer Sache nennen, ehe ich die Person oder die Sache genannt habe? 19 nähere Beschreibungen einer noch nicht genannten Sache in den *Salzburger Nachrichten*:

> ***Ein*** *in Zeiten, in denen Politik oftmals zur Bierzeltgaudi und TV-Infotainment verkommt, dringend notwendiger, freilich auch mit Allgemeinplätzen bestückter* ***Diskurs***.

Ein notwendiger Diskurs also, zwar mit Allgemeinplätzen bestückt (was immer das heißen mag), aber doch dringend in Zeiten, in denen Politik oftmals zur Bierzeltgaudi und *TV*-Infotainment verkommt. So einfach wäre die Operation: erst die Sache – dann ihre sämtlichen Eigenschaften.

Wer Sätze bauen will, die zugleich eingängig und kraftvoll sind, für den sind Hauptsätze die erste Wahl. Nebensätze werden angehängt. Was im Satz zusammengehört – der Hauptsatz, Artikel und Substantiv, Subjekt und Prädikat –, das lässt der Schreiber auch zusammen; wo die Grammatik ihn zum Zerreißen zwingt wie bei mehrteiligen Verben, hat er nach spätestens sechs Wörtern oder zwölf Silben die Verbindung wiederherzustellen.

Klammern und Parenthesen
Der eingeschobene Nebensatz ist die häufigste, aber nicht die einzige Art, den Hauptsatz zu zerreißen; beliebt sind auch *Klammern* und *Parenthesen* (Einschübe zwischen Gedankenstrichen). Schon dem Schrei-

> ber sollten sie eigentlich ein Warnsignal sein: Deutlicher als die Kommas stoßen sie ihn ja darauf, dass er jetzt einen Fremdkörper in seinen Satz donnert. Wie in der *Hannoverschen Allgemeinen*:
>
> Dass das nunmehr gefundene Mischsystem (Spenden, staatliche Zuschüsse in begrenztem Rahmen und an Wählerstimmen gekoppelte Kostenerstattung) beispielhaft sein müsse, liest die ausgewiesene Parteienfinanzierungsexpertin – schon ihre Examensarbeit handelte von dem Thema – auch aus dem erstaunlichen Umstand, dass …

13 Der heilige Synonymus

Auf keinem anderen Feld des journalistischen Handwerks streben die Vernunft und die überwiegenden Redaktionssitten so weit auseinander wie auf dem der Synonyme. «Wechsel im Ausdruck» oder «lexikalische Varianz», in der Schule ein notwendiger Lehrstoff, um den Schüler mit dem Wortschatz seiner Muttersprache vertraut zu machen – gedruckt und gesendet produzieren sie Missverständnis, Albernheit und Krampf.

Natürlich, *tun* soll man mit *machen* abwechseln, *aber* mit *jedoch*, und dreimal *hatte* hintereinander ist ein Ärgernis. Der Wechsel im Ausdruck hat sich jedoch auch und gerade der Substantive bemächtigt, der handelnden Personen, der regierenden Begriffe; ja nicht selten unterwühlt er sogar die Vergleichbarkeit der Vergleiche: Wer «die eine Hälfte» geschrieben hat, kann nach aller Vernunft nur mit der anderen Hälfte fortfahren – aber das hieße ja: zweimal Hälfte! Also muss man lesen: «die anderen 50 Prozent».

Gegen diese Zwangsvorstellung wird im Folgenden polemisiert – in der Hoffnung, ein paar etablierte Redakteure zu beeindrucken, die Mehrheit der Berufsanfänger aber so zu motivieren, dass sie eines Tages dem Unsinn ein Ende machen werden. Er liest sich nämlich beispielsweise so:

1. Ebene Hauptsatz					, gewinnt man ansonsten eher den Eindruck	
2. Ebene Nebensatz 1. Grades	Wenn man von dem Einleitungskapitel		einmal absieht			, dass hier jemand sein
3. Ebene Nebensatz 2. Grades *oder* Attributenkette im Nebensatz 1. Grades		, in dem Duerr auf die zentralen Punkte seiner Kritik an Elias eingeht und seine inzwischen bekannte These von der Universalität der menschlichen Scham ein wenig methodologisch-theoretisch zu unterfüttern versucht, *(30 Wörter = 63 Silben)*				
4. Ebene Nebensatz 3. Grades *oder* Attributenkette im Nebensatz 2. Grades						

Die Schönheit eines deutschen Schachtelsatzes ...
... enthüllt sich richtig erst, wenn man seine Konstruktion graphisch aufgliedert. So werden die Sprachebenen und Abhängigkeiten anschaulich; so lässt sich auch mühelos der Hauptsatz finden, dessen 6 Wörter sonst von den 78 abhängigen Wörtern überwuchert zu werden drohen. (*FAZ*)

13 Der heilige Synonymus 59

						1. Ebene Hauptsatz
	Wissen dem staunenden und eingeschüchterten Leser präsentiert und sich wundert					**2. Ebene** Nebensatz 1. Grades
stupendes und in zahlreichen Zettelkästen sortiertes		, wenn dieser nach der Lektüre des		Anmerkungsapparats sich fragt		**3. Ebene** Nebensatz 2. Grades *oder* Attributenkette im Nebensatz 1. Grades
			ebenfalls mit weiteren Beispielen gespickten		, ob nicht weniger vielleicht mehr gewesen wäre.	**4. Ebene** Nebensatz 3. Grades *oder* Attributenkette im Nebensatz 2. Grades

> *Wie aus Regierungskreisen in La Paz verlautete, erhofft sich die **bolivianische** Regierung von dem ersten Besuch eines deutschen Staatsoberhauptes **in dem Andenland** eine verstärkte Bonner Hilfe bei den Bemühungen, die schwere Wirtschaftskrise **des ärmsten Landes Südamerikas** zu überwinden. (dpa)*

Andenland mag man noch ertragen, obwohl es davon sieben gibt; *das ärmste Land Südamerikas* klingt zwar eindeutig, schiebt aber eine Zusatzinformation an eine Stelle, von der aus ich auf Bolivien schließen soll, doch durchaus nicht muss. (Man hätte übrigens beide Synonyme einfach weglassen können – es ging eindeutig immer um Bolivien.)

> *Der Schalterbeamte im Bahnhof in **Gelnhausen** war überrascht. Mit dem 1. März ist die **Mainmetropole** Frankfurt **der Barbarossastadt** näher gerückt. Jedenfalls nach Bahnkilometern. In Fulda fehlt dann wieder ein Kilometer an der alten Distanz **Bischofsstadt** – Frankfurt. Die Bahn sorgt für Verwirrung. (Frankfurter Rundschau)*

Solche Zwangshandlungen ergeben eine Liste, auf die man Wetten stützen kann: Mit 98-prozentiger Wahrscheinlichkeit folgt auf das Kabinett die *Ministerrunde* (die *Ministerriege* in *Spiegel* und *Stern*), auf den Hund der *Vierbeiner*, auf die Wahl der *Urnengang* und auf den Wal der *Meeressäuger* – «so sicher wie nach dem Glöckchenklang der Speichelfluss der Pawlow'schen Vierbeiner», wie die *FAZ* 1995 in einer Glosse schrieb; sie fand das «vierbeiners gemein» und empfahl, den alten Stalingrad-Film nachträglich in «Vierbeiner, wollt ihr ewig leben?» umzutaufen.

All diese Krampfhandlungen demonstrieren, dass es das, worin sich die Kollegen suhlen, eigentlich gar nicht gibt: nämlich sinngleiche Wörter von zwangloser Form. Samstag und Sonnabend sind natürlich keine Synonyme, sondern je nach Region allein regierend, ebenso Fleischer, Metzger, Schlachter und Fleischhauer. Lift und Fahrstuhl, das ist eine der wenigen Ausnahmen.

Aber *Meeressäuger* sind auch Delphine, *Vierbeiner* auch Kroko-

13 Der heilige Synonymus

dile, der Besuch ist nicht gegen die *Visite* austauschbar (denn die ist ein Besuch von oben herab, dicht an der Leibesvisitation), und für den Wind müsste man etwas wie «landesübliches Naturgebläse» erfinden, wenn man in den Urnengang verliebt ist.

Nach korrekten und zugleich unverkrampften Synonymen für regierende Substantive auch nur zu suchen, ist also meistens hoffnungslos – und wenn man sie fände, wäre man trotzdem gut beraten, sie unbenutzt zu lassen. Denn meistens sind sie lächerlich, und immer verletzen sie eine gesunde Ur-Erwartung von Lesern und Hörern: dass einer, der dasselbe meint, auch dasselbe sagt – und folglich, wenn er etwas anderes sagt, etwas anderes meinen müsste.

In welchen Irrgarten stieß die *Berliner Zeitung* diejenigen ihrer Leser, die noch nie gekifft hatten (die Mehrzahl also vermutlich), als sie eine ganze Seite dem – ja welchem Thema widmete? In der Oberzeile stand *Hanf*, in der Unterzeile *Cannabis*, im Text in dieser Reihenfolge: Hanf, Cannabis, *Haschisch, Marihuana,* Cannabis, *Gras.* Fünf Begriffe also in offenbar beliebiger Reihung – und nirgends ein Hinweis, ob es sich um fünf Namen für dieselbe Sache oder um fünf Sachen oder um fünf Aspekte einer Sache handelt, die teils identisch sind, teils zusammenhängen, teils sich überschneiden. Eine wahrhaft schamlose Art, mit Lesern umzugehen, dem heiligen Synonymus zuliebe.

Wechsel im Ausdruck ist bei Verben, Adjektiven, Präpositionen vorzüglich, bei Substantiven meist unmöglich und absolut nicht erstrebenswert. Darin ist sich die Verständlichkeitsforschung mit den meisten Stillehrern einig. Die meisten Journalisten sehen das anders.

14 Konkret geht vor abstrakt

Dass auf einer Bergwiese Blumen blühen, ist eine überaus abstrakte Ausdrucksweise: Blumen – was für ein kühner Oberbegriff für so verschiedene Pflanzen wie Enzian, Nelkenwurz und Feuerlilie! Die Fülle der Erscheinungen in Oberbegriffe zu bündeln, war und ist eine der großen Leistungen des menschlichen Verstandes, ein zwingender Lernstoff für Kinder, ein Lebenselixier der Wissenschaft.

Doch auf ebendiese Leistung sollte jeder ausdrücklich verzichten, der anschaulich und lebendig schreiben will; von der Bergwiese sollte er sagen, dass auf ihr Akelei und Berghähnlein blühen, Knabenkraut, Teufelskralle und Vergissmeinnicht. Eine Minderheit aller Leser wird einen fröhlichen Strauß von Vorstellungen damit verbinden, die Mehrheit sich immer noch an den prallen Namen freuen und eine buntere Wiese vor sich sehen, als wäre da nur von «Bergblumen» die Rede gewesen.

Leser freuen sich über alles, was auf ihre Sinne wirkt; Schreiber haben da oft eine von drei Hemmungen. Viele Schreiber *verlangen* den abstrakten Oberbegriff, weil sie Verwaltungsbeamte oder Wissenschaftler sind («Großvieheinheit» für Rinder und Pferde; «Niederschläge» für Regen und Schnee). Andere *trösten* sich mit dem Oberbegriff und mogeln mit ihm, weil sie für das Vielerlei der Bergblumen keine Namen kennen, vielleicht sogar die Teufelskralle eher in der Hölle als auf einer Wiese vermuten.

Alle Leser dieser Welt aber lesen ungleich lieber *Ei* als «befruchtete oder unbefruchtete weibliche Keimzelle bei Tier und Mensch». Sie wollen sehen, hören, riechen, schmecken, spüren – nur dann springt ihnen das Leben aus dem Wort entgegen. Schreiber, die sich wünschen, gelesen zu werden, sollten also erstens den Wunsch haben, sich mitzuteilen, zweitens möglichst viele Einzelheiten beim Namen nennen können und sich drittens, falls sie nicht bürokratisch erfassen oder akademisch publizieren, die Oberbegriffe ausdrücklich verbieten.

Leider haben viele, gerade gebildete Menschen das Gespür verloren, bis zu welchem Grad unsere Sprache von Abstraktionen durchsetzt ist. «Meyer war ein fröhlicher Mensch» beschreibt nichts, was der Schreiber beeiden könnte, sondern seine Folgerung aus Mimik, Laune und Redeweise. «In der Baracke gab es nicht einmal eine richtige Heizung», las man in einer Reportage aus einem Flüchtlingslager, und wieder erfahren wir nur, was der Schreiber aus dem, was er sah, geschlossen hat; wie schade, dass er nicht schreibt, was er gesehen hat – folgern könnten wir allein. Hat er vielleicht Lachen von rostfarbenem Wasser unter kalten Heizkörpern gesehen? Oder einen Heizlüfter von jämmerlicher Kleinheit? Oder einen Ofen mit geborstenem Rohr? Oh, hätte er eines davon genannt – die Verstandesleistung, dies als unzulängliche Heizung einzustufen, hätte jeder Leser leicht und gern aus eigener Kraft erbracht.

Anschauung! Das ist das Zauberwort. Wie begann Eichendorff seine Autobiographie – dass der Winter 1787 / 88 der kälteste seit Menschengedenken gewesen sei? Nein: So streng war er, «dass die Schindelnägel auf den Dächern krachten, die armen Vögel im Schlaf von den Bäumen fielen und Rehe, Hasen und Wölfe ganz verwirrt bis in die Dörfer flüchteten». Wie veranschaulichte eine Kulturgeschichte des Geldes den Weg von der Münze zum Papier? «Die römischen Legionäre trugen ihr ganzes Vermögen aus Silbermünzen am Leib; sie spürten bei jedem Schritt, wie viel sie besaßen – auch wenn sie manchmal so schwer daran trugen, dass sie nicht mehr plündern konnten, sondern selbst geplündert wurden. Wenn heute jemand um sein Geld erleichtert wird, wiegt er meist genauso viel wie vorher.»

Nur Sinneseindrücke und Tatsachen zu schildern, die Folgerungen daraus aber dem Leser zu überlassen, hat noch einen weiteren Vorzug: den, dass der Leser sich nicht durch das Urteil des Schreibers bevormundet fühlt. Eine Gondel auf einem etwas übel riechenden Kanal, Marmorfassaden und Mauerschwamm, ein Gondoliere, der sich redlich müht, die «Capri-Fischer» ins Italienische zu transponieren – ist das nun romantisch, traurig, kitschig oder widerlich? Urteile selber, lieber Leser; *ich* sage dir nur, was ich hörte, sah und roch – und etwas anderes, lehrt alle Erfahrung, willst du auch gar nicht wissen.

Was aber, wenn ein Sachverhalt aus mehr konkreten Details besteht, als ich wiedergeben kann oder dem Leser zumuten möchte – brauche ich dann nicht doch den Oberbegriff? Kann nicht er allein meinen Text davor retten, in Einzelheiten zu ersaufen?

Nein, wieder nicht. Was mich rettet, ist die klassische Stilfigur des *pars pro toto*, des Teils anstelle des Ganzen: Ich greife aus der Überfülle beherzt ein paar Details heraus und lasse *sie* für das Ganze sprechen. Das biblische Gleichnis nennt nur die Lilien auf dem Feld: wie ungerecht gegen alle anderen Blumen, ja gegen alle Pflanzen unter dem Himmel, die doch ebenso wachsen, obwohl sie nicht arbeiten – und wie anschaulich ebendeswegen!

Bei Peter Høeg bekennt Fräulein Smilla: «Ich habe eine Schwäche für Verlierer – für Invalide, Ausländer, den Dicken in der Klasse und für alle, mit denen keiner tanzt.» Jürgen Leinemann schrieb einst im *Spiegel* über Bundespräsident Herzog: «Der Präsident liebt Margeriten und Kornblumen, nicht hingegen den Staat und die Allgemeine Ortskrankenkasse.»

Hier herrscht totale Übereinstimmung zwischen Journalismus und Literatur, ja überwiegend sogar innerhalb der Journalistenzunft: Abstrakte Oberbegriffe ohne konkrete Einzelheiten sind ein Ärgernis. Kenne und nenne ich aber das Konkrete, so ist das Abstrakte fast immer überflüssig.

15 Das Redigieren

Schreibende Journalisten sind seltener als redigierende. Das Textangebot der Agenturen, der Pressestellen, der eigenen Korrespondenten und Reporter, der freien Mitarbeiter zu sichten, zu gewichten, zu prüfen, auf Länge zu bringen und gegebenenfalls zu verbessern, dazu Überschriften zu machen, oft auch Teaser, Vorspänne und Zwischentitel – das ist deutlich mehr als die Hälfte der journalistischen Arbeit.

15 Das Redigieren

Hier ist die Rede vom Redigieren im engeren Wortsinn: Was stellt der Redakteur an mit einem Text, von dem schon feststeht, dass und in welcher Länge er erscheinen soll?

Agenturartikel haben da einen klaren Vorzug, der zur Beliebtheit der Agenturen einen legitimen Beitrag leistet: Sie sind schon einmal redigiert worden, und zwar von Routiniers, denen die vordergründig auffallenden Schnitzer nur selten unterlaufen. Fast immer wird die Rechtschreibung, die Kommasetzung, die Grammatik stimmen (das oder dass? Er habe oder er hätte?), die Namen werden richtig geschrieben, die Funktionen korrekt bezeichnet sein, und das Wichtigste wird nicht in der elften Zeile stehen.

Das ist schon eine Menge – verglichen mit dem, was freie Mitarbeiter zumal aus kleinen Städten häufig liefern, und auch für manchen angesehenen Korrespondenten versteht sich diese Basis an Korrektheit keineswegs von selbst: Der eine steht mit dem Konjunktiv auf Kriegsfuß, der andere mit der Interpunktion, und der Dritte kann es nicht lassen, sich seinen Knalleffekt bis zum letzten Absatz aufzusparen.

Bei allen *Zahlen* ist doppelte Vorsicht geboten, aus den in Kapitel 27 (Vorsicht, Zahlen!) genannten Gründen, und hier muss der Redakteur auch den Agenturnachrichten mit vollem Misstrauen begegnen: Zahlen, die er nicht kennt, müssen wenigstens plausibel sein; kann er nicht beurteilen, ob sie plausibel sind, so hat er nachzufragen, im Internet nachzuforschen oder zu streichen.

Das bisher Genannte ist die Mindestarbeit, die beim Redigieren geleistet werden muss. Dazu kommt der Zwang, die vorgegebene Länge herzustellen, fast immer durch Kürzung (das Verlängernmüssen ist erfreulicherweise selten und immer eine Qual).

Ist die Länge noch nicht durch das Layout vorgegeben, so erwarten der Layouter, der Produktionsredakteur, der Ressortleiter einen raschen Zuruf über den Platzbedarf; ich muss mir also durch Überfliegen des Textes ein Urteil bilden.

Ist die Länge vorgegeben, so habe ich ausnahmsweise – und wirklich nur ausnahmsweise – die Möglichkeit, nach der ersten Lektüre auf ein Missverhältnis hinzuweisen: wenn ich den Platz viel zu knapp oder viel zu reichlich finde; vielleicht lässt sich ja am Layout noch was ändern.

Beim Kürzen: Vorsicht vor Fallgruben! Steht in Satz 7 ein *zwar*, so kann Satz 8 mit dem *aber* nicht gestrichen werden. Hat der Redner drei Gründe angekündigt, so muss ich ihm entweder alle drei stehen lassen oder seine Ankündigung streichen. Schränkt der Redner eine starke Behauptung im folgenden Satz deutlich ein, so ist es nicht erträglich, die Einschränkung wegzulassen.

In den meisten Nachrichtenredaktionen ist die Arbeit des Redigierens damit beendet – zu mehr fehlt meist die Zeit und manchmal auch das Engagement. In *Zeitschriften* regiert das gegenteilige Extrem: Zeit ist vorhanden, ein liebevoller oder tyrannischer Ressortleiter redigiert nicht selten bis zur Unkenntlichkeit, und in großen Redaktionen wie der des *Stern* gibt es eine Hierarchie der Redigier-Ebenen, die den Autor manchmal zur Verzweiflung treibt.

Vernünftig wäre, falls die Zeit reicht, ein Mittelweg, wie er zumal in größeren Zeitungsredaktionen oft bei Leitartikeln oder großen Reportagen eingeschlagen wird: Der Redigierende setzt sich auch mit der Sprache und der Dramaturgie des Textes auseinander – und wenn er Anstand hat und die Zeit es irgend erlaubt, spricht er mit dem Autor darüber und hört sich seine möglichen Einwände an.

Was sollte an *Sprache und Stil* redigiert werden, über die vordergründige Korrektur hinaus? Alles, was den in den Kapiteln 11 bis 14 zusammengefassten Regeln des verständlichen und gefälligen Deutsch widerspricht. In drei Grenzfällen noch mehr.

Grenzfall 1: Der Text enthält sehr lange Zitate. Fortlaufende wörtliche Rede liest sich aber im Allgemeinen beschwerlich, es sei denn, die Passage wäre als etwas angekündigt, was Beifall oder Pfiffe auf sich zog. Gut leben lässt sich mit der Faustregel: Jeder Absatz, der den Inhalt einer Rede wiedergibt, besteht aus einem Satz in direkter und zwei Sätzen in indirekter Rede.

Warnung vor langen Zitaten, wenn sie, wie häufig in Porträts oder Reportagen, spontane mündliche Rede wiederzugeben behaupten: Sie wirken unglaubhaft und sind es auch fast immer (nämlich geschönt oder aus Brocken des Mitgeschriebenen zusammengeleimt).

Grenzfall 2: Der Text enthält sehr kurze Zitate, die aber in Menge (X sagte, auf einen so «unverschämten» Vorwurf werde er eine «mehr als passende» Antwort erteilen). Da entsteht zum einen ein hässlicher Anblick («Gänsefüßchen-Salat») und entsprechend stockender Lesefluss, zum anderen der Eindruck einer ironischen Distanzierung, und die hat in der Nachricht nichts verloren.

Grenzfall 3: Das Zitat ist aus einer anderen Sprache übersetzt. Bietet eine amerikanische Agentur ihren deutschen Kunden eine Rede des argentinischen Präsidenten an, so liegen gar zwei Übersetzungsvorgänge dazwischen – vom Spanischen ins Englische und vom Englischen ins Deutsche. Mit dem Signal «wörtlich» sollte da wohl überhaupt kein Satz mehr versehen werden.

Bei nur einer Übersetzung mag es gerade noch angehen, von «Wortlaut» zu sprechen. Den darf man aber redigieren, falls man der Originalsprache mächtig ist. Lässt die Agentur den amerikanischen Präsidenten sagen: «Meine Administration steht vor großen Herausforderungen», so handelt es sich bei «Administration» um eine Nichtübersetzung von *administration*, zu Deutsch «Regierung», und bei «Herausforderung» um eine zumindest anfechtbare Übersetzung von *challenge*, was meist mit «Aufgabe» besser getroffen wird (da Herausforderung immer noch auch «Provokation» bedeutet).

So viel zur Sprache. Wann und wie darf oder soll man darüber hinaus die *Dramaturgie* redigieren, die Abfolge, die Gliederung? In Zeitschriftenredaktionen geschieht dies ständig; in Nachrichtenredaktionen ist es meist überflüssig (das Neueste nach vorn – das beherrschen fast alle). Ein typischer Gegenstand des Grübelns und des Zwistes zwischen Redakteur und Autor kann die Dramaturgie bei der *Reportage* sein, einem Text, dessen Aufbau ja völlig im Ermessen des Schreibers liegt, der aber, trotz erheblicher Länge, möglichst viele Leser Absatz um Absatz fesseln soll.

Ein milder und gescheiter Schritt in Richtung auf das Redigieren ist das *Gegenlesen*. Oft ist es eine feste Sitte (Kommentare werden von einem Mitglied der Chefredaktion gegengelesen), und jeder kluge Journalist *sucht sich* einen Gegenleser für alle herausgehobenen Texte, auch wo das nicht zum Redaktionsbrauch gehört.

Ein Chefredakteur wird seinen Leitartikel natürlich ungern redigieren lassen, aber wenn er vernünftig ist, übergibt er das Manuskript einem Gegenleser. Der wird von sich aus nichts ändern und seine etwaigen Einwände vorsichtig formulieren, aber mindestens *einen* Einwand wird er hoffentlich haben. Erst recht sucht sich der Berufsanfänger einen Gegenleser, ehe er seine erste Glosse anbietet: einen jüngeren Redakteur seines Vertrauens. Und Gegenleser haben recht.

Ein noch milderer, erzgescheiter und unerlässlicher Schritt in Richtung auf das Redigieren ist die kritische Selbstlektüre – nicht in der Nachrichtenredaktion, versteht sich, aber bei allen Texten, für die man einstehen möchte: Die liest man mehrfach und davon mindestens einmal *laut* (falls man ein isoliertes Zimmer findet); und wo man spontan gestolpert ist, da ändert man, ohne Wenn und Aber.

Dass ein Text sachlich und sprachlich korrekt ist, dafür haftet, mehr als der Autor, der Redakteur. Dabei helfen ihm ein rascher Blick, eine lückenlose Kenntnis der Grammatik, ein vielfältiges Wissen und die stets parate Plausibilitätskontrolle. Für die Länge des Textes haftet der Redakteur allein. Lässt die Zeit es zu, so sollte er auch den Stil und zumal bei Reportagen die Dramaturgie kritisch prüfen. Je stärker der Wunsch, hier einzugreifen, desto dringender das Gespräch mit dem Autor. Wer nicht redigiert wird, sucht sich für alle wichtigen Texte einen Gegenleser.

16 Lexikon unbrauchbarer Wörter

– alberner Wörter wie *Gewittersturm*, flapsiger wie *jede Menge*, aufgeblasener wie *Paradigmenwechsel*, vieldeutiger wie *Skandinavien*, geschwätziger wie *Zielsetzung*, falscher wie *Inhalte* und *Aktivitäten*. Die Nichtverwendung der folgenden Wörter und Redensarten erhöht die Wahrscheinlichkeit, sich unmissverständlich, lebendig und sympathisch ausgedrückt zu haben.

16 Lexikon unbrauchbarer Wörter

ab Die überflüssigste Vorsilbe – wenn es nicht *an* und *auf* gäbe. Abändern, abmildern, absichern, absinken, abstützen: alle besser ohne ab-. *Abklären:* besonders hässlich. *Absegnen:* saloppes Modewort für gutheißen, genehmigen. *Abzielen:* Tell zielte auf den Apfel ab. *Absehen:* s. nächstes Stichwort.

abgesehen davon, dass ist entweder eine *Anmaßung* («Von örtlichen Aufheiterungen abgesehen …», sagt der Wetterbericht. Woher weiß er aber, dass ich gerade vom einzigen Erfreulichen am Wetter abzusehen wünsche?) – oder eine *Antinachricht*: Alles, wovon der Leser absehen soll, sollte man schlüssigerweise weglassen.

abzuwarten bleiben Schlussfloskel und Verlegenheitswort in Leitartikeln, die auf den Knalleffekt zumarschieren: «Ob sich die Lage in (Iran, Somalia, Kambodscha usw.) wirklich beruhigt … Ob diese törichte Regierung imstande ist, dem Rat unseres Blattes zu folgen … bleibt abzuwarten.»

Administration Amerikanismus für *Regierung*. Denn *government* heißt nicht primär «Regierung», sondern *Staat* im Sinne der Staatsbehörden. Bei uns erhebt «der Staat» Anklage, in Amerika «the government». Für «Regierung» bleibt somit nur noch «Administration» – auf Englisch, aber nicht auf Deutsch.

Aktivitäten (Business-, Einkaufs-, Sales-, Vertriebs- und Düngemittelaktivitäten, internationale, sportliche, gärtnerische ebenso) – Zwangshandlung von Berufsschreibern, zumal in der Wirtschaft, die viererlei nicht stört:
1. Das Wort ist vollständig verschlissen.
2. Häufig ist es bloß ein geschwätziges Anhängsel: Geschäft, Vertrieb und Marketing *bersten* notwendig vor Aktion, und die «Marketingaktivitäten» sind einfach fünf Silben zu viel.
3. Das Wort verdrängt vielsilbig und wichtigtuerisch die *Aktionen,* die fast immer gemeint sind («unser Aktivitätenplan»).
4. Es verballhornt das Wort *Aktivität,* das ein Singularetantum ist, ein Wort ohne Plural (wie wir ja auch keine Fleiße, Tatendränge, Passivitäten kennen). 1 Aktivität kann entweder aus 100 Aktionen bestehen, oder sie benennt das Aktivsein, die Arbeitskraft, Tatkraft, Schaffenslust (und nicht «Schaffenslüste»).

alle Deutschen, Bayern usw.: Eine Behauptung, die allenfalls im Kommentar zulässig und auch dort nicht ratsam ist – ein einziger Leser kann den Schreiber widerlegen. Also höchstens: *fast* alle, die meisten. Heikler norddeutscher Sprachgebrauch «Die Äpfel sind alle»: 1. Logisch rätselhaft, 2. unverstanden von Wien bis Zürich. Bayerisch: Die Äpfel sind «aus» oder «gar».

allermeiste «Die meisten» sind schon so viele, dass für «aller» kein Platz mehr bleibt – geschwätzige *Verdoppelung* (s. diese).

allfällig wird oft im Sinne von überfällig verwendet. Es ist aber ein Schweizer Regionalismus, der *etwaig* bedeutet.

als bedeutet *Gleichzeitigkeit ohne Kausalzusammenhang*: «Als Moskau brannte, war Moritz Piefke drei Jahre alt» – richtig, denn es bestand keine ursächliche Verknüpfung. «Elf Menschen kamen ums Leben, als ein Omnibus in den Chiemsee stürzte» – falsch, denn offenbar sind sie doch *dabei, dadurch dass, weil* umgekommen. Wodurch die elf umkamen, wird mir gar nicht mitgeteilt. «Hundert Menschen starben auf den Straßen, als wir Kaffee tranken» – da wird's wieder richtig.

alternativ, alternativlos Die abgewetztesten aller politischen Modewörter.

Amerikanismen s. Anglizismen

an Eine oft überflüssige und ärgerliche Vorsilbe (vgl. *ab* und *auf*). Anheben, ankaufen, anmieten, anschwellen, ansteigen, anwachsen fügen dem Heben und Wachsen nichts hinzu.

andenken ein Thema andenken (im Sinn von «sich Gedanken machen über»): albernes Modewort, vom Duden registriert (aber der verzeichnet ja auch Unfug, wenn er oft genug begangen worden ist). «Andenken» ist das Gedenken oder das Souvenir – und sonst nichts.

Anglizismen s. Administration, Aktivitäten, bannen, dieses Land, einmal mehr, Herausforderung, kontaktieren, konzertieren, Mexico City, Mittlerer Osten, Netzwerk, notwendigerweise, realisieren, Subkontinent, Technologie, unter, Verantwortlichkeit, Westbank.

anlässlich heißt: Nicht zum Kern der Sache gehörig, sondern lediglich zum Anlass genommen. «Anlässlich seines 80. Geburtstags lud er seine Kinder und Enkel ...» Falsch! *Zum* Geburtstag lud er sie ein; *anlässlich* des Geburtstags stiftete er eine Bank für den Stadtpark. Vgl. *während*.

ansonsten Modisches Blähwort für «sonst», auch «im Übrigen» oder «andernfalls».

ansprechen kann man Menschen auf der Straße, aber nicht «Probleme».

Anti-Aging das Anti-Altern: Künstlicher Oberbegriff eines interessierten Gewerbes für alle Pillen, Salben und Behandlungen, die das Altern angeblich hinauszögern – vermutlich also ein Wortvorhang, hinter dem sich nichts verbirgt, was der Benennung bedürfte, in welcher Sprache auch immer.

Arzneimittel Zunft- und Blähwort für Arznei, Medikament, Medizin, Tablette, Pille. Die Zunft bläht z. T. noch weiter auf zu *Arzneimittelspezialität*. Vgl. *Verdoppelung*.

Attentat, missglücktes Ein Attentat kann misslingen, scheitern, verhindert werden; «missglücken» kann nur etwas, bei dem das Glücken vom normalen Leser als Glück empfunden worden wäre. Vgl. *Deutlichkeit, sorgen für*.

Attentatsversuch Geschwätzige *Verdoppelung von Attentat* – welches nämlich «Versuch» heißt. Ein Mordanschlag kann scheitern; ein Attentat bleibt er doch.

auf Eine oft überflüssige Vorsilbe wie *ab* und *an*: auffüllen, aufspalten, aufzeigen. *Auflisten:* Bürokratenjargon.

aufoktroyieren Geschwätzige Erweiterung von «oktroyieren» (was «auferlegen» heißt).

aufweisen Meist eine Blähung für das schlichte *haben*: «Das Auto weist vier Räder auf.»

auseinanderdividieren Blähwort für spalten, teilen, auseinanderbringen; so viel wert wie «neu renovieren» – da *dividieren* «teilen» heißt und das Teilen stets auseinanderbringt, was zusammen war. Vgl. *Verdoppelung*.

ausklammern Erstens ein überstrapaziertes Modewort. Zweitens ein schiefes Wort: Denn bekanntlich klammern die Klammern *ein* und nicht aus. Was vorn und hinten zugeklammert worden ist, ist eingeklammert. Probleme lassen sich also durchaus einklammern. «Ausklammern» gibt es auch, aber es bedeutet «aus der Klammer herausnehmen», also das Gegenteil.

außen vor lassen Hanseatischer Regionalismus, durch *Spiegel* und *Stern* zur gesamtdeutschen Modefloskel geworden und inzwischen dermaßen abgenutzt, dass es eine Wohltat wäre, wenn jemand oder etwas mal wieder *außer Acht* oder *draußen* gelassen würde.

Auswirkung Eine törichte Silbe mehr als «Wirkung».

Azubi Die Rache des Volksmunds am Bürokratenwort «Auszubildender». *Lehrling* heißt er.

Bahnhof, großer Ein vollständig ruiniertes Klischee.

bannen kann man eine Gefahr oder den Teufel. Als modisches Synonym für *verbieten* («Parlament bannt Porno») ist es ein übler Anglizismus.

Befindlichkeit Modisches Blähwort für Befinden, Zustand, Laune – die perfekte Karikatur auf allen bombastisch-hohlen Sprachgebrauch. Steigerungen bei Hermann Lübbe: Befindlichkeitsqualität, Missbefindlichkeitsspegel.

beide «Beide Staatsmänner gingen spazieren» heißt: Sie gingen getrennt spazieren (was selten gemeint ist). Gingen sie zusammen, so muss es heißen: «Die beiden Staatsmänner». Gegenprobe: «Meine Schwestern haben beide geheiratet» – ja, aber doch nicht einander? Wenn zwei einander heiraten, sagen wir natürlich: «Die beiden haben geheiratet.»

beinhalten Bürokratenklischee für *enthalten* (mit der ständigen Versuchung, zunächst «Bein» zu lesen).

Bekenntnis ablegen zu Die typische Einleitung einer Unnachricht. Wer immer nichts Besseres zu tun hatte, als ein Bekenntnis zu diesem oder jenem abzulegen, sollte überhaupt nicht gedruckt oder gesendet werden.

Beliebtheit, sich zunehmender ... erfreuen: geblähte Floskel vom Range des «an Deutlichkeit nichts zu wünschen übrig lassen».

Beobachter, politische gibt es nicht. Erstens grammatisch nicht: Denn ein Beobachter der politischen Zustände ist so wenig ein «politischer Beobachter», wie der Besitzer eines vierstöckigen Hauses ein vierstöckiger Hausbesitzer ist. Zweitens journalistisch nicht: Denn der Beobachter ist der Korrespondent selber, oder sein Taxifahrer, oder sein Freund in der Botschaft. Wenn ich keinen von diesen nennen darf oder will, dann schreibe ich: «Es gilt als sicher».

berappen (für bezahlen) kommt aus der Gaunersprache und wäre besser dort geblieben.

Bereich Schwammiges *Verlegenheitswort* für alle Lebensbereiche. Nicht:

16 Lexikon unbrauchbarer Wörter

«im innerschulischen Bereich» (8 Silben), sondern: «in der Schule» (4 Silben).

bereits schon In Mode gekommene geschwätzige Verdoppelung.

Beschreibung, jeder ... spotten
1. Überaus abgewetzte Metapher (wer hört da noch Hohn und Spott heraus?).
2. Unjournalistische Formel, da Journalisten eben gerade *beschreiben* sollen, statt sich zu rühmen, dass sie nicht beschreiben können.

Bevölkerung ist ein *Vorgang*, das Gegenteil von Entvölkerung. Im Grundgesetz steht «Volk», die Leipziger demonstrierten 1989 mit Transparenten «Wir sind das Volk», die BahnCard-Werbung hieß «Halber Preis fürs ganze Volk». Wem «Volk» dennoch zu völkisch oder zu pathetisch klingt, der schreibe: Menschen, Leute, Bürger, Einwohner.

beziehungsweise bzw. Eine meist vermeidbare Hässlichkeit und Pedanterie. «Meier und Müller verdienen 3000 und 4000 Euro» ist ein völlig klarer Satz.

bis heißt 1. einschließlich (Montag bis Freitag geöffnet), 2. ausschließlich (Er arbeitet täglich, bis auf sonntags). Bayerischer Sprachgebrauch für 1 daher: Montag *mit* Freitag. Was heißt «bis auf die Grundmauern niedergebrannt»? – mit ihnen oder ohne sie? «Bis zum Jahr 2050 wird es in Afrika praktisch keinen Wald mehr geben». (Aber ab 2051?)

Bürokraten-Jargon s. anmieten, auflisten, Azubi, befassen, beinhalten, Defizite, durchführen, Ebene, hinsichtlich, Inhalte, insbesondere, langfristig, Niederschläge, seitens, zwischenzeitlich.

chic gilt als schicker als *schick* (in einer Ceit, die Cigaretten liebt). Schlimmer wird es bei Declination: chice Kleider – zu sprechen schize Cleider.

committen, sich sich festlegen. Lieblingswort des schweizerischen Chefs der Deutschen Bank, Josef Ackermann: «Ich bin nach wie vor committed in Deutschland».

Corporate Identity Jargon der Wirtschaft für das Unternehmensbild – und wenn schon Englisch, dann für das Image.

Defizite Pluraletantum des akademisch-bürokatischen Jargons. Gemeint sind Lücken, Mängel oder das Haushaltsdefizit.

Deutlichkeit, an ... nichts zu wünschen übrig lassen: (1) erstarrte Floskel, die (2) an Umständlichkeit nichts zu wünschen übrig lässt und (3) oft sogar dort verwendet wird, wo kein vernünftiger Mensch entsprechende Wünsche hegt.

dieses Land ist eine Nichtübersetzung von «this country», das für Englischsprachige immer nur ihr Heimatland sein kann; Bulgarien ist immer *that country*. Bei uns aber kann «dieses Land» durchaus Bulgarien meinen, wenn wir im Satz zuvor von Bulgarien gesprochen haben. «This country» heißt «unser Land»; und wem das «uns» zu vertraulich klingt, der kann ja «Deutschland» sagen.

Ding der Unmöglichkeit Spreiz- und Blähwort für «unmöglich».

dislozieren Militärjargon für «stationieren».

downloaden Ein Anglizismus von besonderer Albernheit, da das Herunterladen längst gleichberechtigt in Gebrauch ist. *Empfehlung*: abschaffen.

durchführen Bürokratendeutsch, bei *Reuters* ausdrücklich verboten. Besser: vornehmen, verwirklichen, vollziehen; manchmal auch: ausführen, durchsetzen, herbeiführen, vollenden.

Ebene Verlegenheits- und Bürokratenwort, dem *Bereich* verwandt.

echt Ein durch Werbesprache und Teenager-Jargon völlig ruiniertes Wort.

Effizienz ist über seine physikalische Bedeutung («Wirkungsgrad») hinaus so beliebt geworden, dass es oft fälschlich statt «Effektivität» verwendet wird. Generale, Manager, Chefs vom Dienst müssen zunächst *effektiv* sein, d. h. das vorgegebene Ziel erreichen; darüber hinaus *effizient* sind sie nur dann, wenn sie das Ziel mit minimalem Aufwand erreichen, rationell, sparsam, leise.

Ehefrau Ursprünglich Standesamts-Jargon, dann zur Marotte kultiviert: «Erich Meyer mit Ehefrau Hilde». Auf Deutsch immer noch: mit seiner Frau, oder: das Ehepaar Hilde und Erich Meyer.

Eigeninitiative Törichte *Verdoppelung*: Initiative heißt ja, dass einer den Anfang macht.

Einhandsegler Zunftjargon für «Alleinsegler». (Frage an die Seglerzunft: Wie nennt ihr den ersten einarmigen Weltumsegler?)

einmal mehr Anglizismus («once more») für: noch einmal, wieder einmal, schon wieder, aufs Neue, abermals.

einstöckig heißt eigentlich: mit einem Stockwerk versehen, also *zwei* Etagen umfassend. Überwiegend wird es aber für etwas verwendet, wofür wir kein gängiges Wort haben: ebenerdig, ein-etagig, *ohne* Oberstock. Also: ohne Erläuterung unbrauchbar.

Elizabeth, Königin Eine verbreitete, aber törichte Schreibweise. Wer so schreibt, sollte die Dame englisch aussprechen und «Queen Elizabeth» nennen. Da wir sie aber «Elisabeth» aussprechen, dürfen und müssen wir sie auch so schreiben.

erklären heißt entweder «erläutern» oder «feierlich verkünden». Ist keins von beiden gemeint, sondern nur «sagen», so sollte man *sagen* sagen (also nie: «Meyer erklärte»).

Erlebnis, einmaliges Diese Floskel ist die korrekte Antwort auf die Frage: «Ein wie vielmaliges Erlebnis vermittelte Ihnen der Flug mit dem Freiballon?»

Fokus Brennpunkt, Schwerpunkt, Mittelpunkt. Meist korrekt verwendet, jedoch im Übermaß («Im Fokus stehen innovative Lösungen zur Optimierung logistischer Abläufe»).

fokussieren überflüssiges Modewort in Wirtschaft und Wissenschaft für *konzentrieren*.

Frontlinie Geschwätzige *Verdoppelung* von «Front» (welche die vorderste Linie ist).

frugal heißt «einfach, bescheiden». So verstehen das Wort aber nur 9 Prozent der Deutschen. Für 19 Prozent heißt es «üppig, großartig». Für 67 Prozent heißt es überhaupt nichts. Also: unbrauchbar.

frühzeitig Geschwätzige *Verdoppelung* von früh oder zeitig.

Gegebenheiten, örtliche Bläh- und Bürokratenfloskel für die Zustände am Ort.

gekonnt Dümmliches Modewort für «gut».

generieren modisches Fachwort für machen, schaffen, erzeugen, bewirken, hervorrufen.

Geschehen das schreckliche Geschehen usw.: schwammiges, modisches *Verlegenheitswort* für Ereignis, auch Vorkommnis, Fall, Ablauf, Entwicklung, Drama, Katastrophe. Am besten aber lässt man alles, was geschieht, gar nicht im Substantiv geschehen, sondern im Geschehwort, dem Verbum.

Gewittersturm geschwätzige Nachäffung von *Thunderstorm*, «Donnersturm». Tausend Jahre lang waren die Deutschsprachigen mit dem Gewitter zufrieden – dann wurden sie von der Einsicht überwältigt, dass das englische Wort uns zwinge, an das längst Gesagte (denn Gewitter ohne Sturm sind selten) auch noch den «Sturm» anzuhängen.

gezielt Gespreiztes Modewort, mit dem entweder Zielstrebigkeit vorgetäuscht oder eine von niemandem bezweifelte Zielgerichtetheit wichtigtuerisch hervorgehoben werden soll. Wer wird schon *ungezielte* Maßnahmen ergreifen?

Grauens, ein Bild des Standardantwort auf die Frage: Was bot die Stätte des Unglücks?

Hardware und Software sind zwar vermutlich unausrottbar eingebürgert – aber es wäre erlaubt, sie hin und wieder durch das zu ersetzen, was sie bedeuten: Geräte und Programme.

Haus: ins Haus stehen «uns steht ein neuer Redakteur ins Haus»: unlogische modische Saloppheit – «stehen» ist ein statisches Verbum, das nicht mit einer Richtung («ins») verbunden werden kann («Eine schöne Frau liegt mir ins Bett»).

Herausforderung heißt zweierlei, was unvermeidlich mitschwingt, in der Wirtschaft aber nie gemeint ist: 1. die Aufforderung, sich zum Kampf zu stellen (im Boxen, im Duell), 2. die Provokation, die Frechheit, die Brüskierung («das Schicksal herausfordern», «die Herausforderung durch den Terrorismus»). Gemeint ist entweder 3. das regierende Modewort für Aufgabe, Ansporn, Aufruf zur Tat – oder 4. ein etabliertes Tarnwort für «Problem» (das in vielen Firmen verpönt ist, obwohl es kaum noch einen gibt, der die Tarnung *nicht* durchschaut).

hinsichtlich Bürokratenwort für «im Hinblick auf» oder für einsilbige Präpositionen wie zu, für, vor.

hinterfragen Soziologenjargon bis zur Karikatur seiner selbst; nach Hans Weigel «aus dem Anus der deutschen Sprache ausgeschieden».

hinwegtäuschen können, darüber nicht Geblähte Floskel für: niemanden täuschen, uns nichts vormachen.

hochkarätig Modewort für wertvoll, hochqualifiziert, tüchtig.

in etwa Bürokratenjargon für etwa, ungefähr.

Inhalte Unzulässiger modischer Plural von Inhalt. Nach deutscher Grammatik sind «alle hundert mit Hut erschienen» (nicht mit «Hüten»), und hundert Bücher haben einen Inhalt. In der Politik («Wir müssen endlich über Inhalte diskutieren») ist meist gar nicht «der Inhalt» gemeint, sondern die Sache, um die es geht, die Substanz, die Aussage, das Programm. Die «Lerninhalte» der Schule sind natürlich der *Lehrstoff*.

initiieren (mit dem einladenden Schriftbild von vier «i»): Jargon für Anstoß geben, einführen, in die Wege leiten.

insbesondere Bürokratisches Blähwort für besonders, vor allem.

irgendwie Schlimmstes Mode-, Füll- und Verlegenheitswort der zeitgenössischen mündlichen Rede, zumal bei Teens und Twens («Landschaft törnt mich irgendwie unheimlich an, echt!»).

Jargon s. Bürokratenjargon, Soziologenjargon, Teenager-Jargon, Zunftjargon.

jede Menge Modische Aufblähung von *viele*. Wenn ich, schlimm genug, nicht weiß, ob 100 oder 10 000 oder 83 Prozent, dann wähle ich für meinen Mangel an Präzision das schlichteste Wort – *viele* eben. «Jede Menge» ist:
1. oft eine dreiste Nicht-Information: «Hier wird jede Menge Energie verpulvert» (Reportage über Fußball bei Flutlicht). *Wie* viel denn bitte, übersetzt z. B. in Haushaltsverbrauch?
2. der Herkunft nach Teenager-Jargon mit anhaltendem Unterton von Flapsigkeit: «Der Krieg in fordert jede Menge Opfer» ist geschmacklos.

Juristensprache s. Totschlag, unter Beweis stellen.

Klartext, «im Klartext» Zulässig, wenn der Autor einen verschrobenen Text verdeutscht, der nicht von ihm stammt (Pressemitteilung, Verlautbarung, Regierungserklärung). Sonst eine Selbstbezichtigung: Ein Text, der der nachträglichen Klarstellung bedarf, wird natürlich niemals hingeschrieben.

Klischee s. Metapher.

knapp 10 000 Teilnehmer – das heißt: so wenig! Fände ich es viel, müsste ich *fast* 10 000 schreiben. Unparteiisch ist nur *annähernd* 10 000 (*rund* 10 000 wären ja mehr). Diese klare Unterscheidung ist den meisten Berufsschreibern abhanden gekommen – aber solange wir «knapp bei Kasse» sein können, hören die meisten das Wenige noch heraus. Würden Sie schreiben «Hitler hat *knapp* 6 Millionen Juden umgebracht»?

kommunizieren im Sinne von einseitig mitteilen: schamloser, in der

Wirtschaft gern begangener Missbrauch eines Begriffs, der eindeutig den *Austausch* von Wörtern, Meinungen, Mitteilungen bezeichnet. «Wir haben unser Programm nicht richtig kommuniziert» heißt eine häufige Selbstkritik von Unternehmen, von Parteien auch. Sie meinen die einseitige Berieselung von Kunden und Wählern – und wären entsetzt, wenn die *antworten*, also Kommunikation überhaupt erst herstellen würden.

konjunkturell s. Situation, konjunkturelle

kontakten, kontaktieren Nichtübersetzung von engl. contact: mit jemand Kontakt aufnehmen.

kontrovers diskutieren Modische *Verdoppelung*: discutere (lat.) heißt schon «auseinanderschlagen», und das ist kontrovers genug.

konzertieren 1. ein Konzert geben. 2. Nichtübersetzung von engl. concert: besprechen, verabreden. *Konzertierte Aktion:* Nichtübersetzung von engl. concerted action = gemeinsames Vorgehen, koordiniertes Handeln.

Kreativität formelhaft verwendetes Lieblingswort von Wirtschaft und Werbung – mit dem zusätzlichen Nachteil, dass es fast nie das meint, was es besagt: Es heißt *Schöpferkraft* («Creation», englisch ausgesprochen, ist die Erschaffung der Welt). Verwendet wird es aber fast ausnahmslos anstelle der schönen alten *Phantasie*, der Einfälle, der Ideen, der Erfindungsgabe. Ein deutscher Unternehmer zur *Süddeutschen Zeitung*: «Es mangelt nicht an Kreativität – es wird nur immer schwieriger, gute Ideen auch umzusetzen.» Ebendie Umsetzung wäre die *Kreation* und die Fähigkeit zur Umsetzung die *Kreativität*. Gemeint war also «Phantasie», wie fast immer. «Der ist nicht kreativ» = dem fällt nichts ein.

kurzfristig Entweder hässlich oder unbrauchbar. Definition an Bank und Börse: Beginn sofort, Dauer maximal zwölf Monate. In Politik und Journalismus aber heißt es viererlei:
1. sofort beginnend auf kurze (nicht definierte) Zeit,
2. sofort beginnend auf lange Zeit,
3. rasch, schnell, auf der Stelle, sofort, im Handumdrehen («Wir haben das kurzfristig entschieden»),
4. zunächst, anfänglich, eine Zeitlang («Kurzfristig sah es so aus …»).

Küstenlinie Geschwätzige Nachäffung von *coast line*, dem Duden unbekannt, auf Deutsch die Küste.

langfristig Meist unbrauchbar. Schon die Definition durch Bank und Börse ist uneinheitlich: mehr als zwölf Monate oder vier Jahre oder fünf Jahre – immer aber: Beginn sofort. Ebendas wollen Politiker gerade nicht sagen, wenn sie versprechen, «das Problem der Arbeitslosigkeit langfristig zu lösen».

laufen (beim Menschen) ist nur eindeutig, wenn der sportliche Zusammenhang klar ist (100-m-Lauf). Sonst ist es erläuterungsbedürftig – denn *laufen* heißt 1. rennen, 2. gehen («Fahren wir oder laufen wir?» – «Kann der Kleine schon laufen?»)

leben Das unschuldige Verbum ist in den letzten Jahren in der PR mit einer rätselhaften, zwanghaften Zusatzbedeutung versehen worden: «Wir müssen die Unternehmenswerte *leben*» – «die Sparkassenphilosophie *leben*». Wunderschön. Aber wie macht man das?

letzten Endes war mal richtig, als man nämlich unter «Ende» noch den *Zweck* verstand («Was heißt und zu welchem Ende studiert man Universalgeschichte?»). Heute ist es schiere *Verdoppelung*.

Letzterer und *Ersterer* sind nicht nur umständlich, sondern auch noch falsch, weil der Erste und der Letzte keine Steigerung zulassen. Der Erste – der Letzte; der Erste – der Zweite; der eine – der andere; oder die Namen noch mal.

Leuchte Zunftjargon für «Lampe». *Lampe:* Zunftjargon für Glühbirne.

live Lebendig, aktuell, direkt; im Deutschen zumal: in realer Anwesenheit. «Elton John live» heißt praktisch nur «Elton John ist da». *Live in concert*, Lieblingsfloskel deutscher Werber, sagt nichts anderes als «in concert» allein – denn wie anders als real sollte das stattfinden?

lohnenswert In Mode kommende geschwätzige *Verdoppelung* von *lohnend* oder *wert*.

man/frau «Einer der beliebtesten Manierismen alternativer Schreibe» *(Spiegel).* Vgl. *mensch.*

Mangelware bleiben Aufgeblähte und abgewetzte Floskel. «Angriffe gegen Autos blieben Mangelware» *(Die Welt,* Überschrift im Vermischten – immerhin nahm jemand Anstoß, und in der Spätausgabe hieß es: «Angriffe gegen Autos blieben die Ausnahme»).

mausern, sich zu etwas zu Tode geschleifte Metapher, die überdies schon bei der ersten Verwendung falsch war. Vögel mausern sich nämlich zu gar nichts, wenn sie sich mausern – sie bleiben Vögel, nur in frischem Federkleid. Jedes *sich mausern zu* («Der Bahnhof mauserte sich zum Museum») ist also Unsinn.

Mehrheit, überwältigende Überzogene und abgedroschene Metapher für sehr große Mehrheit. (Wenn mich die Mehrheit nicht zusammenschlägt, hat sie mich noch nie überwältigt.) Arglose Verwendung umso dubioser, als Diktaturen ihre 99,9-Prozent-Mehrheiten gern als «überwältigend» hinstellen.

mensch Feministischer Jargon für *man*. Als Nestroy schrieb «Der Zorn überweibt sie», war er noch originell.

Metaphern, abgewetzte s. Bahnhof, mausern, Mehrheit, Pilze, Quecksilber, Todesopfer, Urständ, Wetterfrösche.

Mexico City ist Unfug. Eine spanischsprachige Stadt können wir spanisch oder deutsch benennen – aber warum englisch? Spanisch (amtlich!) Ciudad de México. Deutsch: Mexiko-Stadt, die Stadt Mexiko, oder einfach: Mexiko, denn nur selten bleibt unklar, ob man Stadt oder Land meint.

Mittlerer Osten Anglizismus für *Naher Osten*. Für Engländer ist Near East der Balkan und die Türkei; also müssen sie denjenigen Osten, der für uns noch nah ist, bereits als Middle East bezeichnen.

Motivation heißt «Motivierung», ist also ein Vorgang – und wird in zeittypischer Blähfreudigkeit doch dauernd anstelle des *Motivs* verwendet, des Grundes, Antriebs, Anstoßes. Steigerung: *Motivationsstrukturen*.

nachdem «Nachdem du ein Depp bist» ist bayerisch. «Nachdem ich ankam» ist falsch. Nachdem verlangt das Plusquamperfekt (ausnahmsweise das Perfekt: wenn nämlich der Bericht im Präsens steht).

nächst Welchen Tag meine ich, wenn ich am Montag vom *nächsten Mittwoch* spreche? Dem Wortsinn nach müsste ich «übermorgen» meinen. Die meisten verstehen aber darunter den Mittwoch in neun Tagen; der in zwei Tagen ist *dieser* Mittwoch. Das Wort ist also ohne Erläuterung unbrauchbar.

nachvollziehen regierendes Modewort für nachempfinden, nachfühlen, einsehen, verstehen, kapieren, sich klar machen. Alles falsch – denn *vollziehen* heißt *machen* (Strafvollzug, Gerichtsvollzieher) und nachvollziehen demnach nachmachen. «Ich kann das Attentat nicht nachvollziehen», sagt der Bürgermeister. Na, das hoffen wir doch!

naturbelassen Modewort der etablierten Reformhäuser wie der alternativen Makrobioten; zudem falsch konstruiert: Was ich im Naturzustand lasse (also nicht «belasse»), ist so wenig «naturbelassen», wie ein Schläfer, den ich nicht wecke, «schlafbelassen» ist.

Netzwerk Anglizismus und Blähwort für Netz, Geflecht. Das engl. *net* bezeichnet nur das Netz aus Garn oder Tüll; Eisenbahn- oder Straßennetze heißen *networks*, railway network auf Deutsch aber immer noch nicht «Eisenbahnnetzwerk». *Netzwerk* gibt es auf Deutsch erstens in der alten Bedeutung: netzartig verbundene Leitungen oder Schaltelemente; zweitens (in erträglicher Verwandtschaft damit) als Bestandteil der Computersprache. Überall sonst bleibt Netz besser und allein vernünftig.

Niederschläge, zumal ergiebige Bürokratischer Oberbegriff, der, je nach Jahreszeit, fast immer durch «Regen» oder «Schnee» oder «Regen und Schnee» ersetzt werden kann.

normal hieß einst nur: nach juristischer, moralischer oder technischer Norm, nach Vorschrift (auch wenn sie überwiegend gebrochen wird). Seit Alfred Kinsey heißt es immer häufiger: das, was *die meisten* tun. Die *statistische Norm* ist dabei, die Norm als Vorschrift zu verdrängen. Gleichzeitig ist die DIN-Norm immer noch eine Vorschrift. Das Wort ist also ohne Erläuterung unbrauchbar.

notwendigerweise Meist ein Blähwort für notwendig oder, noch einfacher, für bestimmt. «Dies führt notwendig zur Inflation.» *Nicht notwendigerweise:* Anglizismus aus «not necessarily», zu Deutsch: *nicht unbedingt*.

nur ist nur zulässig, wenn es die Einschränkung einer kleinen Menge auf einen Teil dieser Menge kennzeichnet: «Von den vier Geschwistern hatte nur Otto …» Bei großen Zahlen und in politischen Zusammenhängen ist es ein Kommentar («Zu der Kundgebung waren nur 5000 Menschen erschienen») und oft ein bedenklicher oder grotesker Kommentar («Nur 10 Prozent wählten die Republikaner»).

Obergeschoss Zunftjargon für Stockwerk, Stock. Da die Zünftler wiederum unter der Vielsilbigkeit leiden, haben sie «O. G.» daraus gemacht. Nun haben wir die zweisilbige bürokratische Abkürzung einer viersilbigen bürokratischen Missgeburt statt des einsilbigen, anschaulichen deutschen Wortes.

optimal Überreiztes Modewort; fälschlich oft auch dort verwendet, wo «maximal» oder «perfekt» gemeint ist. Optimal heißt das unter den gegebenen Umständen Bestmögliche – und das kann wenig sein.

Ordnungshüter, die: zwanghaftes Synonym für «Polizei»; schon bei der ersten Verwendung ziemlich lächerlich. *Währungshüter:* zwanghaftes Synonym für das Direktorium der Deutschen Bundesbank – auch nicht besser.

Orgie Lieblingswort der Boulevardblätter, aber auch der Agenturen für jede Veranstaltung von drei oder mehr Personen, bei denen vier oder mehr Flaschen getrunken worden sind.

Paradigma griech. Beispiel, Vorbild, Muster, heute auch Leitbild, Weltsicht, Grundauffassung: Hätschelwort unserer gehobenen Feuilletons, zumal in der Form des *Paradigmenwechsels*: einer neuen Weltsicht, der Orientierung an neuen Leitbildern; oft bloß: eine neue akademische Mode. Manche Essayisten wechseln Paradigmen (bildungsprotzerisch: Paradigmata!) wie andere ihre Autoreifen. 90 Prozent der Leser haben keine Ahnung, wovon die Rede ist, und von den restlichen sind viele angewidert.

persönlich ist meist entbehrlich, denn anders als «persönlich die Hand schütteln» kann man nicht.

Pilze, aus dem Boden schießen wie die: eine der abgedroschensten Metaphern. Schon im Ersten Weltkrieg riet Karl Kraus, man möge endlich einmal die Pilze «wie die Munitionsfabriken» aus dem Boden schießen lassen statt umgekehrt.

Platz Es ist hier nicht der Platz ... Es würde zu weit führen ... Ein Ärgernis. Eine Nachricht, deren einziger Inhalt ist, dass sie nicht kommt, ist keine. Wer keinen Platz hat, dient mir nicht damit, dass er seine Platznot beschreibt, sondern damit, dass er den Mund hält. Vgl. *abgesehen davon*.

Platzangst heißt 1. (populär) Angst vor engen Räumen, «Angst zu platzen», *Klaustrophobie*; 2. (wissenschaftlich) Angst vor großen Plätzen, *Agoraphobie*. Ausweg: «Er litt an Klaustrophobie, volkstümlich ‹Platzangst›.»

Pleonasmus s. Verdoppelung.

postmodern Anmaßendes Blähwort, von Künstlern und Architekten in

Umlauf gesetzt, die damit behaupten wollen, sie hätten alles bloß Moderne weit und unwiderruflich hinter sich gelassen.

Potenzial die Gesamtheit aller Fähigkeiten und Möglichkeiten. Oft vernünftig, oft missbräuchlich verwendet: «Im Fokus steht die Fortbildung des Mitarbeiterpotenzials» – der Mitarbeiter also, die auf diese Weise mit toten Silben behängt und noch dazu entmenschlicht werden. «Er hat nicht das Potenzial» – zu Deutsch: Er hat nicht das Zeug dazu.

preiswert heißt «seinen Preis wert», also möglicherweise *teuer*. Warum ist es dennoch das regierende Synonym für «billig» geworden? 1. weil der Handel das Teure nicht als teuer bezeichnen möchte (kalkulierte Irreführung). 2. weil das gute alte *billig* vielen (eben durch den Missbrauch nach 1) inzwischen zu billig klingt. Aber das ist deren Sorge. Was billiger *ist*, sollte als billiger bezeichnet werden. «Preiswert» kann ein Ferrari sein, wenn er bloß 100 000 Euro kostet.

proaktiv modisches Rätselwort für *aktiv* (oder für gar nichts), «ein Blähwort der Werbebranche» (*Süddeutsche Zeitung*) Offenbar soll das *pro* bedeuten, dass die Aktivität «vorwärts» verläuft (aber das tut sie immer) oder «mit Vorausschau» einhergeht (aber das sollte sie immer) oder «selbstbestimmt» ist (so die Definition des österreichischen Psychiaters Viktor Frankl, gestorben 1997) – aber wann ist sie das schon?

Problematik Fast nie mehr als *Problem*, nur zwei Silben länger (oder drei im modischen Plural).

progressiv Ein Mode- und Tarnwort derer, die sich «fortschrittlich» nicht mehr zu nennen wagen.

provokativ Modische Blähung von provokant.

Prozess ein oft zwanghaft verwendetes Anhängsel an Wörter, die ohnehin unvermeidlich prozesshaft sind: Entwicklungsprozess, Meinungsbildungsprozess, Geschäftsprozess (wenn schon nicht -aktivitäten).

qualitativ hochwertig Modischer Pleonasmus für hochwertig.

Quecksilber, das ... kletterte auf 30 Grad: ausgeleierte Metapher, meist auch noch falsch, weil die meisten Thermometer Äthylalkohol enthalten.

realisieren heißt «verwirklichen» und sonst nichts. In der Bedeutung «sich etwas klarmachen» ist es ein Anglizismus.

relevant Modewort der Soziologen, der Meinungsforscher und anderer Statistiker.

resignativ Modische Blähung von *resigniert* oder *resignierend*.
Rückantwort Bürokratische Verdoppelung nach Art von *Stillschweigen*.
scheinbar wird gern als Synonym für *anscheinend* benutzt. Es heißt aber: dem *falschen* Anschein nach. Ein scheinbarer Sieg ist ein Scheinsieg, also eine verkappte Niederlage.
schlussendlich Modische *Verdoppelung* für «schließlich».
Schwankung, saisonale Blähwort aus der Kiste konjunkturelle Situation, mondliche Finsternis, schriftlicher Steller.
schweigen, von ... ganz zu schweigen: so ausgeleiert, dass es erholsam wäre, stattdessen mal zu lesen: «von X zu schweigen» oder «zu schweigen von X».
Segment inflationär *und immer falsch* verwendet. Ein Segment ist nicht ein Tortenstück (wie der *Sektor*), sondern ein von außen abgesäbeltes Stück, also eine Verunstaltung der Torte. Segmente lassen sich nie zu einem Kreis addieren und Firmen sich nie in Segmente gliedern. Gemeint sind immer *Sektoren* (oder nicht näher definierte Teile eines Ganzen: «unsere Probleme im Milchsegment»). Die Wirtschaft ist in die falsche Anleihe bei der Geometrie verliebt bis zum Wahnsinn: Premiumsegment, Kompaktwagensegment, das Segment Grill und Barbecue, die Portfoliosegmentierung, eine neue Accessoire-Linie im Segment der Metallgestaltung («in der», «bei der» hätte völlig genügt).
seitens Bürokratenjargon. («Der Antrag verfiel der Ablehnung, obwohl seitens meiner sich dafür ausgesprochen worden war.»)
selten ist und bleibt das Seltene; die Floskel «selten schön» besagt «meist unschön» und kann nur im Teenager-Jargon «ungewöhnlich schön» bedeuten.
Seltenheit, keine Eine abstrakte und noch dazu total verschlissene abstrakte Floskel, die z. B. auf die Frage antwortet: «Was sind Schlangen hier?»
sensibilisieren Soziologenjargon.
Situation, konjunkturelle Blähwort für «Konjunktur».
Skandinavien heißt
 1. geographisch: Norwegen und Schweden,
 2. bei den «Scandinavian Airlines»: dazu Dänemark (Sitz der SAS ist Kopenhagen),

3. für die Schweden (aus histor. Gründen): auch Finnland,
4. für Dänen und Norweger (aus histor. Gründen): auch Island.
Man muss also entweder aufzählen oder von den *nordischen Staaten* sprechen, wenn man alle meint.

sofort heißt 1. unverzüglich, alles stehen und liegen lassend; 2. ziemlich bald – vorher räume ich noch auf («Komme sofort!»). «Der Scheckbetrug flog sofort auf» – schon am Schalter oder danach? Bekam er noch Geld oder bekam er keins? Das Wort ist also unbrauchbar.

sollen drückt entweder den Imperativ aus («Du sollst nicht töten») oder die Ungewissheit («X soll Selbstmord begangen haben»). Das Wort ist also nur verwendbar, wenn der Sinn auf Anhieb (und vorn im Satz) eindeutig ist.

sorgen für heißt: fürsorgliche Handlungen begehen. Also kann niemals ein Tief für ein Gewitter sorgen oder Glatteis für Unfälle oder gar ein Erdbeben für Obdachlose; für die sorgt das Rote Kreuz.

so schnell wie möglich kann heißen: in sieben Wochen (vorher war's eben nicht möglich – und wer entscheidet über die Möglichkeit?). Die Floskel ist also nichtssagend und provokant zugleich.

Soziologenjargon s. Befindlichkeit, hinterfragen, relevant, sensibilisieren, Spannungsfeld, Strukturen, thematisieren. Vgl. *Zunftjargon*.

Spannungsfeld ist etwas, das außerhalb von soziologischen Seminaren und Evangelischen Akademien das Gegenteil von Spannung erzeugt. Titelvorschlag: «Im Spannungsfeld der Befindlichkeiten».

spektakulär Die Klappe, die bei vielen Korrespondenten unrettbar fällt, wenn sie «auffallend» oder «aufwendig» sagen könnten.

Stellenwert Bei nichtmathematischer Verwendung ein modisches Blähwort für Wert, Rang, Bedeutung.

Stillschweigen bewahren, strengstes: modische Blähung und Standardfloskel für «schweigen». Vgl. *Verdoppelung* (obwohl hier eine Verdreifachung vorliegt).

Stress Unendlich überreiztes Modewort für alles, was man anstrengend findet.

Strukturen zumal hierarchische und verkrustete: Soziologenjargon und Verlegenheitswort für alles und nichts.

Subkontinent Anglizismus und törichtes Synonym für Indien.

Suizid hat gegenüber dem «Selbstmord» vier Vorzüge: Es ist kürzer (Überschriftenproblem); es vermeidet das parteiische Wort «Mord» (doch das tut «Freitod» auch); es putzt den Schreiber (Zunftjargon); es befriedigt seine Zwangsvorstellung vom Synonym. Leider hat es einen Nachteil: Es ist vielen unverständlich.

Synonyme, zwanghafte s. Ordnungshüter, Suizid, Urnengang, Visite.

Tagesordnung, an der ... sein: Eine Floskel, die korrekt auf die Frage antwortet: «An was waren solche Überfälle?»

tägig: täglich sind nicht austauschbar. Zweitägig: von zwei Tagen Dauer. Zweitäglich: alle zwei Tage. Eine vierzehntägige Reise, das vierzehntägliche Erscheinen. Ebenso zweiwöchig: zweiwöchentlich, zweimonatig: zweimonatlich, zweijährig: alljährlich.

Tautologie s. Verdoppelung.

Technologie Geschwätzige Nachäffung von *technology* – zu Deutsch: die Technik. Wenn *Technologie* im Unterschied zur Technik *die Lehre* von der Technik wäre, müssten wir «Technologische Hochschulen» haben. Wenn *Technologie* die Gesamtheit unserer technischen Fähigkeiten und Möglichkeiten bezeichnet, gilt das Verdikt der Brockhaus-Enzyklopädie, «dass diese Begriffsbelegung gleichbedeutend mit Technik ist».

Teenager-Jargon s. echt, irgendwie, selten, unwahrscheinlich.

teilweise
1. *mehrdeutig:* «Die Spielplätze liegen teilweise unter Hochspannungsleitungen» – alle zu 20 Prozent oder einige zu 100 Prozent?
2. *oft falsch verwendet:* «teilweise» kennzeichnet die Art und Weise, ist also ein Adverb und kein Adjektiv. «Das Konzert war nur teilweise ein Genuss» – richtig; «ein teilweiser Genuss» – falsch; so falsch wie: «dein glücklicherweises Eintreffen».

thematisieren Soziologenjargon für: zum Thema machen, zur Sprache bringen. *Thematik* s. *Problematik*.

Todesopfer zumal solche, die von Unfällen und Katastrophen gefordert werden: törichte, überreizte Metapher schrecklichen Ursprungs. Heidnische Götter pflegen «Opfer zu fordern», und seither ist der Brauch selten geworden. Auch ist ein Unglück kein handelndes Subjekt, welches Forderungen erheben könnte. «Bei dem Erdbeben kamen hundert Menschen um», oder «ums Leben» – dazu gibt es keine Alternative.

16 Lexikon unbrauchbarer Wörter

Totschlag halten die meisten für *fahrlässige Tötung*. Es ist aber die Tötung mit vollem Vorsatz, nur ohne die erschwerenden Umstände, die den *Mord* kennzeichnen. Muss also bei jeder Nennung erläutert werden.

überschatten Kunstwort der Agenturen, mit dem sie, einem interessanten Lead zuliebe, eine Verknüpfung zwischen zwei Aussagen herstellen, in der Form, dass die eine Schatten auf die andere wirft: «Konferenz von Unruhen überschattet». Nachteil: So spricht kein Mensch, auch kein Journalist außerhalb seines Büros.

unabdingbar, unverzichtbar Politiker-Jargon. *Unabdingbar* ist wenigstens korrekt gebildet: etwas, das nicht abgedungen werden kann (was immer das heißen mag). *Unverzichtbar* aber ist grammatisch falsch zusammengesetzt: «etwas, das nicht verzichtet werden kann» klingt höchst verzichtbar.

ungeahnt, ungeahnte Möglichkeiten:
1. abgedroschene Redensart (vgl. *Zwangskoppelung*),
2. unjournalistische Formel, denn wir sind dazu da, alles wenigstens geahnt zu haben.

unjournalistisch sind Floskeln wie: abgesehen davon, dass; Bekenntnis ablegen zu; Beschreibung, jeder ... spotten; Platz; ungeahnt; Zusammenhang (s. diese).

unter dem Gesetz, dem Programm: übler Anglizismus.

unter Beweis stellen ist Juristensprache und bedeutet: *Beweis anbieten für*. So sollte man es auch sagen (im Gerichtsbericht). Als beliebtes Synonym für *beweisen* ist «unter Beweis stellen» erstens eine Blähung und zweitens falsch.

Untiefe ist erstens eine seichte Stelle (*un-* als Verneinung: unmöglich), zweitens eine besonders tiefe Stelle (*un-* als Verstärkung: Unkosten, Unwetter). Der Duden segnet beide Bedeutungen ab. Eindeutig ist «Untiefe» nur unter Seglern und Seefahrern: seicht, also gefährlich; sonst unbrauchbar.

unwahrscheinlich Universal-Komparativ des *Teenager-Jargons*.

Urnengang für Wahl: unter allen zwanghaften Synonymen wohl das dümmste.

Urständ feiern, fröhliche: eine Floskel, die die meisten Leser noch nie verstanden haben.

Verantwortlichkeit Fehlübersetzung von responsibility, zu Deutsch «Verantwortung». Verantwortlichkeiten: Fehlübersetzung von responsibilities, zu Deutsch «Pflichten» (rights and responsibilities).

verbal Törichtes Bläh- und Modewort – entweder tautologisch («verbale Beschimpfungen») oder von akademischer Kraftlosigkeit. «Verbal lässt sich trefflich streiten» hat Mephisto *nicht* gesagt.

Verdoppelung «doppelt gemoppelt», Tautologie, Pleonasmus: s. allermeiste, Arzneimittel, Attentatsversuch, auseinanderdividieren, bereits schon, Eigeninitiative, Frontlinie, frühzeitig, kontrovers diskutieren, letzten Endes, lohnenswert, qualitativ hochwertig, Rückantwort, schlussendlich, Stillschweigen, vorprogrammieren.

Verlegenheitswörter s. abzuwarten bleiben, Bekenntnis, Bereich, Ebene, Geschehen, irgendwie, Strukturen, wegzudenken sein.

vermeintlich wird immer häufiger im Sinne von *vermutlich* verwendet. Es bedeutet das Gegenteil: *mit Sicherheit nicht*. Der Hochstapler, von dem die Leute meinen, dass er ein Prinz sei, ist ein vermeintlicher Prinz.

verraten, gestehen, bekennen, offenbaren Die allerdümmsten Lieblingswörter der Yellow Press. Nur unangenehme, geheimnisvolle und großartige Dinge eignen sich dazu, verraten oder offenbart zu werden.

Visite Zwangssynonym für «Besuch» und falsch dazu: Die Visite ist ein Besuch von oben herab (des Papstes in der Diözese, des Arztes am Krankenbett).

vor Ort Fachwort der Bergmannssprache, zum regierenden Modewort geworden statt 1. «an Ort und Stelle», 2. «da» (Meyer war auch da), 3. gar nichts («Der Minister war an der Unglücksstelle vor Ort» – ja doch, an der Unglücks-stelle!).

vorprogrammieren Modische *Verdoppelung*: Pro-gramm ist bereits schon das vorher Geschriebene.

wähnen wird immer häufiger im Sinne von *glauben* verwendet. Es kommt aber von *Wahn* und bedeutet: fälschlich glauben, sich einer Wahnvorstellung hingeben («Die Passagiere der Titanic wähnten sich in Sicherheit»).

während heißt: gleichzeitig, aber nicht zur Sache gehörig. «Während einer Sitzung des Bundestages sagte der Bundeskanzler ...» Falsch! Er sprach *in* einer Sitzung; *während* der Sitzung regnete es. Vgl. *anlässlich*.

Währungshüter s. *Ordnungshüter*.

wegzudenken sein, nicht mehr Standardfloskel und Verlegenheitswort für «dazugehören».

weilen Altväterlich-pompöse Blähung für «sein» oder «sich aufhalten». Gott rief weder «Adam, wo weilst du?» noch «Adam, wo befindest du dich?».

weitgehend ist nicht Fleisch und nicht Fisch. «In England ist das weitgehend üblich» – heißt das: zu 30, zu 50, zu 70 Prozent? Überwiegend oder in einer weit verstreuten Minderzahl? An manchen Orten ganz oder überall zu 40 Prozent?

wenn heißt: 1. falls, für den Fall dass (engl. *if*), 2. sobald, jedes Mal, wenn, wann immer (engl. *when*). «Wenn du wiederkommst ...» lässt beide Deutungen zu. Wo immer dies geschehen könnte, sollte man *falls* oder *sobald* vorziehen. Engl. Rechtssprache: «If and when the defendant ...», oft eingedeutscht als «Falls und sobald der Angeklagte ...».

werden zu lassen Beliebte Umständlichkeit für *zu machen*. «Es gelang ihm nicht, mich zum Narren werden zu lassen.»

Westbank ist weder ein Kreditinstitut noch eine Sitzgelegenheit, sondern die Nichtübersetzung von Westufer, zumal des Jordans, daher «Westbänk» gesprochen – einer der schamlosesten Anglizismen.

Wetterfrösche für Meteorologen und Wettervorhersagen: unerträglich abgedroschene Metapher.

Winde ist (1) ein Gerät zum Heben von Lasten mittels Kurbel, Trommel und Seil und (2) ein Pluraletantum der Meteorologenlyrik, die *den Wind* nicht kennt («lebhafte, von Ost auf Südost drehende, im Tagesverlauf auffrischende ...»).

wissen um Neckisches Blähwort der Nazis, der Lore-Romane und vieler Pfarrer für *kennen*. «Ich weiß um deine Not, mein Sohn». Vgl. die Romanhefte «Sonne um Renate – Wonne um Beate».

Witterung, Witterungsablauf, Witterungsgeschehen Bürokratische Blähungen für «Wetter».

Worte: Wörter Drei Goethe-Worte, aus fünfzig Wörtern bestehend. Möglicher Grenzfall: «Gauner, Lump, Bandit!», ruft ein Bundestagsabgeordneter. Nun muss es heißen: «Nach diesen Worten ...», aber: «Drei Wörter, die den Bundestag erschütterten.»

zeitgleich modisches Unwort für *gleichzeitig*. «Zeitgleich» wäre nur richtig, wenn zwei Sportler in verschiedenen Läufen die gleiche Zeit erreicht hätten; im selben Lauf können sie nur «gleichzeitig» ins Ziel gehen.

zeitnah modisches Unwort für bald, flott, gleich, prompt, rasch, schleunigst, schnell, sofort, sogleich, umgehend, unverzüglich, zügig, im Handumdrehen, in Kürze, im Nu. Dieser Fülle das Kunstwort entgegenzusetzen, bestand wahrlich kein Anlass (außer dass Juristen das Ungefähre lieben). «Eine Vokabel der verlautbarenden Klasse, die wie Pappe schmeckt.» (*FAZ*).

Zeitpunkt, zu diesem Blähung für «jetzt» oder «zur gleichen Zeit».

Zielsetzung Die Ziele der FDP werden seit Jahren fast nur noch als die Zielsetzungen der FDP vorgestellt. Zwar kann es vorkommen, dass man *das Setzen* von Zielen hervorheben will; in neun von zehn Fällen aber ist die Zielsetzung ein Ausdruck modischer Blähfreudigkeit. Ein richtiger Satz wäre: «Der FDP-Vorstand ist zu einer Zielsetzung zusammengetreten.»

zum Anfassen Abgedroschen und manchmal unappetitlich.

Zunftjargon s. Arzneimittel, bzw., dislozieren, Einhandsegler, konzertieren, Niederschläge, Obergeschoss, relevant, seitens, Suizid, Winde, Witterung. Vgl. *Bürokratenjargon, Soziologenjargon*.

Zusammenhang Ein meist entbehrliches und oft ärgerliches Füllwort. «In diesem Zusammenhang betonte der Redner» – in welchem sonst? «Die Forderung nach Abschaffung aller Armeen im Zusammenhang mit der Abrüstung» – womit sonst?

zutiefst Blähwort von Grabrednern für tief, sehr.

Zwangskoppelung Die allzu lange währende Ehe eines Substantivs mit dem immer selben Adjektiv: dunkle *Ahnung*, konstante *Bosheit*, massiver *Druck*, herbe *Enttäuschung*, bitterer *Ernst*, schwerwiegende *Folgen*, goldene *Mitte*, ungeahnte *Möglichkeiten*, scharfer *Protest*, ungläubiges *Staunen*, strengstes *Stillschweigen*, hektisches *Treiben*, feste *Überzeugung*, volles *Verständnis*, eklatanter *Widerspruch*.

zwischenzeitlich Mode-, Bläh- und Bürokratenwort für «inzwischen» oder «zwischendurch».

Wie Journalisten recherchieren

17 Die eigene Recherche

Journalisten, die sich selber Informationen holen, gehören zu einer Minderheit. Üblich sind nicht der rasende Reporter und der hartnäckige Schnüffler in Computern und Archiven, sondern der Arbeiter im Berg der Verlautbarungen. Meistens werden Journalisten nicht selber aktiv:
- Wer Waschzettel und Agenturmeldungen redigiert, der erfährt etwas aus zweiter Hand; er kann es mit gutem Gewissen übernehmen, falls er der Agentur folgt, oder mit schlechtem Gewissen, wenn er PR-Texte umschreibt.
- Wer eine Pressekonferenz besucht, eine Bundestagsdebatte verfolgt oder am Rande einer Demonstration steht, der ist immerhin selbst dabei und kann dem vertrauen, was er sieht und hört. Doch er kann sich der Wahrheit nicht sicher sein: Zum einen sieht er nur einen Teil des Geschehens; hinter seinem Rücken prügeln sich vielleicht Jugendliche mit Polizisten, während er einen friedlichen Demonstrationszug sieht. Zum anderen weiß er nicht, ob Fakten richtig sind, die im Bundestag oder einer Pressekonferenz vorgetragen werden.

Nur die dritte Art der Informationsbeschaffung kommt der Wahrheit nahe: Wer möglichst viele Details und Ansichten sammelt, sortiert, gewichtet und überschaubar präsentiert, der kann mit gutem Gewissen schreiben. Jede Mitteilung so zu überprüfen, wäre ideal; aber dies ist unmöglich, vor allem unbezahlbar, weil entweder die Zeit fehlt oder das Personal, der Wille oder die Lust.

Recherche kann auch ein Einzelgänger oder kleines Team erfolgreich bewältigen – wie es in der **Verfilmung der Watergate-Affäre** zu sehen ist, der spektakulärsten Recherche der Journalismusgeschichte. Robert Redford und Dustin Hoffman zeigten 1976 in «Die

Unbestechlichen» (All the President's Men), was Recherche bedeutet: Arbeit und Kleinarbeit, Hartnäckigkeit und Geduld, Raffinesse und List, Zufall und Glück.

Recherchieren ist eine Fleißaufgabe, bisweilen aber auch ein trickreiches Spiel, bei dem der Journalist bluffen und täuschen muss – und bei einem verschlossenen Politiker oder Funktionär auch darf.

Hinreißend lesen sich oft die Ergebnisse von Recherchen, doch sie verbergen die Arbeit, die dahintersteckt, und sie lassen nur noch ahnen, wie banal die Quellen sein können: der Anruf eines Mannes, der als Querulant abgestempelt ist; der Blick in die Wiedervorlagemappe mit den wichtigen Artikeln der letzten Jahre; eine achtlos formulierte PR-Mitteilung; die Notiz in einem alten Stenoblock oder das ziellose Surfen in Computernetzen.

Schauen wir uns eine Recherche an, die den Computer nicht allein zur Internet-Suche nutzt, sondern als nützliches Hilfsmittel für Protokolle, Sortierung, Kontaktlisten und Kommunikation innerhalb des Recherche-Teams. Als vorbildlich für den Lokaljournalismus gilt immer noch eine Recherche aus den 1980er Jahren, organisiert von der Redaktion der *Anchorage Daily News*, der größten Tageszeitung in Alaska mit 70 000 Auflage; die daraus entstandene Serie «People in Peril» erhielt den Pulitzer-Preis.

Das ist die Vorgeschichte: Im März 1985 verlässt ein junger Mann das 550 Einwohner zählende Dorf Alakanuk an einer Schleife des Yukon-Flusses. In der Nähe des Dorfes, gelegen am Rande der Welt, schießt sich der Eskimojunge mitten ins Herz. Für die *Anchorage Daily News* ist der Selbstmord des 22-jährigen Louie Edmund eine Nachricht wert, dann gerät er in Vergessenheit.

Die aufregende Recherche beginnt anderthalb Jahre später. Einem Redakteur fällt auf, dass immer wieder Meldungen über Selbstmorde in Alakanuk eingehen. Er startet einen Sortierlauf im Computer und entdeckt, dass sich dort in 16 Monaten acht Jugendliche umgebracht haben. Wie gehen die Redakteure mit diesen Fakten um?
1. Sie verzichten auf eine kleine Sensation: Statt eine schnelle Aufregung in die Zeitung zu pusten, garniert mit einigen Expertenzi-

taten, entscheidet sich Lokalchef Pat Dougherty für eine die Tiefe auslotende Recherche.
2. Sie beobachten genau: Da eine Theorie über die Häufung der Selbstmorde nicht auf der Hand liegt, schickt der Lokalchef die Reporterin Sheila Toomey ins Yukon-Delta; sie lebt drei Wochen unter den Einwohnern von Alakanuk und kommt erschüttert zurück: «Es ist die Hölle!»
3. Sie führen viele Gespräche und sammeln Fakten: Mehrere Reporter der Zeitung fahren 28000 Meilen und sprechen mit allen, die etwas zu den Selbstmorden sagen können, Polizisten, Beamten in Gesundheitsbehörden oder Richtern.
4. Sie sortieren die Fakten: Die 500 Gespräche kommen jeweils als 250-Zeilen-Bericht in den Computer, der allen Beteiligten an der Recherche als Datenbank zur Verfügung steht. Eine lange Liste entsteht, ein Who's who der Experten zur Selbstmord-Epidemie; die Liste wird immer länger, weil jeder Experte nach Namen von weiteren gefragt wird.
5. Sie gewichten die Fakten: In nahezu allen Berichten ist von der Zerstörung der Eskimokultur die Rede; vom Alkohol, dem die Ureinwohner verfallen sind; von der Verzweiflung, die die Einheimischen zu Fremden im eigenen Land macht; von den Ölgesellschaften, die den Boden ausbeuten.
6. Sie schreiben die Story: Die besten Autoren packen die Ergebnisse der Recherche in eine Serie. «Am zweiten Tag der Serie hing ich nur am Telefon; viele weinten, und ein Freund sagte mir: Ich kann nicht mehr atmen», erzählt der Lokalchef. «Das wollten die Redakteure erreichen, denn Geschichten voller Tragik, die die Menschen aufrütteln, müssen Gefühl haben.» Deshalb spielen Experten auch nur eine Nebenrolle in der Serie: «Experten taugen wenig, wenn wir Geschichten erzählen wollen, die von und mit Menschen handeln. Experten sind keine emotionalen Leute.»

Der Aufwand für diese Recherche ist ungewöhnlich und von vielen Redaktionen so nicht zu leisten; der Ablauf ist vorbildlich selbst für Einzelkämpfer, die nur wenig Zeit bekommen: Das Thema wird eingekreist durch Fragen, es folgt das Jagen und Sammeln von Fakten, das Aufspüren von Leuten, die Ahnung haben und wertvolle Tipps geben können, die Suche nach kontroversen Ansichten, die Gespräche, um alle Fakten zu bekommen und zu prüfen, und so viel eigene Beobachtung wie überhaupt möglich.

Nachahmenswert ist die Systematik der Recherche, die alle Informationen allen zugänglich macht. Ein Intranet, quasi ein Internet nur für Redakteure, ist leicht in jedem Verlag zu installieren und sammelt die nützlichen Informationen: Adressen sind allen zugänglich und nicht nur in privaten Kalendern oder Karteien als Geheimwissen versteckt; Recherchepläne und -berichte können von allen gelesen und mit Hinweisen bedacht werden; die Organisation samt Dienstplänen der Redaktion ist ein offenes Buch, sodass jeder weiß, wann und wo er einen Redakteur erreichen kann.

Bei verdeckten Recherchen, zumal wenn Ärger zu erwarten ist, kann ein Teil des Intranets so gesichert werden, dass nur ein ausgewählter Kreis Zugang bekommt. Auf jeden Fall muss die Anonymität der Informanten geschützt werden.

Wer seine erste Recherche beginnt, darf durchaus davon träumen, dass er einmal einen dicken Fisch fängt wie die Unbestechlichen, die mit «Watergate» einen Präsidenten stürzten. Die Wahrscheinlichkeit ist gering, dass es ihm gelingt, die Republik zu erschüttern. In Lokalredaktionen findet der Recherche-Lehrling aber durchaus Gelegenheit, mit seinen Nachforschungen für Gesprächsstoff zu sorgen; die Themen liegen auf der Straße, er muss nur rausgehen und zuvor auf den guten Rat und die Tipps der Routiniers hören.

Zwei Beispiele beweisen, dass nicht nur die *Spiegel*-Redaktion spektakulär recherchieren kann, sondern auch eine Lokalredaktion:

- Der *Generalanzeiger* in Bonn deckt 2009 einen Finanzskandal auf: Was läuft schief beim Bau des Welt-Kongresszentrums? Es geht um Hunderte von Millionen Euro, um Korruption, Untreue und Betrug bis in die Spitzen von Politik und Verwaltung. Da die Recherche für einen Einzelnen nicht zu leisten ist, bildet Chefredakteur Andreas Tyrock ein mehrköpfiges Team, vor allem mit Redakteuren aus dem Lokalen und der Wirtschaft.

Leser geben Tipps, Informanten plaudern – und eines Tages liegt ein dicker Umschlag mit vielen Dokumenten in der Post. Die Redaktion prüft und veröffentlicht die Serie «Die Millionenfalle» – trotz Gegendarstellungsbegehren und Drohungen mit Schadenersatzklagen. Nach der elften Folge schlägt die Staatsanwaltschaft zu: 14 Razzien, auch im Rathaus, Verhaftungen, Geständnisse, Anklagen.

- Jürgen Lauterbach, 1989 Redakteur der *Oberhessischen Presse* in Marburg, zeigt, dass auch ein Einzelner erfolgreich recherchieren kann, wenn er hartnäckig am Thema bleibt. Er rekonstruiert den Leidensweg eines 36-jährigen Mannes, der nach einer Fehldiagnose grundlos in psychiatrischen Kliniken eingesperrt war. Gegen Behörden, die die Geschichte herunterspielen wollen, ermittelt er. Er führt über Monate Gespräche mit Experten aus der gesamten Bundesrepublik, bis er rekonstruieren kann, wie die 2,3 Kilo Psychopharmaka wirken, mit denen der Mann vollgepumpt worden war. Seine Recherche setzt einen großen Prozess in Gang, der dem unschuldig Eingesperrten eine halbe Million Euro an Schmerzensgeld bringt.

Beide Redaktionen erhielten den Deutschen Lokaljournalistenpreis, eine Art Pulitzer-Preis für deutsche Lokalredaktionen. Der *Generalzeiger* bekam auch den Wächterpreis, der Jahr für Jahr beweist, dass es sich lohnt, in Städten und Gemeinden mit Fleiß und Ausdauer zu recherchieren. Allerdings gilt in Bonn und Marburg dasselbe wie beim *Stern* in Hamburg: Wasserdicht muss eine Recherche sein, und wer erfolgreich eine Affäre durchziehen will, sollte immer einen Pfeil im Köcher halten und nicht im ersten Artikel gleich alle verschießen.

Wasserdicht war eben nicht die misslungenste Recherche des *Stern*. Beim Aufstöbern der «Hitler-Tagebücher» verließ er sich auf die Aussagen von dubiosen Zeugen und holte nicht den Rat von Experten ein, die sich nicht von Sensationsgier leiten lassen, sondern geprüfte Fakten fordern.

Bei einer Verlautbarung, die nicht stimmt, kann der Redakteur die Verantwortung abwälzen auf den Urheber, auch wenn es seine Aufgabe wäre, alle Fakten zu prüfen, gleich wer sie behauptet; bei einer Reportage kann er sich verteidigen mit der notwendigen Subjektivität; doch bei einer Recherche sind alle Fluchtwege versperrt: Der Redakteur ist für alles verantwortlich, was er ermittelt und was er auslässt, wie er die Indizien wertet, wem er vertraut und welches Urteil er fällt.

Die Hälfte aller Artikel sind fehlerhaft, fand Professor Philip Meyer heraus, der an der Universität von North Carolina forscht. Über zwei Jahre ließ er 7600 Artikel von 22 US-Zeitungen überprüfen und stellte fest:

- 48 Prozent der Artikel irrten sich in mindestens einem Fakt; durchschnittlich fielen drei Fehler auf.
- Die häufigsten Fehler: Zitat falsch wiedergegeben (21 %), ungenaue Überschrift (15 %), falsche Zahlen (13 %), Rechtschreibfehler (10 %).
- Die Redakteure gaben als Grund für ihre Fehler an: Ich habe die Sache nicht verstanden (26 %); ich habe nicht genügend oder falsche Fragen gestellt (25 %); der Redaktionsschluss drohte (19 %); meine Recherche war lückenhaft (19 %), oder einfach: Ich war zu faul (10 %).

Eine ähnliche Studie in Lugano zeichnet ein noch düstereres Bild: 60 Prozent der Artikel in Schweizer Zeitungen, darunter *Tages-Anzeiger* und *Basler Zeitung*, sowie 52 Prozent in italienischen, darunter *Il Secolo*, weisen Fehler auf. In beiden Ländern ist jede vierte Überschrift falsch, ein fast doppelt so hoher Wert wie in amerikanischen Zeitungen.

Fehler sind an der Tagesordnung, stellten auch Studenten in Hamburg und im holländischen Tilsit fest, als sie größere Artikel systematisch untersuchten. Als Grund machten sie neben Zeitdruck und fehlenden Ressourcen auch die trügerische Leichtigkeit der Internet-Recherche aus.

Das Internet erleichtert und beschleunigt eine Recherche; *Wikipedia* gibt schnell einen guten Überblick und nützliche Hinweise. Das Lexikon ist aber untauglich als vertrauenswürdige Quelle, so wie das Internet überhaupt in Fallen lockt. Der freie Journalist Albrecht Ude

17 Die eigene Recherche

fand am Beispiel einer einfachen Meldung heraus, wie leicht angesehene Medien in eine Falle tappen:
- An Neujahr 2006, also einem an Nachrichten armen Tag, verbreitet *AP* die Nachricht, der «Bund Deutscher Juristen» und sein Vorsitzender Claus Grötz unterstützten Folterforderungen des Innenministers. In Rundfunknachrichten und bei *Spiegel Online* erscheint die Folter-Meldung.
- Wer recherchiert, findet in Wikipedia einen Eintrag zum «Bund Deutscher Juristen» und zu «Claus Grötz».
- Eine Zwei-Minuten-Recherche ergibt: Die Domain des «Bundes Deutscher Juristen» ist erst drei Tage vor der Pressemitteilung eingerichtet worden – von einer amerikanischen Firma, die den Namen des Auftraggebers nicht preisgibt.
- Eine weitere Kurzrecherche entlarvt auch den Verein und seinen Vorsitzenden: Die Wikipedia-Einträge sind erst kurz vor der Pressemitteilung geschrieben worden. Noch am Neujahrstag entdecken Wikipedia-Mitglieder die Fälschung und löschen den Eintrag.

Albrecht Ude zeigt, mit welch geringem Aufwand einfache Fälschungen zu recherchieren sind, die im Internet hinter jeder Ecke lauern.

Ude warnt Journalisten nicht nur vor Fälschungen im Internet, sondern auch vor deutlichen, gar verräterischen Spuren, die sie selber legen. Bei jeder Recherche hinterlassen Journalisten quasi die eigene Visitenkarte; ein einziger Mausklick reicht, um seine IP-Adresse zu verraten, die Browserversion, das Betriebssystem, die Webseite, über die man per Link gekommen ist.

Wer sich und vor allem seine Informanten schützen will, muss seine Recherchen verschleiern und Spuren löschen wie ein Profi im Geheimdienst. Das ist zwar aufwendig, aber möglich.

Wer sorgfältig recherchiert, der gehört zu den Wächtern der Demokratie, auch wenn er nur nachforscht, warum das Wasser in der Kläranlage umkippt. So lästig das Forschen und Fragen auch sein mag, es gehört zu den Pflichten des Journalisten. Damit er dieser Pflicht nachkommen kann, bekommt er Rechte wie kein anderer – und darauf berufen kann sich schon der Lehrling bei seinem ersten

Anruf; sämtliche Pressegesetze in Deutschland verpflichten die Behörden, ihm jederzeit Auskunft zu geben. Dieses Recht, abgeleitet aus dem Artikel 5 des Grundgesetzes, bekommt der Journalist für ein Gegengeschäft: Das Volk will wissen, was die Mächtigen treiben. Der Redakteur recherchiert nicht zu seinem Ruhm, erst recht nicht aus Gier nach der Sensation, sondern allein im Auftrag seiner Leser. So interpretieren Juristen unsere Verfassung.

Doch verschließen sich immer mehr Behörden, nutzen jede denkbare Ausrede und jeden Trick, um Journalisten die Auskunft zu verweigern. So gliedern sie öffentliche Aufgaben in Unternehmen aus, etwa die Müllabfuhr, Krankenhäuser oder den Nahverkehr. Doch hat der Bundesgerichtshof 2005 entschieden, dass öffentliche Unternehmen einer Behörde gleichzusetzen sind; somit können Journalisten Stadtwerken oder Tourismusverbänden, auch wenn sie als GmbH firmieren, in die Akten schauen.

David Schraven, Chefreporter der *WAZ* in Essen, hat vor Verwaltungsgerichten schon einige Erfolge gegen schweigsame Unternehmen errungen. So wollte er wissen, ob die 160 Kommunen in Nordrhein-Westfalen tatsächlich 25 Prozent der Aktien am Energie-Versorger RWE halten und so zu Recht fünf der zwanzig Aufsichtsrats-Sitze besetzen.

Für das Ergebnis der Recherche unerlässlich war die Auskunft des Kreises Siegen-Wittgenstein. Er argumentierte: Dies ist ein Betriebsgeheimnis, weil nicht der Kreis selber, sondern eine Tochtergesellschaft die Aktien hält. Schraven hielt dagegen, auch die Tochterfirma sei eine Behörde, da sie den Besitz des Kreises verwalte.

Vor Gericht bekam Schraven Recht: Der Kreis musste sagen, wie viele Aktien er über seine Tochtergesellschaft an RWE besitzt, wie viele er verkauft hat, wann er verkauft hat und wie viele er zu verkaufen plant. Mittlerweile haben die Kommunen nur noch vier Sitze im Aufsichtsrat.

Wer nicht nur Appetit auf das Graubrot der Recherche bekommt, sondern große Erwartungen hegt, die Moral preist und spektakuläre Erfolge, gar das Bundesverdienstkreuz, erwartet, der sei nochmals gewarnt – mit einem Beispiel. Hartnäckigkeit und Fleiß bringen nicht immer den Lohn, manchmal spielen eher unmoralische Motive die Hauptrolle, damit der Moral zum Siege verholfen wird. Hätte nicht der *Spiegel* einem Informanten eine horrende Summe bezahlt, so wüssten wir immer noch nicht, auf welche Weise sich die Chefs der «Neuen Heimat» bereichert haben.

Kein Reporter hatte sich geplagt, sondern ein gekränkter Angestellter der «Neuen Heimat» sein Wissen zu Geld gemacht. Weniger Gekränktheit beim Angestellten oder weniger Geld beim *Spiegel*, und die Öffentlichkeit hätte die Wahrheit vermutlich nie erfahren. Viele Skandale bleiben vermutlich unbeachtet, weil weder der Zufall noch die Geldgier siegen oder ein Erpresser einfach sein Schweigegeld bekommt, aber nicht bezahlt mit dem Scheck eines Journalisten.

Die Recherche ist die erste Pflicht des Journalismus: Nur so erfahren die Menschen von Ereignissen, die ohne die Mühe des Journalisten niemals ans Licht gekommen wären. Keine journalistische Aufgabe ist schwieriger, birgt so viele Fallen, ist so abhängig von Zufällen, vom Glück – und von einer detektivischen Kleinarbeit. Nur der Fleißige und Couragierte nimmt sie auf sich.

Welche Suchmaschinen sind hilfreich?
Keine Suchmaschine erfasst das gesamte Angebot im Internet. So ist es zweckmäßig, nicht nur eine, sondern alle großen Universalmaschinen parallel zu durchforsten und die erweiterte Suche zu nutzen:
www.ask.com
www.bing.com (Microsoft)
www.google.de
www.flickr.com (Foto-Suchmaschine)
www.completeplanet.com (Suchmaschine für Suchmaschinen)
www.klug-suchen.de (Überblick über Suchmaschinen)
www.yahoo.com
http://blogsearch.google.com (Suche in Blog-Einträgen)
www.archive.org (darin: Waybackmachine, in der man alte, also veränderte oder gelöschte Webseiten recherchieren kann)

Quellen für lokale Recherchen:
Eine Liste von nützlichen Internet-Seiten für Lokalredaktionen stellte das Modellseminar «Das Netz ist lokal» zusammen, organisiert vom Lokaljournalistenprogramm der Bundeszentrale für politische Bildung:
www.google.de/alerts
(Per Mail schlägt der Dienst Alarm – «alert» –, immer wenn ein bestimmtes Wort in einer Nachricht auftaucht, beispielsweise Bremerhaven oder Auswandererhaus. Markus Kater, Blattmacher der *Nordsee-Zeitung*, hat so eine Reihe von Geschichten entdeckt, die einen Bezug zu seiner Region hatten.)
http://ted.europa.eu/TED (EU-Amtsblatt, auf denen **alle** Aufträge und Vergaben aus Europa gelistet sind; taucht die eigene Region auf, kann man eine Benachrichtigung bekommen)
www.bund.de (bundesweite Ausschreibungen)
www.deutsches-ausschreibungsblatt.de (bundesweite Ausschreibungen)
www.wettbewerbe-aktuell.de (Architekten- und sonstige Bauwettbewerbe)
www.handelsregister.de (Nachrichten aus Unternehmen ab 2007, vereinzelt auch Vereinsregister)
www.handelsregisterbekanntmachungen.de
www.ebundesanzeiger.de (Geschäftsberichte und Mitteilungen von Amtsgerichten)
www.bundeskartellamt.de (angemeldete und genehmigte Übernahmen)
www.insolvenzbekanntmachungen.de (Meist täglich gegen 13 Uhr von den Amtsgerichten aktualisiert)
www.idw-online.de (Wissenschafts-Dienst, liefert Journalisten bundesweit Experten)
www.versteigerungspool.de (Versteigerung von Immobilien bundesweit)
www.wer-zu-wem.de (Firmenbeteiligungen und -verflechtungen)
www.destatis.de (Statistisches Bundesamt; ergiebig auch die Landesämter)
www.abgeordnetenwatch.de (Abstimmungsverhalten und Nebeneinkünfte der Abgeordneten im Bundestag und einigen Landtagen)
www.telefonbuch.de (auch Adressen)

18 Wie man eine Recherche organisiert

Wer recherchiert, der sollte den Schreibtisch verlassen; das Internet verführt jedoch dazu, nur noch am Computer Dokumente zu sichten, statt mit wirklichen Menschen zu sprechen, mit Informanten und Zufallsbegegnungen, Opfern und Tätern.

Doch auch die reine Schreibtischrecherche kann reizvoll sein. Schon vor dem Internet-Zeitalter konnten Journalisten den wohl spektakulärsten Presseskandal Deutschlands, die *Spiegel*-Affäre, recherchieren, ohne das *Spiegel*-Hochhaus in Hamburg zu verlassen – nur mit Hilfe eines Papierarchivs: Aus bekannten und schon veröffentlichten Nachrichten schrieb der *Spiegel*-Redakteur Conrad Ahlers 1962 eine Titelgeschichte über das Nato-Manöver Fallex 62 und die junge Bundeswehr. Die Archivrecherche war für die Staatsanwaltschaft dennoch so brisant, dass sie Redaktionen durchsuchen ließ, Redakteure verhaftete und eine Anklage formulierte wegen Geheimnis- und Landesverrats.

In der Tat kann das Verbinden von Nachrichten spektakuläre Zusammenhänge ergeben: So bat die CDU Anfang der 1990er Jahre den Sozialwissenschaftler Erwin K. Scheuch um eine Studie über die Kommunalpolitik. Scheuch stöberte vor allem in Kölner Tageszeitungen, verknüpfte die einzelnen Berichte zu einem Mosaik und entdeckte überall Filz der Parteien und Mächtigen, Vorteilsannahmen und Durchstechereien: «Cliquen, Klüngel und Karrieren».

Die Lokalzeitungen hatten die Chance vertan: Sie boten ihren Lesern immer nur Episoden an und suchten nicht nach Zusammenhängen durch Recherchen im Hinter- und Untergrund der Politik. Nur wer fragt, kann auch das System der Macht hinter den einzelnen Vorfällen entdecken und für seine Leser schildern.

Mit Hilfe des Internets können Redakteure auch ihre Leser an brisanten Recherchen beteiligen. Am Ende kann dabei ein Minister stürzen wie im Fall Guttenberg. Der Verteidigungsminister Karl-Theodor zu Guttenberg geriet 2011 in Verdacht, in seiner Doktorarbeit fremde Werke zitiert zu haben, ohne sie zu kennzeichnen. Im Wiki «Guttenplag» konnte jeder – auch anonym – Textstellen aus der Doktorarbeit vergleichen und beurteilen; in wenigen Tagen fanden Akademiker in der ganzen Welt heraus: Mindestens die Hälfte der Arbeit ist als Plagiat zu bewerten.

Die englische Zeitung *Guardian* hatte es vorgemacht: Sie stellte fast eine halbe Million Spesenabrechnungen von Abgeordneten ins Netz und bat ihre Leser, sie zu prüfen. 23 000 Leser machten mit, innerhalb von zwei Wochen hatten sie knapp die Hälfte der Abrechnungen kontrolliert, die Diäten-Affäre nahm ihren Lauf.

Im Lokalen ist die Mitarbeit der Leser schon lange etabliert, um Themen zu finden, die Stimmung in der Stadt zu erkunden und mit Leserbriefen geschickt den Platz füllen. Auch im Lokalen lohnt die Umfrage – ob im Internet oder in der Zeitung. Bei der *Rhein-Zeitung* in Koblenz sind Redakteure täglich mehrere Stunden beschäftigt, die Kontakte mit den Lesern zu pflegen. Für Peter Burger aus der Chefredaktion ist der schnelle Kontakt über Facebook oder Twitter ein Segen: «Wir haben innerhalb einer halben Stunde ein großes Feedback und können munter daraus zitieren.»

Die *Fuldaer Zeitung* fragte schon 1991 ihre Leser, wie es ihnen in den osthessischen Krankenhäusern ergangen ist. 2000 antworteten, Chefärzte intervenierten beim Verleger, die Redaktion veröffentlichte dennoch eine umfangreiche Serie. Die Aktion ist ein Klassiker und wird von Lokalredaktionen in immer neuen Variationen aufgelegt.

Die *News-Press* in Florida erfuhr, dass in einer Gemeinde die Anliegergebühren sehr hoch waren; sie forderte ihre Leser zur Recherche auf, die am Ende zur Senkung der Gebühren führte.

Das *Flensburger Tageblatt* und alle Titel des Schleswig-Holsteinischen Zeitungsverlags druckten 2010 in ihren 16 Lokalzeitungen Fragebögen über die Schulen in der Region, entworfen zusammen mit einem Erziehungswissenschaftler der Universität Hamburg. Volontäre werteten die knapp 3000 Bögen der Leser aus, Redakteure schrieben eine Serie und luden Eltern und Lehrer zu Streitgesprächen ein.

Ob eine Mitarbeit der Leser im Internet oder in der Zeitung zweckmäßiger ist, hängt vom Thema und der Zeit ab. Ein Fragebogen für Schüler ist sinnvoll im Internet platziert und bringt in kürzester Zeit Ergebnisse, ein Fragebogen über Pflegeheime ist besser in der Zeitung aufgehoben, aber kann erst nach Wochen ausgewertet werden. Am zweckmäßigsten ist die Kombination, wobei als Nebeneffekt erkennbar wird, welche Alters- und Berufsgruppen überhaupt im Internet zu animieren sind.

Wer eine Recherche organisiert, hat nicht mehr nur den gedruckten Artikel im Visier. Gerade das Netz bietet eine Vielfalt von Möglichkeiten, seine Reportage zu bereichern mit Tönen und Bildern, mit Graphiken und Tabellen, mit Kommentaren, den eigenen und denen der User. Oliver Michalsky, Vize-Chefredakteur der *Welt*-Gruppe, glaubt: «Der Online-Journalismus beginnt dort, wo der Print-Journalismus aufhört»; er macht deutlich, dass Online-Journalismus nicht oberflächlich und kurzatmig sein muss; und er erzählt die vorbildliche Recherche einer mehrtägigen Reise in den Regenwald am Amazonas.

Liste 1: Wie eine multimediale Reportage entsteht
1. Der Reporter berichtet während seiner Reise täglich in einem Blog, mit Texten und Fotos.
2. Er informiert über Twitter und Facebook. Dabei begleitet ihn überraschend auf Twitter ein Amazonas-Experte, der ihm wertvolle Hinweise gibt und auf einen haarsträubenden Fehler im Blog hinweist.
3. Die Leser verfolgen seine Reise anhand einer interaktiven Graphik.
4. Nach seiner Rückkehr fertigt er eine Schau mit 20 Fotos für das Internet an. Dazu packt er auch technisch weniger gelungene Fotos, die aber für die Reportage aussagekräftig sind.
5. In einem kurzen Video berichtet er über seine Reise.
6. Mittlerweile steht die Reportage in der Zeitung und im Netz. Textpassagen verlinkt er mit Tonstücken (Soundfiles), um den Regenwald lebendig werden zu lassen.
7. Er gibt Recherchematerial bei, weil es zu jedem Thema eine kleine Schar gibt, die den Dingen auf den Grund gehen will.

8. Er verlinkt auf weiterführende Artikel zum Regenwald.
9. In einem Chat diskutiert er mit Lesern über Klimawandel und Regenwald.
10. Am Ende hat er durch den Kontakt mit seinen Lesern Fehler vermeiden können, seinen Text verbessert und Ideen für neue Recherchen bekommen.

Oliver Michalsky spricht vom größten Traditionsbruch in der Medienentwicklung, wenn der Reporter multimedial arbeitet:

> «*Während die Zeitung trotz Leserbriefseiten und Leseraktionen weitgehend Sender bleibt, sind Online-Medien gleichermaßen Sender und Empfänger, Teil einer unendlichen, oft aufgeregten und immer geschwätzigen Netzgemeinde – in der es letztlich darauf ankommt, die Sehnsucht nach Information, Sortierung und Orientierung zu bedienen, und das rund um die Uhr.*»

Wer den Auftrag für eine Recherche erhält, sollte vorab Material sammeln, als plane er eine Doktorarbeit. Erwin Koch ist einer der großen deutschen, mit dem Kisch-Preis ausgezeichneten Reporter. Er beginnt jede Recherche mit dem Lesen von Hunderten von Seiten und einem halben Dutzend Büchern: «Ich will vorbereitet sein, auf dass ich gewisse Fragen oder Themen vor Ort nicht unangesprochen lasse.»

Liste 2: Wie ein Reporter seine Recherche organisiert (Kochs sieben Schritte)
1. Internet-Recherche: Die Seiten ausdrucken, in zeitliche Reihenfolge bringen und nummerieren, mit dem ältesten Dokument beginnend. Beim Lesen: Unterstreichen von wichtigen Passagen
2. Stichwortverzeichnis im Computer: Eintrag und Ordnen der unterstrichenen Passagen sowie Angabe der Seitenzahl
3. Der erste Entwurf von Kapiteln
4. Lesen von Büchern: Unterstreichen und Eintrag von wichtigen Passagen ins Stichwortverzeichnis

5. Notizen der Gespräche in ein kleines, nummeriertes Notizbuch, Unterstreichen der wichtigen Sätze und Eintrag ins Stichwortverzeichnis
6. Schreiben mit Hilfe der ausgedruckten Stichwörter und, wenn nötig, Lesen in den Quellen
7. Gegenlesen.

Koch zieht als Bilanz seiner Recherchen: «Wahrscheinlich kamen nicht mehr als zehn Prozent meiner Erinnerungsstützen zum Zug. Aber die zehn besten Prozent, hoffentlich.»

Diese Recherche-Tipps taugen nicht nur für die großen Reporter, die auf die Osterinseln oder zum Amazonas ziehen, sie taugen auch für den Lokalreporter, selbst wenn er nur wenige Minuten Zeit zur Vorbereitung hat. Nur im Notfall sollte er unvorbereitet sein, ein kurzer Blick ins Zeitungsarchiv oder verlässliche Internet-Seiten ist ebenso möglich wie ein Gespräch mit einem Kollegen.

Noch hilfreicher ist es, wenn Redaktionen sich regelmäßig treffen und Recherchen, selbst kurze, ausreichend planen. Wer disziplinierte Planung statt ausufernder Konferenzen mag, verschwendet keine Zeit, sondern spart sie. Denn der Journalist recherchiert nicht, bis er alles weiß (dann dauert's), sondern so lange, bis alle naheliegenden Fragen plausibel beantwortet sind, rät Walther von LaRoche, der ehemalige Nachrichtenchef des *Bayerischen Rundfunks*. Daraus folgt: Wer mit dem Recherche-Auftrag in der Hand sofort losstürmt, braucht länger für seine Recherche oder verrennt sich sogar in eine unendliche Geschichte. Fünf bis fünfzig Minuten Vorbereitung machen den Profi aus; je weniger Zeit ich zur Verfügung habe, desto präziser muss ich meine zentrale Frage formulieren.

Liste 3: Wie eine Redaktion eine Recherche plant
1. Zwei Minuten für die naheliegenden Fragen: Was will ich über das Thema wissen? Was interessiert unsere Leser?
2. Zwei Minuten dafür, diese Liste zu ordnen in zweierlei Hinsicht: Gewicht und Erreichbarkeit. Das Erste meint: Was muss ich den Lesern unbedingt mitteilen? Worauf kann ich notfalls verzichten?

Das Zweite meint: Wie erreiche ich meine Informanten? Da hilft die Erfahrung: Behördenanfragen nach 12 Uhr erübrigen sich; Pressesprecher wissen wenig und brauchen Zeit, um sich schlau zu machen.

3. Zwei Minuten dafür, Kollegen zu fragen: Was willst du über dieses Thema wissen?
4. Eine Stunde für die Recherchekonferenz, wenn mehrere zusammenarbeiten: Welche Aspekte wollen wir zeigen? Wer macht was? Wer spricht mit wem? Wer hält die Fäden? Wer schreibt's am Ende zusammen?
5. Nie darf an der Zeit gespart werden, um die Informationen zu überprüfen. Skepsis ist wichtiger als Vertrauen. Das sind dabei die entscheidenden Fragen: Habe ich zwei oder mehr Quellen, die unabhängig voneinander einen Fakt schildern? Sind alle Informationen aus erster Hand – oder nur vom Hörensagen? Was ist das Motiv von Institutionen und Informanten? Habe ich geprüft, ob mein Informant oder meine Internetquelle vertrauenswürdig ist? Wer ist die Gegenseite? Gibt es mehrere? Was sagen sie? (Mehr zum Recht der Recherche im Kapitel 50 *Presserecht*)
6. Alle Unterlagen bis hin zu Gesprächsnotizen auf einem Bierdeckel gehören in die Ablage: Wenn nach der Veröffentlichung die Klagen kommen, sieht jeder schlecht aus, der seine Unterlagen schlampig geführt hat.
7. Jedes Gespräch wird aus dem Gedächtnis knapp protokolliert, vor allem mit genauen Zitaten, Datum und Uhrzeit; alle Gesprächspartner werden mit Namen, Vornamen, Dienstrang und Adresse gesammelt und auch für spätere Recherchen gespeichert, am besten in einer sicheren Datei im Intranet, die nur die Mitglieder des Rechercheteams lesen können.

Und weil mein Text nachher möglichst viele Leute anziehen soll, lohnt schon früh der Gedanke an die Fotos, welche die Geschichte illustrieren können. Am besten liegt eine kleine Kamera stets im Handschuhfach, denn manche Türen werden nur einmal geöffnet.

Was macht nun einer, der neu in eine Stadt kommt und auf der Suche nach Themen ist? Solche Frage plagt nicht nur die Neuen, sondern ganze Redaktionen, die im ewigen Sommerloch hocken und keine Themen finden. Dabei liegen sie hundertfach herum: ein Nebensatz beim Gespräch auf der Straße, Beiläufiges in einer Pressekonferenz, Berichte in Zeitschriften und Tageszeitungen, die Ankündigungen für Talkshows und Magazine im Fernsehen. Allein aus dem Material der Agenturen, das die Nachrichtenredaktion achtlos wegwirft, angeln Lokalredakteure mühelos dreißig, vierzig Themen.

Wer eifrig zuhört, ständig ein Notizbuch mitnimmt, wer neugierig ist und andere Zeitungen und Zeitschriften liest, der hat nicht die Qual, ein Thema zu finden, sondern die Lust der großen Auswahl.

Wer recherchiert, der braucht ein Thema, das die Leser interessiert, und einen gut durchdachten Plan, der ihn schnell und systematisch ans Ziel führt – gerade wenn er nicht nur für die Zeitung schreibt, sondern parallel online arbeitet.

Wie plane ich eine Recherche in der Lokalredaktion?

Pharos Tribune ist eine kleine Zeitung in der 40 000-Einwohner-Stadt Logansport im US-Staat Indiana. Sie entwarf 1993 eine Prüfliste für ihre Redakteure, auszufüllen vor einer Recherche: «Story Plan». In Großbuchstaben steht neben dem Plan: THINK LIKE A READER! (Denk wie ein Leser)

Uli Tückmantel, Ressortleiter Reportagen bei der *Rheinischen Post*, führte 2010 nach dem *Pharos*-Vorbild den RP-Story-Planer ein, der für jeden möglichen Aufmacher auf allen Lokalseiten auszufüllen ist.

Ein Beispiel: Die Lokalredaktion in Mönchengladbach bekommt einen Hinweis; eine neunjährige Muslimin ist von der evangelischen Grundschule verwiesen worden, weil sie nicht am evangelischen Religionsunterricht teilnehmen wollte. So sieht die Planung der Redaktion aus:

108 Wie Journalisten recherchieren

Story-Planer

Thema: Muslime an NRW-Schulen; konkret: Muslime im Religionsunterricht an Konfessionsschulen

Worum geht's? (Küchenruf, Story in einem Satz) Muslimin wird von evangelischer Grundschule verwiesen, weil sie nicht am Religionsunterricht teilnehmen will

Warum wird/sollte unsere Leser das interessieren?

Reizthema: Wie viel Integration darf/muss sein? Aussicht: Klage der Familie gegen das Land könnte einen neuen Präzedenzfall schaffen. Konflikt: kleines Mädchen gegen Bildungssystem in NRW

Für wie viele Leser ist die Story relevant?   ☒ 50% + X   ☐ 30% + X   ☐ 20% + X

Welcher Art ist die Story?   ☒ Aktuelle Nachricht   ☐ Exklusive Recherche

☒ Feature / Storytelling   ☐ Reportage (Text / Foto)   ☐ Wortlaut-Interview

☐ Leserservice / Frage & Antwort   ☐ Porträt / Profil   ☐ Analyse / Pro & Contra

Was sind die wichtigsten Leserfragen zur Story, die wir beantworten?

1.) Hat die Schule korrekt gehandelt? Wer muss/darf wann am Religionsunterricht teilnehmen?

2.) Was hat den «Sinneswandel» der Eltern verursacht?

3.) Werden weitere muslimische Familien dem Beispiel folgen? Was bedeutet das für die Schulen?

4.) Wie geht es für das betroffene Mädchen jetzt weiter? (Ablauf Klage, Teilnahme am Unterricht)

Welche Quellen lassen wir zu Wort kommen? (Funktion, Name, Telefon)

a) Betroffene Schülerin bzw. ihre Familie sowie Türkischen Elternverein (unterstützt die Familie)

b) Schule / Schulaufsicht / Schulministerium NRW

c) Neutrale Bildungsexperten

d) evtl. noch Elternverbände

Wie lauten unsere optisch sichtbarsten Antworten?

Überschrift: Muslimin von evangelischer Grundschule verwiesen

Foto (Motiv): Das Mädchen vor ihrer Grundschule

Grafik: Anteil der Muslime an NRW-(Konfessions-)Schulen

Info-Kasten (Inhalt): Rechtliche Grundlagen (Schulgesetz)

Zitat im Text: «Plötzlich sollte Zeynep zum Gottesdienst»

Welche weiteren Elemente bieten sich an?

☐ Mini-Karte / Storylocator   ☐ Umfrage   ☒ Leitartikel   ☐ Fotostrecke Online

☐ Anderer Online-Zusatz   ☐ Quick-Guide   ☐ Do & Go-Information   ☐ Checkliste

☐ Tabelle   ☒ Pro & Contra   ☐ Telefonaktion   ☒ Leserforum

Autor (mit Telefon): Leslie Brook, Ulrike Winter (0211 xx), Gabi Peters (02161 xx)

Deadline (E-Tag): Morgen

Recherche-/Bearbeitungsvorlauf größer als 1 Tag?   ☐ Ja   ☒ Nein

Wie Journalisten informiert werden

19 Die Nachrichtenagenturen

Welche Redaktion hat schon das Geld, um überall Korrespondenten zu stationieren? Selbst die großen Rundfunk- und Fernsehanstalten können ein weltumspannendes Informationsnetz nicht bezahlen. So bedienen sich die Medien eines alten Systems der Fugger: Diese Augsburger Kaufmannsgesellschaft fügte im 15. Jahrhundert ihren Geschäftsbriefen Nachrichten hinzu über das Geschehen in Europa und der Welt.

Dafür hatte Jakob Fugger der Reiche einen Nachrichtendienst organisiert und gleich die Manipulation dazu: Da er über ein Monopol verfügte, konnte er Nachrichten geheim halten, wenn es zu seinem Nutzen war. Erst vier Jahrhunderte später entstanden die Nachrichtenagenturen für jedermann, wie wir sie kennen, begünstigt durch die Telegraphie, die jede Mitteilung schnell über weite Entfernungen transportieren konnte.

Ohne die Agenturen sind die Massenmedien heute überhaupt nicht denkbar. Nachrichten wurden zur Ware; so begann die Ära der Medien und das Informationszeitalter. Wer sie schnell, verständlich und preiswert anbieten kann, der macht damit sein Geschäft.

Agenturen bestimmen in hohem Maße, welche Nachrichten gedruckt oder gesendet werden und welche nie in das Bewusstsein der meisten Menschen dringen. Dennoch ist es unwahrscheinlich, dass eine bedeutende Nachricht unterdrückt wird, in Deutschland wenigstens. Eher gerät eine falsche als keine Nachricht an die Kunden.

Vier große Agenturen und mehrere kleine Spezialdienste wetteifern um die Abonnements der Zeitungen, Radios, TV-Anstalten und Online-Anbieter, so viele wie in keinem anderen Land der Welt. Sie liefern eine stetig wachsende Zahl von Meldungen, Fotos oder Graphiken; allein die Deutsche Presseagentur *(dpa)* sendet täglich in den deutschsprachigen Diensten rund 1700 Meldungen und bis zu 2000 Fotos.

Die Redaktionen kämen mit den Massen an Meldungen nicht zurecht, wenn die Agenturen sie nicht kanalisierten, und zwar nach zwei Kriterien:

Die Dringlichkeit: Die Priorität 1, die Blitzmeldung, wird sehr selten gesendet; sie gilt für außergewöhnliche Ereignisse; im Telegrammstil wird der Ausbruch eines Krieges gemeldet, der Sturz des Kanzlers oder der Tod eines großen Staatsmannes. Bei *dpa* finden sich vor der Blitzmeldung zehn Klingel-Symbole: Früher schlug tatsächlich eine Klingel im Fernschreiber an, heute piepsen die Computer, wenn die Blitzmeldung kommt – als Wecker für den Redakteur.

Die Priorität 2, die Eilmeldung, berichtet außerordentliche Ereignisse wie Katastrophen oder ungewöhnliche politische Entscheidungen. Sie wird von den Agenturen aber auch für Korrekturen und vor allem für das Zurückziehen von Meldungen genutzt; damit es keine Redaktion übersieht, werden Meldungen, die zurückgezogen werden, zwei Mal gesendet.

Die Vorrang- oder Schnellmeldung, als Priorität 3, wird bei wichtigen Ereignissen gesendet, darf zehn Zeilen nicht überschreiten und ist für den Rundfunk oder die Online-Dienste gedacht; aber auch Zeitungen übernehmen diese Nachrichten als Kurzmeldung, weil sie in der Regel verständlich und präzise formuliert sind.

Der größte Teil der Meldungen wird als «dringend» eingestuft, das ist die Priorität 4, oder als «normal», das ist Priorität 5. Für die Pressestimmen, die Lesegeschichten in der Nacht oder für Füller, die keinerlei Aktualität mehr beanspruchen, gibt es die Priorität 6.

Die Einteilung hat heute keine große Bedeutung mehr: Da früher die Texte, technisch bedingt, nur langsam in die Fernschreiber einliefen, überholte eine wichtige Eilmeldung die anderen Nachrichten in der Sendeschlange. Bei dem heutigen Tempo der Übertragung würde man kaum Zeit gewinnen; nur bei einer absoluten Top-Meldung, bei der es auf jede Sekunde ankommt, wird in der Tat der Nachrichtenfluss abrupt unterbrochen.

Ein Fingerzeig für den bearbeitenden Redakteur jedoch sind die Prioritäten immer noch. Routinierte Redakteure lassen sich nur Meldungen ab Priorität 3 auf den Bildschirm einblenden; dabei riskieren sie aber, manch spannende Nachricht zu verpassen, die der Agenturjournalist falsch eingeschätzt hat oder die man als Tipp für eigene Recherchen nutzen könnte.

Die Ressort-Einteilung: Sie orientiert sich an den klassischen Ressorts der Zeitung: Politik (Kürzel bei den Agenturen: pl), Wirtschaft (wi), Vermischtes (vm), Kultur (ku), Sport (sp) sowie Redaktionsmitteilungen (rs) wie Vorschauen auf das Programm. In alten Fernschreiberzeiten liefen noch technische Prüfmeldungen, die Checks (ck), die testeten, ob im Ticker noch sämtliche Buchstabenhebel des Alphabets in Ordnung waren; *AP* schickte einen berühmten Satz in die Fernschreiber, in dem sämtliche Buchstaben des Alphabets vorkommen: «The quick brown fox jumps over the lazy dog 1 234 567 890.»

Für wen schreiben die Agenturen? Für alle Medien, so betonen sie. Sie richten sich nach der kleinsten Zeitung und der Ein-Mann-Radiostation; diese können sich keinen einzigen Korrespondenten leisten und müssen die Chronik der laufenden Ereignisse sowie jede wichtige Nachricht, aber auch jede, von der Agentur beziehen. Die großen Zeitungen und TV-Sender sind darum nicht traurig, denn auch ihre Korrespondenten machen Urlaub, werden träge oder sind auf einer großen Reportagereise durch den Urwald, während in der Hauptstadt geputscht wird.

Auch bekommt ein Zeitungskorrespondent nicht alles mit, was in seinem meist großen Gebiet geschieht. Die Agenturen dagegen knüpfen ihr Informationsnetz nicht allein mit Korrespondenten und freien Mitarbeitern, vielmehr arbeiten sie mit anderen Agenturen zusammen, sie lesen alle bedeutenden Zeitungen, sie hören und beobachten Kurzwellen- und Satelliten-TV-Sender, surfen durch Internet-Seiten, sichten Hunderte von Verlautbarungen – und sie beschäftigen Experten, die Propaganda von einer harten Nachricht unterscheiden können, wenn beispielsweise ein Potentat in der Dritten Welt über die gleichgeschalteten Medien etwas verkünden lässt.

Die Agenturen bestimmen also den Alltag der Redaktionen, vom Lokalen abgesehen. Sie nehmen den Journalisten viel Arbeit ab, füllen ganze Seiten und werden auch aus anderen Gründen hoch geschätzt. Das sind die vier großen Tugenden der Agenturen:

1. *Ihre Meldungen sind im Allgemeinen verlässlich.* Falschmeldungen sind überaus selten und werden schnell korrigiert – während Zeitungen nur selten eine Korrektur ins Blatt rücken. Die Agenturen dagegen berichtigen mehrmals am Tage selbst kleinere Fehler wie falsche Schreibweisen oder ungenaue Zitierungen.
2. *Ihre Nachrichten sind überparteilich.* «Keine Regierung, kein Wirtschaftsverband, keine Gewerkschaft und keine politische Gruppe darf jemals auf eine Nachrichtenagentur Einfluss gewinnen, andernfalls wäre es mit der objektiven Information der Öffentlichkeit vorbei», schrieb der erste *dpa*-Chefredakteur, Fritz Sänger. Die Bundesregierung bezieht für einen einstelligen Millionenbetrag alle deutschen Agenturen und ist einer der wichtigsten Kunden; bei dpa zahlt sie so viel wie eine größere Regionalzeitungsgruppe. Das dpa-Statut garantiert jedem Redakteur die Freiheit von Einflüssen aus Politik oder Wirtschaft; jeder dpa-Redakteur muss seine Unabhängigkeit auch selbst wahren und auf parteipolitisches Engagement und PR-Nebentätigkeiten verzichten.

Stark ist der Einfluss des französischen Staates auf Agence-France-Press *(AFP)*; er finanziert fast die Hälfte der Agentur. 2011 streikten die Redakteure, weil sie fürchteten, durch eine Gesetzesänderung werde der politische Einfluss größer und ihre Unabhängigkeit kleiner.

Gleichwohl enthalten die Nachrichten der Agenturen keine Wertungen, ihre Sprache lässt nicht vermuten, wer sie finanziert und für wen der Schreiber etwa am Wahltag stimmen wird. «Ein guter Journalist ist zuallererst glaubwürdig. Er ist unabhängig und hält Distanz», schrieb *dpa*-Chefredakteur Wolfgang Büchner in einem internen Blog. «Unsere Glaubwürdigkeit und Unabhängigkeit ist unser wertvollstes Gut. Wir müssen alles tun, um dieses Gut zu verteidigen, und alles unterlassen, was es beschädigt.»

Die Trennung von Nachricht und Meinung ist als journalistisches Prinzip möglich; die Agenturen beweisen es jeden Tag. «Es gibt bei den Agenturen weit weniger verbohrte Überzeugungstäter als bei allen anderen Medien», sagt Michael Ludewig, stellvertretender *dpa*-Chefredakteur.

3. *Ihre Nachrichten kommen gebündelt und gut sortiert* nach Ressorts, die denen in den Zeitungen ähneln. Der Redakteur muss nicht mühsam die Mitteilungen sammeln, die er für seine Arbeit benötigt.
4. *Ihre Nachrichten treffen schnell und in druckfertiger Fassung ein*, meist unmittelbar nach einem Ereignis; wenige Sekunden nach dem Ende eines Fußball-Länderspiels kommt beispielsweise der komplette Bericht auf den Schirm.

So werden die Agenturen geschätzt von allen, die mit ihnen arbeiten, aber die Klagen über sie hören doch nicht auf.

Die erste Klage: Sie überschütten die Redaktionen mit Meldungen, und je schneller die Übertragung läuft, umso mehr muss gesichtet und aussortiert werden.

Es stimmt: Die Agenturen jagen ihre Texte und Bilder über Satelliten in die Computer, immer mehr und immer schneller. Im Gründerjahr 1949 schickte die *dpa* gerade 19 000 Wörter täglich, alle klein geschrieben, über Drahtnetz oder Langwelle; heute ist es ein Vielfaches davon – Tendenz weiter steigend. Kein Fernschreiber hemmt das Tempo wie noch vor Jahren, in Sekundenschnelle können die Redakteure die Nachrichten auf ihrem Bildschirm lesen.

Mittlerweile haben sich Nachrichtenredakteure auch an das Sichten und Redigieren am Bildschirm gewöhnt, offenbar schätzen es die meisten. Der Computer erleichtert die Arbeit, die Agenturen gliedern verlässlicher und liefern klare Stichworte, die jede Meldung einordnen, und wahrscheinlich sind deshalb die Klagen leiser geworden, das Material sei nicht mehr zu bewältigen.

Geblieben ist das Problem bei den Agenturen. Wurden sie früher in erster Linie für den Transport der Nachrichten bezahlt, so besteht heute ihre Hauptaufgabe darin, Berge von Informationen zu durchsuchen und den größten Teil auf den Müll zu werfen. Trotzdem kommt täglich ein Lexikonband mit über 1500 Seiten zusammen, wenn man nur die Meldungen der vier großen Agenturen sammelt.

Schauen wir uns einen normalen Tag an, ohne besondere Höhepunkte. Am Mittwoch, dem 13. Juli 2011 lieferten die großen Agenturen über 4000 Meldungen; am meisten die dpa im Basisdienst (also ohne die Landesdienste): rund 800 Meldungen, die auf folgende Ressorts verteilt waren:

Politik (pl)	225 Meldungen	28 %
Sport (sp)	192	24 %
Wirtschaft (wi)	157	19 %
Vermischtes (vm)	126	15 %
Redaktionsservice (rs)	81	10 %
Kultur (ku)	32	4 %

Im Jahresschnitt ist die Verteilung auf die Ressorts ähnlich. Nur der Anteil der Politik ist höher, der Anteil der Wirtschaft niedriger; dies ist leicht zu erklären, da an Wochenenden und an Feiertagen die Börsen ebenso ruhen wie weitgehend auch die Pressesprecher der Unternehmen und Verbände – im Gegensatz zu den Politikern, deren Mitteilungsdrang am Wochenende sogar noch stärker wird. Von diesen 800 dpa-Meldungen (plus die Meldungen der anderen Agenturen) druckt eine regionale Tageszeitung durchschnittlich 50 ab; selbst die *Süddeutsche Zeitung* mit fünf bis sechs Nachrichtenseiten druckt nur einen Bruchteil des Agenturmaterials; und die Tagesschau bringt gerade mal 12 unter.

Und selbst die 800 Meldungen stellen eine gnadenlose Auswahl dar. Von 99 Prozent aller berichtenswerten Ereignisse auf diesem Erdball erfährt der Zeitungsleser nichts, weil es kein Journalist erfährt und weitergeben kann. Verbrechen werden begangen und niemals entdeckt (geschweige denn aufgeklärt); längst nicht jeder Skandal dringt an die Öffentlichkeit; laienhaft operierende Verbände versäumen es, die Presse einzuladen; atemberaubende Dinge geschehen, und der Reporter hat seine Kamera vergessen, hat Urlaub oder schläft.

Über 99 Prozent aller Nachrichten, die schließlich doch der Presse bekannt werden, gelangen nie vor die Augen des Lesers, weil sie als zu unbedeutend, zu fragmentarisch, zu polemisch oder nach den jeweils herrschenden Vorstellungen zu unsittlich aussortiert und dem Papierkorb anvertraut werden. Und das ist gut so: Die 800 *dpa*-Nachrichten eines einzelnen Tages allesamt zu verlesen, würde einen halben Tag dauern; obwohl bereits zweimal selektiert, vom Korrespondenten und vom Redakteur der Nachrichtenagentur, würden also mehr Informationen auf den Fernsehteilnehmer niederregnen, als er auch bei höchstem Interesse und äußerster Konzentration zur Kenntnis nehmen könnte und wollte.

Die zweite Klage der Redaktion: Das blutleere, verschachtelte Deutsch. Agenturen hängen an der Floskelsprache der Politiker und fügen ihre eigenen scheußlichen Sprachklischees hinzu. Doch wollen sie sich davon verabschieden; im «Entstaubungsprogramm» zur Agentursprache heißt es im internen *dpa*-Kompass, einem Wiki-Handbuch für die Redakteure:

> *«‹Agentursprache› gibt es nicht – es gibt nur gute Sprache. Was wir schreiben, muss sich für die ganze Spanne zwischen Print, Online, Hörfunk und Fernsehen eignen. Ein Radiohörer kann nicht zurückblättern. Ein Internetnutzer oder ein Zeitungsleser macht das aber auch nicht gern.»*

Doch stehen bisweilen immer noch lange unüberschaubare Sätze voller Substantive am Beginn der Meldungen. Dabei wissen die Agenturen: Viele Redakteure akzeptieren dies nicht mehr und übernehmen nur noch Nachrichten, die sie in spätestens 20 Sekunden überzeugen, die verständlich sind und gut formuliert.

Vorbei sind die Zeiten, in denen Agenturjournalisten vor allem für Presse-, Radio- und Fernsehjournalisten schrieben und so noch keinen großen Schaden anrichteten. Heute geht ein großer Teil der Texte – meist ohne weitere Bearbeitung in den Redaktionen – auf Online-Portale oder Zeitungsseiten.

Und ein wenig Schadenfreude erlauben sich ab und an auch die

Agenturjournalisten. Wenn die Redakteure der Tageszeitungen ihre Exklusiv-Interviews und -Geschichten der Agentur anbieten, dann lassen sie kein Sprachklischee aus und schreiben sie oft grauslicher als jeder *dpa*-Redakteur.

Die dritte Klage der Redaktionen ist leise und selten: Ab und an sind sie voreilig, die Agenturredakteure, um vor der Konkurrenz auf den Nachrichtenmarkt zu kommen. Schwere Pannen kommen indessen so selten vor, dass sie lange in Erinnerung bleiben:

Am 13. April 1964 meldete die *dpa* mit einer Blitzmeldung den Tod des sowjetischen Ministerpräsidenten Nikita Sergejewitsch Chruschtschow und korrigierte sich 14 Minuten später; Chruschtschow starb sieben Jahre später.

Im August 1991 versuchten mächtige Kommunisten Präsident Gorbatschow zu stürzen und sperrten ihn in seinem Ferienhaus auf der Krim ein. Ein Sprecher der Verschwörer sagte auf einer Pressekonferenz in Moskau, wo es drunter und drüber ging: «Gorbatschew w Krymu» (Gorbatschow ist auf der Krim). Der Korrespondent der Agentur *AP* verstand in dem Lärm: «Gorbatschew w Kremlje» (Gorbatschow ist im Kreml) und meldete dies der Zentrale, die sofort eine Blitzmeldung schickte.

Eine Falschmeldung war in der Welt. Der phonetisch hauchdünne Unterschied bedeutete politisch den Unterschied zwischen Bürgerkrieg und Putsch-Ende, erinnert sich der frühere deutsche *AP*-Chefredakteur Peter M. Gehrig. Fünf Minuten später war der Irrtum aufgeklärt, die Falschmeldung aber uneinholbar in viele Computer verstreut. «Es ist der verzweifelte Versuch, die Zahnpasta wieder in die Tube hineinzubekommen», beschreibt Lore Lorentz die Tücken des Dementis.

Am 10. September 2009 meldete die *dpa* einen Selbstmordanschlag in Bluewater, Kalifornien. Tatsächlich waren Überfall und Anschlag fingiert, Internetseiten manipuliert, Ansprechpartner gefälscht. Mit «Kontrollkriterien» reagierte dpa-Chefredakteur Wolfgang Büchner auf die Panne und erinnerte an den Recherchegrundsatz «Be first, but first be right»; sei der Erste, aber der Erste, der's richtig bringt. Weiter ordnete Büchner an:

- Bei exklusiven Informationen werden zwei Mitarbeiter freigestellt zur Verifizierung von Informationen und Recherche.
- Es reicht nicht, dass lokale Behörden einen Vorfall bestätigen, dazu kommt mindestens eine übergeordnete Stelle.
- Jeder Mitarbeiter bekommt ein einfach zu bedienendes Werkzeug, um im Internet die Echtheit von Domains zu überprüfen.

Die vierte Klage: Neue Themen geraten erst spät in die Dienste, und ganze Kontinente verschwinden in den Meldungsbergen, vor allem die Dritte Welt. Zwei Drittel des täglichen Nachrichtenanfalls kommen direkt oder indirekt aus New York; mehr als zwei Drittel der Journalisten der großen Nachrichtenagenturen sind Amerikaner oder Europäer und sehen die Welt mit ihren Augen.

Doch wenn die Redaktionen von Zeitungen und Sendern klagen, so sind ihnen ebenfalls zwei Vorwürfe zu machen: zum einen könnten sie leicht jeden Tag zwei Seiten mit Berichten aus dem Ausland und der Dritten Welt füllen, wenn sie nur wollten; zum anderen pflegen sie ihre Agenturgläubigkeit. Selbst erfahrene Korrespondenten der Tageszeitungen kommen gegen die Übermacht der Agenturen kaum an. Ihnen gelingt es nur selten, einen Exklusivbericht bei ihrer Heimatredaktion durchzusetzen; stattdessen hören sie die Frage: «Das haben die Agenturen gar nicht gemeldet! Haben Sie kein anderes Thema?»

Mit den Korrespondenten klagen auch die Lokalredakteure, dass ihre Nachrichten kaum eine Gelegenheit bekommen, auf den ersten Seiten gedruckt zu werden: Je mehr die eigenen Redakteure recherchieren, desto schwerer haben sie es, sich gegen die Agenturen durchzusetzen. «Selbst Skandale haben keine Chance, auf die erste Seite zu kommen, wenn wir sie selber recherchiert haben», beschwerte sich eine Redakteurin aus dem Osten beim Zeitungskongress «Bieder oder bissig» und erzählte:

Die Lokalredaktion entdeckt einen Bauskandal und meldet ihn in die etwa 50 Kilometer entfernte Zentrale, wo sich aber keiner für zuständig erklärt. Der Bericht erscheint nur als Aufmacher im Lokalteil. Ein *dpa*-Redakteur im Landesbüro entdeckt bei Sichtung der Zeitungen den Bericht und macht daraus eine Meldung. So erscheint der Aufmacher der Lokalredaktion doch noch auf der Landesseite der Zeitung – als *dpa*-Meldung, mit einem Tag Verspätung und gleichzeitig mit den anderen Zeitungen aus der Region.

Und noch ein Grund zur Klage über die Redaktionen: Nicht einmal bei den Agenturen recherchieren sie; kaum Rückfragen oder gar Aufträge. Dabei springen selbst die großen Agenturen vor Freude auf, wenn eine Redaktion nachfragt, oder sie springen im Kreis, wenn sich eine Redaktion über Ungereimtheiten beschwert.

Die *dpa* bietet seit 2010 den Redaktionen einen neuen Service, dapd will mit einem ähnlichen Angebot folgen: Die Nachrichten präsentieren sie wie auf einer Online-Seite, vergleichbar der Startseite von *Spiegel Online*; dort hatte der neue Chefredakteur Wolfgang Büchner zuvor gearbeitet. Vorbei sind die Zeiten, in denen sich Redakteure mühsam durch eine Fülle von Zusammenfassungen wühlen müssen; die stapelten sich, weil irgendein Hinterbänkler auch noch einen Gesetzentwurf kommentieren wollte.

Das www.dpa-news.de-Angebot sortiert die Themen nach Wichtigkeit, stellt Fotos und Graphiken dazu, nennt die Quellen und Autoren der Beiträge, falls die Redakteure selber recherchieren wollen, verlinkt auf die einzelnen Meldungen und Zusammenfassungen, falls ein Redakteur tiefer einsteigen will, auf eine Fotogalerie und Audio-Beiträge. Zudem gibt es einen Rückkanal: Mit einem Mausklick kann der Redakteur Fragen zum Thema stellen, Wünsche äußern und Kommentare schicken. Die Antworten kommen im Minutentakt und sind – wie die Fragen – für alle Kunden sichtbar.

Ohne Agenturen wären Zeitungen als Massenmedien kaum denkbar: Die großen Nachrichtenagenturen liefern die Chronik der laufenden Ereignisse, sodass selbst die kleinste Zeitung ihre Leser mit den wichtigen Nachrichten aus allen Kontinenten versorgt. Redakteure können komplette Zeitungen mit den Agenturen füllen, viele tun es auch, doch sie sollten es nicht tun. Der größte Vorzug der Agenturen ist ihre Überparteilichkeit, sodass es ihnen gelingt, von allen Medien und allen Zeitungen, gleich welcher Richtung, akzeptiert zu werden.

Die vier großen Agenturen in Deutschland

Wer ein Volontariat bei einer Nachrichtenagentur bekommt, kann sich glücklich schätzen; nur wenige Plätze stehen zur Verfügung. Wer ein Praktikum bekommen will, hat bessere Chancen in den Landesbüros, die selber über die Vergabe entscheiden. Noch besser sind die Chancen für eine freie Mitarbeit, entweder auf dem flachen Land, in dem eine Agentur keinen Korrespondenten stellt, oder in einem Fachgebiet, sei es der Buchkritik oder Berichterstattung über Wissenschaft und Forschung.

Die Krise der Medien bedrängt auch die Agenturen. Die Kleinen werden um ihre Existenz kämpfen, die Großen um ihre Größe; Entlassungen, Schließungen von Büros und Abspecken des Angebots scheinen unvermeidlich.

1. **Die dpa** (*Deutsche Presse-Agentur*) ist die größte deutschsprachige Agentur: Nahezu alle deutschen Zeitungen haben sie abonniert; mittlerweile verzichten allerdings einige Redaktionen ganz oder teilweise auf Dienste der *dpa*, etwa die *WAZ* (*Westdeutsche Allgemeine Zeitung*) oder die *Freie Presse* in Chemnitz, zum Unbehagen der Zeitungsredaktion, die mit einem Teil des Geldes zwar Reporterstellen bezahlen kann, aber mühsam die Nachrichten zusammenkratzen muss, vor allem im Sport.

   Wie eine Genossenschaft gehört die 1949 gegründete Agentur rund 200 deutschen Zeitungen, Zeitschriften und Rundfunkanstalten. Keiner der Gesellschafter kann sich eine Hausmacht aufbauen: mehr als 1,5 Prozent darf sich kein Verleger aneignen, alle Rundfunkanstalten zusammen dürfen nicht mehr als 25 Prozent besitzen; zudem kann nur der Aufsichtsrat den Chefredakteur abberufen.

   «Mit diesen beiden wichtigen Regelungen war die vollständige Unabhängigkeit des Unternehmens von Einflüssen und Einwirkungen irgendwelcher Gruppen oder Interessenten und die Unabhängigkeit des verantwortlichen Leiters von der Geschäftsführung gesichert», schreibt Fritz Sänger, der erste Chefredakteur von *dpa*.

   dpa (Deutsche Presse-Agentur), Zentralredaktion Markgrafenstraße 20, 10969 Berlin. In 13 Landeshauptstädten unterhält dpa Landesbüros sowie Korrespondentenbüros in vielen Städten, Staaten und Kontinenten. *dpa* ist die einzige Agentur, deren Texte und

Bilder im Basisdienst nicht von Anzeigenblättern genutzt werden dürfen.

www.dpa.de

2. **dapd** ist hervorgegangen aus der deutschen *AP* und der *ddp*. *AP (Associated Press)*, 1848 in New York gegründet, belieferte nach dem Krieg die ersten deutschen Zeitungen, denen die Siegermächte eine Lizenz gaben. Sie war die typische Zweitagentur in vielen deutschen Redaktionen; zwei von drei Nachrichtenredaktionen in Deutschland bezogen *AP*.

ddp begann 1971, als die große amerikanische Agentur *UPI* ihren deutschsprachigen Dienst einstellte. 1994 schloss sie sich mit *ADN* zusammen und gründete in Berlin eine gemeinsame Redaktion; *ADN* war als Monopolagentur der DDR das Propaganda-Instrument der SED.

dapd hat eine kurze, aber wechselvolle Geschichte, ist eine Vollagentur wie dpa, mit großem täglichem Foto-, aber geringem Sportangebot; sie beliefert rund drei Viertel der größeren deutschen Zeitungen. Sie kooperiert mit AP in New York, einer der großen Welt-Agenturen, und nutzt deren weltweites Korrespondentennetz.

dapd, Reinhardtstraße 52, 10117 Berlin; in 12 Landeshauptstädten unterhält *dapd* Landesbüros sowie Korrespondentenbüros in vielen Städten.

www.dapd.de

3. **Reuters** kam 1971 mit einem deutschen Dienst heraus und wird vor allem wegen der Wirtschaftsberichterstattung geschätzt.

Reuters, Friedrich-Ebert-Anlage 49, 60327 Frankfurt am Main und News-Center, Schiffbauerdamm 22, 10117 Berlin

www.reuters.de

4. **AFP** *(Agence France-Presse)* gilt als die älteste Agentur der Welt: 1835 in Paris gegründet. Schon 1947 gab die französische Agentur einen deutschsprachigen Dienst heraus. Doch erst in den neunziger Jahren fasste *AFP* Fuß in Deutschland und wird von gut der Hälfte der größeren deutschen Zeitungen abonniert; geschätzt wird sie in den Redaktionen vor allem wegen der Infographiken.

AFP (Agence France-Presse), Berliner Freiheit 2, 10785 Berlin
www.afp.com

Daneben gibt es einige Spezialagenturen, eine Auswahl:
sid (Sport-Informations-Dienst), gehört seit 1997 zu *AFP*; aktuelle Berichterstattung aus dem Sport; vier Büros in Berlin, Frankfurt, Hamburg und München.
Ursulaplatz 1, 50668 Köln, www.sid.de
epd (Evangelischer Pressedienst), 1910 gegründet, ist die älteste deutsche Nachrichtenagentur; im Zentrum stehen Meldungen aus den Kirchen, dem Sozialen und der Dritten Welt sowie aus den Medien; acht Landesdienste und Korrespondenten in Berlin, Brüssel und Genf.
60439 Frankfurt, Emil-von-Behring-Straße 3, www.epd.de
KNA (Katholische Nachrichten-Agentur) bringt Meldungen aus der katholischen Kirche; sieben Landesredaktionen und Korrespondenten im Vatikan, in Jerusalem und Brüssel.
Heinrich-Brüning-Str. 9, 53113 Bonn, www.kna.de
Die APA ist die große österreichische Agentur mit täglich fast 600 Meldungen.
Laimgrubengasse 10 in 1060 Wien. www.apa.at
Die SDA (Schweizerische Depeschenagentur AG) ist die große Schweizer Agentur mit rund 200 Meldungen täglich im deutschen Dienst.
Länggassstrasse 7 in 3001 Bern. www.sda.ch

Wie eine Agenturmeldung zu entziffern ist
Wer sein Praktikum in einer Nachrichtenredaktion beginnt, kapituliert schon vor der ersten Agenturmeldung: Eine Fülle unbegreiflicher Abkürzungen, Zahlen- und Buchstabenfolgen erscheint auf dem Bildschirm; die meisten sind unerheblich, dennoch sollte auch der Anfänger wissen, welche er kennen und nutzen muss. Zum Abenteuer wird es schon, herauszufinden, wann eine Meldung überhaupt gelaufen ist: Sechs Ziffern in ungewöhnlicher Reihenfolge verraten es am Ende jeder Meldung.

Das versteckt sich hinter den Kürzeln einer Agenturmeldung:

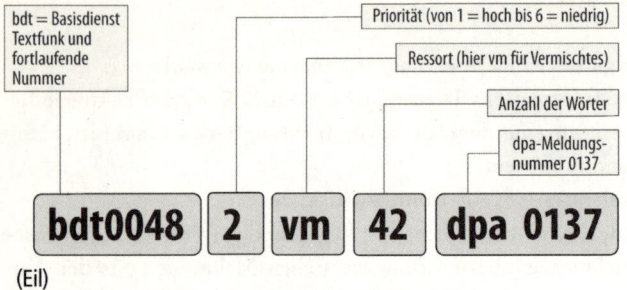

(Eil)
Schweres Erdbeben erschüttert Nordosten Japans =
Tokio (dpa) - Ein schweres Erdbeben der Stärke 7,9 hat am Freitagmorgen den Nordosten Japans erschüttert. Es sei zu befürchten, dass eine Flutwelle von etwa sechs Metern Höhe die Küste treffen werde, warnte die meteorologische Behörde.

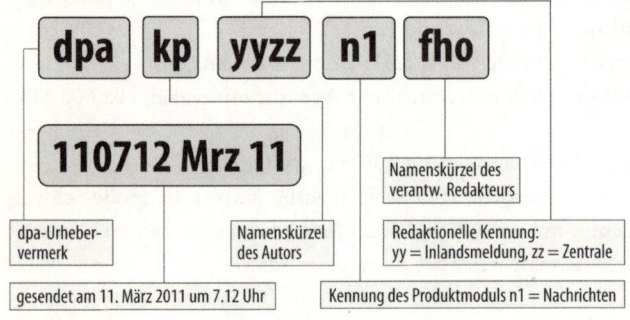

Dies war der Wegweiser durch eine *dpa*-Meldung; die Meldungen anderer Agenturen sind ähnlich aufgebaut.

20 Waschzettel und Verlautbarungen

Wer die Zeitung oder die Online-Seiten nur irgendwie füllen will, braucht nirgendwohin zu gehen und mit niemandem zu sprechen. Er muss nur warten – auf die Agenturmeldung, den freien Mitarbeiter oder die Mail eines Pressesprechers, die Kopien aus dem Archiv oder einen Gedankenblitz.

Wer nur in der Redaktion sitzt, den nannte die Zunft einst Sitzredakteur. Nach der Einführung des Newsdesks wird er Blattmacher oder Producer genannt – im Kontrast zum Reporter, der keinen Schreibtisch mehr braucht, sondern nur einen Laptop und eine Verbindung zum Redaktionssystem.

Wenn eine Zeitung noch eine Nachrichtenredaktion und Ressorts unterhält, die ihre Seiten selbst füllen, redigiert der Redakteur die Meldungen der Agenturen, die Texte der Freien und die Berichte der Korrespondenten – derer also, die sich ihrerseits zwischen den Fronten, im Obdachlosenasyl oder auf Parteitagen umsehen.

Gerade dem Anfänger tut es gut, wenn er sich aufs Redigieren konzentrieren kann – und somit auf eine Sprache, die von allen verstanden werden muss. Kluge Ausbildungsredakteure setzen ihre Volontäre zunächst an den Desk oder die Nachrichtenredaktion; in den Journalistenschulen steht das Schreiben und Redigieren von Nachrichten in den ersten Wochen unentwegt auf dem Stundenplan, bis die Eleven es beherrschen.

In Redaktionen, die nicht Blattmacher und Reporter trennen, müssen alle alles machen, von einigen Edelfedern abgesehen. Die Redakteure kapitulieren schnell vor dem Berg an Mitteilungen auf ihrem Schreibtisch; selbst eine kleine Lokalredaktion erhält jeden Tag unzählige Mails, Waschzettel, Fotos und Graphiken, die keiner angefordert hat. Die Zeitung und vor allem die Online-Seiten sind bequem zu füllen mit Fremdtexten, die noch dazu den Vorteil bieten, dass nach dem ungekürzten Abdruck keiner anruft und sich beschwert.

Das erleichtert den Redakteuren das Leben, aber ärgert die Leser – wenn der Chef den Ärger scheut und sich längst arrangiert hat mit Funktionären und mächtigen Leuten; sei es durch Angst vor Reklamationen; sei es vor dem Liebesentzug des Bürgermeisters, der plötzlich grußlos auf dem Marktplatz vorübergeht; oder sei es aus Mangel an Zivilcourage.

Anzeigenblätter werden in der Regel so, das heißt ohne ausgebildete Redakteure, produziert.

Am Newsdesk, der die Mantelseiten produziert, sitzt in der Regel ein Nachrichten-Chef oder -Führer, der wie ein Schleusenwächter alle Informationen prüft, ob sie für die Zeitung oder die Online-Seiten taugen. Der Blattmacher muss sich nicht mehr mit dem Wust an Meldungen plagen, er muss nicht mehr sichten und sortieren, er kann sich aufs Redigieren konzentrieren. Am Regio-Desk, an dem die Lokalseiten produziert werden, ist der Blattmacher Nachrichten-Führer und Textchef in einem.

Was sollte der Nachrichtenführer beherrschen, auf dessen Bildschirm Unmengen an Fremdtexten und Verlautbarungen einlaufen? Ein bisschen Zivilcourage braucht er, um allzu dreister PR zu widerstehen; eine Spürnase für gute Themen obendrein – also muss er schnell die attraktiven Mitteilungen von den Massen des Informationsmülls scheiden.

Trotz aller Kritik am «Verlautbarungsjournalismus»: An Fremdtexten kommt kein Nachrichtenführer vorbei. Findet er Neues oder Interessantes, gibt er den PR-Text an einen Reporter weiter, der ihn zum Anlass für eine Recherche nimmt.

Einige Chefredakteure oder Verleger nehmen ihren Redakteuren ein Stück der Mühe ab und geben Handbücher oder Richtlinien heraus, damit noch in der kleinsten Lokalredaktion die Verlagslinie beachtet wird. Ob in den Kodizes der *WAZ* oder der *Main-Post*, des Springer-Verlags oder des *WDR*: Sie alle warnen ihre Redakteure, die Unabhängigkeit nicht zu gefährden durch Annahme von Geschenken, Lustreisen und hohen Rabatten. «Wir wissen um die Gefahr der Korruption», ist im Verhaltenskodex des *NDR* zu lesen. Die wichtigsten Kodizes sind im Anhang abgedruckt.

Wo es keine schriftlichen Handreichungen gibt, bleibt dem Anfänger nichts anderes übrig, als sich schnell über die Gewohnheiten zu informieren; andernfalls riskiert er, als unprofessionell angesehen zu werden – obwohl er nur Eigenarten verletzt, die von Redaktion zu Redaktion wechseln. Er riskiert immer noch bei einigen Lokalchefs Ärger, wenn er die Mitteilungen von bekannten Politikern und Funktionären ignoriert; den Unwillen der Anzeigenabteilung zieht er auf sich, wenn er gute Kunden nicht pfleglich behandelt.

Doch Ärger bekommt nicht nur, wer Anzeigenkunden aus dem Weg geht, sondern auch der, der ihnen jeden Wunsch erfüllt. Anders als bei Politiker- oder Verbands-PR, für die sich kein Richter interessiert, gibt es Gesetze und Verordnungen, die den Redakteur an die kurze Leine nehmen.

«Wer zusätzlich zur Erteilung eines Anzeigenauftrages die Zugabe einer redaktionellen Besprechung anbietet oder gewährt, handelt unlauter», heißt es im Beschluss des Oberlandesgerichts Düsseldorf, nachdem eine Redaktion neben einer bezahlten Anzeige lobend über Maschinen geschrieben hatte. Der Test des neuen Mercedes neben der Anzeige des Händlers, das Foto zur Boutique-Eröffnung in derselben Ausgabe wie die ganzseitige Werbung mit Eröffnungsangeboten: So verbreitet diese Unsitte auch sein mag – wer nicht aufpasst, riskiert hohe Geldstrafen.

Das ist nach dem Wettbewerbsrecht und nach geltender Rechtsprechung verboten, daran muss sich ein Redakteur halten:

- Weder der Anzeigenvertreter noch der Redakteur dürfen einem Kunden einen Bericht in der Zeitung anbieten, um so leichter zu einer Anzeige zu kommen. Dass es trotzdem gang und gäbe ist, sollte den Anfänger wie den ehrlichen Redakteur nicht abhalten, über Gesetzesverstöße die Chefredaktion zu informieren und um Rat zu bitten – oder gar den Verleger oder Geschäftsführer.
- Auch der Anzeigenkunde darf einen solchen Bericht nicht fordern.
- Firmen dürfen auch keine Vorlagen mit dem Hinweis schicken: Bei Abdruck des PR-Artikels werden wir eine Anzeige schalten. Der Bundesgerichtshof sprach von «getarnter Werbung», als ein Kaffeeröster seine PR-Artikel an Kur-Zeitungen geschickt hatte – parallel zu Anzeigenaufträgen; die Richter meinten, er habe auf das Fehlverhalten der Redaktion spekuliert.
- Alle werbenden Formulierungen, alles Lob von Produkten und Dienstleistungen, das mehr ist als reine Information, hat in einem Bericht nichts zu suchen – es sei denn, die Redaktion testet verschiedene Produkte und vergleicht sie nach klaren, überprüfbaren Kriterien.

- Anzeige und Bericht sollten nicht auf derselben Seite stehen, möglichst auch nicht in derselben Ausgabe (was aber nicht immer zu vermeiden ist, wenn beispielsweise ein großes Kaufhaus eröffnet wird und sich die Massen drängeln).
- «Sonderveröffentlichungen» unterliegen laut Pressekodex der gleichen redaktionellen Verantwortung wie alle redaktionellen Veröffentlichungen, auch wenn sie von der Anzeigenabteilung gefüllt werden. Allerdings darf in einem Kollektiv, zu dem es einen Anlass geben muss, der redaktionelle Bericht stehen, rein sachlich und ohne werbenden Inhalt.

Die Gesetze, Richtlinien und Standesrecht sind eindeutig. Und jeder Journalist bedenke, dass die Menschen der Tageszeitung von allen Medien das größte Vertrauen schenken. Wer dieses Vertrauen aufs Spiel setzt, nur um eine Anzeige zu bekommen, der setzt auch die wirtschaftliche Existenz aufs Spiel: Der Ruf und die Glaubwürdigkeit der Redaktion leiden, wenn sie als käuflich gilt, die Leser glauben auch der politischen Berichterstattung nicht mehr, weil sie Abhängigkeit in allen Teilen befürchten; auch die Anzeigen verlieren ihren Wert, weil der redaktionelle Teil als billige Verlängerung des Anzeigenteils betrachtet wird und die teure Tageszeitung auf eine Stufe mit den Anzeigenblättern rutscht.

Und verpflichtet nicht sogar die Verfassung? Denn welchen Sinn macht der Schutz der Presse als quasi vierte Gewalt, wenn sie selber ihre Unabhängigkeit nicht mehr achten sollte? Was sind die Kontrolleure der Macht noch wert, wenn sie als käuflich gelten?

Waschzettel sind Texte, die unaufgefordert in die Redaktion kommen, aber dennoch von vielen Redakteuren benutzt werden; sie werden verschickt von Politikern und Pressesprechern, damit ihre Mitteilungen und Ansichten veröffentlicht werden. Seine Glaubwürdigkeit gefährdet, wer Verlautbarungen unrecherchiert aufnimmt oder sich durch Vergünstigungen korrumpieren lässt. Wer jedoch die Spreu aussortiert und die wichtigen Nachrichten in dem Wust der Belanglosigkeiten entdeckt, der kann sie als Anregung für eine Recherche nutzen.

21 Die Pressekonferenz

Selbst wenn Redakteure den Schreibtisch verlassen, opfern sie zu oft ihre Zeit, um den Inszenierungen anderer zu lauschen: Sie hören bei der PK zu, wie eine Pressekonferenz im Jargon heißt, und bemessen die Länge des Artikels nach der Zeit, die sie fürs Zuhören aufbringen mussten. Ideal wäre dagegen ein Zustand, den Erich Böhme, Ex-*Spiegel*-Chefredakteur, nicht ohne Hochmut beschreibt: Wir gehen nicht zu einer Pressekonferenz, damit wir etwas schreiben können; vielmehr schreiben wir, damit andere zu einer Pressekonferenz gerufen werden.

Solch Selbstbewusstsein ehrt den Chefredakteur eines Wochenmagazins, der nicht jeden Abend vor dem Redaktionsschluss zittern muss; jedenfalls täuscht es hinweg über den Alltag einer Zeitungsredaktion. Selbstverständlich geht sie zu jeder Pressekonferenz, auch wenn sie weiß: Dort wird den Journalisten meist etwas «verkauft»; sie weiß aber nie, ob nicht doch ein Knüller präsentiert wird, den die Konkurrenz, ob Zeitung, Radio oder Online, sonst allein aufgreifen könnte. Die Chance, nur hinzugehen und nur für Online zu schreiben, gibt sie ja nicht auf – und am Rande der Konferenz ist manchmal ein Schmankerl aufzulesen, das zu einer Glosse animiert oder gar zu einer neuen Recherche führt.

Berichte von Pressekonferenzen landen zuerst im Internet und erhalten, wenn überhaupt, nur eine kurze Meldung in der Zeitung. Der Waschzettel des Museums, den der Direktor vorliest, oder die Pressemitteilung des Ministers, die er auf der Pressekonferenz knapp erläutert, stehen zudem auf der Homepage von Sparkasse und Ministerium.

Taugt der Begriff «Pressekonferenz» überhaupt für alle Veranstaltungen, die unter diesem Titel laufen? Kaum. So lädt der Sparkassenvorstand zur Pressekonferenz und empfängt gerade zwei Redakteure der einzigen Zeitung und vielleicht noch einen Mitarbeiter des Anzeigenblatts, das ebenfalls der ortsansässigen Zeitung gehört, und den einen oder anderen Blogger; im geselligen Gespräch bei üppigem Mittagessen plaudert man miteinander und ist vergnügt; am

Ende gibt es einen Waschzettel, auf dem die PR-Abteilung das Wichtigste aus der Jahresbilanz so geschrieben hat, dass es nur noch ins Blatt gehoben werden muss.

«Pressekonferenz» nennt auch die Polizei das nächtliche Treffen in einem kalten Mannschaftswagen, in dem sie über den mörderischen Ausgang einer Geiselnahme berichtet. Die Polizisten ersparen sich so eine Fülle von Anrufen, in denen sie immer dasselbe berichten müssten; sie verhindern den Eindruck, als wollten sie etwas verbergen, und sichern sich mit ihrer spontanen Offenheit eher eine positive Berichterstattung, als wenn sie eine Auskunftssperre verhängen.

«Pressekonferenz» heißt das Streitgespräch zweier Kontrahenten um den Parteivorsitz; sie laden ein, um Einigkeit zu demonstrieren, aber durch geschicktes Fragen der Journalisten geraten sie aneinander und produzieren eine Fülle von Nachrichten und Kommentaren.

Zur «Pressekonferenz» laden die Fußballtrainer nach jedem Bundesligaspiel, um den Journalisten ihre Interpretation unterzujubeln – als hätten nicht Journalisten und Trainer dasselbe Spiel gesehen und als wäre es nicht Aufgabe der Journalisten, aus ihrer Sicht zu schreiben; auch diese Pressekonferenzen kann keiner frühzeitig verlassen, denn in der ersten Wut über eine Niederlage kann mancher Rausschmiss öffentlich werden.

Deutschlands berühmteste Pressekonferenz tagt regelmäßig in Berlin und ist einmalig in ihrer Konstruktion: Nicht die Politiker laden ein, vielmehr sind die Berliner Korrespondenten die Gastgeber, welche Kanzler und Minister, Oppositionsführer und Verbandsfunktionäre zum Gespräch bitten und es selber moderieren – auch wenn der Regierungssprecher montags, mittwochs und freitags das Neueste aus Regierung und Kabinett verkündet.

Viel Routine bestimmt die Bundespressekonferenz, denn sie tagt, ob der Regierungssprecher etwas zu sagen hat oder nicht. Überraschungen sind selten: Am 15. Oktober 2000 hörten sich die Journalisten eher gelangweilt an, was der ehemalige Minister Reinhart Klimmt zu Verkehrsthemen zu sagen hatte. Plötzlich fragte ihn ein Journalist nach einer Finanzaffäre, in die er beim Fußballclub 1. FC Saarbrücken verstrickt war. Der Minister geriet in die Zange, verlor die Nerven, stand auf, verließ die Pressekonferenz und gab am nächsten Morgen seinen Rücktritt bekannt.

Berlin ist die Hauptstadt der Pressekonferenzen, weil in keiner anderen deutschen Stadt so viele Journalisten arbeiten. Nicht selten könnte ein Korrespondent von Konferenz zu Konferenz hetzen, 20 bis 30 Einladungen an einem Tag sind der Normalfall. Kann ein einzelner Journalist dies überhaupt leisten? Nein, er muss sich auf seine Erfahrung verlassen, wo Überraschendes oder Neues zu erwarten ist, er kennt die Vorlieben seiner Redaktion, und er tauscht die Texte mit einem Kollegen aus, der andere Konferenzen besucht hat.

Seit dem Umzug nach Berlin 1999 ist die Versuchung, viele Termine zu schwänzen, ungleich größer als zu Bonner Zeiten: Die Veranstaltungen der Bundespressekonferenz werden über einen eigenen TV-Kanal in die Büros vieler Korrespondenten übertragen, Nachrichtenkanäle wie *N24, ntv, Phönix, EinsExtra* oder *ZDF-Info* senden direkt und vollständig von Presseterminen in Ministerien oder Parteizentralen; die Zeitungsjournalisten können am Schreibtisch sitzen bleiben und verfolgen, wie die Kollegen Fragen stellen.

«Das Beschaffen von Hintergrundinformationen, das Gespräch in exklusiven Zirkeln gewinnt so noch größere Bedeutung», sagt Christian Kerl, Korrespondent der *Braunschweiger Zeitung*. «Der Besuch von Pressekonferenzen ist dennoch häufig unverzichtbar: Viele Journalisten bekommen ihre Fragen nur hier direkt vom Minister beantwortet. Nicht zu unterschätzen ist die Möglichkeit, nachher unter vier Augen Dinge zu klären und vielleicht vertrauliche Informationen und Einschätzungen zu erhalten.»

Selbst Hintergrundgespräche laufen unter dem Titel der Pressekonferenz. In drei Kategorien teilt die Bundespressekonferenz ihre Veranstaltungen ein:

- Unter «1» werden die Gespräche angekündigt, aus denen alles berichtet werden kann;
- unter «2» laufen die Gespräche, bei denen zwar die Informationen benutzt, aber nicht der Name des Gastes genannt werden darf;
- unter «3» darf alles nur im Hinterkopf gespeichert, aber nichts zitiert werden.

In Fernsehfilmen werden gern hektische Journalisten gezeigt, die Funktionäre auf Pressekonferenzen ins Schwitzen bringen: Solche Gespräche sind eher selten. Überwiegend plätschern Pressekonferenzen dahin, weil weder Brisantes noch Informatives zu hören ist. Gerade in solchen Konferenzen kann sich der Anfänger profilieren, weil ihm die Platzhirsche nicht die Wortmeldung neiden und sogar froh sind, wenn einer Schwung mitbringt, vielleicht sogar ihnen durch kluge Fragen zu einem leidlich interessanten Artikel verhilft.

Denn wer in einer Pressekonferenz fragt, der bekommt die Antwort nicht allein, er muss sie mit allen Anwesenden teilen. Der Triumph, den Kanzler ins Stottern gebracht zu haben, verhilft ihm womöglich zu höherem Ansehen unter den Kollegen, doch Hörfunk, Fernsehen und Internet bringen des Kanzlers Antwort, bevor er seiner Zeitung überhaupt den Bericht gemailt hat; und weder im Radio noch in seiner eigenen Zeitung wird ihm auf die Schulter geklopft.

Ist der Gast nicht sonderlich prominent und auch außerhalb der Konferenz leicht zu erreichen, so verkneifen sich Profis sogar ihre besten Fragen, weil eben alle anderen mithören; sie rufen nachher an und erhalten die Antwort exklusiv. Das verhilft ihnen zwar nicht zur Beliebtheit unter den Kollegen, sichert aber eine Geschichte, die kein anderer anbietet. Auch wer falsche Fragen stellt, macht sich schnell unbeliebt: der Umstandskrämer, der die Fragen nicht auf den Punkt bringt; der Besserwisser, der sich gern reden hört; der vorlaute Anfänger, der zwei oder drei Fragen auf einmal stellt und riskiert, nur eine beantwortet zu bekommen.

Pressekonferenzen sind höchst unterschiedliche Veranstaltungen: vertrauliche Gespräche in Berlin, Plauderstunden im Lokalen, langweilige Verkündigungen oder erstklassige Nachrichtenbörsen. Sie bieten Informationen an, die der Journalist sonst mühsam zusammenklauben müsste; sie produzieren Nachrichten. Aber zu oft sind sie reine Zeitverschwendung, weil die Veranstalter weder Neues noch Attraktives zu erzählen haben. Wer exklusive Informationen mag, der mag keine Pressekonferenz. Wer aber hingeht, sollte zu fragen verstehen.

Wie Journalisten Leser und Hörer informieren

22 Warum alles Informieren so schwierig ist

Angenommen, ich weiß etwas, was ein anderer wissen möchte oder wissen sollte, das heißt, ich bin im Besitz einer Nachricht. Dann lautet die populäre Vermutung: Kein Problem, ich sag es – er weiß es; oder für Journalisten: Ich schreibe es, ich sende es, und meine hunderttausend Leser oder Hörer verstehen es.

Doch an dieser Vermutung ist fast alles falsch. Nicht bei den simplen Zurufen, wenn wir erregt sind, nach Art von «Es brennt!» oder «2:0 für Bayern!». Falsch jedoch in den meisten Fällen, sobald der Sachverhalt ein bisschen komplizierter ist: Dann *können* die wenigsten schlankweg formulieren, was die anderen wissen möchten oder wissen sollten, und viele *wollen* es auch nicht.

Wer die Nachricht nicht eingängig formuliert – woran fehlt es dem? Er krankt an einer oder mehreren der folgenden Schwächen:
1. Er ist überwältigt von der Fülle dessen, was er für mitteilenswert hält, und sprudelt es unsortiert heraus – ein typisches Verhalten in spontaner Rede und ein Risiko für journalistische Anfänger, wenn sie von ihrer ersten Gerichtsverhandlung zurückkommen.
2. Überwältigt ist er zwar von gar nichts – reden will er aber doch. Seine Erzählung ist ein Wettlauf von Abschweifungen auf der vergeblichen Suche nach einem Thema; ebenfalls typisch für spontane Rede und häufig überdies bei Politikern, über deren Äußerungen der Journalist dann berichten soll.
3. Der Mitteilungswillige hätte zwar eine Kernaussage, ist aber nicht imstande, sie unmissverständlich auszudrücken. So hatte sich die Stadt Hamburg für Zehntausende von Euro an den Alster-Anlagen Schilder mit der Aufschrift geleistet: «Radfahren auf dem Fußweg verboten. Benutzen Sie den Radweg.»

Der erste Satz ist keine Nachricht, sondern eine zeitlose Lebensweisheit (ja, so ist das mit Fußwegen!); der zweite Satz lässt den Radfahrer ratlos, da er sich, inmitten vieler anderer, eben auf einem Radweg zu befinden glaubt und den wirklichen Radweg dort, wo die Schilder stehen, nicht sehen kann. Was die Behörde sagen wollte, aber nicht sagen konnte, war also: «Achtung, Radfahrer! Dies ist ein Fußweg. Zum Radweg 100 m rechts.»

4. Viele Zeitungsschreiber sind verliebt in ihre Schachtelsätze und verschwenden keinen Gedanken daran, dass sie damit abstoßend und unverständlich schreiben (Beispiele in Kapitel 12).
5. Die *Nachrichtenagenturen* haben sich einen Vorrat an krampfhaften Floskeln zugelegt, mit denen sie alles natürliche und dramatische Erzählen auf den Kopf stellen.

Die *Tagesschau* (agenturhörig wie so viele Redaktionen) begann am 30. 11. 1994 mit dem Satz: «Bei einem Brand auf dem Kreuzfahrtschiff ‹Achille Lauro› kamen zwei Personen ums Leben» – obwohl es doch hätte heißen können und müssen: «Das Kreuzfahrtschiff ‹Achille Lauro› steht in Flammen. Sämtliche tausend Passagiere und Besatzungsmitglieder mussten auf Rettungsflöße flüchten. Zwei Menschen kamen dabei um.»

Das war der Klassiker. Die Zwangsvorstellung, nur das Wort «Bei» könne die Nachricht über eine Katastrophe einleiten, ist wach wie eh und je: «Beim Untergang eines überladenen russischen Schiffs auf der Wolga sind mindestens 110 Menschen ums Leben gekommen» (12. Juli 2011), und: «Bei drei Anschlägen in der südindischen Metropole Mumbai sind mindestens 21 Menschen getötet worden» (14. Juli 2011, beides *Süddeutsche Zeitung*). Als hätte je ein Mensch, der aufgeregt nach Hause kommt, als erstes Wort «Bei» in die Wohnung gerufen!

Das waren die fünf häufigsten Gründe, warum einer das, was er mitzuteilen hätte, nicht oder nur zwischen den Zeilen mitteilen *kann*. Sie werden ergänzt durch drei Gründe, warum einer, der sich in die Pose der Mitteilungswilligkeit begibt, seine Botschaft keineswegs verständlich und unzweideutig formulieren *will*:

6. Von Politikern, Pressesprechern, Öffentlichkeitsarbeitern und Angeklagten erwartet im Grunde keiner, dass sie rundheraus sagen, was andere wissen möchten oder wissen sollten; die Wahrheit geben sie, wenn überhaupt, stark frisiert und in unverfänglichen Portionen weiter – und erschreckend viele Journalisten gehen ihnen auf den Leim.
7. Experten bedienen sich mit Vorliebe eines Fachjargons, den Laien teils nicht verstehen können, teils nicht verstehen sollen – und erstaunlich viele Journalisten lassen ihnen das durchgehen; wenn sie sich nicht gar stolz auf die Seite der Experten schlagen, wie unter Wirtschaftsredakteuren üblich (Fachleute unter sich – Leser sollen draußen bleiben).
8. Viele Journalisten machen von sich aus Politik. Was unter Hitler wie unter Honecker ein Zwang war – über Tatsachen nicht unparteiisch zu berichten, sondern mit ihnen zu agitieren im Dienst der Partei –, das betreiben heute viele hundert Journalisten auf eigene Rechnung, wenn sie im *Spiegel*, im *Stern*, in der *taz* und in ein paar anderen Redaktionen sitzen. Sie wollen nicht informieren, sondern missionieren; mindestens halten sie ihre Meinung von einer Sache allemal für wichtiger als die saubere Schilderung des Sachverhalts (vgl. Kapitel 2 und 48). Geschieht dies im Leitartikel, so ist es in Ordnung; findet es unter der Dachzeile «Nachrichtenmagazin» statt, so liegt eine vorsätzliche Irreführung vor (mehr darüber in Kapitel 29).

Auch ein Klassiker, aber immer noch verbreitet: Eine sogenannte Nachricht über eine Politikerrede las sich in der *Frankfurter Rundschau* so: «Müller ließ sich dazu hinreißen, Einzelbeispiele als typisch hinzustellen, obwohl sie Ausnahmen sind» (hier fällt also der Kommentator dem Berichterstatter sogleich ins Wort). Weiter wurden dem Redner «grobschlächtige Verallgemeinerungen» und ein «primitiver Hinweis» angekreidet. Im Nachrichtenteil, wie gesagt. Diese Mischung aus Berichterstattung und Kommentar ist für jede Form des seriösen Journalismus inakzeptabel.

Und nun sage noch einer, etwas weiterzugeben, was andere wissen möchten oder wissen sollten, sei kein Problem! Es ist das Problem aller Probleme, das Herzstück eines aufgeklärten Journalisten, der seine Mitmenschen ernst nimmt; es ist der wichtigste und schwierigste Teil des Redakteurshandwerks.

Haben Sie den Willen, Ihre Leser redlich zu informieren! Aber wenn Sie ihn haben, folgt aus Ihrer Absicht noch lange nicht, dass der Effekt der Informiertheit eintritt. Wenn Sie wirksam informieren sollen, müssen Sie Ihre Gedanken ordnen, allen akademisch-bürokratischen Jargon über Bord werfen (egal, ob er von den zitierten Politikern, von der Agentur oder von Ihnen selber stammt), und Sie müssen sich plagen, bis in schlichten Worten und klaren Sätzen genau und unmissverständlich das dasteht, was Leser oder Hörer wissen wollen oder wissen sollten.

23 Was ist eine Nachricht?

Was also macht die Nachricht aus, und wie schreibt man sie?

Die Nachricht ist eine faire und verständliche Information über Tatsachen, die für Leser oder Hörer erstens **neu** sind (zugespitzt im englischen Wort für die Nachricht, *news*) und zweitens eines von beiden: **wichtig** (und das heißt oft auch: interessant, doch durchaus nicht immer) oder **interessant**, selbst wenn das Ereignis mich nicht betrifft, zum Beispiel ein Schneesturm in Florida.

Was heißt «neu»?
Was neu ist, entscheidet sich verhältnismäßig leicht – vorausgesetzt, der Journalist hält sich pausenlos informiert, liest selbstverständlich mehrere Zeitungen und sieht sich täglich mindestens eine der Hauptnachrichtensendungen von ARD oder ZDF an. Wenn er sich nicht sicher ist, fragt er Kollegen.

Neu kann ausnahmsweise auch schon etwas oft Gesagtes sein,

etwa wenn ein stellvertretender Parteivorsitzender eine Äußerung, für die er vom Vorsitzenden öffentlich gerügt worden ist, öffentlich wiederholt.

Nicht so leicht ist die Entscheidung über den Neuigkeitsgehalt, wenn Politiker die immer gleiche Absichtserklärung gebetsmühlenhaft durch ihre Reden leiern: jahrzehntelang die Beteuerung, endlich sparen zu wollen, obwohl die Staatsschulden weiter wachsen; jahrzehntelang UN-Resolutionen gegen Diktaturen und Diktatoren, die sich nicht im Geringsten davon beeindrucken lassen.

Die hartnäckige Wiederholung des Aussichtslosen, verdient sie «neu» zu heißen, *news* also, oder nicht? Der vernünftigste Ausweg ist: registrieren, falls der Sprecher oder der Anlass prominent sind, aber kurz, kühl und nicht zu weit oben.

Dringend zu warnen dagegen ist vor der Standardfloskel, zu der die Agenturen in solchen Fällen neigen: «X bekräftigte seine Entschlossenheit ...» (die Steuern zu senken, die Subventionen abzubauen). Damit wird zwar ehrlich eingeräumt, dass es sich um durchaus nichts Neues handelt; zugleich aber wird das Alte erstens gravitätisch aufgeputzt (was man den Pressesprechern überlassen sollte) und zweitens gegen alle Lebenserfahrung mit der Aura der Wahrhaftigkeit umgeben – als ob hier eine Entschlossenheit vorläge, die nur der Bekräftigung bedürfte!

Was heißt «wichtig»?

Wichtig ist erstens das, wonach sich Leser oder Hörer richten *müssen* (neue Gesetze und Verordnungen, Ferientermine, Straßensperren) – die «Nachrichten» also im ursprünglichen Wortsinn: die Handlungsanweisung, der Befehl.

Wichtig ist zweitens das, wonach Leser oder Hörer sich richten *können* (z. B. Handlungen oder Reden von Politikern, die möglicherweise zu künftigen Wahlentscheidungen beitragen, oder Hinweise auf Ferienstaus auf Autobahnen) – die «Nachricht» im heute überwiegenden Sprachgebrauch.

Wichtig sind drittens Hintergrundinformationen aus aller Welt, wenn sie dazu beitragen, Lesern und Hörern eine vernünftige Einschätzung zu ermöglichen. Je ferner und je weniger bekannt die Weltgegend ist, desto mehr ist dem Leser mit einer *analytischen* Aufbereitung des Nachrichtenstoffs gedient (dazu Kapitel 18) – desto fragwürdiger also ist es, einen Regierungswechsel in der Mongolei oder einen Putsch in Bolivien als nackte Nachricht zu präsentieren.

Nur die gescheite Analyse bietet überdies die Chance, dass der Leser das, was für ihn möglicherweise wichtig ist, auch interessant genug findet, um es zu lesen. Die Rente, der kommunale Finanzausgleich und die wirtschaftliche Entwicklung Chinas betreffen über kurz oder lang uns alle; die lieblose Aneinanderreihung von Informationsbrocken darüber oder eine ebenso lieblose, im Fachjargon verharrende Übersicht jedoch lassen das Wichtige als uninteressant erscheinen, sodass der Redakteur seine Aufgabe verfehlt und sich an seinen Lesern oder Hörern versündigt.

Was heißt «interessant»?

Das Wichtige und das Interessante gehen nur bei einer Minderheit der Nachrichten Hand in Hand. Man kann da unterscheiden:

- Die 639. Resolution der UN zu Israel ist weder wichtig noch interessant.
- Die Ergebnisse von Bundestags- und Landtagswahlen sind sowohl wichtig als auch interessant.
- Ein Umschwung in China ist immer wichtig, interessant für die meisten aber nur dann, wenn sachkundig, analytisch und farbig darüber berichtet wird.
- Ein großer Teil des Nachrichtenangebots ist für die meisten hochinteressant, aber alles andere als wichtig, das heißt, es hilft weder, Entscheidungen zu fällen, noch vermittelt es Wissen über den Zustand der Erde: Kuriositäten, Verbrechen, dramatische Unglücksfälle in aller Welt; Sportergebnisse; Klatsch, zum Beispiel aus dem englischen Königshaus.

Mit dem, was interessant ist, ohne zugleich wichtig zu sein, pflegen die beiden häufigsten Zeitungstypen einen jeweils anfechtbaren Umgang: Die Boulevardzeitungen scheren sich den Teufel um die Bedeutsamkeit; in den seriösen Abonnementzeitungen grassiert umgekehrt die Angst, man könnte unseriös sein, wenn man das, was die meisten Leser am meisten interessiert, anderswo brächte als im Vermischten (auf der bunten Seite, unter «Aus aller Welt» und wie die Verlegenheitsrubriken alle heißen), schon gar nicht auf Seite 1.

Als 1990 eine Brücke der Inntal-Autobahn zusammenkrachte, traf eine Blamage der Technik mit einer Katastrophe für Urlauber und Ausflügler zusammen, zumal in München; folgerichtig bot die Nachrichtenredaktion der *Süddeutschen Zeitung* das Thema als Aufmacher an; der Chefredakteur untersagte dies mit der Begründung: «Wir sind eine politische Zeitung». Ein Drama der Ingenieurskunst – ein Drama für den Last- und Reiseverkehr – ein Gesprächsstoff ersten Ranges – *und* etwas, wonach Zehntausende sich richten konnten und richten mussten – aber kein Aufmacher!

Immer noch argumentieren Chefredakteure so: Wir sind seriös auf der Titelseite, auch wenn es die Leser langweilt. Bei der *Süddeutschen Zeitung* wie auch bei der *Welt* wäre der Zusammenbruch der Brücke heute wahrscheinlich der Titel-Aufmacher, bei der *FAZ* immerhin eine größere Meldung.

Abweichend von der überwiegend herrschenden Sitte ergeht an alle derzeitigen und künftigen Journalisten hiermit die Einladung: Vergesst das Wichtige nicht ganz, wenn ihr eine Boulevardzeitung, und lasst auch das Interessante auf die erste Seite, wenn ihr eine Abonnementzeitung macht. Mindestens sollte das Wichtige nicht ebendeshalb nach hinten rutschen, weil es zugleich aufregend ist und folglich einem verschrobenen Seriositätsideal widerspricht. Mehr dazu im Kapitel 54 «Die neue Seite 1».

Neu – wichtig – interessant: Das sind die drei Eckpfeiler der Nachricht. In Boulevardzeitungen und auf der bunten oder vermischten Seite der Abonnementzeitungen regiert das Interessante, auch wenn es unwichtig ist.
Das Wichtige auch dann zu drucken, wenn es die wenigsten interessiert, ist oft vernünftig, wird aber in seriösen Zeitungen ebenso oft übertrieben. Idealerweise versucht der Journalist, das zunächst nur Wichtige so aufzubereiten, dass es zugleich interessant wird.

Was bedeutet «Aktualität»?

Zeitungen und Zeitschriften suchen zu jedem Text einen *Aufhänger*, einen aktuellen Anlass. Texte ohne Aufhänger werden nur ausnahmsweise gedruckt. Dabei lassen sich unterscheiden (mit Begriffen, die etwas zu benennen versuchen, was in der Branche meist *keinen* Namen hat):

Tagesaktualität: Etwas ist gestern oder heute passiert. (Grenzfall: Etwas früher Passiertes ist gestern oder heute bekannt geworden.) In der *Tageszeitung* der stets angestrebte und meist übliche Fall.

Schwebende, latente Aktualität: Eine Entwicklung ist im Gange; man hätte schon vor Wochen darüber berichten können oder könnte auch Wochen später darauf eingehen; aber ein Redakteur hatte den Einfall *jetzt*, oder *jetzt* ist Platz dafür – oder, und das wäre der ideale Fall: Eben darüber bringen wir einen Hintergrundbericht (Kapitel 30).

Scheinaktualität: Die Entwicklung ist mehr erfunden als im Gange, obskure Tendenzen werden in die Welt gesetzt – eine Versuchung aktueller *Zeitschriften*. Typisches Kennzeichen: Der *Immermehrismus* («Immer mehr Deutsche ...», was so viel heißt wie: Zahlen, um dies zu belegen, sind dürftig oder nicht vorhanden).

Kalenderaktualität: 50-jähriges Geschäftsjubiläum, 700-jähriges Stadtjubiläum, Goethes 200. Geburtstag. Geschäfte und Städte pflegen Feiern zu veranstalten, die ihrerseits Tagesaktualität schaffen; die Geburts- und Todestage großer Männer dagegen (ein überaus dürftiger Anlass) könnte man ebenso als *Scheinaktualität* einstufen oder als

selbstgeschaffene Aktualität. Deckt sich überwiegend mit dem bekannteren Begriff *Aktionsjournalismus*. Aus dem Drang nach echter oder scheinbarer Aktualität folgt unter anderem:

- Verschiebung der Gewichte in der Nachricht und noch mehr Plusquamperfekte: Im ersten Absatz steht oft die Reaktion auf das Ereignis, weil sie stets jünger ist als das Ereignis; das wird erst im zweiten Absatz referiert. (Dies ist keine Empfehlung, sondern der Hinweis auf eine Sitte.)
- Wenn Sie keinen echten oder geschickt konstruierten Aufhänger anbieten, haben Sie kaum Chancen, einen Text loszuwerden.

23 Was ist eine Nachricht?

Sprachgebrauch in Redaktionen

Die Nachrichten werden in den meisten Redaktionen unterschieden nach:

Meldung – ein unscharfer Begriff, der (je nach Redaktion) abgrenzen soll:
1. die *Kurzmeldung* von ein- und mehrspaltigen Nachrichten,
2. die *einspaltige Nachricht* vom mehrspaltigen *Bericht* (häufigste Verwendung),
3. die *nüchterne Nachricht* von *Feature, Reportage, Story.*

Bericht
1. In manchen Redaktionen: Synonym für die zwei-, drei- oder vierspaltige Nachricht (länger und oft mit mehr Deutung oder Hintergrund als die Meldung, aber sachlicher als *Feature, Story* oder *Reportage*); angelehnt an «Korrespondentenbericht» oder «Hintergrundbericht». «Der Bericht ist der anspruchsvollere Zwillingsbruder der Nachricht.» (LaRoche)
2. In anderen Redaktionen: Universalwort für alle Lauftexte.
3. Im Hörfunk: ein Text, der abgelesen wird, soweit es sich *nicht* um Nachrichten oder Verkehrsfunk handelt. *Bericht mit Einblendungen* (BmE), O-Ton-Bericht: abgelesener Text mit O-Tönen.

Die innerredaktionelle Unterscheidung zwischen Meldung und Bericht ist vernünftig, wenn sie Einspalter (= Meldung) vom Mehrspalter (= Bericht) unterscheiden soll. Sie ist jedoch anfechtbar, wenn sie unterstellt, dass es außer dem Unterschied in der Länge auch einen in Form oder Inhalt gäbe. Denn eine Nachricht ist eine Nachricht – ob sie aus zwei Wörtern besteht («Kennedy ermordet!») oder eine ganze Zeitungsseite füllt, zum Beispiel mit der Langfassung einer Bundestagsdebatte.

Zur Kennzeichnung von Layout oder Platzierung sind ferner folgende Wörter in Gebrauch:

Kasten
1. In den meisten Redaktionen: ein durch Linien eingerahmter und abgehobener Text.

2. In einzelnen Redaktionen: Synonym für den normalen Zweispalter.

Flachmann

In einigen Zeitungen: ein flacher drei- oder vierspaltiger *Kasten*, meist mit einem Hintergrundbericht. In der *Süddeutschen* steht er mit magerer Überschrift auf der Titelseite unterm Bruch und heißt schlicht *Seite-1-Kasten*.

Fußkasten

In manchen Redaktionen: ein unten auf der Seite stehender (aufsitzender) Drei- oder Vierspalter, auch wenn er nicht eingerahmt, also eigentlich kein Kasten ist.

Keller

Anderer Begriff für den Fußkasten. *Die Welt* packt unten auf die Titelseite stets eine ungewöhnliche Geschichte oder gar eine Satire; die Überschrift ist gesetzt im leichten Stil der Feuilleton-Typographie.

Aufsetzer

1. In den meisten Zeitungen der Mehrspalter auf einer Seite (von «aufsitzen lassen» = einen Text unten auf die Seite stellen). So nannte die *Frankfurter Rundschau* auch den Vierspalter, der immer auf Seite 1 unten stand – bis die Zeitung auf das Tabloidformat umstieg, das nur noch einen, maximal zwei Texte auf der Titelseite erlaubt.
2. In der *FAZ* jedoch: der zweite Dreispalter auf der Titelseite, der Zweit-Aufmacher, früher über dem Bruch, mittlerweile unter dem Bruch, seitdem die Redaktion ein Foto auf die Seite stellt.

Eckenbrüller

Eine einspaltige Nachricht ganz oben rechts oder ganz oben links auf der Seite, zumeist auf Seite 1. Die Institution (nicht das Wort) ist am häufigsten auf Seite 1 in der *FAZ* als wichtige Nachricht über dem Bruch, die es nicht zum Aufmacher schaffte, aber am Kiosk dem Käufer ins Auge springen soll.

24 Woraus wird eine Nachricht?

Bringe ich überhaupt eine Nachricht über den Vorgang X – und wenn eine Parlamentsdebatte sieben Stunden dauert oder eine Wahlrede zwanzig Themen berührt: Was wähle ich aus? Neu ist ja bei einer Wahlrede fast nie etwas, wichtig auch nicht, und die Spannweite einer Bundestagsdebatte reicht von hartnäckiger Langeweile bis zu einer Sternstunde der parlamentarischen Demokratie, bei der jede Auslassung ein Jammer ist.

Fall 1 also: berichten müssen, obwohl der Redner nichts von Belang gesagt hat – denn ein Bundesminister in unserem Städtchen hat nun einmal gewürdigt zu werden, und ein vorgegebener Platz ist zu füllen. Und Fall 2: Ich bin erschlagen von der Fülle dessen, was ich berichten möchte, aber ich habe nicht mehr als 60 Zeilen Raum. Beides ist journalistischer Alltag.

Die größte Hilfe in dieser Not bietet eine professionelle Sitte an, die zu befolgen den meisten Anfängern Mühe macht, zumal sie gegen akademische Bräuche ebenso verstößt wie gegen die guten Sitten: Das Anliegen des Redners, der Schwerpunkt der Debatte haben mir egal zu sein. Ohne Rücksicht auf die Absichten und Gewichtungen derer, die den Rohstoff für die Nachricht liefern, picke ich vielmehr das heraus, was die drei Kriterien neu – wichtig – interessant am deutlichsten oder am ehesten erfüllt.

Das klingt hochmütig, ja brutal, und in der Tat hat Ex-Bundespräsident Richard von Weizsäcker die Presse beschuldigt, dass die willkürliche Auswahl von Ausschnitten aus seinen Reden die «Zensurierung» streift; der Politiker habe einen Anspruch darauf, dass seine Überzeugungen übermittelt werden, und wenn der Journalist im Zweifel ist, «dann sollte er mich fragen, was ich für besonders treffend halte».

Gerade Lokaljournalisten kennen solche Forderungen: Bürgermeister und Landräte, Abgeordnete aus Brüssel und Berlin wollen jede noch so dünne Rede im Blatt gewürdigt sehen, sie fordern ohne Maß die fotografische Dokumentation jedes Besuchs beim Kaninchenzuchtverein oder in Unternehmen oder Krankenhäusern. «Die

Bürger verlangen Arbeitsnachweise von ihren Politikern, sie wollen wissen, was wir für sie tun», schrieb ein hoher Bundespolitiker an seine Lokalzeitung, als diese die Zahl seiner Auftritte im Blatt reduziert hatte.

Die Begründungen hören sich im ersten Augenblick vernünftig an, aber es wäre eine gefährliche Annäherung an die Art, wie in der DDR das Zentralorgan der SED, das *Neue Deutschland,* mit den Reden von Erich Honecker umging – also der Tod der freien Presse. Wer das Anliegen des Politikers unverfälscht gewürdigt sehen möchte, der höre sich die Neujahrsansprache der Bundeskanzler im Fernsehen an; die Zeitungen sind dazu da, aus dieser mutmaßlichen Ansammlung nobler Langeweile das bisschen herauszufiltern, was allenfalls als wichtig betrachtet werden kann. Auf Neues oder Interessantes wagt ja ohnehin keiner zu hoffen.

Der Journalist selektiert also radikal und setzt die Akzente selbst. Spricht der Redner eine Stunde über X und eine Minute über Y, so hat der Journalist trotzdem die Freiheit, vorzugsweise oder ausschließlich über Y zu berichten. Wahrer Satz aus unbekannter Quelle: «Der Journalist ist ein Mensch, den das Haar in der Suppe mehr interessiert als die Suppe.»

Es war ein Fall radikaler Auswahl in diesem Geist, der es Professor Ludwig Erhard ermöglichte, von 1949 bis 1963 Bundeswirtschaftsminister zu sein und so der Vater des deutschen Wirtschaftswunders zu werden. Vor der Gründung der Bundesrepublik gab es den sogenannten Zwei-Zonen-Wirtschaftsrat, dessen Direktor bis 1949 Johannes Semler war. Im Rahmen einer Rede, die vielerlei Dank an die amerikanische Besatzungsmacht für ihre Wirtschaftshilfe enthielt, erlaubte sich Semler die winzige Bosheit, den Mais in den Care-Paketen, «dieses Hühnerfutter», als einen eher entbehrlichen Bestandteil dieser Hilfe zu bezeichnen.

Das war sein Ende. «Deutscher Politiker nennt amerikanische Hilfsgüter Hühnerfutter!», hieß die Schlagzeile in Amerika, Semler wurde von den Militärgouverneuren entlassen, und Erhard rückte nach.

Eine Stunde Dank an die Amerikaner, eine Minute Abschweifung

24 Woraus wird eine Nachricht?

davon – und ebendies die Nachricht! So ist sie. Anfechtbar wäre die Nachricht nur gewesen, wenn sie unerwähnt gelassen hätte, dass das Hühnerfutter in fast endlosen Dank eingebettet war; das hatte erwähnt zu werden, im zweiten oder dritten Satz. Aber unprofessionell und lächerlich wäre es, den Dank um so viel länger darzustellen, wie er war, oder das Hühnerfutter, wenn es denn im dritten Viertel der Rede vorkam, erst im dritten Viertel der Nachricht zu erwähnen: Es steht am Anfang, ohne Wenn und Aber – neu, provokant und natürlich auch wichtig, 1948.

Schließlich ist dem wohlerzogenen Akademiker in uns und ist den quengelnden Weizsäckers entgegenzuhalten: Wie viele Leser oder Hörer würden eure Reden wohl zur Kenntnis nehmen, wenn wir *nicht* nach dem Interessanten in ihnen fahndeten? «Sehr viel öfter dient es der Veredelung eines Politikertextes als der Verfälschung, wenn etwas ‹aus dem Zusammenhang› gerissen wird», schrieb die *Süddeutsche Zeitung* in einem «Streiflicht» von 1987. «Dieser ist ja meist unerträglich langweilig, und es ist eine entsagungsvolle Arbeit, aus dem Schotter dreistündiger Grundsatzreferate die wenigen Goldkörner zu waschen und zu polieren ... Journalismus als unverstandene Kunst der Sinngebung des Sinnlosen.»

Was der Redner, der Verfasser, der Veranstalter gern in den Vordergrund gestellt sähe, interessiert den Journalisten nicht. Gegen alle akademischen Sitten, aber im wohlverstandenen Interesse seiner Leser oder Hörer legt der Journalist den Nachdruck auf diejenigen Teile des Stoffes, die die Kriterien neu – wichtig – interessant am ehesten erfüllen.

25 Wie schreibt man eine Nachricht?

Man gliedert sie hierarchisch.

Wenn ich die Freiheit und zuweilen die Pflicht habe, mit dem zu beginnen, was in der 47. Minute geschah, so wird damit klar: Der wirkliche Zeitablauf spielt in der Nachricht überhaupt keine oder eine untergeordnete Rolle. Die Nachricht ist nicht chronologisch, sondern hierarchisch aufgebaut: Die Elemente der Information werden in der Reihenfolge ihrer Bedeutung aufgeführt.

Einerseits ist das einleuchtend und unumgänglich: Wenn ich den Absturz eines Flugzeugs zu melden habe, kann ich nicht mit dem Start des Flugzeugs beginnen. Andererseits schafft die Zertrümmerung der Chronologie Probleme: Alles natürliche Erzählen stellt sie auf den Kopf. In aller urtümlichen Literatur – in der Ilias, in der Bibel, in den isländischen Sagas – kommt niemals ein Vorgriff oder Rückgriff vor, nicht einmal einen Halbsatz lang. Folglich gibt es in ihnen auch kein Plusquamperfekt, dieses gestelzte Tempus, von dem die Agenturnachrichten überquellen.

Hat ein Erzähler indessen etwas mitzuteilen, was ihn selber aufregt («Kennedy ermordet!»), so wird er dies nicht chronologisch tun. Umgekehrt: Wenn mir einer umständlich den Ablauf einer Gerichtsverhandlung erzählt und mit dem Urteil, das längst gesprochen ist, erst nach zehn Minuten herausrückt, macht er mich ungeduldig. An dieses ebenfalls natürliche Verhalten knüpft die Nachrichtensprache an.

Unbestritten ist, dass der Einstieg (das Lead, der erste Absatz, der Vorspann, der Teaser) jede Chronologie zertrümmert. Ausnahmen gibt es noch in Lokalredaktionen: «... hielt eine festliche Sitzung ab. Zu Beginn begrüßte ...»

Umstritten ist, ob die Nachricht auch vom zweiten Absatz an hierarchisch, also antichronologisch aufgebaut sein muss. Nach der strikten Regel zumal der amerikanischen Agenturen: ja, man soll ja beliebig vom Ende her streichen können. Diese strikte Auslegung hat aber mindestens *zwei Nachteile*:

- Sie führt dem Leser den wirklichen Ablauf nirgends vor Augen, ja

oft ist dieser Ablauf aus der Nachricht auch mit analytischer Mühe kaum rekonstruierbar.
- Sie führt zur ärgerlichen Häufung von Plusquamperfekten.

Das beschreibt die überwiegend herrschende Sitte. Unser Rat dagegen lautet: Wer die Freiheit dazu hat, der versuche einen vernünftigen Kompromiss – möglichst früh nach dem ersten Absatz, idealerweise schon im zweiten, platziert er sein einziges Plusquamperfekt und springt in die Chronologie.

Das gilt für Unfälle, Verbrechen, Prozesse, Debatten, politische Ereignisse; es gilt nicht, wenn es lediglich um den Inhalt einer Rede oder eines Vortrags geht. In welcher Reihenfolge ein Politiker seine Themen abspult, ist völlig egal; also braucht man ohnehin kein Plusquamperfekt.

Bei Kriegsausbrüchen, größeren Unglücksfällen, Geiseldramen usw. sollte der Journalist auf der Lauer liegen, zusätzlich zur Nachricht ein *Minutenprotokoll* zu produzieren, so schwer es auch aus den Agenturen zu rekonstruieren sein mag. Das liest jeder immer gern. Alle Reize der «Ilias» sind sofort zur Stelle.

Man hält sich an die 6 W.

Die Nachricht soll Antwort auf folgende Fragen geben:

WER hat   WEM ist
WAS getan?   WAS widerfahren?
WANN?
WO?
WIE?
WARUM?

WER heißt: Vorname, Titel, Funktion (auch diese; denn «Regierungsrat im Ministerium X» sagt noch nicht, wofür er zuständig ist). Die meisten Redaktionen bestehen auf allen drei Elementen auch bei solchen Politikern, die jeder kennt («Der amerikanische Präsident George W. Bush»). Andere halten «amerikanisch» und «George W.» für überflüssig, ja penetrant.

Die alte Faustregel der 6 W hat jedoch zwei Nachteile:
- Sie hat *das Q* vergessen, die Quelle, den Informanten – oder in der W-Sprache: WELCHE QUELLE? WOHER? Die Quelle *muss* erwähnt werden, wann immer der Reporter nicht aus eigener Anschauung berichten kann. Es gibt also 7 W (und nicht 6, wie die Faustregel behauptet).
- Sie behandelt das WIE und das WARUM gleichberechtigt, obwohl es ein WARUM oft gar nicht geben kann, zum Beispiel bei einem Erdbeben, und obwohl das WIE nicht immer bekannt, nicht immer von Interesse, nicht immer in der vorgegebenen Länge unterzubringen ist.

Ergänzend dazu empfiehlt «Reuter's Style Book» (eine vorzügliche Nachrichtenfibel), «das WARUM und das WIE im zweiten und dritten Satz der Meldung zu beschreiben, statt zu versuchen, es neben den vier anderen W in den ersten Satz zu quetschen». Als *bereinigte Faustregel* bietet sich also an:

Zwingend sind: WER
WAS
WANN
WO

Bei fehlendem Augenschein
nötig ist: WOHER

Erwünscht sind: WIE
WARUM

Erstrebenswert wäre sogar ein achtes W: Was bedeutet das? Was folgt daraus? Das würde die Nachricht zur *Analyse* steigern. Darüber mehr in Kapitel 30.

Man ringt um den optimalen ersten Satz.

Von diesem berühmten ersten Satz – dem Einstieg, dem Lead, dem Teaser – war schon zweimal die Rede: Er muss das WER – WAS – WANN – WO enthalten, und den natürlichen Zeitablauf stellt er fast immer auf den Kopf: erst der Absturz, dann der Start.

Nun ist vom dritten Element des ersten Satzes die Rede: Interessant hat er zu sein, ohne Wenn und Aber. Den Leser oder Hörer soll er fangen, also ihn dazu verführen, dass er sich auch den folgenden Sätzen zuwendet oder idealerweise dem gesamten Text.

Folglich ist der erste Satz – ein weiterer Bruch mit allen Sitten von Schule und Universität – niemals eine «Einleitung», sondern er springt dem Leser oder Hörer mit der Hauptsache ins Gesicht. Und die Hauptsache ist immer eins von vieren:

- entweder der krönende Abschluss eines Vorgangs – das Ergebnis der Abstimmung, das Resultat des Spiels, das Urteil im Prozess
- oder die aufregende Passage in der langen Rede, das «Hühnerfutter»
- oder das Haar in der Suppe, das Ungewöhnliche, das Dramatische – der Tumult im Parlament, der Krawall bei der Demonstration, im Zirkus der Todessturz
- oder das Aktuellste in der Online-Nachricht, auch wenn es nicht das Wichtigste oder Aufregendste ist. Dies gilt nur in der Online-, bisweilen auch in der Hörfunknachricht, also den Medien, in denen ständig aktualisiert wird und der Leser und Hörer unbedingt das Neue erfahren will.

Dass diese Auswahlkriterien auch ihre bedenklichen Seiten haben, davon handelt Kapitel 28.

Wo steht die Quelle?
Bei der Wiedergabe von Reden und Verlautbarungen müssen Leser und Hörer noch im ersten, spätestens im zweiten Satz erfahren, von welcher Person oder Institution die zitierte Äußerung stammt. Das ist allgemeine Sitte und ist vernünftig. Einigkeit herrscht auch darüber, dass die Quellenangabe (als eine formale Nebensache) nie die einzige Aussage eines Satzes sein darf; ein Satz wie «Merkel sprach in X vor dem Y-Verband über das Thema Z» gilt als unzulässig. Unterschiedlich beantwortet werden dagegen zwei Unterfragen:

- Wenn die Quelle im ersten Satz steht – dann gleich mit dem Namen beginnen? Nie mit dem Namen eines Unbekannten («Der Grünen-Bundestagsabgeordnete Dr. Wolfgang Strengmann-Kuhn aus Frankfurt-Bockenheim sagte …»). Strengmann-Kuhn

kann nur dann zur Nachricht werden, wenn sie etwas gesagt hat, was interessant ist, obwohl nur sie es gesagt hat («Eine baldige Ablösung von Bundeskanzlerin Angela Merkel forderte ...»).
Ist der Name prominent, so ziehen Agenturen meist trotzdem im ersten Satz die Sache vor. Darüber kann man verschiedener Meinung sein: Alles, was der Kanzler in seiner Neujahrsansprache sagt, ist vermutlich weniger interessant als sein Name.
- Wann ist die Nennung erst im zweiten Satz erlaubt? Betrieben wird sie häufig («Die SPD wird auch die nächsten Bundestagswahlen gewinnen. In einer Rede vor Wirtschaftsführern sagte Bundeskanzler Gerhard Schröder in Duisburg, er sei überzeugt...»). Auf diese Weise entsteht jedoch zunächst der Eindruck, dass die Zeitung eine Wahrheit verkündet. Folglich meinen die Autoren, dass bei Meinungsäußerungen und Absichtserklärungen schon der erste Satz die Quelle enthalten muss.

Ganz anders, wenn eine Quelle, deren Zuständigkeit offenkundig ist, eine Sachmitteilung macht. Gibt der Sprecher der Bundesbahn eine Fahrplanänderung bekannt, so kann man ihm unbesehen glauben; also muss er zwar genannt werden, jedoch weder im ersten noch im zweiten Satz.

Und wie oft muss ich in einer längeren Nachricht die Quellenangabe *wiederholen*? Auch hier ist zu unterscheiden:
- bei einer Meinungsäußerung in jedem Absatz,
- bei einer Sachmitteilung aus berufenem Mund überhaupt nicht.

Ein möglicher Grenzfall liegt dann vor, wenn der Sprecher der Bundesbahn seine Mitteilung über einen neuen Fahrplan dazu benutzt, Meinungen über die Zukunft der Bahn zu verbreiten – sofort wird die Quelle wichtig, und die Aussage gehört in den Konjunktiv.

Was ist mit dem Konjunktiv?
Der Konjunktiv der indirekten Rede ist eine noble und im Journalismus überaus zweckmäßige Form: Satz für Satz hält er die Erinnerung wach, dass ich bloß zitiere und durchaus nicht hafte für den Unfug, den der Zitierte möglicherweise verbreitet hat. Diesem Vorzug stehen zwei Nachteile gegenüber:

- Viele gebildete Deutsche stehen mit dem Konjunktiv auf Kriegsfuß.
- Auf Leser und Hörer, zumal ungebildete, wirkt der Konjunktiv der indirekten Rede, zumindest in der Häufung, penetrant.

Also sollte der Redakteur auf Mittel sinnen, den Konjunktiv zwar stets korrekt zu verwenden, aber sich auch seine hartnäckige Wiederholung zu ersparen. Drei solcher Mittel stehen zur Verfügung:
- *die direkte Rede,* das Zitat in Gänsefüßchen. Ein angenehmer Lesefluss ergibt sich dann, wenn der Schreiber im Großen und Ganzen in jedem Absatz zwei Sätze in indirekter Rede mit einem Satz in Anführungszeichen kombiniert (was freilich oft daran scheitert, dass die wenigsten Reporter stenographieren können).

  Das wörtliche Zitat muss stets mit der Nennung des Urhebers einhergehen. Sie würde auf diese Weise automatisch einmal pro Absatz erfolgen, wie es ohnehin geboten ist.

  Vorsicht mit der Zitierung einzelner Wörter oder kurzer Wortgruppen: Geschieht sie zu oft hintereinander, so entsteht «Gänsefüßchensalat», ein abstoßendes Schriftbild mit gehemmtem Lesefluss. Außerdem könnte das Kurzzitat für eine Ironisierung gehalten werden, der die Gänsefüßchen ja oft dienen (der «bedeutende» Wahlerfolg).

  Problem in Radio und Fernsehen: Da Anführungszeichen sich nicht sprechen lassen, ist die Redaktion hier auf Hilfskonstruktionen wie «sagte wörtlich» angewiesen. Das macht das Zitat in direkter Rede seltener.
- Zweites der drei Mittel, sich trotz einer Zitierung in indirekter Rede den Konjunktiv auf korrekte Weise zu sparen: Die Hilfskonstruktionen «Wie Meier sagte...», «Nach Meiers Worten» oder «Laut Meier» verbieten den Konjunktiv in dem Satz, in dem sie stehen. Dabei ist allerdings zu bedenken: Logisch und grammatisch besteht zwar kein Unterschied zwischen den Aussagen «Merkel sagte, die CDU werde die nächste Wahl gewinnen» und «Nach Merkels Worten wird...». Psychologisch aber enthält der erste Satz eine stärkere Distanzierung, wie sie bei einer so exponierten Meinung wohl angemessen ist.

- Das dritte Mittel zur korrekten Ersparung von Konjunktiven ist eine *salvatorische Klausel* von der Art: «Nach Darstellung des Zeugen hat sich der Unfall folgendermaßen abgespielt: ...» Sie erspart den Konjunktiv nicht nur im selben Satz, sondern einen ganzen Absatz lang.

Die Sprache der Nachricht

Die Nachricht soll aus schlichten, geläufigen, unmissverständlichen Wörtern in unverschachtelten, durchsichtigen Sätzen bestehen.

Fachjargon («Postwertzeichen») wird selbstverständlich ins Deutsche übersetzt («Briefmarke»). Fachwörter ohne geläufige Entsprechung werden möglichst vermieden, im Grenzfall mit einer Erklärung versehen.

Fachjargon, ein bloßes Alibi der Redaktion, ist auch die Standardfloskel bei der Sendung der Lottozahlen: «Alle Angaben wie immer ohne Gewähr.» Wollte man erreichen, dass wirklich alle Hörer das volle Bewusstsein für den Inhalt dieser Aussage hätten (und das sollte man), dann müsste sie etwa lauten: «Ob wir Ihnen die richtigen Zahlen genannt haben, das können wir leider nicht garantieren.»

Schachtelsätze des Redners werden zertrümmert, ausnahmsweise in Gänsefüßchen zitiert: entweder, weil es sich um eine dramatisch wichtige Aussage handelt, oder um dem Leser einen Begriff vom Stil des Redners zu geben.

Überflüssige Wörter – immer schlecht – sind in der Nachricht unerträglich; die Aufgabe lautet ja umgekehrt, in möglichst wenigen Zeilen möglichst viele Informationen unterzubringen. Also verbieten sich Floskeln wie «in seinem Vortrag» (worin denn sonst?) oder «in diesem Zusammenhang» (da wir doch dem Redner den Kredit geben, dass er im Allgemeinen nicht gänzlich ohne Zusammenhänge spricht).

Eine ausführliche Fassung der Stilratschläge, die alle journalistischen Formen erfasst, enthält das Kapitel «Schreiben und Redigieren».

Die Nachricht wird so gegliedert, dass das Neue, Wichtige und Interessante im ersten Satz konzentriert ist. Ein Erzählen in der natürlichen Abfolge kann so nicht stattfinden. Die amerikanischen Agenturen halten das Gefälle vom Wichtigen zum weniger Wichtigen bis zum letzten Satz durch; Leser und Hörer aber freuen sich, wenn der Schreiber mit dem zweiten Absatz in die Chronologie gesprungen ist.

Im ersten Satz der Nachricht müssen die Fragen WER – WAS – WANN – WO beantwortet werden. Handelt es sich um ein Zitat, so gehört auch der Urheber in den ersten Satz, spätestens in den zweiten (WOHER?). Auch die Fragen WIE und WARUM zu beantworten ist vom zweiten Satz an erwünscht.

Der erste Satz ist niemals eine Einleitung, sondern die Hauptsache selbst oder die aufregendste Einzelheit – das Haar in der Suppe, nicht die Suppe.

Wenn der Journalist zitiert, muss diese Tatsache im Leser oder Hörer stets wachgehalten werden. Der Konjunktiv der indirekten Rede ist dafür das typische Mittel, aber nicht das einzige.

Die Sprache der Nachricht ist knapp und präzise. Aus den schlichtesten möglichen Wörtern werden gut überschaubare Sätze gebaut. Fachjargon ist verpönt; wo es für einzelne Fachwörter in der Alltagssprache keine Entsprechung gibt, werden sie erklärt.

26 Das Interview

Zunächst bedeuten das französische *entrevue* und das englische *interview* (davon abgeleitet) nur, dass zwei Personen sich sehen, wahrscheinlich auch miteinander reden wollen. Sprachlich kurios sind demnach das Telefon-Interview, wie es im Radio häufig zu hören ist, und das Interview mit schriftlich gestellten Fragen und geschriebenen Antworten, wie Diktatoren es bevorzugen, weil sie Angst vor peinlichen Fragen oder spontanen Reaktionen haben, und Filmstars, weil ihr Manager die zumeist richtige Einsicht hat, dass sie am besten den Mund halten sollten.

Für das Interview im engeren Sinn also ist es erforderlich, dass die Gesprächspartner sich sehen. «Interview» heißt dann erstens ihre Begegnung, zweitens der zur Veröffentlichung bestimmte Teil ihres Gesprächs und drittens das, was davon gedruckt und gesendet worden ist.

Wird das Gespräch live vor geöffnetem Mikrophon geführt, so erfahren Radiohörer und Fernsehteilnehmer, was der Interviewte wirklich gesagt hat, Wort für Wort, mit allen Versprechern oder mit einem Halbsatz, den ausgesprochen zu haben der Befragte oft alsbald bereut. Nur das gehörte Live-Interview entspricht der Vorstellung, die die meisten Laien von allen publizierten Interviews besitzen: Genau so hat er's gesagt.

Schon das zunächst aufgezeichnete und *später* ausgestrahlte Interview weicht vom Original fast immer ab: Versprecher werden getilgt, Passagen geschnitten und oft beim Kürzen fahrlässig oder mutwillig um einen Aspekt vermindert, auf den der Interviewte besonderen Wert gelegt hätte – also ein bisschen verfälscht.

Sehr wenig verfälscht indessen, verglichen mit dem sogenannten Interview, das wir in Zeitungen und Zeitschriften lesen. Das gedruckte Interview ist immer ein Kunstprodukt: Von den Notizen, vom Stenogramm oder vom Tonbandprotokoll des ursprünglich geführten Gesprächs weicht es um mindestens 30 Prozent ab; häufig aber hat es fast nichts mehr mit dem gesprochenen Wort zu tun.

Ehe wir erklären, warum die 30 Prozent unvermeidlich sind und wie man die Abweichung übertreiben kann, wollen wir einige Punkte klären.

1. *In der Vorbereitung* haben gedrucktes und gesendetes Interview das Entscheidende gemeinsam: Der Journalist muss sich erstens vorzüglich präpariert haben und zweitens mit einer klaren Zielvorstellung – Was vor allem will ich wissen? – ins Gespräch gehen und sie im Gespräch durchhalten (falls er nicht eine unvermutete Sensation ausgräbt). Auch hier jedoch ist das gesendete Interview die strengere Form – mangelndes Vorwissen und diffuse Gesprächsführung gehen mit über den Sender; der Zeitungsredakteur kann seine Durchhänger rausredigieren und das Gespräch

nachträglich auf ein Ziel zuspitzen, das zuvor kaum erkennbar war.
2. Auch in der *Gesprächsführung* gibt es zwischen Gedruckt und Gesendet Gemeinsamkeiten:
- Die Fragen sind kurz und präzise, jedenfalls kürzer als die Antworten.
- Der Interviewer ist ein Fragesteller und kein Kommentator, der den Befragten mit seinen Meinungen zu behelligen hätte; nur was als Streitgespräch deklariert ist (wie das «*Spiegel*-Gespräch»), darf davon eine Ausnahme machen.
- Der Interviewer hat rhetorisch die Gegenposition zu beziehen. Einverständnis macht das Interview langweilig, liebedienerisches Entgegenkommen bringt es um (ein abschreckendes Beispiel dafür im Anhang dieses Kapitels). Natürlich muss sich der Journalist nicht verbiegen: Stimmt er mit der Meinung des Gesprächspartners völlig überein, so kann er die Gegenposition wahren, indem er sagt: «Nun wenden aber viele Leute dagegen ein...» oder «Dazu hat doch Ihr Parteifreund X gesagt...»
3. In allen anderen Elementen der Gesprächsführung haben das gedruckte Interview und das Live-Interview in Radio und Fernsehen fast nichts miteinander zu tun. Sie sind zwei grundverschiedene Genres, die unter dem Oberbegriff «Interview» zusammenzufassen eine Irreführung aller Laien, insbesondere der Leser ist. Sie unterscheiden sich wie Original und Fälschung und setzen beim Journalisten zwei radikal verschiedene Arbeitstechniken voraus.

Vor laufender Kamera einen Prominenten zu befragen und dabei binnen eineinhalb, zwei, selten mehr als vier Minuten etwas Interessantes über den Sender zu schicken ist eine der schwierigsten journalistischen Formen überhaupt. Sie setzt neben Sprachtalent auch Wortökonomie und die Fähigkeit zu blitzartigem Reagieren voraus, die, wenn überhaupt, nur in einer Fülle praktischer Übungen trainiert werden kann; eine schriftliche Darstellung ist da fehl am Platz. Im Folgenden wird daher nur noch das gedruckte Interview behandelt.

Reisende Interview-Trainer, die Rezepte für beide Genres anzubieten behaupten, müssen im Unrecht sein. So lautet ein nicht umzubringender Ratschlag, das Interview mit einer «Eisbrecherfrage» zu eröffnen, also nicht mit der Tür ins Haus zu fallen, sondern erst einmal eine harmlose, Sympathie schaffende Frage zu stellen. Was ein ausgemachter Unsinn ist.

Denn wenn ich vor dem Mikrophon zwei Minuten Zeit habe, falle ich selbstverständlich mit der Tür ins Haus, und hätte ich ausnahmsweise zehn Minuten, so sollte ich immer noch mit einer Provokation beginnen und nicht mit einem Liebeswerben. Denn mein Publikum soll ja zuhören.

Bin ich aber mit einem Prominenten eine Stunde oder länger für ein Interview verabredet, das gedruckt werden soll, so werde ich umgekehrt nicht mit *einer* Frage das Eis zu brechen versuchen, sondern etliche Minuten Interesse zeigen oder heucheln für die Kinder, die Hunde, den Garten, die Fayencen-Sammlung des Gesprächspartners. Wenn die Provokation erst in der 47. Minute folgt, so ist das kein Problem: Ich kann sie ja beim Redigieren leicht an den Anfang rücken.

Damit sind wir bei der Kernfrage. Inwieweit darf ich – inwieweit muss ich sogar – in den originalen Wortlaut eingreifen? Ein *Muss* liegt in zwei Fällen vor:

- Der Befragte erklärt, er wünsche nicht, dass der soeben von ihm gesprochene Satz verwendet wird. Bei einem Austausch von Zurufen vor der Tür des Fraktionszimmers hat er diese Chance nicht, bei einem verabredeten, förmlichen Interview muss er sie haben. Der Journalist, der sich nicht daran hält, bekommt von diesem Partner nie wieder eine Auskunft, ja der Düpierte wird dafür sorgen, dass der Vertrauensbruch sich herumspricht, also berufsschädigend wirkt.
- Der Befragte hat sich mehrfach verhaspelt und seine Sätze nicht zu Ende gebracht. Dies exakt wiederzugeben wäre ein Affront. Selbst Parlamentsstenographen, die die Grundlage für Dokumente schaffen sollen, haben einen Kodex, der ihnen solche Ausrutscher des Redners zu zitieren verbietet.

Was *sollte* der Journalist darüber hinaus ändern? Schiere Wiederholungen. Vielleicht ist der Befragte redselig und äußert denselben Gedanken in fast denselben Worten dreimal nacheinander. Oft kommt das Gespräch auf einen schon vorher diskutierten Punkt zurück, ohne dabei eine neue Wendung zu nehmen.

Addiert man das, was beim Redigieren geschehen muss, mit dem, was dabei geschehen sollte, so kommt man leicht auf jene 30 Prozent, von denen das gedruckte Interview vom Original mindestens abweicht.

Der Journalist darf aber noch viel mehr. Radikal kürzen darf er, ja muss er eigentlich, wenn das Gespräch eine Stunde oder länger dauerte, die Chronologie des Gesprächs darf er zertrümmern, um es dramaturgisch zu gliedern: die Aspekte wohl geordnet, obwohl sie im Gespräch durcheinandergingen, die aufregendsten Feststellungen des Befragten am Anfang und am Schluss.

Bis hierher mag das Verständnis des Laien noch reichen. Doch was nun noch alles geschehen kann – in Tageszeitungen weniger, in Wochenblättern wie *Spiegel*, *Focus*, *Stern* umso mehr –, das würde den Leser wahrscheinlich irritieren, ja empören, wenn er es wüsste.

Der Journalist darf Formulierungen des Befragten, die ihm als schlaff erscheinen, ein bisschen zuspitzen. Seine eigenen Fragen darf er nachträglich flotter, intelligenter formulieren. Ja, es kommt vor, dass er sich die Freiheit nimmt, dem Befragten Behauptungen in den Mund zu legen, die der gar nicht aufgestellt hatte.

Wie das? Lässt der Interviewte sich das denn gefallen? Das liegt an ihm, und ein Risiko geht er nicht ein. Denn zum verabredeten Interview gehört automatisch das Recht des Befragten, die redigierte Fassung zu sehen und in sie einzugreifen (das sogenannte Autorisieren ist ein Recht, das der Journalist bei jeder anderen journalistischen Form dem Betroffenen keinesfalls einräumen darf). Prominente kennen dieses Recht und machen fast immer von ihm Gebrauch; befragt der Journalist einen unerfahrenen Partner, so ist es fair, ihn auf dieses Recht hinzuweisen.

Nur ausnahmsweise ist es möglich, von einer Autorisierung abzusehen. «Unter besonderem Zeitdruck ist es auch korrekt, Äußerungen in unautorisierter Interviewform zu veröffentlichen, wenn den Gesprächspartnern klar ist, dass die Aussagen zur wörtlichen oder sinngemäßen Publikation gedacht sind», so steht es im Pressekodex.

Die deutsche Regel ist streng. Für englische Journalisten ist sie nicht nur zu streng, sie fürchten um die Freiheit des Journalisten, wenn sie der deutschen Eigenart folgten, Interviews durchweg autorisieren zu lassen; für sie ist die Autorisierung die Ausnahme und nicht die Regel.

Nun kann es vorkommen, dass der Interviewte sich freut, sich so viel farbiger und pfiffiger geäußert zu haben, als er glaubte – dann sind alle Beteiligten zufrieden. Wahrscheinlicher ist, dass er mindestens einen Teil des ihm in den Mund Gelegten mildert oder streicht. Und nicht selten streicht er – und das darf er eben – Sätze, die er unstreitig genau so gesprochen hat. Dann ist der Journalist sauer und versucht, ihm oder seinem Pressesprecher wenigstens einen Teil dieser nachträglichen Aufweichung abzuhandeln.

Dabei hat er ein starkes Druckmittel: «Wenn Sie alles Kraftvolle streichen wollen, können wir das Interview leider nicht drucken, oder wir verstecken es auf Seite 17.» Nur, so stark ist das Mittel auch wieder nicht; denn der Interviewte, um seine Zeit und um seine Chance betrogen, gibt diesem Journalisten und dieser Zeitung nie wieder ein Interview (und wird dafür sorgen, dass sich das herumspricht).

So pokern sie denn nicht selten, die Frager und die Befragten, und das Endprodukt ist eine einvernehmlich betriebene Irreführung des Lesers. Ja, hartnäckig hält sich das Gerücht, eine der berühmtesten Interviewerinnen der Welt habe einige ihrer Gespräche gar nicht erst geführt, sondern sich geistreich ausgedacht (wie Shakespeare oder Schiller es schließlich auch konnten), dann dem angeblich Interviewten zugeschickt und um einen Fototermin gebeten; und der libysche Diktator zum Beispiel sei sehr beeindruckt gewesen, wie glänzend er argumentiere.

Selbst wenn das Gerücht nicht stimmt: Es bleibt bemerkenswert, dass sogar ein nie geführtes Interview nach den Sitten der Branche gedruckt werden dürfte, falls der Partner es abgesegnet hat. Die Chance, dass ein Interview eine aufregende Lektüre bietet, nimmt mit zunehmender Ehrlichkeit vermutlich ab.

Das reizte den Journalisten Tom Kummer so sehr, dass er völlig auf die Ehrlichkeit verzichtete, Interviews mit Prominenten komplett erdichtete und sogar Chefredakteure fand, die sie im Magazin der *Süddeutschen Zeitung* abdruckten. Als es ruchbar wurde, war die *Süddeutsche* entsetzt, dokumentierte den «Fall Kummer» am 29. Mai 2000 auf einer Sonderseite und entließ die verantwortlichen Chefredakteure. Damit war der Fall nicht erledigt. Markus Peichl erregte sich in der *Zeit*, dies grenze an Hexenjagd, Tom Kummer feierte sich in Talkshows und (echten) Interviews als Erfinder des «Borderline-Journalismus», erklärte, er habe die Wahrheit «choreographiert», und ließ sich in eine Reihe mit großen Dichtern stellen. Nur – wenn der Journalist die Grenze zur Dichtung überschreitet und die Wahrheit hinter sich lässt, täuscht er sein Publikum und wird zum Fälscher.

Das Interview ist eine schillernde journalistische Form, die den Vorstellungen des Publikums nur dann entspricht, wenn sie live über den Lautsprecher geht. Beim gedruckten Interview muss und sollte der Journalist eine Menge ändern, ja er darf das Endprodukt dicht an die Verfälschung des Originals herantreiben, falls der Befragte damit einverstanden ist.

Doch gibt es zwischen Gedruckt und Gesendet auch Gemeinsamkeiten: Auf alle Interviews sollte der Journalist sich gründlich vorbereitet haben; eine Zielvorstellung muss er mitbringen und durchzusetzen versuchen; Fragen soll er stellen und nicht den Befragten kommentierend zurechtweisen. Die Fragen müssen dabei jenen Widerspruch enthalten, den vermutlich mindestens ein Teil der Leser oder Hörer gern geäußert hätte – und der allein das Gespräch lebendig macht.

Zwei Klassiker: Tiefpunkte der Interviewtechnik

Welt am Sonntag, 19. 12. 1982

Die IG Metall fordert in einigen Tarifgebieten, die Löhne im nächsten Jahr um bis zu 7,5 Prozent anzuheben. Die Metall-Lohnrunde hat Signalwirkung für die Lohnerhöhung auch in anderen Branchen und im öffentlichen Dienst.

WELT am SONNTAG fragte Dieter Kirchner, Hauptgeschäftsführer des Arbeitgeberverbandes Gesamtmetall: In der schwersten Wirtschaftskrise der Nachkriegszeit solche Forderungen aufzutischen, ist doch wohl ein Scherz?

Kirchner: Da haben Sie ein mildes Wort gewählt.

WELT am SONNTAG: Warum verhandeln Sie überhaupt über solche unsinnigen Forderungen?

Kirchner: Wir müssen verhandeln. Dazu sind wir vertraglich verpflichtet. Die Firmen und ihre Belegschaften würden ein anderes Verhalten auch nicht verstehen.

Die Zeit, 22. 8. 1980

Fritz J. Raddatz, der damalige Feuilletonchef der *Zeit*, eröffnete ein Interview mit dem damaligen Bundeskanzler Helmut Schmidt mit folgender Frage:

Raddatz: Herr Bundeskanzler, ich möchte die Frage zu unserem Gespräch über Ihren – und damit der Sozialdemokratie – Kulturbegriff gleich mit einem mißtrauischen Satz beginnen: Ist es nicht so, daß, obwohl die Sozialdemokratie sozusagen aus der Arbeiterbildungsbewegung hervorgegangen ist, heute ganz generell ein sehr konservativer, manchmal gar reaktionärer Kulturbegriff auch bei Ihnen vorherrscht; kann man gar sagen, daß ein Mißtrauen gegen Intellektuelle und Künstler überwiegt, daß man Kunst – welche Genres immer – begreift als Applikation, als das Nette und Schöne, gar für den Feierabend zu Reservierende, nicht als Störfaktor, nicht als das Aufreizende, auch den einzelnen Verstörende?

Schmidt: Das war ja nun eine ganze Menge auf einmal, ich bin nicht sicher, ob ich alle diese vielen Urteile und Vorurteile in einem Atemzuge beantworten kann.

Obwohl also vom Interviewten auf die Torheit seiner Einleitungsfrage hingewiesen, sah Raddatz darin keinen Anstoß, diese unsägliche Frage zu redigieren. Daran sieht man, welche Wohltat im Redigieren liegen kann.

Ein Höhepunkt
«Graf Schönburg, wann wollten Sie sich das letzte Mal umbringen?» Mit dieser Frage eröffnete das *SZ-Magazin* 1993 in seiner Reihe «Lassen Sie uns über Geld reden» ein Interview mit dem Vater zweier milliardenschwerer Töchter, Gloria von Thurn und Taxis und Maya Flick.

Natürlich muss eine derart provokante Frage durch Fakten gedeckt sein; hier war sie es durch den Hinweis des Interviewers, der Graf habe doch vor vier Jahren in der Presse seinen Selbstmord angekündigt (was Schönburg bestätigte).

Weitere Fragen: «Sind denn so viele Adlige Versager?» («Ja», erwidert der Graf.) Und: «Was ist eigentlich an Ihnen adelig?» Antwort: «Nur der Name, sonst nichts.»

Schöne Aggressivität in brillanter Kürze! Ob das schon beim Gespräch so war oder erst durchs Redigieren hineinkam, ist dem Leser egal.

Goebbels und Gorbatschow
1986, als Helmut Kohl und Michail Gorbatschow noch nicht befreundet waren, druckte das amerikanische Nachrichtenmagazin *Newsweek* in einem Interview mit Kohl die Sätze: «Gorbatschow versteht was von PR. Goebbels, einer der Verantwortlichen der Hitler-Ära, verstand auch was davon.» Diese Äußerung erregte internationales Missfallen, und sogleich dementierte Kohls Pressesprecher Friedhelm Ost, dass der Bundeskanzler sie getan habe.

Hatte er nun, oder hatte er nicht? Er hatte. Aber allein bei Friedhelm Ost lag die Schuld für die Panne. Selbstverständlich hatte der *Newsweek*-Korrespondent ihm den redigierten Text vor dem Abdruck zugeschickt. Hätte nun Ost – wie es seine Pflicht gewesen wäre – erkannt, dass dieser Passus Unheil stiften würde, so hätte er ihn gestrichen, und nie und in keiner Form hätte der amerikanische Journalist ihn zitieren dürfen.

Ost aber hatte den Satz nicht gestrichen, sondern verbreitete unter dem Anprall der Kritik die Lüge, dass er gar nicht gesprochen worden sei. Nun erst berief sich der *Newsweek*-Korrespondent darauf, dass er mit seinem Tonband den Beweis führen könne. Das durfte er – denn der deutsche Regierungssprecher hatte versucht, sein eigenes Versagen mit einem Angriff auf die Berufsehre des amerikanischen Journalisten zu kaschieren.

Die 7 Todsünden im Umgang mit Journalisten
Viola Falkenberg lehrt Presse- und Öffentlichkeitsarbeit und trainiert Manager im Umgang mit Journalisten. In ihrem Ratgeber «Interviews meistern» listet sie die sieben Todsünden auf, die eine Führungskraft in einem Interview begehen kann:
1. Lügen
2. Vertuschen von Fehlern / Mißständen
3. Vorschreiben, wann Journalisten was und wie sie berichten oder arbeiten sollen
4. Erpresssen
5. Belästigen
6. Pauschale Beschuldigungen des Berufsstandes
7. Informationsfreiheit einschränken

27 Vorsicht, Zahlen!

Nichts lieben Redakteure mehr als Zahlen. Sie wirken exakt und aktuell, sie sind rekordverdächtig, sie passen in jede Überschrift.

Die Einübung in den real existierenden Journalismus ist hier rasch vollzogen: Übernehmen Sie alle Zahlen, die Agenturen und Pressestellen Ihnen anbieten; eine kritische Prüfung gilt allenfalls dann als erforderlich, wenn Statistiken oder Meinungsumfragen von krass parteiischer Seite kommen: Zahlen über Lungenkrebs-Tote, die die Tabakindustrie publiziert, werden mit spitzen Fingern angefasst.

27 Vorsicht, Zahlen!

Das ist in Ordnung. Zahlen jedoch, bei denen der Interessenstandpunkt nicht ganz so offenkundig ist, werden in fast allen Redaktionen gern gedruckt: Wahlprognosen, die von einer Partei in Auftrag gegeben worden sind, oder die Behauptung des Orthopäden-Verbandes, 80 Prozent der Deutschen hätten krumme Füße, oder die Erfolgsmeldung der Polizei, sie habe 44 Prozent aller Straftaten aufgeklärt. (Im Anhang zu diesem Kapitel wird vorgerechnet, dass die Polizei, wenn sie dies mitteilt, in Wahrheit wahrscheinlich nur 11 Prozent «aller» Straftaten aufgeklärt hat und dass vermutlich nur auf 4 Prozent aller begangenen Straftaten ein rechtskräftiges Urteil folgt.)

Redakteure, die einen besseren Journalismus als den üblichen anstreben, sollten folglich *sämtliche* Zahlen, die auf ihren Tisch gelangen, mit spitzen Fingern anfassen – Wahlergebnisse aus demokratischen Staaten ausgenommen. Drei von vier Zahlen (Vorsicht! Auch diese Zahl ist natürlich anfechtbar, aber die Tendenz stimmt) – drei von vier Zahlen also sind entweder falsch oder irreführend oder fragwürdig oder unzulässig oder läppisch, und wenn all dies nicht, dann werden sie oft in törichter Maßeinheit serviert – Russland in Hektar vermessen, Meter in Millimetern ausgedrückt (mehr zu diesem Punkt ebenfalls im Anhang des Kapitels).

Dass es unmöglich ist, einer Kältewelle eine exakte Zahl von Todesfällen zuzuordnen, davon war schon in Kapitel 2 die Rede, aber keine Zeitung lässt sich diese zwangsläufig unseriösen und irreführenden Zahlen entgehen, die *FAZ* nicht und die *taz* nicht. Den Gipfel dieser Zähl-Manie erklomm die Münchner *Abendzeitung* im Februar 1956, dem kältesten Monat der deutschen Wettergeschichte: «Schon wieder ein Todesopfer der Kältewelle» hieß die Schlagzeile, und der Text dazu: Ein 15-jähriger Lehrling wurde im Englischen Garten tot auf einer Bank gefunden, auf die er sich nach Einnahme von zwanzig Schlaftabletten gelegt hatte. Es war so kalt, dass der Tod durch Erfrieren eintrat, noch ehe die Tabletten gewirkt hatten.

Frost wird nach internationaler Übung in zwei Metern Höhe gemessen. Liegt Schnee, so kann es zwei Zentimeter über dem Boden erheblich kälter sein – für die Nachrichtenagenturen ein gefundenes

Fressen: «In Bodennähe erreichte der Frost minus 20 Grad» macht die Nachricht fetter. Eine seriöse Information aber ist es nur für Bauern und Gärtner und Autofahrer.

Nicht nur irreführend, sondern physikalisch unsinnig ist die ebenfalls beliebte Temperaturangabe: «In der Sonne wurden sogar 50 Grad registriert.» Die Lufttemperatur wollen wir kennenlernen, und die lässt sich nur im Schatten ermitteln; in der Sonne messen lässt sich lediglich diejenige Temperatur, die die Sonne auf dem Gegenstand erzeugt, den sie trifft: auf dem Glas des Thermometers mehr als auf Holz und Haut, weniger als auf Stein und Eisen. Superlativ! Rekord! Das lieben wir, und da können wir auf die Physik keine Rücksicht nehmen.

Wenn wir aber korrekte Zahlen drucken, so wollen wir sie wenigstens falsch interpretieren. Aufmacher des *Hamburger Abendblatts*: «DAS JAHR DER AUTODIEBE / Schon 63 000 Wagen verschwunden». Text: Die Diebstähle haben drastisch zugenommen, auf 63 000 im letzten halben Jahr.

Doch an dem Punkt hätte der Redakteur kurz innehalten müssen, um mal eben nachzudenken. In Deutschland fahren rund 40 Millionen Autos, diese Zahl sollte man im Kopf haben. Wenn von denen 63 000 gestohlen worden sind, so heißt das: 1,6 Promille; anders ausgedrückt: Mehr als 998 von 1000 Autos blieben im letzten halben Jahr ungestohlen. Oder: Im Halbjahr 1,6 Promille, das macht 3,2 Promille im ganzen Jahr, das heißt: Nur einmal in 312 Jahren ist mein Auto dran.

Eine erstaunliche, eine ziemlich *beruhigende* Zahl! Wie viel Rekordsucht, wie viel Betriebsblindheit, welche Unlust oder Unfähigkeit zu rechnen haben sich da gegen den Leser verschworen, wenn er der Überschrift «Das Jahr der Autodiebe» jene Beruhigung entnehmen soll, auf die er Anspruch hat! Nicht gerechnet, dass vermutlich einer von drei Autodiebstählen vorgetäuscht ist, wie Bundesverkehrsminister Matthias Wissmann 1995 mitteilte: Die Eigentümer seien bei der Verschiebung nach Osteuropa Komplizen (*dpa / Süddeutsche Zeitung*). Wer da nicht mitspielt, wird demnach sogar nur alle 416 Jahre von einem Diebstahl betroffen.

27 Vorsicht, Zahlen! 163

Zahlen falsch zu interpretieren gehört leider auch dann zum Redaktionsalltag, wenn ein Rekord gar nicht in Sicht ist. Überschrift: «Deutsche reisen am liebsten in Deutschland». Text: 38 Prozent der Deutschen haben im Vorjahr Urlaub in Deutschland gemacht, mehr als in jedem anderen Land.

Und wieder hat der Redakteur die triste Routine walten lassen, wo er zwei Sekunden hätte stutzen und seine Lebenserfahrung befragen sollen. Gibt es nicht vielleicht Millionen Deutsche, die ungleich lieber auf die Bahamas reisen würden, sich aber mehr als Ruhpolding nicht leisten können? Und muss die Statistik nicht auch diejenigen Mitbürger umfassen, die ihren Zweiturlaub im Sauerland verbringen, da sie auf Mauritius schon gewesen sind? *Am häufigsten* also reisen die Deutschen in Deutschland; am liebsten nach aller Wahrscheinlichkeit nicht.

Hier ist die *Plausibilitätskontrolle* unterblieben, der jede Zahl unterzogen werden sollte, ehe man sie an Millionen Leser oder Hörer weitergibt: Ist diese Zahl plausibel?, muss der Redakteur sich fragen, jedes Mal. Plausibilität bedeutet zweierlei:

1. Stimmigkeit *in sich*. Wenn die Zahl der Arbeitslosen sich von 2,1 Millionen auf 2,3 Millionen erhöht hat und die Vorlage von einer Erhöhung um 5,9 Prozent spricht, muss ich merken, dass das nicht stimmen kann (denn es muss sich um einen Wert dicht bei 10 Prozent handeln). Hier könnte in der Vorlage ein Zahlendreher für 9,5 Prozent unterlaufen sein.
2. Stimmigkeit *an sich*. Stimmen die in der Vorlage genannten Zahlen mit meiner Lebenserfahrung überein? Kann es sein, dass die Zahl der Arbeitslosen von 2,1 Millionen im Januar auf 3,2 Millionen gestiegen ist – oder liegt hier wieder der berüchtigte Zahlendreher vor?

Schwieriger ist der Fall, wenn eine Agentur meldet, Kuweit sei deshalb ein Schlüsselstaat, weil seine Erdölvorräte 3 Milliarden Liter betragen. Da sollte ich wissen, dass ein typisches deutsches Einfamilienhaus einen Öltank von 10 000 Litern hat. Dann muss ich 3 Milliarden durch 10 000 teilen, das ergibt 300 000 Tankfüllungen – also vermutlich weniger als den Bedarf der Stadt Hamburg in einem einzigen Winter. Sollte dafür Amerika Krieg geführt haben?

Die Zahl 3 Milliarden Liter ist also mit höchster Wahrscheinlichkeit falsch. Was könnte stattdessen gemeint sein?

- 3 Milliarden Fass *(barrel)* = das 160fache
- 3 Milliarden Kubikmeter = das 1000fache
- 3 Milliarden Tonnen = ca. 3,5 Milliarden cbm (denn 1 cbm Erdöl wiegt nur ca. 0,86 t, also braucht 1 t mehr Platz als 1 cbm).

So viel Mathematik wäre nicht zumutbar und die Zeit für eine eigene Recherche nicht vorhanden? Gut. Es genügt ja vollständig, wenn ich merke, dass die 3 Milliarden Liter falsch sein müssen. Dann alarmiere ich die Agentur und bekomme entweder noch rechtzeitig eine plausible Zahl von ihr, oder ich streiche die Zahl, unterlasse es also, meinen Lesern oder Hörern Quatsch ins Haus zu liefern.

Solche Unterlassung könnte man durchaus den journalistischen Kardinaltugenden zuschlagen. Was das amerikanische Nachrichtenmagazin *Time* 1971 vorrechnete, bleibt zeitlos gültig: «Auf fast jedem Gebiet wäre die beste – und sicher die ehrlichste – Antwort auf die Frage nach Zahlen: Nobody knows. Nur erweckt das den Eindruck, jemand habe vor seiner Aufgabe versagt; es müsse eine richtige Antwort geben – also legen wir uns eine richtige Antwort zurecht. Wir schaffen uns die Zahlen, an die wir glauben wollen.»

So tief steckt dieser Aberglaube in den meisten Redakteuren, so groß ist die Verführung durch die griffige Behauptung, dass der Neuling gut beraten ist, sein Misstrauen gegen den Zahlenwahn zart zu dosieren. Die meisten bleiben ja mehr als dreißig Jahre Journalisten, und für den, der es ernstlich will, wird der Tag schon kommen. Bis dahin möge er sich merken:

Nichts, was Redakteure auf den Tisch bekommen, ist so eng mit Irrtum, Blindheit oder Lüge verschwistert wie die Zahl. Politiker, Pressesprecher, Verbandsfunktionäre lieben es, mit Zahlen zu manipulieren, und Journalisten lieben es, das Unzählbare zu zählen – oft verschlimmert durch schiefe Interpretation oder den Zusammenbruch der Grundrechenarten, sobald es sich um Milliarden handelt.

Irreführung durch Polizeistatistik

«Die Polizei hat 44 Prozent aller Straftaten aufgeklärt», meldet *dpa*. Was heißt das?

1. Sie hat 44 Prozent derjenigen Straftaten aufgeklärt, *die ihr bekannt geworden sind*. Wie viel Prozent aller wirklich begangenen Straftaten werden bekannt? Wie viele Fahrraddiebstähle werden niemals angezeigt, wie viele Unterschlagungen werden nicht entdeckt, wie viele Verbrechen an Kindern kommen niemals einem unbeteiligten Erwachsenen zur Kenntnis? Die Schätzungen von Juristen gehen bis zu 95 Prozent – von 95 Prozent aller begangenen Straftaten erhält die Polizei keine Kenntnis. Schätzungen unter 50 Prozent gibt es gar nicht. Sagen wir 75 Prozent – so bedeutet das in Bezug auf die zitierte Statistik: Die Polizei hat 11 Prozent aller Straftaten aufgeklärt.
2. Was heißt: «Die Polizei hat 11 Prozent aller Straftaten *aufgeklärt*»? Sie hat einen Tatverdächtigen ermittelt und gibt die Ermittlungsakten an die *Staatsanwaltschaft* weiter.
3. Der Staatsanwalt erhebt aber oft keine Anklage – weil er die Beweise für nicht ausreichend hält oder weil die Schuld des Täters gering ist. (Bleiben von 11 vielleicht 7 Prozent.)
4. Wo der Staatsanwalt Anklage erhebt, kommt es oft nicht zu einer Verurteilung, sondern zur Einstellung des Verfahrens oder zum Freispruch. Freispruch kann bedeuten, dass keine Schuld vorlag, aber ebenso, dass der Schuldige unentdeckt geblieben ist. (Bleiben von 7 vielleicht 4 Prozent.)
5. Was also besagt der Satz «Die Polizei hat 44 Prozent aller Straftaten aufgeklärt»? Auf eine unbekannte Zahl von Straftaten folgt eine Zahl von rechtskräftigen Verurteilungen, deren Anteil an den begangenen Straftaten wiederum unbekannt ist, der aber *bei* 4 Prozent liegen dürfte. Der Anteil der rechtskräftigen Verurteilungen an den von der Polizei als «aufgeklärt» gemeldeten Straftaten läge nach dieser Schätzung bei 16 Prozent.

Dabei ist die Zahl der Straftaten, die der Polizei nicht bekannt werden, vermutlich stark im Steigen – vor allem durch die *abstrakten Gefähr-*

dungsdelikte, bei denen es kein Opfer gibt, also meist auch keinen, der die Straftat anzeigt: Trunkenheit am Steuer, Fahren ohne Führerschein, Luft- und Gewässerverunreinigung.

Wie viel Hektar hat die Erde?
Die Agenturen lieben es, Maßeinheiten zu verwenden, die im Zunftjargon üblich, für Leser aber schwer erträglich sind. Dass sie sich dabei oft verrechnen, wundert keinen.

Es ist natürlich albern, bei großen Regenmengen (Agenturjargon: «ergiebigen Niederschlägen») die unter Meteorologen gebräuchlichen *Millimeter* zu zitieren: Es fielen nicht 60 Millimeter, sondern 6 Zentimeter Regen. Doppelt falsch ist dann die beliebte Formulierung «60 Millimeter pro Quadratmeter»: Denn 6 cm Regen fielen in der ganzen Region; auf den Quadratmeter aber fielen 60 Liter.

Eine andere törichte Maßeinheit sind die *Hektar*, wenn es sich um Flächen von vielen Quadratkilometern handelt. In Hektar rechnen Förster, Bauern, Katasterämter und Inhaber von Gärtnereibetrieben; Leser und Hörer (und auch Redakteure) haben zu 90 Prozent keine Ahnung, wie groß ein Hektar ist (10 000 Quadratmeter = ein Hundertstel Quadratkilometer) und werden, wenn sie lesen «154 Millionen Hektar Regenwald vernichtet», mit einem für sie völlig sinnlosen Zahlenbrocken beworfen.

So lieferte das *dpa*, so druckte es die *FAZ* am 9. 3. 1993: in neun Jahren 154 Millionen Hektar. Auf Deutsch sind das 1,54 Millionen Quadratkilometer – wozu natürlich ein Vergleich gehört, den die *FAZ* nicht lieferte: mehr als das Vierfache der Fläche Deutschlands zum Beispiel.

Damit, so die *FAZ* weiter, sei der Regenwaldbestand auf 1,756 Milliarden Hektar zurückgegangen. Das wären 17,56 Millionen Quadratkilometer, das heißt mehr als die Fläche Russlands. Leider hat nun weder der *dpa*- noch der *FAZ*-Redakteur gewusst, dass die Zahl falsch sein muss: Das wäre ja mehr als das Doppelte von ganz Brasilien, und dabei wird nur ein Teil von Brasilien von dem bei weitem größten Regenwald auf Erden bedeckt.

Nicht genug damit: Über diese offenkundig falsche Zahl sagt die *FAZ*, sie mache 37 Prozent der Landfläche der Erde aus. Die würde dann 47

Millionen Quadratkilometer bedecken. Was auch wieder Unsinn ist: Es sind 176 Millionen Quadratkilometer.

Solchen Unfug lassen große Agenturen und renommierte Zeitungen auf ihre Leser los! Sie sind unfähig oder zu faul zum Rechnen und haben keine Ahnung von irdischen Größenverhältnissen. Die *Süddeutsche* vom selben Tag verrechnete sich, gestützt auf den *Evangelischen Pressedienst (epd)*, zusätzlich um das Tausendfache: Bei ihr war die Landfläche der gesamten Erde 47 000 Quadratkilometer groß, das ist exakt die Fläche von Niedersachsen.

Was sind Prozentpunkte?
Wenn die FDP ihr Wahlergebnis von 4 auf 6 Prozent verbessert hat, so ist das für sie eine Steigerung um 50 Prozent. Alle Welt spricht jedoch von 2 Prozent – denn unser Interesse gilt viel mehr dem Anteil der FDP am Gesamtergebnis. Diesen Unterschied von 2 Prozent «Prozent» zu nennen ist indessen nicht korrekt. Es handelt sich um *Prozentpunkte*, die Differenz von zwei Prozentzahlen also. In den Wahlstudios von ARD und ZDF wird das auch meistens richtig ausgedrückt.

Nur dass Hörern und Lesern damit nicht viel geholfen ist: Die meisten können das Wort nicht einordnen oder kennen es nicht einmal. Die korrekte Verwendung der «Prozentpunkte» dient also nur als Alibi.

Was tun? Den Unterschied ausdrücklich erklären – in der Zeitung beispielsweise in einem Kasten (und zwar bei jeder Wahl wieder), in der Wahlsendung getrost fünf Mal pro Abend. Die uferlose Geschwätzigkeit von Moderatoren, Kommentatoren und Politikern würde dadurch nur sehr wenig (viel zu wenig!) eingeschränkt.

Die drei häufigsten Tricks der Zahlenverdreher
«Lobbyisten lügen manchmal, dass sich die Balken in ihren Diagrammen biegen», ist im Journalisten-Newsletter *ABZV aktuell* zu lesen. Der Statistikprofessor Gerd Bosbach und der Bielefelder Werbetexter Jens Korff entlarven die drei häufigsten Tricks:

Trick 1: Lügen mit relativen Zahlen
Die Botschaft einer Kampagne für Vorsorgeuntersuchungen (Mammo-

graphien) gegen Brustkrebs lautete: Frauen über 50 senkten ihr Risiko, an dieser Krankheit zu sterben, um 25 Prozent, wenn sie einmal im Jahr zur Mammographie gingen. Das hätten Studien bewiesen. Gelogen war das nicht. Aber redliche Information sieht trotzdem anders aus. Denn das steckt hinter den zitierten Studien: Von 1000 Frauen, die nicht zur Mammographie gehen, sterben innerhalb von zehn Jahren im Schnitt vier an Brustkrebs. Bei Frauen, die sich jährlich auf Brustkrebs untersuchen lassen, sind es drei, also eine weniger (= – 25 Prozent). Die absoluten Zahlen haben die Medizin-Lobbyisten lieber verschwiegen. Weil sonst ihr Konzept der Panikmache nicht aufgegangen wäre.

Merke: Misstrauen Sie jedem, der mit Prozentangaben überzeugen will, ohne die absoluten Zahlen zu nennen!

Trick 2: Lügen mit absoluten Zahlen

Im Jahr 2006 rühmte sich der nordrhein-westfälische Familienminister Armin Laschet (CDU) bei einer Diskussionsveranstaltung der *Süddeutschen Zeitung* damit, dass die Landesregierung 1000 zusätzliche Lehrer eingestellt habe. Zu seinem Pech saß der Statistikprofessor Gerd Bosbach im Publikum. «Wie viele Schulen gibt es denn in NRW?», fragte dieser. Als Laschet zugeben musste, dass sich die 1000 neuen Lehrerstellen auf rund 7000 öffentliche Schulen verteilen – also nur jede siebte Schule einen Lehrer dazubekam –, ging ein Raunen durch den Saal.

Merke: Misstrauen Sie jedem, der mit absoluten Zahlen beeindrucken will, ohne die Bezugsgröße zu nennen!

Trick 3: Lügen mit Umfragen

Im März 2010 verkündete der Internetdienst *Yahoo* in einer Pressemitteilung: Für 90 Prozent «der Nutzer» sei das Internet täglich unverzichtbar. Dagegen schalteten nur noch 68 Prozent jeden Tag den Fernseher ein. Befragt hatte *Yahoo* dafür aber nur Heavy-User, die *Yahoo* regelmäßig nutzen und das Internet seit mindestens zehn Jahren.

Diese Umfrage führte also zu der wenig überraschenden Erkenntnis, dass Menschen, die das Internet häufig nutzen, das Internet häufig nutzen.

Merke: Misstrauen Sie jedem, der mit Umfrageergebnissen überzeugen möchte, ohne preiszugeben, wie sich die Stichprobe der Befragten zusammensetzt!

Gerd Bosbach und Jens Korff bieten eine Fülle weiterer Beispiele in ihrem Buch «Lügen mit Zahlen» (Heyne); den Newsletter verschickt die «Akademie Berufliche Bildung der deutschen Zeitungsverlage» (Mail für ein Abonnement: newsletter@abzv.de)

28 Die meisten Journalisten sind unkritisch

«An dem Absturz eines russischen Airbus Ende März über Sibirien, bei dem alle 75 Insassen ums Leben kamen, ist der 15 Jahre alte Sohn des Piloten schuld», meldete die *FAZ*. Wieso der Sohn? Weil er nicht der Weisung seines Vaters gefolgt war, sämtliche Knöpfe in Ruhe zu lassen – nachdem der Vater ihm erlaubt hatte, auf dem Pilotensitz Platz zu nehmen.

Wie ist es nur möglich, dass ein Redakteur ein solches Zerrbild nicht berichtigt? Juristisch, disziplinarisch und nach allen Maßstäben zivilisierter Völker war natürlich allein der Vater schuld, indem er seinen Platz dem 15-Jährigen überließ.

«Das Kolosseum ist von Verfall bedroht», meldete die *Welt am Sonntag* 1993. Auch wer noch nie in Rom war, sollte wissen, dass das Kolosseum eine seit anderthalb Jahrtausenden im Verfall begriffene Ruine ist. Die Nachricht könnte also höchstens lauten, dass der Verfall nun schneller fortschreitet als bisher oder dass derjenige Verfallszustand nicht haltbar ist, den Denkmalpfleger und Tourismusbehörde zu konservieren wünschen.

«Die schlechte Wirtschaftslage hat jetzt voll auf den Krankenstand in den Betrieben durchgeschlagen: Aus Angst vor Kündigungen schleppen sich immer mehr Deutsche trotz Krankheit zur Arbeit» (*Hamburger Abendblatt*). Was ist das Faktum? Der Krankenstand ist gesunken. Wie lautet eine gerade noch zulässige Vermutung über die Gründe? Wegen der schlechten Wirtschaftslage haben viele Arbeitnehmer mehr Angst vor Entlassung. Welche unzulässige, weltfremde Vermutung mischt die Redaktion hinein? Dies bedeute nichts anderes, als dass Kranke sich zur Arbeit schleppten.

Hat der Redakteur noch nie etwas von Simulanten gehört oder von Angestellten, die einen Schnupfen fröhlich als Krankheit einstufen? Lebenserfahrung und Zeitungslektüre gebieten, davon auszugehen, dass die Senkung des Krankenstandes in Zeiten der Existenzangst auf mindestens drei Gruppen von Arbeitnehmern zurückgeht: Simulanten, Verschnupfte und solche, die in der Tat besser zu Hause geblieben wären. Welchen Anteil diese Gruppen an der Senkung haben, darüber lässt sich streiten; nicht strittig kann sein, dass alle drei beteiligt sind.

Das *Hamburger Abendblatt*, die *Welt am Sonntag* und die *FAZ* haben also Unsinn gedruckt. Was Agenturen, Korrespondenten oder Mitarbeiter ihnen vorlegten, haben sie unkritisch übernommen. An *Weltkenntnis* hat es ihnen gefehlt, der in Kapitel 4 gerühmten Journalistentugend – und an *Misstrauen* vor allem. Bei dem sollten wir noch verweilen.

Im vorigen Kapitel war die Rede von der oft verhängnisvollen Zahlengläubigkeit; Kapitel 22 hat davor gewarnt, Politikern, die zum zehnten Mal ein Versprechen abgeben, die Floskel zu gönnen, dass sie damit «ihre Entschlossenheit bekräftigt» hätten – in Ermangelung jedes Beweises, ob Entschlossenheit je vorgelegen hatte.

Misstrauisches Stutzen ist auch erforderlich, wenn ein Kommuniqué vier Punkte enthält, über die die Staatsmänner sich angeblich geeinigt haben: War da nicht ein fünfter Punkt, über den sie vorher die größten Versprechungen gemacht hatten? Der Redakteur sollte das merken, es prüfen und dann ausdrücklich in seine Nachricht schreiben: «Nicht im Kommuniqué erwähnt ist ...» So, wie alle Mitglieder des sowjetischen Politbüros, die am 1. Mai auf der Kremlmauer standen, nicht halb so interessant waren wie das eine Mitglied, das fehlte; so, wie der abwesende Wirtschaftsminister beim Treffen des Kanzlers mit Unternehmern und Gewerkschaftern interessanter ist als alle Teilnehmer.

Alles bisher Erwähnte macht nur den kleineren Teil dessen aus, was Lesern und Hörern an Desinformation zugemutet wird, weil es Redakteuren allzu oft an Kritikfähigkeit oder Kritikwilligkeit gebricht. Der größere Teil der Irreführung entsteht dadurch, dass die meisten Journalisten von der Kardinaltugend des Misstrauens dort zu wenig Gebrauch machen, wo sie am meisten gefordert wäre: Argwohn gegen das Nachrichtenkarussell, wie die Agenturen es in Bewegung setzen, Misstrauen gegen das *news management*, wie Parteien, Verbände, Unternehmen es betreiben, auch Chaoten, Skinheads und Vermummte, indem sie nicht zuletzt deshalb Krawall machen, damit sie ins Fernsehen kommen.

Nachrichtenkarussell – das ist unser Versuch, eine herrschende, überwiegend von den Agenturen gesteuerte Sitte zu benennen: Was sie als «Eilmeldung» oder unter «Vorrang» laufen lassen und mit Mittags-, Tages- und Abendzusammenfassung versehen, also den Zeitungs- und Funkredakteuren mehrfach mundgerecht servieren, gilt als wichtig und wird gesendet und gedruckt. Der Putsch in einem kleinen afrikanischen Staat – groß oder klein? Ein Walfischbaby in der Elbmündung – vorrangig oder nicht? Immer noch amerikanische Sanktionen gegen Kuba – wichtig oder nicht? Greenpeace führt eine Privatfehde gegen Shell oder wen auch immer – wie viel PR für Greenpeace sollen wir eigentlich betreiben?

Vor einem Dutzend solcher Entscheidungen stehen Nachrichtenredakteure jeden Tag, und in neun von zehn Fällen orientieren sie sich daran, was die Agenturen als wichtig herausstellen. Die berufen sich natürlich ihrerseits auf die Abdruck- und Sendequoten; so bleibt das Karussell in Schwung, und keiner will's gewesen sein.

News management: Das ist der Versuch von allen, die in die Zeitung kommen oder politisch etwas bewegen wollen, die Berichterstattung zu steuern. Ein perfektes *news management* betrieben die Amerikaner im Golfkrieg von 1991: Was die Militärs nicht freigaben oder mitteilten, fand nicht statt; und fast alles, was sie sagten und zeigten, wurde gedruckt, gesendet und geglaubt.

Doch ist der Golfkrieg vermutlich nicht primär dafür ausgetragen worden, dass die Presse über ihn berichten sollte. Viele Ereignisse aber werden eigens inszeniert, damit über sie berichtet werden kann

– *Medienereignisse* nennt man sie dann; vor allem Kundgebungen und Demonstrationen, solche eingeschlossen, bei denen die Krawallwilligen auf die Uhr schauen, damit die Bilder von ihren Untaten noch die *Tagesschau* erreichen.

Zu einer Mischung aus hoher Sachkenntnis, tiefem Misstrauen und steifem Rücken ist der Journalist aufgerufen, wann immer der neueste «Skandal» die Schlagzeilen erobern will. Hier trifft ja das Interesse politischer Gruppierungen, mit wahren oder aufgedonnerten Skandalen ihre Geschäfte zu besorgen, auf die journalistische Vorliebe für alles Dramatische und Regelwidrige – und wer an einem Sonntag im August ziemlich verzweifelt nach einem Aufmacher sucht: Wie sollte der *nicht* auf die neueste Behauptung anspringen, dass hier wieder einmal ein Skandal aufgedeckt worden sei?

Zum Beispiel der sogenannte Hormonskandal von 1988 in Nordrhein-Westfalen: Da wurden 18 000 Kälber notgeschlachtet, weil sie mit Hormonen gefüttert worden waren, die in Deutschland verboten sind. In Frankreich, Italien und den USA wurden und werden solche Kälber laufend gegessen, und das ZDF behauptete, jedes deutsche Hühnerei enthalte so viele von den verbotenen Hormonen wie 80 Kilo hormonbehandeltes Fleisch.

Gab es hier also vielleicht in Wahrheit einen Kälbermordskandal? Herrlich, wenn ein Redakteur ein fachlich fundiertes Urteil darüber hätte; aber befriedigend wäre es schon, wenn er sich zu dem Gedanken aufraffte: «Mit einer Regelmäßigkeit, die uns allmählich misstrauisch machen muss, taucht der ‹Skandal der Woche› auf. Also kommt das Wort *Skandal* uns nicht ins Blatt, solange wir nicht ausführliche Informationen haben.»

Wo blieb die innerdeutsche Reformdebatte, als die USA 2003 den zweiten Irak-Krieg führten? Wo blieben denn die sogenannten Umweltskandale, als 1989 die Mauer gefallen war? Da war das Bedürfnis der Presse nach zugkräftigen Aufmachern für Monate ziemlich gedeckt, und plötzlich gab es über Hormone keine Schlagzeilen mehr und keine über das Waldsterben und keine über Aids – ein etwas unheimlicher Zusammenhang.

So ist dieses Kapitel eine Einladung an alle Redakteure, mit dem

Rohstoff der Nachricht distanzierter umzugehen, nicht aufs Nachrichtenkarussell zu springen, nicht vom Schlagwort «Skandal» fasziniert zu sein – und alles, was Menschen oder Gruppierungen unternehmen, nur um sich gedruckt oder gesendet zu sehen, ebendeshalb kleiner und kürzer zu bringen.

Der Berufsanfänger hat da freilich einen schweren Stand. Vielleicht kann er sich noch die Frage erlauben, ob nicht eher der Pilot schuld war als sein 15-jähriger Sohn, oder den Hinweis, dass der Verfall des Kolosseums unmöglich gestern begonnen haben kann.

Ziemlich hoffnungslos aber ist es, gegen den Redakteur zu argumentieren, dem die Pointe eingefallen ist, dass Kranke sich zur Arbeit schleppen; oder von den aufgeregten Eilmeldungen der Agenturen *nicht* beeindruckt zu sein; oder gar von einem Vorgang, der als «Skandal» auf den Schreibtisch schneit, zu fordern, man solle erst mal prüfen, ob er Skandal zu heißen verdient.

Bei Boulevardzeitungen würde der Berufsanfänger mit solchen Argumenten zum Gespött, in politisch engagierten Zeitschriften wie *Spiegel* oder *Stern* würde er allerhöchstens Zorn auf sich ziehen, und auch in seriösen Tageszeitungen stehen ihm verfestigte Sitten, arge Versuchungen und eine schlimme Hörigkeit gegenüber den Agenturen entgegen.

Was bleibt ihm also, dem gutwilligen, klar denkenden Neuling? Schweigend ein bisschen in der vorgeschlagenen Richtung zu agieren, dort, wo er selbständig arbeiten kann, und auf den Tag zu hoffen, an dem er selber Entscheidungen fällt.

Wer sich Lesern oder Hörern verpflichtet fühlt, der sollte möglichst wenig an Agenturen, an Zahlen, an Interessenvertreter, an Demonstrationen und an Skandale glauben. Dem Anprall gezielter Desinformation sollte er mit Rückgrat und kühlem Kopf entgegentreten.

29 Viele Journalisten manipulieren

Das vorige Kapitel handelte von solchen *Medienereignissen*, die den Redaktionen serviert werden. Dieses Kapitel beleuchtet Medienereignisse, die Journalisten selbst herstellen: Etliche manipulieren den Rohstoff «Nachricht» so lange, bis er ihrem Sensationsbedürfnis oder ihrem missionarischen Drang oder beidem entspricht.

Vom Sensationsbedürfnis leben nicht die Boulevardzeitungen allein; es ist halt menschlich, lieber von Unwettern zu lesen als von blauem Himmel, und auch den Redakteuren seriöser Zeitungen fällt zum Hurrikan leichter eine Schlagzeile ein als zur Schönwetterperiode.

So war bei der Hamburger Hochwasserkatastrophe von 1962 für fast alle Zeitungen «Hamburg eine Wasserwüste». In Wahrheit war ein Siebentel von Hamburg überschwemmt, bewohnt von einem Zwanzigstel der Hamburger (weil es sich größtenteils um die Elb- und Hafengegend handelte). Dass die meisten Hamburger gar nicht betroffen waren, teilte die *Süddeutsche Zeitung* durchaus sauber mit – genau einmal, am zweiten Tag der mehrtägigen Berichterstattung, im 15. Absatz der Nachricht.

Über das Erdbeben, das 1989 in San Francisco stattfand, schrieb der *FAZ*-Korrespondent in einer nachträglichen Analyse: Es bebte an zwei Stellen der Stadt, besonders ein Slum und ein Schrottplatz wurden heimgesucht. Dort kamen sechzig Menschen um. Dass in 95 Prozent der Stadt das Leben seinen normalen Gang nahm, konnte man aus den Zeitungen nicht erfahren – und erst recht nicht aus dem Fernsehen: «Die eigentliche Katastrophe fand nicht auf den Straßen von San Francisco statt», schrieb die *FAZ*. «Sie wurde in den Mischpulten der Bildregie in den Fernsehhäusern Amerikas zusammengemischt.»

Bei der beliebten Aufbauschung der sogenannten Umweltskandale, von der im vorigen Kapitel schon die Rede war, trifft die Sensationslust der meisten Journalisten bei einer einflussreichen Minderheit ideal mit ihrem Missionsdrang zusammen: Sie ist grün engagiert und daher doppelt begeistert.

Nichts gegen politisches Engagement, jedenfalls wenn es sich im

29 Viele Journalisten manipulieren

Rahmen der Verfassung bewegt. Nur alles gegen die beliebte Technik – vor allem im *Spiegel*, im *Stern*, im Fernsehmagazin *Monitor* –, die Meinung gerade nicht als Meinung kenntlich zu machen, sondern ihr den Anschein der Berichterstattung, der Übermittlung unstrittiger Wahrheit zu geben. (In den Kapiteln 2 und 22 war davon schon kurz die Rede.)

1995, in Heft 38, stand auf der Titelseite des *Spiegel*: «Diese Woche im Bundestag: Verfassungsbruch aus Geldgier», und der Vorspann der Titelgeschichte lautete:

> *Mit einem Verfassungsbruch will eine große Koalition von Bonner Parlamentariern den jährlichen Streit um höhere Diäten klammheimlich für alle Zeiten entscheiden. Diese Woche soll das Parlament einer Mauschel-Regelung zur automatischen Gehaltsvermehrung der Abgeordneten zustimmen. Nur die FDP hat Skrupel.*

Hätte es sich um einen Leitartikel gehandelt, so wäre die Redaktion zu schwierigen Erklärungen aufgerufen gewesen: Wieso «Verfassungsbruch», wenn der Bundestag eine verfassungsändernde Mehrheit mobilisiert? Wieso «klammheimlich» und «gemauschelt», wenn nach öffentlichen Debatten eine Abstimmung stattfindet?

Es liegt also eine Behauptung vor, die sich niemals erträglich begründen ließe – als Meinung unhaltbar, ein schäumender Unsinn. Nicht genug damit, glaubt sich dieser Text jeder Begründung enthoben, weil er ja der Vorspann der Titelgeschichte eines Nachrichtenmagazins ist! («Wir sagen das einfach mal so, irgendwas wird schon hängenbleiben.») Das *Neue Deutschland* hätte es auch so gemacht.

Manchmal drehen solche manipulierenden Redaktionen ihre Kampagnen einfach um. Der *Stern* distanzierte sich in Heft 38 von 1994 von seinen zahllosen aufgeregten Geschichten über das Ozonloch («ökopawlowsches Wehgeschrei») und über die Notwendigkeit eines Tempolimits auf der Autobahn («ein Scheingefecht von Ökopolitikern, denen es an realen Erfolgen gebricht»), und nebenher ließ das Blatt noch wissen, 1994 tummelten sich an deutschen Küsten mehr Robben als vor dem sensationell aufgemachten Robbensterben von 1988.

Der *Spiegel* widerrief in Heft 39 von 1995 in einer achtseitigen Titelgeschichte fast alles, was er an Umweltangst zwanzig Jahre lang in die Welt gesetzt hatte: Die Deutschen litten an «Öko-Zipperlein» oder «Ökochondrie», das heißt der Angst vor eingebildeten Umweltleiden, und wer keinerlei Beschwerden habe, sehe in seinem Körper immer noch «eine Art Sondermülldeponie, die es zu entsorgen gilt». Auch die Frage, ob wir auf eine Klimakatastrophe zusteuerten, sei noch keineswegs beantwortet, und Schulsport sei 2000-mal gefährlicher als eine asbestverseuchte Schule.

Schön, wenn auch missionierende Journalisten die Kraft finden, gegen ihre eigene vieljährige Tätigkeit zu polemisieren. Der *Stern* machte den Widerspruch zur eigenen Berichterstattung immerhin in einem Nebensätzchen deutlich; im *Spiegel* dagegen war die permanente Stoßrichtung «O ihr Narren!» nicht mit dem geringsten Hinweis darauf versehen, dass keiner närrischer gewesen war als der *Spiegel*.

Regt euch nicht so furchtbar auf, Kollegen!, möchte man rufen – dann braucht ihr euch nicht so blamabel abzuregen.

Wer es damit halten will, muss sich die richtige Redaktion aussuchen – und auch in ihr wird er zähe und listige Kleinarbeit leisten müssen, wenn er das Ringen um die Wahrheit wichtiger findet als die schönste Kampagne.

> **«Einen guten Journalisten erkennt man daran, dass er sich nicht gemein macht mit einer Sache, auch nicht mit einer guten Sache.» (Hanns Joachim Friedrichs)**

30   Analyse – Synthese – Hintergrund

Inmitten dieses uferlosen Angebots an wichtigen, verwirrenden und schrecklich überflüssigen Informationen, an politischen Lügen und Schönfärbereien, an albernen, irreführenden oder falsch gedeuteten Zahlen, an listigen oder perfiden Versuchen mediengeiler Personen oder Institutionen, sich um jeden Preis gedruckt oder gesendet zu sehen – was kann der Redakteur da tun, wenn er seinen Lesern oder Hörern dienen will?

Er sollte, nach Beherzigung aller anderen Ratschläge dieses Buchs, eine journalistische Form pflegen, deren Zahl und deren Ansehen in den meisten Zeitungen zu gering und deren Platzierung zu schlecht ist: die *news analysis*, wie sie in der angelsächsischen Presse heißt – ein Oberbegriff für Texte, die streng genommen nur zum Teil *Analyse* sind, also Zergliederung, teils aber *Synthese*, nämlich Zusammenschau; in vielen Redaktionen heißen sie auch *Hintergrundbericht*. Egal, wichtig ist, was sie gemeinsam haben: den Versuch, die Überfülle an Information und Desinformation zu gliedern, zu durchleuchten, verständlich zu machen.

Die meisten Redaktionen betreiben das durchaus, zum Teil vorzüglich: auf der Kommentarseite, in den Berichten der eigenen Korrespondenten, durch Abdruck der oft sehr guten Namensartikel, die die Agenturen anbieten. Auch sind viele Leitartikel nicht das, was man primär von ihnen erwarten sollte, nämlich Meinungsäußerungen, vielleicht auf Analysen gestützt – sondern schiere Analyse, Gebrauchsanweisung für einen komplexen Sachverhalt.

Daran wird das Problem deutlich: Die meinungsfreie Analyse versteckt sich hinter der Bezeichnung «Leitartikel», der für sie vorgesehene Platz ist damit oft schon erschöpft, sie steht nicht im Vordergrund der journalistischen Aufmerksamkeit und nicht oft genug im Blatt. Und sie ist doch die königliche Form des Journalismus.

Was besagt schon ein Kommuniqué, wenn es nicht von einem kundigen Kopf zergliedert und auf seinen eigentlichen Gehalt abgeklopft wird? Sollten wir nicht hinter einer überraschenden politischen Forderung die taktische Absicht aufzuspüren suchen – die Lohnforderungen der Gewerkschaft durchrechnen und ihre mutmaßlichen Konsequenzen ausleuchten – aus 741 Einzelmeldungen über einen exotischen Kriegsschauplatz die Zusammenschau herstellen?

Und das ist eben nicht dasselbe wie der Kommentar und auch nicht dessen Aufgabe. Der Kommentar, der Leitartikel soll mir mitteilen, ob die Redaktion das neue Abkommen zwischen Arafat und Israel gut oder schlecht findet. Die Analyse soll mir sagen, wie viel oder wie wenig die Palästinenser bisher erreicht haben und wie es dort vermutlich weitergeht. Der Kommentar soll mir sagen, ob die Gewerkschaft nach Ansicht meiner Zeitung eine vernünftige Lohnforderung gestellt hat oder nicht; die Analyse könnte folgende Elemente enthalten:

Wenn eine Gewerkschaft zum Beispiel sechs Prozent mehr Lohn fordert, dazu einen einheitlichen Sockelbetrag von 50 Euro im Monat und ein Urlaubsgeld von 250 Euro im Jahr – dann hat sie offensichtlich mehr als sechs Prozent gefordert. Und zwar für Arbeitnehmer mit geringem Einkommen bis zu zwölf Prozent, für solche mit größerem Einkommen zum Teil nur acht Prozent. Zwischen diesen Grenzwerten bewegt sich die durchschnittliche Einkommensverbesserung. Nach Auskunft der Gewerkschaft liegt sie unter zehn Prozent. Jedoch würden die zusätzlichen Personalkosten der Arbeitgeber höher sein als zehn Prozent, weil sie zugleich höhere Sozialabgaben zahlen müssen.

Nach alldem wäre es erhellender und der Wahrheit näher, in der Überschrift von zehn Prozent statt von sechs Prozent zu sprechen. Das wäre die legitime Aufbereitung des Rohstoffs der Nachricht, die, gespeist aus Funktionärsroutine oder taktischem Kalkül, de facto eine Irreführung ist. Mit Meinung hat das nichts zu tun – es ist ein Ausleuchten des Sachverhalts.

Nach vier Jahren einer Jugoslawienberichterstattung, die jedem Laien nur noch vor den Augen tanzte, eröffnete die *International Herald Tribune* im Oktober 1995 eine *news analysis* mit folgenden Sätzen:

> *Die Kroaten haben, was sie wollen. Die Serben sind erschöpft. Die Muslime finden keine bessere Option. Das ist, vier Jahre nachdem die Zerstörung Jugoslawiens begonnen hatte, die Basis, auf der die USA einen Weg zum Frieden auf dem Balkan skizzieren konnten.*
> *Es ist eine steinige und vielleicht zerbrechliche Basis. Amerika hat sich erst dann an die Spitze der Friedensbemühungen gesetzt, als rund drei Millionen Menschen ihre Heimat und mehr als 200 000 ihr Leben verloren hatten.*

Und diese Zusammenschau steht in der *International Herald Tribune* wo? Auf Seite 1, als fünfspaltiger Aufmacher. Das ist der Rang, den die Angelsachsen der Analyse zubilligen. Vierspaltig aufgemacht war 1995 ein Text, dessen erster Absatz lautete:

> *Fünfzig Jahre nach seiner Kapitulation wird Japan von seinen Nachbarn in Asien und im Pazifik als ein Staat betrachtet, der wieder eine starke Militärmacht werden könnte, falls sein Bündnis mit den USA sich abnutzt oder China noch selbstherrlicher wird.*

Da haben wir das äußerste Gegenteil von den Info-Fetzen, die uns in den meisten Zeitungen um die Ohren sausen. Unsere Abo-Zeitungen brüsten sich damit, dass sie viel ausführlicher als das Fernsehen berichten. Aber überwiegend entsteht die überlegene Länge durch Einzelheiten, die der Leser wiederum nicht einordnen kann, oder durch liebevolles Verweilen bei politischen Erklärungen, auf deren Redlichkeit doch niemand fünf Euro wetten würde. Länge ist kein Wert an sich; sie ist es nur dann, wenn sie prall von Fakten ist, also sich der Reportage nähert – oder wenn sie Analyse bietet.

Nun lautet der Standardeinwand: Selbst die «objektive Nachricht» gibt es nicht – und da sollte ein Text mit so vielen, notgedrungen subjektiven Deutungen objektiv sein?

Natürlich: Das Wort *objektiv* lässt sich mit philosophischer Gründlichkeit so definieren, dass jede Nachricht davor durchfällt: Indem die Zeitung ein Omnibusunglück in Deutschland wichtiger findet als ein ebenso schweres in Thailand, ist sie nicht objektiv; indem der Reporter von den siebzehn Rednern einer Bundestagsdebatte elf überhaupt nicht erwähnt und die anderen sechs keineswegs in gleicher Länge, hat er sein subjektives Urteil über das Gewicht der Redner und den Neuigkeitsgehalt der Reden einfließen lassen.

Also gut: Die objektive Nachricht gibt es nicht. Aber es gibt Kriterien, um ihr nahezukommen. Der Wissenschaftler Günter Bentele hat eine Objektivitätsliste erstellt: Vollständigkeit, Gefühlsvermeidung, Trennung von Nachricht und Meinung, Neutralität, Transparenz, Strukturierung – und Wahrheit. Diese Kriterien sind nicht alle gleich wichtig: nicht alle können in jedem Bericht erreicht werden, aber anstreben sollten wir es.

Als Beispiel nimmt Bentele die Berichterstattung über einen Parteitag: «In der Bewertung und politischen Einschätzung des Parteitags mögen sich die Berichte deutlich unterscheiden, nicht aber in der Wiedergabe relevanter Tatsachen.»

Nach dieser Regel verfahren Agenturen schon immer: Dem Bericht über einen Parteitag darf nicht anzumerken sein, ob der Reporter für oder gegen die Partei ist. Und ganz offensichtlich schaffen das die Agenturen; andernfalls würden sie ja jeweils einen Teil ihrer Kunden verärgern.

Meinen Lesern vorzurechnen, was eine Lohnforderung eigentlich bedeutet, ist schon gar nicht subjektiv – vorausgesetzt, ich bin bereit und finde die Gelegenheit, ein Angebot der Arbeitgeber ebenso zu analysieren. Sich der Meinung zu enthalten, mag bei der Analyse noch schwieriger als bei der nackten Nachricht sein; möglich ist es. Dass es die unparteiische Analyse nicht gäbe, ist die Schutzbehauptung von Journalisten, die entweder das Analysieren mühsam finden (und das ist es!) oder die dazu neigen, für das eigentlich Mitteilenswerte ihre Ansichten zu halten, zwischen missionarischem Auftrag und branchentypischer Selbstüberschätzung.

Analyse, Synthese, Hintergrund – Interpretation, Zusammenschau, Gebrauchsanweisung: Das sind die Königsformen des Journalismus. Sie erfordern Zeit, Engagement, Misstrauen und vor allem den Willen, Lesern oder Hörern diesen Dienst zu erweisen. Sich als

bloßen Verschiebebahnhof für Agenturnachrichten zu betrachten, ist bequemer; seine Mitmenschen mit den eigenen Wertvorstellungen zu behelligen, macht mehr Spaß.

Marathon-Mann im k.u.k. Festreigen

Unter dieser Überschrift hat ein kritischer Kopf Sand ins Getriebe des Nachrichtenkarussells geworfen und dem Leser Hintergrundinformation nebst Lesevergnügen verschafft: Peter Sartorius, dreifacher Kisch-Preisträger, in der *Süddeutschen Zeitung* am 22. November 2002. Er bekam zumeist die Chance, mit seinen Reportagen die gesamte dritte Seite der *Süddeutschen Zeitung* zu füllen. Hier ein Beispiel, wie viel Schwung ein solcher Autor auch einem kurzen Text zu geben vermag; Otto von Habsburg, über dessen Geburtstag Sartorius schreibt, ist 2011 mit 98 Jahren gestorben.

«Am Donnerstag der vergangenen Woche brach Herr von Habsburg von seinem Wohnsitz am Starnberger See auf nach Madrid zur Entgegennahme eines hohen Ordens. Er verband den Aufenthalt am Freitag und Samstag mit Vorträgen auf Spanisch. Solche Reden dauern bei ihm oft stundenlang, und diejenigen in Madrid handelten, so darf unterstellt werden, von der Zukunft Europas. Am Samstag kam Otto von Habsburg fast um Mitternacht wieder daheim am Starnberger See an, um sich auf seinen Geburtstag vorzubereiten.

Rechtzeitig am Sonntag fand er sich um neun Uhr in München in St. Peter ein, wo ihm zu Ehren ein Festgottesdienst zelebriert wurde. Danach eilte er in die Industrie- und Handelskammer zu einem festlichen Empfang und abends in die Residenz, wo für ihn ein Diner veranstaltet wurde, bei dem er aus dem Stegreif eine längere Rede hielt, die zweite an diesem Tag. Gegen Mitternacht erhob er sich von der Tafel. Es war höchste Zeit, denn am nächsten Tag, dem Montag, musste der langjährige Europaparlamentarier in Straßburg sein, um nicht den Auftritt von Abgesandten jener zehn Länder zu versäumen, die in Kürze in die EU aufgenommen werden.

Am Dienstag bediente er die Medien mit Statements, flog nach Österreich weiter, erreichte Wien in der Nacht und hatte noch ein paar Stunden Zeit zum Schlafen, um einen stressigen Tag durchzustehen. Denn der Mittwoch war sein richtiger Geburtstag, der in Wien wie bei der Generalprobe in München gefeiert wurde, nur ein bis zwei Dimensionen größer mit einem vom Wiener Kardinal gehaltenen Pontifikalamt im Stephansdom am Morgen, einem Festakt und Empfang in der Hofburg, wo Otto von Habsburg wieder einmal eine Rede hielt, wie stets aus dem Stegreif, auf Deutsch und Französisch zu Ehren Valery Giscard d'Estaings, von dem er zuvor gerühmt worden war. Dann blieb nur noch Zeit, sich in den Smoking zu werfen, um aus dem sonst im Museum zur Schau gestellten Tafelsilber der Habsburger Kaiser das Geburtstagsmenü im Spiegelsaal von Schloss Schönbrunn mit gekrönten und ungekrönten Häuptern einzunehmen. Am Donnerstagmorgen feierte er in der Großfamilie in Niederösterreich. Jetzt, am Freitag, begibt er sich nach Budapest, wo er in Schloss Gödöllő nochmals den Geburtstag begeht, schließlich ist er von Geblüt auch Magyar.

Ach ja, noch was: Es ist ein runder Geburtstag. Der Kaisersohn Otto von Habsburg wurde 90.»

Die unterhaltende Information

31 Das Feature

«Feature», schon auf Englisch vieldeutig, ist ein schillerndes Allerweltswort für interessante, lebendig geschriebene Texte oder munter gestaltete Sendungen. Je nach Redaktion ist «Feature» zugleich ein Oberbegriff für Reportagen und Korrespondentenberichte oder eine Bezeichnung dafür, dass der Stoff vollständig aus Archivmaterial zusammengeschrieben worden ist.

Zwar ist das Feature nicht an die Strenge der Nachricht in Sprache und Aufbau gebunden. Doch wäre es völlig falsch, daraus zu folgern, dass der Schreiber neckisch formulieren oder gar fabulieren und kommentieren dürfte. Wie die Nachricht berichtet das Feature ausschließlich über Tatsachen.

Ein klassisches Feature – aktuell, interessant, lebendig und aus Archivmaterial geschrieben – brachte die *Süddeutsche Zeitung* im November 1957, als mit dem sowjetischen Sputnik das Raumfahrtzeitalter begonnen hatte: eine nun plötzlich spannend gewordene Übersicht über die grässliche Beschaffenheit unserer Nachbarplaneten, unter der Überschrift «Vom Umzug auf einen anderen Stern ist abzuraten».

Ein klassisches Feature in diesem Sinn machte der *Spiegel* sogar zur Titelgeschichte, als Ex-Bundeskanzler Schröder 100 Tage nach seiner Wiederwahl in den Umfragen abstürzte und sich alle fragten, wie er noch Amt und Einfluss behalten könne: Wie organisiert er das System der Macht? Heute im Berliner Kabinett («Die einzige Konstante im System Schröder ist der Richtungswechsel, und das einzige Ziel heißt: oben bleiben») und früher, in revolutionären 68er-Zeiten, in der Bonner Kneipe «Provinz» («Eines Nachts saßen Gerhard Schröder und Joschka Fischer an einem Tisch in der ‹Provinz› und entwarfen auf Bierdeckeln das Kabinett der Zukunft. Auf den Bierdeckeln war Schröder Bundeskanzler, Fischer war Außenminister und Schily war Justizminister») – das Ganze aus dem Archiv, aus Dokumenten und Hintergrundgesprächen geistreich und geschickt zusammengeschrieben.

Im *Spiegel* und in Zeitschriften überhaupt ist das Wort «Feature» gleichwohl nicht gebräuchlich – vermutlich deshalb, weil Zeitschriften niemals trockene Nachrichten, sondern ausschließlich Features (im weitesten Wortsinn) bringen, sodass sich eine Abgrenzung erübrigt.

Jede Tageszeitung aber hat jeden Tag einen Platz, auf dem sie Features in ihrem Sinn versammelt: die bunte oder vermischte Seite. Einerseits stehen dort auch harte Nachrichten (*hard news* im Jargon der amerikanischen Agenturen), zumeist tragische oder dramatische Unglücksfälle. Andererseits braucht das Vermischte Stoff, auch wenn nichts Aufregendes passiert ist – und da finden dann die «weichen» Nachrichten ihren Platz, die *soft news*, die Features im engeren Wortsinn.

«Am pelzigen Schneemenschen Yeti lassen sie kein gutes Haar, und wahre Ufo-Gläubige haben ihrer Ansicht nach oft nicht mehr alle Untertassen im Schrank», so der erste Satz einer typischen *dpa*-Meldung fürs Vermischte, die die *Süddeutsche* zweispaltig druckte. Danach erfuhr man, dass es sich um eine Tagung der Gesellschaft zur Untersuchung von Parawissenschaften handelte.

Aus Rechtsfragen Features zu machen ist besonders schwierig – und besonders dankbar. Die *Süddeutsche Zeitung* schrieb zu Zeiten, als in allen Gaststätten noch geraucht werden durfte: «Der eine Gast wurde mit einer Schnecke im Salat, der andere mit einem Pfeifenrauchverbot konfrontiert – beide zahlten nicht und gingen. Die Gastwirte zogen vor Gericht und bekamen teils ganz, teils zur Hälfte Recht.»

Die Zürcher Zeitschrift *Beobachter*: «Wanzen, Wespen und Würmer sind juristische Leckerbissen, über die sich trefflich streiten lässt. Schon die rechtliche Zuordnung verursacht Probleme. Züchtet ein Mieter fürs samstägliche Anglervergnügen Maden, so sind diese als Haustiere zu betrachten. Treten die gleichen Lebewesen aber vereinzelt im Putzkämmerli auf, handelt es sich eher um einen Mangel. Schwierig wird es beim Hundefloh. Ist er – wie der dazugehörende Dackel – ein Haustier? Oder ein Untermieter? Oder bewegt er sich gar in rechtsfreiem Raume?»

Zweimal klassisches Feature, dazu neu und interessant. An ereignisarmen Tagen bieten die Agenturen jedoch auch Features an, an denen nichts neu und oft ziemlich wenig interessant ist; denn die bunte Seite hat gefüllt zu werden, und vermutlich hat es noch nie nach 1945 ein Ereignis gegeben, das eine Zeitung veranlasst hätte, diese Seite zu kippen. Da liest man dann (zweimal *dpa*/*Süddeutsche Zeitung*): «Zum Kampf gegen den ‹Roten Hahn› stehen in Deutschland rund 1,5 Millionen Feuerwehrleute bereit. Sie bewahren in Tausenden von Einsätzen alljährlich Milliardenwerte ...»

Oder gar: «Nur etwa 30 Kilometer südlich von Teneriffa liegt die fast runde Kanareninsel La Gomera. Sie ist 378 Quadratkilometer groß ...» Und nach diesem Einstieg, der alles von einem Lexikoneintrag und nichts von einer Nachricht an sich hat, kommt als Clou, dass auf La Gomera die uralte «Pfeifsprache» El Silbo noch nicht ganz ausgestorben ist.

Noch vor Jahren schickte *dpa* jeden Morgen das *dpa*-Feature an ihre Kunden mit Themen wie «Weiße Socken und Kojak-Schlips: Modische Missgriffe unter Männern» oder «Kampf dem inneren Schweinehund: Arbeitshemmungen erfolgreich angehen». Diese Features strich die Agentur ebenso ersatzlos wie das *dpa*-Nachrichtenfeature, zu dem es diese Dienstanweisung gab: «Das Nachrichtenfeature beginnt ausdrücklich nicht mit der Nachricht, sondern am leichtesten mit einem szenischen Einstieg.»

Das Streichen der Features deutet auf einen generellen Sinneswandel der Agentur hin. Lebendig sollen alle Zusammenfassungen geschrieben werden, von denen täglich Dutzende laufen; ergänzt werden sie von Wortlaut-Auszügen, den «Dokumentationen», und einer Chronik, die sie fälschlich «Chronologie» nennen (das ist die Lehre von der Zeit, der Frage nachgehend: Was ist überhaupt Zeit?).

Features sind leichter Lesestoff abseits der strengen Nachrichtensprache, jedoch wie die Nachricht ausschließlich auf Fakten gestützt und frei von subjektivem Schmus. Sie werden in jeder Redaktion immer gebraucht. Wer entsprechende Themen findet und sie halbwegs elegant bewältigt, ist hochwillkommen. Wenn überhaupt nichts los ist, darf man sogar das Wesen der Feuerwehr definieren.

Kann aus dem neuen Telefonbuch unserer Stadt ein Feature werden?
Aber natürlich! Etliche Fragen dazu beantworten sich beim Blättern, andere richtet der Journalist an die Pressestelle der Oberpostdirektion. Nur sollte er, ehe er dort anruft, eine Liste mit möglichst allen Fragen zusammengestellt haben, denn Pressesprecher werden ungern viermal angerufen, zwischen 11.30 Uhr und 15.00 Uhr können sie beim Essen sein, und ob sie nach 16.00 Uhr noch arbeiten, ist ungewiss.

Was kann ich selber prüfen? Seitenzahl im Vergleich zum vorigen. Satzspiegel oder Schriftgröße verändert? (Wenn ja, eine Frage auf der Liste.) Art der Eintragungen verändert: mehr Abkürzungen – mehr/weniger Einzelheiten? Erster Name – letzter Name (hat sich da was geändert?). Beispiel für Ärgernisse mit dem Alphabet (Hamburgs «Gehörlosentelefon» oder die «KZ-Gedenkstätte Neuengamme» stehen unter B wie Behörden). Gibt es bei uns einen Friedrich Schiller, Richard Wagner, Helmut Schmidt? Gibt es regionaltypische Witznamen wirklich? (Köln: Tünnes und Schäl. München: Hafenbrädl und Käsbatzinger.)

Fragen an den Pressesprecher: Zahl der Eintragungen erhöht – vermindert – wodurch? Falls mehr Anschlüsse bei selber Seitenzahl: Wie haben Sie das gemacht? Auflage, wie zum Vorjahr? Gewicht, wie zum Vorjahr? Wie viel wiegen alle zusammen, die in der Stadt ausgeliefert werden? (Vergleich suchen!) Wie viele Druckfehler und Beschwerden gab es im Vorjahr? Wie viele Geheimnummern – mehr als im Vorjahr – warum? Bietet das Internet mehr oder weniger Informationen? Stehen auch Handy-Nummern im Buch? Wo und wie lange gibt es das Buch überhaupt noch? Wann erschien bei uns das erste Telefonbuch überhaupt, wann das erste nach Kriegsende, wie viele Eintragungen? Kann ich's einsehen? Fotomotiv: Gabelstapler – erster Abholer – bekommt's der Bürgermeister überreicht?

Und nun das Hübscheste oder Verblüffendste in den ersten Satz – und ab geht die Post!

32 Die Reportage

Homer erzählte von den Irrfahrten des Odysseus, die Brüder Grimm erzählten von den Träumen und Albträumen des einfachen Volks. Nicht nur die Dichter erzählen, auch die Journalisten: Sie dürfen und sie sollen es tun – etwa so: «Ich erinnere mich an eine aufreibende Busfahrt im mexikanischen Hochland mit einem verkrüppelten Chauffeur, der vor kritischen Stellen das Lenkrad mit dem verstümmelten linken Arm führte und sich mit dem rechten bekreuzigte.» Wer so von seinen schlimmsten Reisen erzählt, der braucht sich nicht zu sorgen, ob seine Erzählung gelesen wird.

Erzählen kann jeder Journalist. Er muss nur die Pressemitteilungen in den Papierkorb werfen, das Telefon vergessen und den Schreibtisch verlassen. Wenn über die nächste Gesundheitsreform gestritten wird, macht er sich auf den Weg ins Krankenhaus; wenn die Agentur den Bericht des Wehrbeauftragten vorstellt, besucht er die Kaserne.

Wenn Dichter erzählen, werden ihre Texte zu Kurzgeschichten oder Romanen; wenn Journalisten erzählen, schreiben sie eine Reportage. Ihre Themen stecken in nahezu jeder Nachricht. Die in eine anschauliche Erzählung zu verwandeln, das sollte jedem gelingen, der seine Sinne gebraucht; er muss schauen und riechen, hören und schmecken; er muss Sprachklischees beiseiteschieben, den kräftigen Bildern vertrauen und den Zitaten. Gelingt dies jedem?

Beobachten wir eine Gruppe von Volontären, die ein Zuchthaus besuchen darf, mit der Erlaubnis, selbst in die Zellen der Häftlinge zu schauen. Ein zuvorkommender Beamter führt sie vier Stunden lang herum, er plaudert angenehm und füllt ihre Notizblöcke mit anschaulichen Anekdoten und treffenden Zitaten. So scharen sich alle um den Mann und stellen immer neue Fragen. Als am Ende der Direktor mit drei Vorzeigehäftlingen zum Gespräch lädt, flitzen die Kugelschreiber noch schneller über das Papier.

Nur selten trennt sich ein Volontär von der Gruppe, blickt in eine Zelle hinein oder spricht mit einem Häftling, der auf dem Gang herumschleicht.

Als die Volontäre am Nachmittag ihre Reportagen schreiben, besitzen sie Material für mehrere Hintergrundartikel. Doch die meisten bringen ein Gesprächsprotokoll zu Papier; die besten Arbeiten bestehen aus einem lesbaren Bericht über ein langes Interview, garniert mit ein paar Impressionen aus einer fremden Welt. Dafür hätte es gereicht, wenn sie im Archiv gekramt und sich mit dem netten Beamten in einer Kneipe getroffen hätten.

Hätten sie doch ihre Schreibblöcke auf der Rückbank ihres Autos vergessen! Hätten sie Augen, Ohren und Nasen aufgesperrt in der fremden Welt, zu der nur wenige Zutritt bekommen! Stattdessen hatten sie sich ihre Eindrücke und Beobachtungen vorschreiben lassen von einem Vollzugsbeamten; statt authentischer Reportagen entstanden Berichte mit Nachrichten aus zweiter Hand.

Die Augen öffnen und dann schlicht und geradeaus erzählen, genau das, was eine Reportage verlangt – das fällt denen schwer, die auf der Schule und erst recht auf der Hochschule jahrelang das Gegenteil betreiben mussten: abstrakt und kompliziert schreiben. Doch nicht nur Anfängern und akademisch Verbildeten missrät das Erzählen, selbst Könner geraten ins Schwitzen.

Gerade die Reportage reizt die jungen Leute – vor allem wegen der Subjektivität, die sie als hervorstechendes Merkmal preisen. Endlich, so glauben sie, können sie alle Fesseln des Handwerks abstreifen. Doch weit gefehlt: Die Reportage ist das Gegenteil von journalistischer Anarchie.

Subjektivität – das ist nicht das hemmungslose Auswalzen der eigenen Gefühle; die interessieren Leser kaum. Subjektivität meint die Auswahl der Tatsachen durch den Autor, der sie selber erlebt und für seine Reportage nutzt. Selbst das «Ich» wird in den meisten Redaktionen nicht geduldet. Der Reporter soll Distanz halten zu seinem Ich, es sei denn, er gerät in eine extreme Situation oder dringt in verbotene Zonen ein. Dann darf er nicht nur, dann muss er das «Ich» gebrauchen. Wer im Bürgerkrieg überfallen wird und überlebt, oder wer die Hitze eines Großfeuers spürt, der wird zum Icherzähler, wie Egon Erwin Kisch 1933:

Am Abend brannte das Reichstagsgebäude, und am Morgen wurde ich verhaftet. Das Zimmer in der Mozartstraße hatte ich genau vier Wochen vorher bezogen, an dem Tage, an dem Herrn Hitler die Macht über Deutschland von Hindenburg übergeben worden war.

Doch selbst der «Rasende Reporter», als der Kisch bekannt wurde, schrieb mehr leise als laute Reportagen: Unter den Obdachlosen; Der Flohmarkt; Faschingskostüme; Jiddisches Literaturcafé; Wat koofe ick mir for een Groschen?

«Dieser Reporter ist nicht rasend, sondern im Gegenteil besinnlich», schrieb Bruno Frei 1934. «Kisch hat die Exotik der Nähe entdeckt, die weiten und unbekannten Länder in den Nebenräumen des Alltags.» So überschreiten Reporter oft Grenzen, die ihre Leser auch überschreiten könnten, aber nicht zu überschreiten wagen.

Nehmt den Leser mit und lasst ihn euch über die Schulter schauen!, rät der Volontärsausbilder Hans-Joachim Schlüter. So geht der Reporter in die Vorstandsetage des Weltunternehmens, ins Gen-Labor oder auf den Fischkutter zum Hochseefang; und er lässt seine Leser erleben, was ganz in ihrer Nähe passiert, aber ihnen fremder erscheint als ein exotisches Land: die Menschen im Asylantenheim und im Obdachlosenasyl, in der Türkenkneipe und im Frauenhaus.

Je jünger die Schreiber, desto lieber suchen sie Menschen am Rand der Gesellschaft. Juroren von Wettbewerben für junge Journalisten kennen dies: In der Regel bestehen drei Viertel der Bewerbungen aus Sozialreportagen. In denen bekommen diejenigen eine Stimme, die sonst schweigen; und wenn Zeitungen die gesamte Gesellschaft spiegeln sollen, dann eben auch die schweigende Minderheit.

So will die Jury eines der angesehenen Journalistenpreise, des Theodor-Wolff-Preises, «den Typus des unbequemen Journalisten ermutigen», der auch an den Rand der Gesellschaft blickt. Doch viele Chefredakteure und Lokalchefs mögen ebensolche Geschichten nicht, sie wittern «Sozialmief».

Wer also eine unbändige Lust aufs Erzählen bekommt, und diese Lust ehrt den Journalisten, der sollte die nüchtern geschriebene Sozialreportage anbieten, und nicht nur zur Weihnachtszeit; aber er sollte auch in andere Ecken schauen, die nahezu unentdeckt sind und in die Journalisten nur selten eindringen: die Fließbänder der Fabriken beispielsweise oder die Karrierekurse der jungen Aufsteiger.

Wer erzählen will, vor allem wer erzählen kann, der hat gute Chancen in jeder Redaktion. Die Leser wollen Reportagen, das wissen die leitenden Redakteure. «Unser Problem ist allerdings oft, Kollegen zu finden, die nicht nur motiviert sind, so viel Zeit in ein Thema zu stecken, sondern aus den Beobachtungen ein unterhaltsames Drehbuch und fundierte Aussagen herauszuarbeiten», klagte Irene Jung, als sie das Wochenjournal des *Hamburger Abendblatts* leitete.

Michael Reinhard, Chefredakteur der *Main-Post* in Würzburg, schließt sich an: «Wir liegen an der Kette des Alltagstrotts und wehren uns nicht dagegen, weil sie uns keineswegs unbequem ist. Oder ist es etwa nicht angenehmer, eine Pressekonferenz zu besuchen und anschließend auf sechzig Zeilen den dort druckgerecht servierten Waschzettel zu veredeln, als sich Gedanken über ein Reportagethema zu machen, es vergleichsweise aufwendig zu recherchieren und zu schreiben?»

Alle sagen, sie mögen die Reportage, selbst in den Politikredaktionen. «Die reine Nachricht druckt doch keiner mehr!» Das beobachtet Peter M. Gehrig, einst *AP*-Chefredakteur in Deutschland, und schickt die reine Nachricht zwar noch in die Computer seiner Kunden, doch nur als schnelle Meldung, die vor allem von den Radiosendern zur vollen Stunde genutzt wird.

Nach der Eilmeldung folgt, sooft es geht, die Reportage. Die Leser möchten neben dem Kanzler am Kabinettstisch sitzen oder mit dem Polizisten die Bank stürmen, in der die Gangster ihre Geiseln quälen. Wenige Stunden nach dem Ende des Berliner Geiseldramas von 1995, bei dem die Täter durch einen Tunnel flohen, berichtete *AP*:

> *Im Morgengrauen kracht es neun, zehn Mal vor der Commerzbank in Berlin-Zehlendorf. Tränengasschwaden ziehen über die Kreuzung Breisgauer/Matterhornstraße. Mit schwarzen Stoffkappen vermummte, schwerbewaffnete Beamte des Sondereinsatzkommandos stürmen durch die Tür in die Bank ...*

Ein Reporter schreibt als Augenzeuge – das ist die einfache Reportage; Puristen lassen sie ungern als Reportage gelten. Die klassische Reportage setzt eine aufwendige Recherche voraus und füllt eine Zeitungsseite oder eine Heftstrecke in den Magazinen. Aber ist sie wirklich klassisch, die große Reportage?

Sie beginnt nicht erst im Basislager einer Himalaja-Expedition, sondern gleich um die Ecke: Erzählen muss er, der Reporter, und nicht nur eine nüchterne Nachricht schreiben. Das genügt, und das erfreut den Leser.

Wer schlicht, anschaulich und wahr erzählt, der schreibt eine Reportage. Ihr Spektrum reicht von der literarischen Reportage bis zur chronologisch erzählten Kurzreportage, die unmittelbar nach einem spektakulären Ereignis eilig geschrieben wird. Leser schätzen die Reportage mehr als die Nachricht, weil die Reportage ihnen die Chance bietet, ein Geschehen zu verfolgen, als wären sie selber dabei. So lässt der Reporter den Leser über die Schulter schauen.

Reportagen für Journalistenschulen
Wer journalistische Talente entdecken will, der lässt die jungen Leute eine Reportage schreiben. Nahezu alle bedeutenden Journalistenschulen machen es so: Sie schicken den Bewerber raus, damit er seine Fähigkeit offenbaren kann, zu beobachten und die Beobachtungen einem Dritten

so mitzuteilen, als wäre er selber dabei gewesen. Die Reportage gilt als untrüglicher Test: Wer sie nicht so schreiben kann, dass sie den Leser erfreut, der taugt nicht zum Beruf.

Mehrere tausend Bewerbungen gehen jährlich bei den Journalistenschulen ein; nicht einmal ein Prozent bekommt einen der begehrten Plätze. Um überhaupt in die Vorauswahl zu kommen, muss in der Regel neben einem Kommentar eine Reportage geschrieben werden.

Die Berliner Journalisten-Schule des Springer-Verlags verlangt eine 3600-Zeichen-Reportage zu einem Thema, das der Bewerber selber suchen muss. Die Deutsche Journalistenschule in München bot in den vergangenen Jahren beispielsweise diese Themen an:

- Eine Flohmarkt-Reportage
- Der schlimmste Job der Welt: Fahrkartenkontrolleur
- «Gevatter Tod, ganz nah» (Porträts von Krankenschwestern oder Pflegern, Sarg-Schreinern oder Leichenrednern)
- «Klimakatastrophe? Nicht mit mir» (Porträt eines Wissenschaftlers, der etwa eine Algenplantage entwickelt, um Biotreibstoffe zu gewinnen).

33 Wie man eine Reportage schreibt

Wie fange ich an? Wie bekomme ich eine unüberschaubare Stofffülle in den Griff? Mit diesen Problemen beginnt das Schreiben der Reportage.

Warum ist gerade der erste Satz jeder Mühe wert? Schauen wir zurück auf die Nachricht (Kapitel 25): Der Einstieg soll den Leser verführen, diese Regel gilt für jeden journalistischen Text – also auch für die Reportage. Und der Unterschied?

Die Nachricht formuliert sachlich, kommt sofort zur Hauptsache und lässt niemals die Glocken läuten; die Reportage *erzählt* gleich im ersten Satz und schlägt den Ton an, auf den der ganze Text gestimmt ist. Doch darf der erste Satz nicht zu laut sein: Wer mit einem Schrei beginnt, der kann nicht mehr steigern; er muss ja gerecht bleiben gegenüber seiner Geschichte, den Tatsachen und den Menschen, von denen er schreibt.

Da bietet sich die Beschreibung einer Szene an, die typisch ist für die Geschichte, die in die Handlung hineinzieht und die gut zu lesen ist. So begannen zwei Sieger-Reportagen des Kisch-Preises:

Jetzt beten sie, der Kardinal, die Gemeinde und ganz vorn in der ersten Reihe Wolfgang Schrempp, Chef von DaimlerChrysler Italien und Bruder des Vorstandsvorsitzenden Jürgen Schrempp. Sanctifice nos, hallt es durch die Kirche, heilige uns. Amen, haucht die Gemeinde. Dann singt der Chor, das Requiem von Mozart, und über allem strahlt der Stern, aber erstmals in einer Kirche nicht der von Bethlehem, sondern der aus Stuttgart. Dies ist eine Premiere, ein Gottesdienst, gesponsert von DaimlerChrysler. Ein Gottesdienst der S-Klasse versteht sich, nicht in einer Dorfkirche, sondern in Rom in der prächtigen, herrlichen Basilika San Paolo, wo alle Päpste seit Petrus im Bild verewigt sind ... (Dietmar Hawranek und Dirk Kurbjuweit in «Die Drei-Welten-AG», 1. Kischpreis 2002)

Einen Trucker zu verstehen ist leicht. Trucker sitzen den ganzen Tag vor ihrem Bett und gucken aus dem Fenster. Sie schaffen in 45 Minuten Pause sechs Dosen Bier und eine Nutte. Trucker tragen Stiefel, Jeans und Fransenwesten und fühlen sich wie die letzten Cowboys, denn Trucker sind Typen, die nie gewinnen und deshalb nichts mehr zu verlieren haben. Die Frage ist nur, wer ein Trucker ist ... (Klaus Brinkbäumer in «Ein bizarrer Krieg», 1. Kischpreis 2000)

In nahezu allen Magazinen, auf der dritten Seite der *Süddeutschen Zeitung*, aber auch in den Lokalreportagen scheint der szenische Einstieg zur Regel erhoben. Doch zur Regel taugt er nicht: Meist ist er so beliebig, dass er auch am Beginn einer anderen Reportage stehen könnte, und er schafft das Problem, dass der Autor die Kurve zu seiner Sache oft zu spät oder gar nicht nimmt.

Statt des szenischen Einstiegs ist eine verblüffende These denkbar, eine kühne Raffung, ein ausgefallenes Bild – wie es vorbildlich Marie-Luise Scherer in einer preisgekrönten Reportage im *Spiegel* tat:

> *Abstieg ist zu bedächtig. Sofie Häusler ist nicht sozial abgestiegen, sondern sie machte eine Schussfahrt durch eine zielgenaue Schneise, deren Markierungen ein Saboteur hätte gesteckt haben können. Jemand, der ein Händchen hat für die dramaturgische Beschleunigung vom bösen Ende.*

Es folgt die Schilderung des Lebenswegs einer Trinkerin. Wer den rechten Einstieg gefunden hat, der schreibt leicht die gesamte Reportage in einem Zug runter: So erzählen es Reporter gern und malen wilde Szenen aus, in denen sie ihre Familie tyrannisieren, vor die Wand laufen oder den Whisky literweise schlürfen. Nach der Mühe des ersten Satzes kommt die Mühe der Gliederung. Wohin mit all den Eindrücken, Notizen und Stimmungen? Wie schlage ich eine Schneise in den Wirrwarr, um den Leser nicht ebenfalls zu verwirren?

Erzähle ich ein Ereignis, das in der Zeit abläuft, einen Hergang, so ist dies das zugleich simpelste und dankbarste Rezept: Mit dem Anfang anfangen und mit dem Schluss aufhören; mit dem ersten Absatz als einziger Ausnahme, falls die Geschichte in ihrem natürlichen Ablauf keinen genügend interessanten Anfang hat. (Über den Reiz der Chronologie vgl. Kapitel 25.)

Ungleich schwieriger schreibt es sich über Gegenstände, die nicht in der Zeit ablaufen, wie das Porträt einer Stadt oder eines Flughafens, oder bei denen nur ein ziemlich zufälliger Ablauf stattfindet, beim Rundgang des Reporters durchs Gefängnis beispielsweise.

Dann ist der journalistische Einfall gefragt: Was lässt sich *bewegen*, wenn es die Zeit nicht ist? Denn Bewegung muss sein, ich muss den Leser nach B mitnehmen, wenn ich in A begonnen habe. Die nächstliegende Lösung dieses Problems liegt in zwei Methoden:

Entweder ich stelle eine überraschende Feststellung an den Anfang («Nirgends wird so viel gelacht wie in Waisenhäusern» – wenn's denn stimmt) und führe den Leser Schritt um Schritt dahin, mir schließlich zu glauben.

Oder ich eröffne die Reportage, indem ich mich zu einer populären Meinung bekenne, dies aber sogleich mit dem Hinweis, dass ich

33 Wie man eine Reportage schreibt

schmerzlich hätte umlernen müssen – und nun mache ich den Leser zum Zeugen meines Lernprozesses. Sogleich ist eine Dramaturgie entstanden, die es mit der Chronologie aufnehmen kann, und die Fülle der Fakten ordnet sich fast von allein der General-Idee unter.

So begann eine Reportage im *New Yorker* mit den Sätzen: «Oft habe ich mich gefragt, woraus ein Hotdog eigentlich besteht. Nun weiß ich es, aber lieber wüsste ich es nicht.» Und schon ist die Bewegung da: nämlich die Stationen, auf denen der Reporter Zug um Zug sein Wissen und gleichzeitig seinen Ekel erwarb.

Das reicht für den Anfang: ein erster Satz, der verblüfft; die Chronik der Ereignisse oder ein anderer Weg von A nach B; die Lust am Erzählen, verbunden mit dem Willen, auf abstrakte Darstellung zu verzichten, auf verschachtelte Sätze und unverständliche Wörter (dazu das Kapitel *Schreiben und Redigieren*): Was sonst noch die Reportage veredelt, das sind die höheren Weihen, die man lernen kann, aber nicht gleich beherrschen muss. Eine Auswahl:

Den *Wechsel der Perspektive* preist Hans-Joachim Schlüter als wichtigstes Merkmal der Reportage: «Es muss wie in einem elektrischen Feld Spannung erzeugt werden.» Dieser Wechsel prägt eine Reportage, die Gerhard Krug 1980 schrieb, als Beatrix zur Königin der Niederlande gekrönt wurde. Krug kontrastierte das königliche Protokoll für das Fest mit der brutalen Straßenschlacht in Amsterdam, die der Reporter als Augenzeuge erlebt.

Der *Hintergrund* einer Geschichte ist selten aufregend, aber er ist oft nötig zum Verständnis. Wer zwischen den Fronten eines Bürgerkriegs herumirrt, der sollte auch die Geschichte der streitenden Völker erzählen, aber er sollte es nicht am Anfang tun, sondern geschickt zwischen zwei Episoden – wie ein Atemholen, bevor die Spannung wieder ansteigt. Manche Zeitungen oder Zeitschriften nehmen den Hintergrund aus der Reportage heraus und packen ihn in einen Kasten, den sie neben den Artikel stellen.

Vor einem Irrtum sei bei alldem gewarnt: Auch wenn die Reportage einen literarischen Anspruch erheben kann, so steht doch die Wahrheit niemals zur Disposition. Der Anfänger möchte, um den Text attraktiver zu machen, ein bisschen die Fakten biegen. «Der

Stein der Wahrheit, der nur um einen hohen Preis zu erwerben ist, ist von seiner billigen Imitation nicht zu unterscheiden», sagt Egon Erwin Kisch – als Abschreckung für alle Anfänger, die als Reporter auf die Straße gehen und als Märchenerzähler am Schreibtisch sitzen.

Kisch erzählt von seiner ersten Reportage: Er lief zum großen Brand einer Mühle – und sah nichts als Flammen. Der Notizblock blieb leer wie der Kopf, und, seine Blamage vor Augen, kehrte er in die Redaktion zurück.

«Gott sei Dank, dass Sie endlich kommen», empfing mich der Nachtredakteur, «ich habe Ihnen anderthalb Spalten reserviert. Schreiben Sie schnell, damit wir recht viel davon noch in die Postauflage bekommen!» ... Anderthalb Spalten – das waren hundertfünfzig Zeilen! Ich hatte nicht einmal eine. Oder doch, eine hatte ich: den Titel «Brand der Schittkauer Mühlen». Der stand fest. Unter ihm klaffte leere Öde ... hundertfünfzig Zeilen tief. Da gab's keine Wahl, ich musste mich hinablassen in die öde Leere. Ich schrieb ... schrieb von den Flammen und wieder von den Flammen ... ich ließ sie lodern, leuchten, züngeln, prasseln, aufflackern ... Das Gebälk ließ ich knistern, krachen, bersten ... Die Mehlsäcke ließ ich glimmen und platzen und qualmen und dampfen und rauchen ... Die Wasserstrahlen ließ ich stechen wie Dolche und niedersausen wie Säbelhiebe ... und all das zusammen ergab erst zwanzig Zeilen.

In seiner Not vertraute Kisch nicht mehr seiner Beobachtung, er floh in die Phantasie. Obdachlose ließ er zur Mühle marschieren und sich der Polizei nähern: «Mein Bleistift – weit stärker beobachtend als sein Herr – beobachtete in einem solchen Moment flammender Beleuchtung, wie ein Polizist und ein vierschrötiger Riese einander gegenüberstanden. Wahrscheinlich kennt der Polizist den Mann, vielleicht ist er ein Gewalttäter ...»

Auch wenn das Erzählen die Tugend der Reportage ist, so duldet sie doch kein Flunkern und keine noch so schöne Erfindung; sie versammelt nur Tatsachen, die der Autor selber hört oder sieht. Der Journalist soll so anschaulich und präzise erzählen wie der Dichter, aber er besitzt nicht seine Freiheit, sich Anekdoten auszudenken, um sein Publikum zu vergnügen oder zu entsetzen. «Ein Chronist, der lügt, ist erledigt», meint Kisch, der Vater der modernen Zeitungsreportage. «Gerade weil mir bei der ersten Jagd nach der Wahrheit die Wahrheit entgangen war, wollte ich ihr fürderhin nachspüren. Es war ein sportlicher Entschluss.»

Die Reportage lebt von der Erzählung, der Spannung, der Bewegung. Das nächstliegende Gliederungsprinzip ist die Chronologie. Wo der Zeitablauf nichts hergibt, ist die journalistische Idee gefragt, damit Bewegung entsteht. Für offene Augen, konkrete Sprache und die Wahrheit gibt es keinen Ersatz..

So macht man's
1993 schrieb die 34-jährige Zeit-Redakteurin Iris Mainka die Geschichte einer Familie, die Flüchtlinge aus Bosnien bei sich aufnahm. Ihre Reportage, nominiert für den Kisch-Preis, druckte Die Zeit. *Es ist nicht* **die** *Reportage schlechthin, aber wir haben sie ausgewählt, weil sie in jeder Lokalzeitung erscheinen könnte; die Dauer und Schwierigkeit der Recherche wie auch die Länge des Textes wären für einen Anfänger zu bewältigen; selbst das Thema dürfte kaum altern: Flüchtlinge wird es immer geben.*

*Die Geschichte einer Familie,
die Flüchtlinge aus Bosnien bei sich aufnahm*

«Wer soll helfen,
wenn nicht wir?»

Kassel. – Jede Geschichte muss einen Anfang haben. Diese hier hat zwei. Sie beginnt zum einen mit zwei jungen Frauen aus dem kleinen Ort Breza, zwanzig Kilometer nordwestlich von Sarajevo. Nächtelang saßen sie in ihren Kellern, während draußen die Granaten serbischer Truppen einschlugen. Die Frauen hielten aus – und entschlossen sich dann doch zu fliehen. Im Mai vergangenen Jahres machten sie sich mit ihren Kindern auf den Weg.

Zum anderen beginnt die Geschichte mit den Fernsehbildern aus dem Kriegsgebiet. Viele sahen sie, fühlten sich hilflos und taten nichts. Manche überlegten, was sie tun konnten, und spendeten Geld. Und gar nicht so wenige fanden das nicht genug. Zu ihnen gehörten Karin und Michael, beide Mitte dreißig und damals, im vergangenen Sommer, seit einigen Monaten Besitzer eines Sechziger-Jahre-Reihenhauses in einem gutbürgerlichen Wohnviertel in Kassel.

☆

Der Entschluss. Zunächst war es nur ein Gedanke gewesen: Flüchtlinge könnten sie aufnehmen, oben unterm Dach in den beiden Zimmern, eines zehn, das andere fünfzehn Quadratmeter groß, daneben das winzige, blau gekachelte Duschbad – allemal besser als ein Lager. Aber wie viele Personen sollten kommen? Wie lange würden sie bleiben? Und würden sie miteinander auskommen?

Karin und Michael versuchten ihr Vorhaben möglichst nüchtern anzugehen. Sie wollten helfen, aber nicht naiv in ein Unternehmen hineinschliddern, das allen Beteiligten über den Kopf wachsen konnte. Auf eine Zeitungsnotiz hin, «Privatquartier gesucht», wendeten sie abendelang die Sachlage hin und her. Platz war da; die Kinder, die siebenjährige Christine, die dreijährige Stefanie und der sechs Monate alte David, hatten im ersten Stock genügend Raum; das Geld war mit einem Verdiener in der Familie eher knapp, doch es hieß, die Flüchtlinge würden Sozialhilfe bekommen. Kochen und essen müsste man in der kleinen Küche sowieso getrennt.

Und wen wollten sie aufnehmen? Eine ganze Familie? Womöglich mit einem Pascha, der sich oben auf der Schlafcouch von Frau oder Tochter den Kaffee servieren ließ? Kein Gedanke blieb ungedacht, und sei er noch so falsch oder banal. Am Ende dieser langen Abende reduzierten sich all die ängstlichen Für und Wider auf die Frage, die am Anfang gestanden hatte: Wer soll helfen, wenn nicht wir?

An diesem Punkt angelangt, riefen Karin und Michael bei der Caritas an. Kurze Zeit später kam eine Sozialarbeiterin und sah sich die Räume an. Am nächsten Tag schon sollten die Gäste kommen: zwei Frauen und vier Kinder.

Die Flüchtlinge, bosnische Muslime, hatten ihre ersten Monate in Deutschland bei einem Verwandten in Kassel verbracht. Dort wurde es auf die Dauer in der Dreizimmerwohnung zu eng – mehr wussten auch Karin und Michael zu diesem Zeitpunkt noch nicht. Für deutsche Verhältnisse war die Angelegenheit äußerst unbürokratisch, wenn nicht chaotisch abgelaufen.

☆

Die Ankunft. Karin erzählt lachend, sie sei vor allem erleichtert gewesen, dass die 32-jährige Zijada und die 26-jährige Almira so wenig fremd wirkten. Doch, ja, sie hatte sich zuvor gefragt, ob die beiden Frauen nicht verschleiert sein würden. Ob sie vielleicht daran Anstoß nehmen könnten, dass im Kühlschrank ein Stück Schweinefleisch lagert. Nun sieht sie die beiden in Jeans und Sweatshirt auf der Straße stehen, mit Zigarette in der Hand. Gleich soll die Sozialarbeiterin kommen und sie miteinander bekannt machen: Zijada mit ihren Kindern Armela und Eldin, dreizehn und zehn Jahre alt, dazu ihre Schwägerin Almira mit der sechsjährigen Aida und dem gerade ein Jahr alten Anis. Unsicher warten sie alle miteinander und sind froh, dass Nermin, der Verwandte, die ersten höflichen Worte übersetzt.

Hausbesichtigung. Die beiden Dachzimmer – auf einmal kommen sie Karin besonders eng und schäbig vor. Die Gäste beteuern, alles sei wunderbar. Christine und Stefanie mustern die fremden Kinder neugierig und stumm. Das Baby wacht schreiend vom Mittagsschlaf auf. Das geplante Zusammenleben beginnt mit Alltäglichkeiten, mit verlegenem Lächeln und gegenseitiger Sympathie.

☆

Die ersten Wochen. An der Pinnwand in der Küche hängen bald fünf große Zettel mit den wichtigsten Brocken Serbokroatisch – Deutsch: ti imas – du hast; dobro – gut; zasto – warum. Das Lexikon und immer neue Kannen Kaffee auf dem Tisch, haben die Erwachsenen die Zettel bis in die Nacht hinein geschrieben. Stück für Stück reimen sie sich die Lebensgeschichten zusammen.

Zijadas Familie hatte in Breza einen Frisiersalon, ein eigenes Haus, das jetzt zerstört ist. Almira und ihr Mann, von Beruf Elektriker, waren dabei, ein Haus zu bauen. Der Krieg machte alle Pläne zunichte.

Oft versuchen die beiden Frauen stundenlang, eine Telefonverbindung nach Bosnien zu bekommen, ein Lebenszeichen von den Ehemännern, die dort geblieben sind. Die Trennung sei sicher nur für einige Wochen, höchstens Monate, hatten die Männer ihre Frauen vor der Flucht beruhigt. Inzwischen ist Spätsommer, und die Lage im Kriegsgebiet wird immer schwieriger. Radio Sarajevo sendet die Namen von Toten; die Fernsehnachrichten werden zum allabendlichen Ritual. Dann weint Zijada. Ihre Schwester lebt mitten in Sarajevo.

Für Karin und Michael rückt der Krieg sehr nah. Da ist zum Beispiel die Sache mit der Glastür: Christine, die Siebenjährige, fällt beim Toben durch die Scheibe. Sie verletzt sich nur leicht – aber der zehnjährige Eldin stürzt, als er das Klirren hört, vor Angst und Schreck die Treppe hinunter. Er hatte geglaubt, nun sei eine Granate eingeschlagen.

Karin findet mit einiger Mühe für Armela, Eldin und die kleine Aida Schulplätze. Anders als die Kinder von Asylbewerbern unterliegen Flüchtlingskinder nicht der Schulpflicht, sondern sind auf das Wohlwollen von Schulamt und Direktor angewiesen. Als alles geregelt scheint, bedarf es weiterer Überzeugungskraft, damit Zijada ihre Kinder ziehen lässt. Sie hätte sie am liebsten den ganzen Tag lang in den engen Räumen gehütet.

Wenn Karin in diesen ersten Wochen mit Freunden oder Bekannten spricht, kommt oft die Frage: Wie geht es euch mit euren Flüchtlingen? Dann weiß sie nicht recht, was sie sagen soll. Es gibt viel und gleichzeitig wenig zu erzählen, denn wirkliche Probleme sind da nicht. Keine Fremdheit, keine verschiedenen Auffassungen von Sauberkeit, kein Streit um Lärm oder unterschiedliche Gewohnheiten. Im Gegenteil: Manchmal ist eher die Rücksichtnahme ein Problem. Jede will die Küche besonders sauber hinterlassen, als Erste die Wäsche aufhängen, den Boden wischen. Aber taugt das zum Erzählen?

«Alles klappt sehr gut», sagt Karin. Dass ihre kleine Tochter Stefanie zurzeit sehr schwierig ist, und sie und ihr Mann sich natürlich fragen, ob die neue Situation im Haus damit zu tun hat, erwähnt sie nur selten. Zu viel müssten sie erklären, um nicht missverstanden zu werden. Trotzdem stört es sie, wenn Stefanie zum Spielen ins Dachgeschoss geht und dort dann nur vor dem Fernseher sitzt.

Auch das Gefühl, noch weniger Zeit als vorher zu haben, bedrückt Karin manchmal. Da ist Finanzielles mit dem Sozialamt zu klären, fünf verschiedene Elternabende innerhalb einer Woche sind zu bewältigen – bei vielen Dingen brauchen Zijada und Almira Unterstützung. Manche Gespräche, auch untereinander, scheitern an der Sprachbarriere.

☆

Der Alltag. Das Zusammenleben spielt sich ein, die Atmosphäre wird lockerer. Auch die Küche als Schnittpunkt der beiden Familien ist längst nicht mehr so aufgeräumt wie zu Anfang. Die Frauen gehen freundschaftlich miteinander um und können inzwischen darüber reden, dass die Kinder zusammen spielen und nicht mehr vor dem Fernseher sitzen sollen. Nicht mehr alles ist Trauer. Es gibt Momente, in denen sie gemeinsam lachen.

Doch fällt es den Flüchtlingen weiter schwer, die Gastfreundschaft anzunehmen. Wenn die dreizehnjährige Armela einen Kalender mit Tesafilm an der Zimmertür aufhängen will, fragt sie um Erlaubnis. Nie würden Zijada und Almira ihr erlauben, einen Nagel in die Wand zu schlagen. Die Wand gehört schließlich nicht ihnen. Noch nach Monaten ist ein Spitzendeckchen auf dem Fernseher das einzig Private, das die beiden Frauen in ihren Dachzimmern auszubreiten wagen. Jeder Teller, der zerbricht, jedes winzige Missgeschick empfinden sie als Katastrophe. Die Angst, die Geduld ihrer Gastgeber über Gebühr zu strapazieren, wächst mit jedem Tag, den sie in Deutschland verbringen müssen.

Heute lacht auch Zijada über das «Pech» mit Michaels Werkzeugkiste. Doch in dem Moment, als sie beim Saubermachen auf einmal den Griff des Kastens allein in der Hand hält, ist ihr nur zum Heulen. Die Gastgeber sind verreist, sodass Zijada tagelang Zeit hat, sich auszumalen, was «der Mann» wohl zu diesem Unglück sagen wird. Natürlich empfindet Michael die Sache bei der Rückkehr als Lappalie. Aber das den beiden Frauen aus Bosnien klarzumachen erweist sich als nahezu unmöglich. Michael gegenüber zeigen sie besonderen Respekt und halten auch die Kinder mehr im Zaum als nötig. Dass er, wo er kann, im Haushalt hilft, irritiert sie eher und bringt ihr Rollenbild durcheinander. In Deutschland wäre sie gern eine Frau, gesteht Zijada halb amüsiert, halb neidisch.

Auch im Umgang mit Krankheiten sind die Gewohnheiten verschieden. Wenn Almira den kleinen Anis mit Nudeln und saurer Sahne füttert, obwohl er seit Tagen Durchfall hat, sieht Karin das mit einiger Verwunderung. Die Rolle des Besserwissers mag sie nicht haben und ruft den Kinderarzt. Wenn der mit fachlicher Autorität verfügt, der Kleine müsse an die frische Luft und dürfe mit Fieber nicht dick eingepackt im warmen Zimmer liegen, atmet sie erleichtert auf.

☆

Die Kinder. Die dreizehnjährige Armela hatte zu Hause in Breza mehr Freiheiten und musste nicht so oft den kleinen Anis hüten. Aber sie geht auch hier gern zur Schule und spricht schon passabel Deutsch. Das macht es ihr leichter, die Enge und das Heimweh zu ertragen. Ihren Vater vermisst sie sehr. Denn die Mutter reagiert auf den Druck, unter dem sie sich fühlt, auch mit Ungeduld und übertriebener Ängstlichkeit. Armela freut sich auf die Klassenfahrt, die sie nach langem Bitten wird mitmachen dürfen. Sie scheint von allen am besten zurechtzukommen.

Anders ihr Bruder Eldin. Neulich hat er heimlich seine Tasche gepackt und wollte sich auf den Weg machen: nach Bosnien, nach Hause. In der Schule spielt er den Clown, stört den Unterricht und verweigert die Mitarbeit. Seine Lehrerin nennt ihn ein «Problemkind» und wird ihn im Sommer eine Klasse zurückstufen. Er gehe sowieso bald wieder nach Bosnien, hat er ihr erzählt. In dem Schwebezustand, von dem keiner weiß, wie lange er dauern wird, mag er sich nicht einrichten. Und seine Mutter hat selbst keine Kraft, ihn zur Arbeit anzuhalten. Auch seiner einzigen häuslichen Pflicht, regelmäßig den Mülleimer zu leeren, entzieht sich der Zehnjährige mit viel Charme und Geschick. Die Veränderungen in seinem Leben gehen über seinen Verstand. Er wartet darauf, dass alles wieder so wird wie früher.

Die beiden Kleineren sind weniger mit Erinnerungen belastet und haben es da leichter. Die sechsjährige Aida war stolz auf ihre Schultüte und lernt nun lesen und schreiben in einer fremden Sprache. Ihr kleiner Bruder fängt ohnehin erst an, die Welt um sich herum zu begreifen. Und für Christine und Stefanie sind die Spielgefährten im Haus inzwischen selbstverständlich geworden. Was Krieg bedeutet, ist freilich auch ihnen klarer als anderen Kindern ihres Alters.

☆

Die Sehnsucht. «Ich kann nicht schlafen. Meine Haare werden ganz grau. Ich hänge zwischen Himmel und Erde», sagt Zijada und zündet sich eine neue Zigarette an. Bald ein Jahr leben sie nun als Flüchtlinge in Deutschland; das Verhältnis zu ihren Gastgebern ist herzlich, die Nachbarn bringen Geschenke. Von Feindlichkeit haben sie nichts gespürt. Aber die Ungewissheit, wie lange all das dauern wird, macht es so schwer, sich in der Fremde wirklich einzuleben.

Fast hat Zijada noch ein schlechtes Gewissen dafür, dass sie immer wieder weinen muss, «wo es doch anderen zu Hause in Bosnien noch viel schlechter geht». Vor ein paar Tagen hat Nermin, der Verwandte, ihr einen Brief von ihrem Mann gegeben. Einem der privaten Hilfskonvois, die die Bosnier in Deutschland auf den Weg schicken, war es gelungen, Post aus Breza mitzubringen. Zijadas Mann, ebenso ihr Bruder, sind am Leben. Aber ihr Mann schreibt, sie hätten kaum zu essen und nichts Warmes anzuziehen. Zijada erzählt von den Paketen, die sie und ihre Schwägerin für den Konvoi gepackt haben. Karin übersetzt, was sie sagt; im vergangenen Jahr hat sie mehr Serbokroatisch gelernt, als die beiden Frauen Deutsch lernen konnten. «Mein Kopf ist voller Heimweh», entschuldigt sich Zijada.

☆

Die Geschichte wird, wie jede Geschichte, ein Ende haben. Doch welches – und wann?

Alle Namen sind von der Redaktion geändert

34 Das Porträt

Wenn die Leute miteinander sprechen, dann sprechen sie meistens über andere: Nichts ist interessanter, nichts ist wichtiger. Wen interessieren schon Sachen – es sei denn, sie hätten etwas mit Menschen zu tun. Alles dreht sich um Menschen: Diese Grundregel der Kommunikation gilt gerade in den Medien, erst recht seit der Erfindung des Fernsehens, das unentwegt Menschen ins Bild rückt.

Das Prinzip aller erfolgreichen Medien lautet: Wenn du eine Geschichte erzählst, dann überlege dir, welche Menschen in ihr eine Rolle spielen! Reportagen sind ohne Menschen nicht denkbar, und bei nur einer Hauptperson fließen die Grenzen zum Porträt.

Porträts können zum Markenzeichen von Zeitungen und Zeitschriften werden. Nur wer seine Leser langsam, aber sicher vergraulen will, der erlaube sich, auf Menschen im Zentrum seiner Texte zu verzichten.

«Marie-Luise Scherer über den Fixer M.: Heut setz' ich mir den Todesschuss»: Der *Spiegel* lockte so die Käufer auf der Titelseite mit der Ankündigung eines Porträts. Die *FAZ* zeichnete den Hintergrund der Friedensverhandlungen auf dem Balkan – und druckte ein Porträt als Aufmacher der dritten Seite:

Als Richard Holbrooke noch in einem New Yorker Wolkenkratzer residierte und als Investmentbanker jährlich eine kühle Million verdiente, war er ein wohlhabender Mann. Als Präsident Clinton ihn als Botschafter nach Deutschland entsandte, wo er sich pudelwohl fühlte, war er ein zufriedener, obschon erwartungsvoll ruheloser Mann...

Als das *Hamburger Abendblatt* am 14. Oktober 1948 zum ersten Mal nach dem Krieg wieder erschien, stand auf der Titelseite, unten links, eine Rubrik: «Menschlich gesehen». In knapp dreißig Zeilen wurde Paul Hoffman porträtiert, der Manager des Marshallplans, der amerikanischen Aufbauhilfe für Deutschland. Statt eines Fotos war eine Tuschezeichnung von Hoffman zu sehen. Das älteste und berühmteste Porträt in deutschen Zeitungen bleibt dabei: Eine

Zeichnung, ein kurzer Text über bekannte und unbekannte Zeitgenossen – Tag für Tag auf der Titelseite. In den ersten Jahren kamen auch Typen anonym ins Porträt: Der Weihnachtsmann, der Onkel aus Amerika – und am 26. Februar 1949 der erste Arbeitslose.

> **ddp. Frankfurt. Die Zahl der Arbeitslosen in der Doppelzone stieg nach einem Bericht der Verwaltung für Arbeit auf 1 019 426 ...**
> *Da ist er wieder. Als wir ihn zuletzt sahen, vor dem hohen Tor eines der Arbeitsämter in den großen Städten, sagte er: Nun ist es vorbei mit dem Stempeln. Er bekam eine Uniform oder ging zur Autobahnbaustelle oder später zur Rüstungsindustrie. Das ist 15 Jahre oder noch länger her.*
> *Später marschierte er, und viele seiner Genossen fielen neben ihm und brauchten nie wieder zu stempeln. Und als er 1945 die Uniform auszog, hatte er es auch nicht mehr nötig. Das Zeitalter der kleinen Gelegenheiten war gekommen. Man trug den Amis die Koffer, oder man handelte mit Lucky Strikes. Die Reichsmark lag auf der Straße.*
> *Aber nun ist er wieder da. Er steht vor den lachenden Schaufenstern und hat die Hände in den Taschen ...*

Selbst in diesem anonymen Porträt wird das einfache, aber wirkungsvolle Muster der Kurzreportage deutlich: Erzähle das Besondere, das einen Menschen interessant macht, und packe es in den ersten Satz. Das kann eine überraschende Nachricht sein, wie die steigende Zahl der Arbeitslosen, es kann ein bemerkenswertes Zitat sein, eine charakteristische Szene, eine Beschreibung oder eine Mischung aus alledem.

Das *Hamburger Abendblatt* erklärt das Porträt in einem kleinen Heft für Jungredakteure:

> *Was immer und worüber wir schreiben: Der Mensch ist für uns wichtiger, fast immer auch interessanter als die Sache. Menschen machen Politik, Menschen planen Kraftwerke (und protestieren dagegen), Menschen erzeugen Stahl, Menschen inszenieren Theaterstücke.*
> *Unsere Welt mit ihren Computern, Wolkenkratzern und technischen*

> *Wundergeräten wird immer abstrakter und kälter. Je komplizierter und unüberschaubarer aber diese Welt wird, umso mehr suchen wir (häufig unbewusst) nach Geborgenheit und Wärme.*
> *Die Sache ist abstrakt, der Mensch ein lebendiges Wesen. Von ihm gehen die Kräfte aus, die Ideen, die Anstöße. Die Sache müssen wir darstellen. Ihn, den Menschen, müssen wir wie ein Maler zeichnen mit seinen Stärken, Schwächen und Vorzügen, in Porträts, Glossen, Interviews. Schreiben wir also, wenn es geht, immer zuerst über einen Menschen und dann über die Sache.*

Anonyme Porträts wie das eines Arbeitslosen erscheinen nicht mehr im *Hamburger Abendblatt*, heute hat jeder einen Namen und ein Gesicht. Allerdings steht nicht jeder, wie etwa ein berühmter Rennfahrer, zum Gespräch bereit. Dann wird das Porträt kalt geschrieben, allein mit Stoff aus dem Archiv. Mit der Suche im Archiv oder wenigstens in einem Nachschlagewerk beginnt die Arbeit fast immer: Was hat er gesagt? Was ist über ihn gesagt und geschrieben worden? Mit wem war er zusammen? Von wem hat er sich getrennt? Wo lebt und arbeitet er?

Dies ist schon die erste Möglichkeit, ein Porträt zu schreiben – «kalt» zu schreiben, wie's Redakteure gern nennen, wenn die menschliche Wärme fehlt, also ein Gespräch oder wenigstens eine kurze Begegnung, die man beschreiben kann.

Immer wieder bleibt einer Tageszeitung nichts anderes übrig: wenn der Nobelpreisträger gekürt, aber für ein Gespräch nicht greifbar ist; wenn der Minister nach seinem Rücktritt gleich nach Florida fliegt oder der Richter nach einem spektakulären Urteil sein Büro in eine uneinnehmbare Festung verwandelt. Dennoch können exzellente Porträts ins Blatt kommen, wenn die Unterlagen brauchbar und die Schreiber Könner sind. Bisweilen kommt dabei sogar mehr heraus als bei einem kurzen Gespräch, denn im Internet und im Zeitungsarchiv wird mehr gesammelt, als viele je wieder offenbaren möchten, von echten oder gespielten Lücken in der Erinnerung ganz abgesehen. Der Journalist, der kalt schreibt, arbeitet wie ein Biograph, der es ja meist mit Verstorbenen zu tun hat.

Die zweite Möglichkeit: Die Google-Ausdrucke und die Mappe aus dem Archiv ist prall gefüllt, und der Prominente wartet schon im Hotel, um den Redakteur mitzunehmen zur ersten Probe des Balletts. Reizvoll wird der Vergleich zwischen der Papierform einer Person und seiner Wirklichkeit, zwischen dem Lebenslauf aus dem Archiv und dem wirklichen Leben, bei dem der Reporter ein Stück mitläuft.

Doch auch die Gefahr läuft mit, und *Spiegel*-Reporter Jürgen Leinemann warnt heftig, sich nach der Archivlektüre schon ein festes Bild zu malen. «Sammeln ist wichtiger als auswählen», meint er – und rät sogar, bisweilen «seiner Zielperson unbefangen und unbelastet von zu viel Vorausmaterial entgegenzutreten».

Oft *muss* der Reporter, vor allem im Lokalen, unbelastet ins Gespräch gehen. Und dies ist die dritte Möglichkeit: Weder bei Google noch im Archiv steht etwas, noch ist der Auserwählte bereit oder fähig, Interessantes mitzuteilen. Über die 90-Jährige, die im Altersheim ihren Geburtstag feiert, gibt das Archiv nichts her; da muss sich der Redakteur auf sein eigenes Archiv im Kopf verlassen können: Was war das für eine Zeit in Ostpreußen, als die alte Frau ein junges Mädchen war und am Pregel spazieren ging? Wer herrschte damals? Wo standen die Grenzbäume? Das so gern belächelte Allgemeinwissen wird ihm helfen, falls er eines besitzt, denn ein Lexikon ist nicht greifbar, wenn er der alten Frau gegenübersitzt.

Wer gern mit Menschen spricht, der bekommt schnell eine Chance in der Lokalredaktion, sich einen Namen zu machen, selbst als Anfänger. Runde Geburtstage und goldene Hochzeiten, Betriebsjubiläen und Verdienstkreuzverleihungen werden von der Redaktion als lästige Routine betrachtet; aber sie freut sich über jedes lebendige Porträt, das sie statt liebloser Ehrungszeilen ins Blatt rücken kann.

Wenn ein Lokalchef dieses Ziel erreicht, dann wird seine Zeitung im Ansehen der Leser steigen. Nebenbei kommt er so von der Routineberichterstattung weg, die nur die Funktionäre mögen: Standardfoto von händeschüttelnden Männern plus Standardtext mit 40 Zeilen. Wer auffällt, bekommt stattdessen ein Porträt; der neue Polizeichef ebenso wie die erste Schornsteinfegerin, der neue Schauspieler am Stadttheater ebenso wie der Fußballer, der zum dritten Mal die Rote Karte sah.

Als eigenständige Form gilt das Porträt nicht. Doch was wollen Journalisten mehr – als entdecken, was sie hinter ihren Masken verbergen, die Politiker und all die anderen, die als die Mächtigen auftreten oder als Opfer oder einfach als normale, originelle oder glückliche Mitmenschen?

Das Porträt kann alles sein, eine Mischung aus Reportage und Interview, Bericht und Feature. Die Grenzen sind fließend bis hinüber zur literarischen Form; doch die Form ist gleichgültig, allein das Thema bestimmt das Genre: eben der Mensch, von dem so lebendig wie möglich erzählt wird.

Was aber macht der junge Redakteur, wenn sich sein Gast eher tot als lebendig zeigt? Christel Hofmann beschreibt in einem *Zeit*-Porträt, wie sie einen Greis besuchte, als gerade ein Lokalreporter vorbeischaute:

Die Zeitung war da und fragte ihn beim Rosenschneiden, wie er sich fühle, bald neunzig und als ältester Mann am Ort. Nicht einmal herumgedreht hat er sich und nichts gesagt. Rosenschneiden ist eine Sache für sich und die Zeitung eine andere. Zwei Dinge zur selben Zeit tun ist die bare Unvernunft. So wurde er neunzig, und die lokale Zeitung erfuhr nichts darüber, wie er sich fühlte.

Christel Hofmann dagegen nimmt sich Zeit für ihr Porträt und für ihren zunächst unwilligen Gesprächspartner, ja sie nimmt die Unwilligkeit als Eigenart, sie schaut genau hin und ist plötzlich mitten in der Schilderung eines Menschen.

Auch die mächtigen Herren nehmen ihre Maske nur widerwillig vom Gesicht. Helmut Schmidt als Kanzler beispielsweise wehrte sich gegen neugierige Journalisten und begegnete ihnen als unwirscher Herrscher – selbst in seinem Ferienhaus am Brahmsee. Doch für einen Journalisten ist alles zu gebrauchen in einem Porträt, alles kann er beschreiben; das Schweigen gehört zum Menschen wie sein Reden, die Gegenwehr ebenso wie die Geste der offenen Arme.

Das Porträt handelt vom Wichtigsten, das Journalisten ihren Lesern erzählen können: von Menschen. Die Leser mögen es und können nicht genug bekommen, und der Redakteur ist klug, wenn er so oft wie möglich statt der Routine ein lebendiges Porträt ins Blatt rückt. Der Reporter beschreibt die Person mit seinen eigenen genauen Beobachtungen, er erzählt ihre Biographie und nutzt dafür das Archiv.

35 Der Boulevardjournalismus

Wer bei einer Boulevardzeitung arbeiten will, sollte nicht auf die Uhr schauen, er darf nicht wählerisch sein bei der Auswahl seiner Themen, er muss eine klare und einfache Sprache beherrschen, und er darf sich nicht in lange Texte («Riemen») verlieben; eine Portion Zynismus kann ebenso wenig schaden wie die Lust auf schrille Schlagzeilen und ein schräges Layout.

In mundgerechten Happen, raffiniert zurechtgemacht, werden die Geschichten dem Leser angeboten. Er wird nicht verstandesmäßig angesprochen, sondern über das Auge und mit Gefühlen. Fallen bei einem Bundesligaspiel zwei sensationelle Tore hintereinander, heißt die Schlagzeile: PATSCH! PATSCH! JUBEL! Jeder weiß, was gemeint ist. Komplizierte Sachverhalte werden in Losungen und Schlagworten zusammengefasst.

So charakterisiert der ehemalige *Bild*-Reporter Hans Schulte-Willekes die deutsche Zeitung, die zu ihrer besten Zeit über fünf Millionen Exemplare täglich verkaufte, immer noch mit rund drei Millionen Auflage die größte Zeitung Deutschlands und die größte Boulevardzeitung der Welt ist. Als Axel Springer sich 1952 die *Bildzeitung* ausdachte, war der Titel schon das Programm: Viele Bilder wollen die Menschen und wenig Buchstaben. Wie ein Plakat soll die Zeitung den Passanten locken und wie ein Magnet die Leser anziehen.

Wer sich zwischen dem Generalanzeiger und dem Boulevard entscheiden will, der muss wissen: Die Abo-Zeitung will den Kopf des Lesers erreichen, die Boulevardzeitung den Bauch. Sie hat auch keine andere Chance: Im Gegensatz zu jenen Zeitungen, die ihre Auflage durch Abonnements sichern, muss sich das Boulevardblatt auf der Straße verkaufen und jeden Tag neu seine Leser überzeugen. Nur wenn die Schlagzeile über dem Bruch sofort ins Auge springt, öffnet der Kunde sein Portemonnaie.

Anfänger seien gewarnt! «Manche Nachwuchsreporterin ist für dieses Geschäft zu sensibel: Sie identifiziert sich mit dem Leid», berichtet ein Berliner Boulevardredakteur. Er meinte beispielsweise die Schwierigkeit, Fotos eines verunglückten Kindes aus dem Familienalbum zu besorgen. Er fährt fort:

> *Auf dem Boulevard darf man sich nicht als Sozialarbeiter fühlen, sonst geht man kaputt daran. Machen wir uns nichts vor: Der Boulevard ist die Bühne für Geschichten, die wir in Szene setzen. Außer den Emotionen braucht es die Sensationen ... Für eine gute Story sollte man keine falsche Rücksicht nehmen. Diejenigen sind scheinheilig, die behaupten, sie stünden auf der Seite der Armen, der Opfer: Die sind der Stoff, aus dem unsere Geschichten sind. Und weiter nichts.*

Rund 14 Millionen Deutsche lesen täglich eine Boulevardzeitung. Dennoch fällt den meisten Journalisten nur Hämisches ein, wenn sie über *Bild*, *AZ*, *Express*, *Morgenpost* und die anderen Boulevardblätter reden. Sie sind ihnen zu reißerisch, zu vulgär. Sie verbinden die Exzesse, vor allem der *Bildzeitung*, mit dem Boulevardjournalismus schlechthin.

Die meisten Rügen des Presserats müssen Boulevardzeitungen, vor allem *Bild*, einstecken, weil sie gern mal die Ehre verletzen oder die Persönlichkeitsrechte und weil sie für eine gute Schlagzeile einen Beschuldigten verurteilen, bevor eine Anklage überhaupt formuliert ist. In den vergangenen Jahren ist der Anteil der Rügen für den Boulevard allerdings deutlich geschrumpft: 2010 gingen 31 gegen Lokalzeitungen, überregionale Tageszeitungen, Zeitschriften und deren Online-Seiten ein – und nur 10 gegen Boulevardzeitungen.

Diese Rügen sind typische Rügen des Presserats gegen Boulevardzeitungen:
- Das Foto eines Busfahrers, der nach einem Schlaganfall auf der Intensivstation liegt, verletzt die Würde körperlich und psychisch kranker Menschen.
- Das Foto der verbrannten Leiche einer jungen Selbstmörderin ist eine unangemessene sensationelle Darstellung.
- Das Foto des Straßenbahnfahrers, der einen Selbstmörder überfahren hat, verletzt den Schutz von Menschen, die unversehens in Unglücksfälle verwickelt sind.
- Die Kennzeichnung als «Tier» für die Leibwächterin der Popdiva Kylie Minogue verletzt die Menschenwürde.
- Einen mutmaßlichen Mörder durchgehend als «Killer» und «Vergewaltiger» zu bezeichnen, ist eine Vorverurteilung.
- Einen mordverdächtigen Halbkongolesen in der Überschrift als «Kongo-Killer aus Weißensee» zu stigmatisieren, ist Diskriminierung.

Die Jagd nach der Schlagzeile und dem Foto, das die Käufer reizt, provoziert leicht das Fieber, das den Blick trübt. So gehören die Auswüchse eher zum Boulevard als zur Abonnementzeitung, doch sind sie nicht untrennbar mit ihm verbunden; sie garantieren auch nicht mehr automatisch den Erfolg. «Pralle Oberweiten und vor Blut triefende Titelgeschichten begeistern nur noch wenige», stellt das Branchenblatt *Werben und Verkaufen (W&V)* schon 1995 in einer Hintergrundgeschichte fest, in der es den Leser- und Anzeigenverlust der Boulevardpresse analysiert, der sich in den vergangenen Jahren beschleunigt hat.

Charakteristisch für den Boulevard ist eher die Mischung der Themen, die starke Ähnlichkeit mit der von Zeitschriften zeigt. Der Redakteur braucht ein Gespür für die Psychologie der Massen, wenn er seine Themen auswählt, und er muss die Themen sorgsam über die Seiten verteilen. Hans Schulte-Willekes erzählt aus der Konferenz der *Bildzeitung*:

> *Wenn man drei Morde hat, kann nur einer davon groß gespielt werden. Die Mischung muss stimmen: harte Storys, weiche Storys, «Miezen»... Die Themen decken die wichtigen Gefühlsbereiche des Lesers ab. Geschichten mit «sozialem Mief» werden «kosmetisch» behandelt.*

Auch für den ehemaligen *AZ*-Chefredakteur Uwe Zimmer ist «Mischung das Zauberwort gegen Tristesse, gegen Bleiwüsten, gegen Abstumpfung». Er empfiehlt auf jeder Seite Elemente, die sich wie Feuer und Wasser verhalten: Information stößt auf Unterhaltung, Dramatik auf Entspannung, Nachricht auf Meinung, Schrecken und Leid auf Freude, Emotion auf Sachlichkeit, lange Texte auf kurze.

Und wie macht man ein attraktives Boulevardblatt? Uwe Zimmer legt eine Checkliste vor: Leserfreundlichkeit; eigene Berichte und Reportagen; Fotos als Leserfang; ein bedeutender Anteil unterhaltender Stoff auf jeder Seite; die Fortschreibung laufender Ereignisse; ein Redakteur als Planer für Serien und Aktionen; Fremdautoren und prominente Gastautoren als regelmäßige Schreiber; Themenplanung für Reportagen; Features; Glossen; Bildzeilen, die erklären und neugierig machen auf den Artikel; eine reizvolle Überschrift; selbst recherchierte Enthüllungsgeschichten.

Lobenswert ist beim Boulevard die Sprache – auch wenn die Redakteure der Kaufzeitungen nicht so schreiben, wie die Leute auf dem Boulevard reden; sie schreiben stets so, dass die Leute sie verstehen – und meinen dann, es sei deren Sprache. Auch wenn der Stress höher ist als der von Redakteuren bei Abo-Zeitungen, formulieren sie meist Sätze, die ihre Leser mögen. Vor allem formulieren sie kurz, und das liegt nicht nur daran, dass sie weniger Platz zwischen den großen Anzeigenblöcken bekommen als die Redakteure der Abo-Zeitungen.

Fast die Hälfte der Sätze in der *Bildzeitung* hat vier Wörter oder weniger. Wer dies für einen Ausweis von Dummheit hält, sollte über die Disziplin beim Denken nachdenken, wie es E. A. Rauter getan hat:

Der lange Satz ist im Journalismus meist eine Zuflucht für den, der sich eine Sache nicht erarbeitet hat. Kurze Sätze kann man nicht schreiben, wenn man nicht genau Bescheid weiß ... Der Erfolg der Bildzeitung beruht darauf, dass ihre Redakteure mehr arbeiten. Sie arbeiten an den Nachrichten, sie setzen sie um, knapp und korrekt. Der Leser versteht beim Hinschauen, um was es geht. Es sind nicht so sehr die Sachen, Blut, Verbrechen und Klatsch, die die Bildzeitung attraktiv machen, als vielmehr die Tatsache, dass der Leser vom Text aufgenommen wird. Er fühlt sich wohl in der Zeitung, weil er alles begreift.

Die kurze, klare Sprache, ein Themen-Mix, der die Leser anspricht – das sind die Stärken der Boulevardzeitung. Und es sollten auch die Stärken aller Zeitungen sein, die sich zum Ziel setzen, den Leser ernst zu nehmen. So schauen immer wieder Redakteure der Abo-Zeitungen zu den Kaufzeitungen, sie wollen und können von ihnen lernen – und sie müssen es tun, wenn die Auflagen sinken.

Wer eine attraktive Zeitung produzieren will, bedient sich ähnlicher Mittel, ob er ein Lokalblatt macht oder etwa die Münchner *Abendzeitung*. Ihr Chefredakteur meint: «Boulevardjournalismus bedeutet Kampf um das Geld, die Zeit und das Vertrauen des Lesers.» Darum müssen alle Journalisten kämpfen – in allen Medien. Und so hat auch Hubert Burda recht mit dem alten Satz: «Der Wurm muss dem Fisch schmecken, nicht dem Angler!»

Wer genau hinschaut, entdeckt immer mehr Farbe im Generalanzeiger, kürzere Texte und flapsige Überschriften. In der Tat nähern sich Boulevard- und Tageszeitungen immer stärker einander an. Das hat gute Gründe:

Das private Fernsehen befriedigt im Reality-*TV* immer mehr, immer zynischer und immer aggressiver die niedrigen Instinkte der Menschen, sodass der gedruckte Sex&Crime-Journalismus nicht mehr mithalten kann und stark an Auflage verliert – die Boulevardzeitung muss seriöser werden.

Die Abo-Zeitungen müssen zunehmend um die Gunst der Leser kämpfen – und so erwägen sie, von ihrer allzu großen Seriosität ein bisschen abzustreifen.

Ex-*Bild*-Chefredakteur Claus Larass plädierte in der Tat für einen sanfteren Boulevard und rät seinen Redakteuren: Weckt keine falschen Emotionen! Nehmt die Probleme der Leute ernst! Schafft Ordnung in den Köpfen angesichts des Informationswusts durch das Fernsehen! Schreibt auch längere Geschichten, wenn sie interessant sind!

Immer öfter recherchiert *Bild* politische Nachrichten, etwa in Interviews, die vor allem in den Rundfunknachrichten zitiert werden, aber auch in einem Dreispalter auf der ersten Seite der *FAZ*, der sich auf ein *Bild*-Interview mit dem Kanzler bezieht. Gleichzeitig kopieren die Abo-Zeitungen immer mehr die Stilmittel des Boulevards. Werner Meyer schrieb 1993 im mittlerweile eingestellten Monatsblatt *Die Zeitung*:

> *Ein Hauch von Boulevard weht selbst durch die ernsthaftesten deutschen Zeitungen: Die* Süddeutsche Zeitung *wünscht sich mehr Lese-Spaß, die* Welt *setzt sich zum Ziel, mit wenigen Worten mehr zu sagen. Wohin man schaut: Kürzer die Aussagen, munterer, boulevardhafter selbst die strenge Nachrichtensprache.*

Schon immer stieg die Abonnementzeitung regelmäßig auf einer, meist der letzten Seite hinab in die Niederungen der Unterhaltung und Sensation: «Das Vermischte» versammelt die Unglücke und Amokläufe dieser Welt, Klatsch und Kuriositäten – und meist in einer leichten Sprache, als seien eine Seite lang die üblichen Regeln der seriösen Profession aufgehoben.

Auch wenn die Zeitungen ihren Lesern mehr Leichtigkeit versprechen, so zieht sich der Boulevard immer noch nicht durch das gesamte Blatt. Der Redakteur, der die bunte Seite produziert, steht in der sozialen Rangfolge ganz unten: So recht nimmt ihn keiner ernst. «Kennen Sie einen Kollegen, der sich auf einem Empfang mit stolzgeschwellter Brust als der Redakteur fürs Vermischte vorstellt?», fragt *dpa*-Redakteur Peter Zschunke.

Rund ein Viertel des Materials, das Agenturen an Redaktionen schicken, trägt das Agentur-Kürzel «vm» für Vermischtes. Diese

Themenbereiche, mit fast gleichem Umfang, laufen unter der *vm*-Kennung: Unglücke, Kriminalität, Wetter und Naturkatastrophen, Wissenschaft und Wissenswertes für Verbraucher, Heiteres und Kurioses, Prominente und Showbiz.

Die Redakteure, die am meisten den Schreibtisch verlassen, experimentieren am meisten mit den Mitteln des Boulevards, um eben den Wünschen ihrer Leser gerecht werden zu können. «Der Boulevard – worüber die Leute reden» hieß eine Arbeitsgruppe, als sich Lokalredakteure 1991 zu einem Seminar über den unterhaltsamen Lokalteil trafen. Sie entdeckten den Charme des Begriffs: Wer über einen Boulevard schlendert, der trifft gern Menschen, redet mit ihnen oder schaut ihnen zu – und freut sich über einen sonnigen Nachmittag.

Das bringt den Boulevardzeitungen täglich gut 14 Millionen Leser: das reißerische, oft chaotische Layout, vor allem auf der Titelseite; die farbigen, großen, meist roten Buchstaben und Balken; der extreme Schnitt bei Bildern, vor allem bei Porträts; die fetzigen Schlagzeilen; die turbulente Mischung von Nachricht und Meinung. Das gehört zum Erfolg, ob man's mag oder nicht. Ärgerlich sind der Zynismus und die Menschenverachtung, die stets zu Rügen des Presserats führen; nachahmenswert sind die Lesernähe, die klare Sprache und das starke Gewicht von Service und Lebenshilfe auf jeder Seite.

36 Der Zeitschriftenjournalismus

Zeitschriften (oder Magazine, was annähernd dasselbe ist) erscheinen wöchentlich, vierzehntäglich oder monatlich; woraus Zeitungsredakteure gern folgern, an den meisten Tagen gebe es wenig oder nichts zu tun. Davon ist nur so viel wahr, dass in einzelnen, nicht aktuellen, sehr erfolgreichen und mit einer großen Redaktion versehenen Magazinen ein gewisser behäbiger Arbeitsrhythmus herrscht, auf den man in der Zeitung neidisch oder verächtlich herabblickt.

In den meisten Zeitschriften dagegen wird eher härter als in der Zeitung gearbeitet, jedenfalls unter ungleich schwierigeren Bedingungen; nämlich mit quälenden Zeitabläufen, einer quälenden Abhängigkeit von Bild und Layout, mit höherem Anspruch ans handwerkliche Können – und mit totaler Abhängigkeit von den Einfällen der Redaktion.

Die wenigsten Zeitungsredakteure machen sich das klar: Auch wenn sie überhaupt keine Ideen hätten, die Zeitung würde trotzdem voll – ob sie so auch attraktiv bleibt, daran zweifeln allerdings immer mehr Leser. Die Ressorts Politik und Wirtschaft werden mit Agenturmeldungen zugeschüttet, der Sport, die Kultur und das Lokale brauchen nur zu *reagieren*: auf die Termine, die der Stadtrat, die Gerichte, die Veranstalter von Pressekonferenzen, Kundgebungen, Konzerten und Fußballspielen vorgeben, dazu die Theater mit ihren Premieren und die Galerien mit ihren Vernissagen; und dann flattern noch die vorverdauten Pressetexte von Parteien, Firmen und Verbänden auf den Tisch.

Natürlich schmückt es die Redaktion, wenn sie Einfälle hat, zumal im Lokalen und dort in der Urlaubszeit, wenn der Eifer der Veranstalter nachlässt. Und je mehr Leser die Zeitung meiden, umso mehr sind Ideen gefragt, ja werden zur Existenzbedingung wie bei einer Zeitschrift.

Zeitschriften konnten seit jeher mit allen Agenturen und den meisten Terminen nichts anfangen; ihre Stoffe sind überwiegend von anderer Art, und immer kämen sie zu spät. Frauenzeitschriften werden von der Mode- und Kosmetikindustrie mit Angeboten gefüttert, mit denen sie immerhin die Hälfte des Blatts füllen können; Zeitschriften wie *Geo* oder die *Bunte* oder *Eltern* stehen vor dem Nichts. Wenn sie dreißig Themen bringen, so mussten sie vorher mindestens sechzig Ideen haben – die Hälfte erweist sich ja bei der Recherche als undurchführbar oder unergiebig.

Zeitschriften mit aktuellem Anspruch wie der *Stern* stehen vor folgender riesiger Hürde: Redaktionsschluss ist drei Tage vor dem Erstverkaufstag – also tote Tage, in denen die erhofften *Stern*-Leser fernsehen und Zeitung lesen – und womit ist man dann noch aktuell?

Nur mit den ungewöhnlichen Bildern, der brillanten Reportage, und vor allem: dem besonderen Aspekt, jenem Blickwinkel, der bis zum Redaktionsschluss keinem aufgefallen war und hoffentlich bis zum Erscheinungstag keinem einfallen wird.

Im Idealfall hat die Redaktion einen Skandal aufgedeckt (ob er nun so heißen sollte oder nicht) und beherrscht mit ihm ein paar Tage lang den Markt; im weniger idealen Fall behauptet sie, eine Tendenz aufgespürt zu haben («Die Deutschen entdecken die Zärtlichkeit»), dicht an dem alten Branchenwitz: *Ein* Mensch ist eine Tendenz, zwei sind eine Bewegung, drei sind eine Massenhysterie.

Die Abhängigkeit von Bild und Layout ist für die meisten Schreiber ein Ärgernis, zumal wenn sie frisch von der Zeitung kommen. Zeitschriften bestehen zu mindestens 50 Prozent aus Bildern, und wo der Art-Director oder der Chefredakteur entscheidet: «Bilder nicht gut genug», da ist auch der Text gestorben. Das Layout, unbestritten viel wichtiger als in der Zeitung, wird in einigen Redaktionen bis zum absoluten Diktat des Kunstdirektors getrieben, sodass der Redakteur die wenigen freien Plätze nur noch seufzend oder weinend füllen kann.

Dringender Rat an Berufsanfänger oder Redakteure, die frisch von der Zeitung kommen: Niemals fordern, zugunsten des Textes ein Bild zu verkleinern oder wegzulassen! Damit macht man sich zum Gespött. Höchstens kann man versuchen, nach starkem Lob für das Layout eine gewisse Verzweiflung glaubhaft zu machen und den Künstler um einen Gnadenerweis zu bitten.

Die quälenden Zeitabläufe: Die meisten Zeitschriften werden in mehreren Produkten hergestellt, die unterschiedliche Termine haben. Es kann vorkommen, dass der Redakteur einen Text für Heft 3 eher liefern muss als einen für Heft 1, weil das erste Produkt von Heft 3 einen früheren Termin hat als das letzte von Heft 1.

Auf diese Weise an mehreren Ausgaben gleichzeitig arbeiten zu müssen, ist verwirrend genug. Dazu kommt aber, dass nichtaktuelle Zeitschriften ihren Redaktionsschluss schrecklich lange vor dem Erscheinen haben, weil dies den Druck verbilligt. Für das Septemberheft einer Monatszeitschrift liegt der Redaktionsschluss meist Ende

Juli; die ersten Beiträge müssen im Juni produziert werden, und spätestens im Mai beginnt man darüber nachzudenken, womit man das Septemberheft füllen möchte. Wenn es dann endlich erscheint, ist längst der Redaktionsschluss für das Oktoberheft verstrichen, am Novemberheft wird heftig gearbeitet, für das Weihnachtsheft im Dezember müssen die ersten Beiträge produziert werden, über den Januar wird nachgedacht.

Und warum bei alldem auch noch ein *höherer Anspruch ans handwerkliche Können*? Weil die Zeitschrift ein teures, im Grunde überflüssiges Produkt ist, das völlig vom Besonderen lebt. Eine Zeitung mit lokalem Monopol befriedigt eine Reihe von Primärbedürfnissen, sodass ein Mehrpersonenhaushalt immer noch selten auf sie verzichtet; ob ich mir den *Stern* oder die *Freundin* kaufe, hängt ganz davon ab, ob das Blatt mich beim vorigen Mal gründlich und angenehm genug informiert und unterhalten hat. Drei Jahre schlechtes Handwerk kosten eine Monopolzeitung mittlerweile auch einige tausend Abonnenten – eine Zeitschrift fegen sie aber vom Markt.

Also wird ungleich heftiger gerungen: um die pfiffigsten, elegantesten Überschriften, Vorspänne, Bildunterschriften, um verständliche, gefällige Sprache in spannender Dramaturgie. *Der Vorspann* hat dabei eine völlig andere Funktion: In der Zeitung soll er das Wesentliche zusammenfassen und die Lektüre des vollen Textes allenfalls entbehrlich machen (mehr dazu in Kapitel 45); in der Zeitschrift umgekehrt: Der Vorspann ist ein Aperitif und nicht das Hauptgericht, eine Frage und nicht die Antwort. Seine einzige Funktion ist, den Leser in den Lauftext hineinzuziehen.

Denn die Zeitschrift kann nur überleben, wenn der Leser bei möglichst vielen Beiträgen mit der Lektüre beginnt und möglichst oft auch bis zum Ende liest – sonst ist er zu schnell fertig mit dem Heft und fragt sich, warum er dafür noch einmal zwei Euro ausgeben soll.

Auf der Habenseite steht, dass der Redakteur die Chance hat, mit einer Gründlichkeit zu recherchieren und um den optimalen Text so lange zu ringen, bis der besser und interessanter wird, als er in der Zeitung sein könnte. Mit großzügigen Bildern in schickem Layout und mit brillanten «Kleintexten» versehen (Überschrift, Vorspann,

Bildunterschrift, Seitentitel, Zwischentitel), kann der Text einen Rahmen haben, der den Schreiber tief befriedigt, und es gibt Sternstunden des Zeitschriftenjournalismus, wo sich zwei, drei Redakteure zusammensetzen und mit Lust ein Gesamtkunstwerk vollbringen, von dem Zeitungsredakteure nur träumen können.

Der Zeitschriftenjournalismus ist ein kompliziertes und hartes Geschäft – meist mit weniger Termindruck als in der Zeitung, aber mit einem Ringen um die Perfektion, wie Zeitungsredakteure es kaum kennen: Selten haben sie Zeit dazu, aber selten auch haben sie eine Ahnung davon, mit wie viel Engagement eine Zeitschrift produziert werden muss, damit sie sich behaupten kann.

Klassische Zeitschriften-Vorspänne
Neben dem Papst gilt heute nur noch der Computer als unfehlbar. Papst mal beiseite – Computer machen Fehler. *SZ-Magazin*

Östrogen im Kalb, Quecksilber im Fisch, Cadmium im Lamm. Das ist überhaupt nicht gefährlich. Vorausgesetzt, Kalb, Fisch und Lamm kannten die richtige Dosierung. *Natur*

Von wegen Weihnachten! Nie wird so oft und so viel gestritten wie bei diesem Fest der Liebe. Dabei gibt sich jeder so viel Mühe. Eben, meint der Psychologe. *Bunte*

Sie ist die mächtigste Frau in Washington. Klar im Kopf. Klug genug, im Hintergrund zu bleiben. Und geschickt darin, George W. Bush die komplizierte Welt auf schlichte Art zu erklären. Condoleezza Rice ist mehr als nur seine Sicherheitsberaterin. *Stern*

Es hat 15 Jahre gedauert, dem Geheimnis der ägyptischen Schriftzeichen auf die Spur zu kommen. Hier erfahren Sie in 15 Minuten, wie das geschah. Anschließend können Sie in 15 Sekunden eine Hieroglypheninschrift entziffern. *P.M.*

Achtung – unbekanntes Flugobjekt auf dem dritten Zaunpfahl von links. Ist es eine Amsel? Ein Fink? Oder gar ein Rosenstar? Es gibt Leute, die behaupten, es gebe Spannenderes im Leben, als Vögel zu beobachten. Aber wenn man echten britischen «birders» bei der Feld-Arbeit zusieht, dann fragt man sich bisweilen: was eigentlich? *Geo*

Wer bezahlt auch noch dafür, dass er angeschnauzt, eingepfercht, angeschmiert, abgefüttert und stehen gelassen wird? Dafür, dass er mehr Zeit beim Einchecken als in der Luft verbringt? Der Fluggast. Richtig. Und wer gehört dafür beschimpft und gehauen? Genau! Und das macht hier Peter Pursche. Unsachlich, wutschnaubend und tückisch. *Viva*

Bergmanns Gewürze
Von 1972 bis 1991 stammten sämtliche Vorspänne in der Monatszeitschrift *Essen&Trinken* von Dr. Hanns-Georg Bergmann (gestorben 1994), ebenso sämtliche Überschriften und Zwischentitel. In der Branche und von vielen Lesern wurde bewundert, mit wie viel Phantasie und Sprachwitz Bergmann so dürftige Themen wie Kohlrabi oder Pfifferlinge zu kredenzen verstand – zum Beispiel so:

Pfirsich ist das total sinnliche Erlebnis, ganz Rundung, ganz Duft, ganz Süße, ganz Saft und obendrein noch in die berühmte Pfirsichhaut verpackt, von der die Kosmetikindustrie gern wüsste, wie sie zustande kommt.

Ein Ungar in der Fremde ist laut Vorschrift aller besseren Operetten ein unglücklicher Ungar, der ohne Unterlass in seine Gulaschsuppe weint, wobei ihm ein Stehgeiger gegen überhöhtes Trinkgeld behilflich ist.

Festlich ist unser Dezembermenü, und nicht allzu schwer ist es, leichter jedenfalls als jede Weihnachtsgans, deren machtvolle Schwere so oft jenen müdwehmutsvollen Gemütszustand bewirkt, den manche Leute mit Innerlichkeit verwechseln.

Ereignislos vergehen die Tage und Jahre der Muskatnuss: Einsam sitzt sie in ihrem kleinen Glas auf dem Gewürzbord, und wenn mal jemand am Schraubverschluss dreht, denkt sie «Aha, es gibt mal wieder Blumenkohl», und meist hat sie damit recht.

Er gehört zum Besten, wonach man sich zwischen Juni und Oktober bücken kann, und er hat auch nicht, was mancher andere Edelpilz hat, nämlich einen teuflischen Doppelgänger, der in der Maske des Biederpilzes mit Mordinstinkten unterm breiten Hut im Grase lauert. Kein Wunder also, dass jedermann hinter dem Pfifferling ...

Es gehört zu den niederschmetterndsten Erfahrungen aller Romantiker, dass Volkstum oft nur im Verschnitt genießbar wird. Schottische Dudelsackmusik zum Beispiel ist, leicht aufbereitet und in kleinen Dosen serviert, auch dem ungeübten Ohr erfreulich, während sie pur und in großen Mengen Überdruss und sogar antikeltische Gefühle zu erzeugen vermag. Nicht anders erging es dem originalen und einzig wahren schottischen Whisky, dem Malt. Der so überaus intensiv nach Hochmoor schmeckt, dass es selbst die romantischsten kontinentalen Schottlandschwärmer am Anfang des 19. Jahrhunderts grauste. Woraus die exportfrohen Schotten die Konsequenz zogen: Sie erfanden den Grain Whisky, das gebremste Torfmoor für jene verweichlichten Gegenden, wo die Männer Hosen tragen.

Die Meinung

37 Der Kommentar

Redakteure bestimmen, über welche Nachrichten die Leute reden können, und sie bestimmen, welche Meinungen dazu gelten sollen. Die Leser wissen: In einem Kommentar, dem legitimen Platz aller Meinungsbildung, formuliert ein Journalist seine Ansicht; ihr können, aber ihr müssen sie nicht folgen. So wird der Journalist versuchen, seine Ansicht dem Leser schmackhaft zu machen.

Er formuliert zu Beginn seines Kommentars kurz und verständlich die Nachricht, auf die er sich bezieht; er schreibt seine Meinung besonders einprägsam und süffig, um die Chance wahrzunehmen, sie zur Meinung von vielen zu machen; und schreibt er gar gegen die mutmaßliche Mehrheit der Leser an, dann tut er gut daran, ihr erst einmal recht zu geben, um dann mit exzellenten Argumenten fürs Gegenteil zu werben.

Ein Ziel muss der Kommentator stets im Auge haben, ohne klare Stoßrichtung verfehlt er es. Ihm geht es wie dem Bürger in der Wahlkabine: Die Entscheidung mag noch so schwer fallen und die Waage sich kaum zu einer Seite neigen, dennoch darf er sein Kreuz nur hinter einer Partei malen.

So muss der Kommentator sich entscheiden, auch wenn er noch so viel Sympathie für die Gegenargumente vorbringt: Kann die neue Brücke gebaut werden? Muss der Bürgermeister zurücktreten? Sollen wir deutsche Soldaten in Kriegsgebiete schicken?

Eine Reihe von Kommentatoren verstößt gegen diesen Grundsatz: Die einen verzetteln sich und führen Scharmützel am Rande, wenn sie nicht nur über die Planung einer neuen Brücke schreiben, sondern zugleich die engen Auffahrten der nahen Tiefgarage beklagen; die anderen verlieren sich im Entweder-oder und bleiben in der Analyse hängen.

Solche Verstöße werden befördert durch den Sprachgebrauch in den Redaktionen. «Kommentar» werden auch Artikel genannt, in die Meinungen nur einfließen, oder meinungsfreie Erläuterungen oder Korrespondentenberichte mit analytischen Einschüben. Dagegen heißt vieles in der Zeitung nicht Kommentar, was eine reine Meinungsbekundung ist: oft die Lokalspitze, immer die Kritik im Feuilleton, immer die Karikatur, oft die Sportberichterstattung und die Leserbriefe.

Fünf Typen des Kommentars lassen sich unterscheiden: der Einerseits-Andererseits-Kommentar, das Pro und Kontra, der Meinungsartikel, der Geradeaus-Kommentar und der Kurzkommentar. Von der Analyse war in Kapitel 30 die Rede: Sie erhellt komplizierte Entwicklungen, aber ihr fehlt das typische Kennzeichen des Kommentars, eben die abschließende Wertung. Mündet die Analyse in eine Wertung, dann wird sie zum Einerseits-Andererseits-Kommentar, wie Walther von LaRoche ihn nennt.

1. Der Einerseits-Andererseits-Kommentar

Wer das Für und Wider erörtert, aber erkennbar zu einem Fazit kommt, ist in der Branche hoch angesehen, während viele Leser eher den kurzen, von Emotionen getragenen Kommentar schätzen. Die meisten Leitartikel werden mit abwägender Argumentation geschrieben (und nicht selten ohne Fazit); ein Filigran aus Analyse, Andeutungen und bedächtigem Urteil.

2. Der Pro-und-Kontra-Kommentar

Während der Einerseits-Andererseits-Kommentar es oft an einem klaren Fazit fehlen lässt, gehört zu diesem Typ die Conclusio, die eindeutige Schlussfolgerung. Werden alle drei Elemente – Dafür, Dagegen, Und was nun? – formalisiert und durch Zwischenüberschriften kenntlich gemacht wie in der *Zeit*, so entstehen für den Leser drei zusätzliche Vorzüge:

Er kann dem Autor bei der Würdigung der gegensätzlichen Standpunkte auf die Finger sehen; er ist gespannt, zu welcher Entscheidung der Kommentator wohl kommen wird, da doch beide

Meinungen so viel für sich zu haben scheinen; und er ist aufgeschlossen für ein bloß seufzendes, zähneknirschendes Ja zu einer der beiden Positionen, wie es den vertrackten irdischen Verhältnissen ohnehin am ehesten gerecht wird.

Zwei einander ausschließende Standpunkte jeweils klar, ja mit Wärme zu vertreten – das gehe nicht? Es geht. Schon Thomas von Aquin, Kirchenvater des 13. Jahrhunderts, hat es darin zur Meisterschaft gebracht. Der Philosoph Joseph Pieper schreibt über ihn:

Es kann einem arglosen Leser passieren, dass er, einigermaßen stutzig und verwirrt, ganze Seiten liest, die nichts anderes enthalten als die höchst überzeugend formulierten gegnerischen Argumente. An der Formulierung ist schlechterdings nicht zu erkennen, dass Thomas sie ablehnt; es findet sich nicht die Spur einer Hindeutung auf die Schwäche des Arguments, nicht die leiseste Nuance einer ironischen Übertreibung. Der Gegner selber spricht; und es ist ein Gegner, der offenbar ausgezeichnet in Form ist, ruhig, sachlich, maßvoll.

3. Der Meinungsartikel

Wer den Andersdenkenden ernst nimmt, der wirbt mit Argumenten um ihn; er *holt den Leser dort ab*, wo er sich vermutlich befindet, beginnt also nicht mit einer unpopulären Meinung – um die Chance nicht zu verspielen, Andersdenkende nachdenklich zu machen, wenn nicht gar umzustimmen.

Auch wer Unheimliches oder Schreckliches erklären, deuten und zu einem Fazit bringen will, muss langsam vorgehen – selbst wenn er gleich mit dem Schrecken beginnt:

Das hat es in Deutschland noch nicht gegeben: ein Kanzler, der sich fäusteschwingend auf die Menge zubewegt, offenkundig in diesen Sekunden nicht mehr Herr seiner selbst. Ein Regierungschef, der den Kundgebungsplatz zum Schulhof machen will, wo er seine Widersacher mit einer Tracht Prügel zur Räson bringen könnte. Das ist so weit von der Welt verantwortlicher Politik entfernt, dass dieser Anblick ungeachtet der Umstände erschreckt.

Jürgen Busche kommentierte im Mai 1991 in der *Süddeutschen Zeitung* eine Kundgebung in Halle, bei der Jusos Tomaten und Eier auf den Bundeskanzler warfen. Doch Busche verurteilte nicht die Störenfriede, wie seine Leser wohl erwarteten, sondern er diagnostizierte eine folgenschwere Schwäche des Kanzlers. Langsam tastete sich der Kommentator vor, erzählte Ereignisse der Vergangenheit, deutete die Körpersprache Kohls und kam zu dem Fazit:

Das Erschrecken, das den Beobachter angesichts des Geschehens überfällt, rührt daher, dass der Eindruck politischer Hilflosigkeit in Halle zum Bild geronnen ist: Der Mann, der da in Panik gerät, weiß sich nicht zu helfen, weil alles anders ist; er weiß nicht mehr ein noch aus. Er ist der Bundeskanzler.

4. Der Kurzkommentar

Wer kurz und knapp kommentiert, der hat fast keinen Platz für Argumente. Walther von LaRoche nennt solche Texte «Geradeaus-Kommentar», die *FAZ* nennt sie «Leitglosse» und definiert sie als «rasche und zur Meinungsäußerung zugespitzte Bewertung dessen, was gerade passiert». In der *FAZ* erschien diese Leitglosse von Hans D. Barbier:

Die bittere Wahrheit

Bar. Alle reden vom Aufschwung. Die Wirtschaftsweisen aber sagen die bittere Wahrheit: «Von einem Aufschwung im eigentlichen Sinne kann nicht die Rede sein.» Diese Feststellung des Vorsitzenden des Sachverständigenrates hat gute Chancen, zu den Klassikern aus dem Zitatenschatz des politischen Brauchtums zu werden. Das ist die zeitgemäße Version der Entlarvung des nackten Kaisers im allgemeinen Jubel über dessen neue Kleider. In der Tat: Eine Konjunkturphase ohne Schwung, aber mit mehr als drei Millionen ausgewiesener Arbeitsloser kann nur in der politischen Camouflage als Aufschwung bezeichnet werden. Es spricht für die Moral der Ökonomen, dass sie diesem Sprachgebrauch nicht folgen möchten.

Die Vertreter derer in der Politik, die für die Misere verantwortlich sind, vor allem das Tarifkartell des Arbeitsmarktes, aber auch die Finanz- und Sozialpolitiker, verstecken ihre Fehler hinter dem Wort «Aufschwung» auch dann noch, wenn das Land in die Deindustrialisierung torkelt, wenn die Arbeitslosigkeit mit teuren Programmen versteckt werden muss, um die skandalösesten Zahlen der offenen Erwerbslosigkeit zu verheimlichen. Das sollte ihnen nicht durchgehen. Die Sachverständigen zeichnen das Muster der Verantwortlichkeit sehr deutlich: Die Arbeitslosigkeit geht wesentlich auf das Konto der Fehlleistungen des Tarifkartells. Dessen kostentreibende Vereinbarungen sind aber auch die Folge der unaufhörlich steigenden Belastungen durch Steuern und Abgaben. Noch sieht der Rat keine Zeichen der Umkehr, sondern die Ankündigung neuer Lasten: durch Ökosteuern, durch weitere Fehlentwicklungen in der Sozialversicherung.

Woher sollten da günstigere Prognosen für die Dynamik der Wirtschaft und vor allem für mehr Beschäftigungsmöglichkeiten kommen? Alles in allem gesehen – von der Maßlosigkeit der Besteuerung bis zur weiten Öffnung der Umverteilungsschleusen des Sozial- und Subventionsstaats –, ist die Wirtschaftspolitik in der Bundesrepublik nie so schlecht gewesen wie jetzt. Und es zeichnet sich keine Besserung ab. Im Ritual der Kanzlerrunde moderiert die Regierung die Folgen ihrer Fehlleistungen. Man könnte – mit den Wirtschaftsweisen – auch sagen: «Von einer Wirtschaftspolitik im eigentlichen Sinne kann nicht die Rede sein.»

Der Aufbau des Kommentars folgt einem beliebten Muster:
- Statt mit der eigenen Meinung beginnt der Text mit einem Zitat, dem der Autor zustimmt.
- Die fremde Argumentation, im Beispiel: die der Wirtschaftsweisen, wird verstärkt.
- Der Autor spitzt die Argumentation zu und kommt zum eigenen kräftigen Urteil: «Die Wirtschaftspolitik ist nie so schlecht gewesen wie jetzt.» Ein solches Urteil ist umso spektakulärer, je mehr es der üblichen Meinung der Zeitung widerspricht.

5. Das Pamphlet

Die gröbste Form des Kommentars ist eine Spielart des Kurzkommentars; auch sie kommt ohne Argumente aus und wirkt wie ein Keulenschlag. Der ehemalige Chefredakteur des *Münchner Merkurs*, Paul Pucher, war ein solcher Pamphletist. Begriffe wie «Schmutzkübel, spätpubertäre Phantasmagorien, bösartige Dummheit, läppisch, blamabel, schäbig» gehörten zu seinem Vokabular.

Doch wer die Polemik liebt, gerät schnell in die Gefahr, die Sprache der Demagogen und Propagandisten zu nutzen:

> *Wenn die Regierung meint, durch Unterdrückung herrschen zu können, so irrt sie. An den Sozialisten ist es, ihr dies mit Tatsachen zu beweisen. Von ganzem Herzen grüßen wir die Toten, die das königliche Blei zerfetzt hat. Es könnte sein, dass ihr Blut eines Tages über die Verantwortlichen kommt – sowohl über jene, die ganz unten, wie über jene, die an der höchsten Spitze stehen.*

Dieser hasserfüllte Kommentar erschien 1913 im Mailänder *Avanti*, dem Zentralorgan der italienischen Sozialisten – geschrieben von Benito Mussolini, dem Chefredakteur, der in seiner Jugend radikaler Sozialist war.

Wer nicht argumentiert, wer seinen Gefühlen freien Lauf lässt, der muss genau die Wirkung bedenken, die sein Ausbruch bekommen kann. «Zündeln verboten!» steht als Warnung über polemischen Texten. Selbst die *FAZ* ist in schwierigen Zeiten nicht gefeit vor volkstümelnder Polemik, etwa beim Ausländer-Thema:

> *Mit den Ost-, den Süd- und den Südosteuropäern in der Bundesrepublik geht es ziemlich gut; sogar ein paar italienische Mafiosi lassen sich noch verkraften ... Aber ‹außen vor› sind vor allem die Turkvölker geblieben, dazu Palästinenser, Maghrebinen und andere aus ganz und gar fremden Kulturkreisen Gekommene. Sie, und nur sie, sind das Ausländerproblem der Bundesrepublik ... Sie sind nicht zu integrieren: subjektiv wollen sie es nicht, und objektiv können sie es nicht. Sie haben ein Ghetto gebildet und zumindest einen der Westberliner Stadt-*

bezirke zu einer türkischen Großstadt werden lassen, die für Deutsche praktisch unbewohnbar geworden ist.

Wer entscheidet in den Redaktionen, ob besonnen kommentiert wird oder ein Pamphlet ins Blatt kommt – und in welcher Stoßrichtung? Meist ist sie vorgegeben durch frühere Kommentare, die Ansichten des Chefredakteurs oder jenes Redakteurs, der schon immer über das Thema geschrieben hat. Debatten finden allenfalls statt, wenn ein neuer Chefredakteur kommt oder wenn ein neues Thema auftaucht, wie die sogenannte Nachrüstung in der Ära Helmut Schmidt.

Dann hat auch der Anfänger eine Chance, einen Kommentar zu schreiben. Sonst bekommt er in den meisten Redaktionen keine Gelegenheit, auf die Meinungsseite zu kommen; eine feste Garde von Kommentatoren macht unter sich aus, wer seine Meinung zu welchem Thema ins Blatt rücken darf. Selbst wenn es zu einer Grundsatzdebatte kommt, dürfen Anfänger allenfalls zuhören.

In amerikanischen Zeitungen gibt es eine feste Schar von Kommentatoren, die *editorial writers*, die nicht mit Namen zeichnen, sondern für die Meinung der Zeitung stehen und getrennt von Reportern und Nachrichtenredakteuren sitzen. In der Regel bestimmen die Herausgeber, zusammen mit dem Chefredakteur, wer in diese Eliteschar aufgenommen wird. Allerdings drucken die meisten Zeitungen in jeder Ausgabe auf der gegenüberliegenden Seite andere Meinungen, ob von Gastschreibern oder von Lesern. So werden die Meinungsseiten der Zeitung wie zu einem täglichen Parlament: Regierung und Opposition.

Auch in den großen deutschen Zeitungen thront die Kommentatorenschar wie im Olymp. Die Leitartikler sitzen in einer Redaktion «mit gleichen oder verwandten Überzeugungen», schreibt etwa die *FAZ* in ihrer Selbstdarstellung. Auch in der *Frankfurter Rundschau* sind gegensätzliche Positionen selten; Karl Grobe erinnert sich in der Jubiläumsausgabe zum 50-jährigen Bestehen an solche Ausnahmen: «Bei der Frage, ob Verbrechen der Nazis verjähren sollen oder nicht, war dies ebenso der Fall wie bei der deutschen Einheit oder

der Frage des Einsatzes deutscher Soldaten außerhalb des Nato-Gebietes.»

Die Seelenverwandtschaft der Überzeugungen – da kommt ein wenig Schönfärberei ins Bild. Denn welcher Kommentator kümmert sich um die Meinung der Redakteure? So schäumt nicht selten die halbe Mannschaft, wenn der Chefredakteur die Meinung der Zeitung verkündet und die Redakteure in ihren Stammkneipen darauf angesprochen werden.

Dennoch gibt es Risse in der Mauer, welche die Kommentatoren um sich errichtet haben: Im Sport oder im Lokalen wird durchaus auch ein Anfänger zum Kurzkommentator zugelassen; je kleiner die Redaktion, desto eher darf er seine Meinung gedruckt sehen. Doch die meisten Volontäre bekommen erst gar keine Routine im Schreiben von Kommentaren. So stellt Hans-Joachim Schlüter in seinem «ABC für Volontärsausbilder» fest:

Da es in vielen Redaktionen leider immer noch üblich ist, dass nur Ressortleiter kommentieren, fällt die Darstellungsform Kommentar bei der Volontärsausbildung oft genug unter den Tisch: «Das kann der später noch lernen!» Später? Etwa dann, wenn der Redaktionsalltag die junge Journalistin oder den Jungredakteur schon vereinnahmt hat? Etwa dann, wenn man bemerkt, dass der Volontär – der ja hoffentlich eine eigene Meinung hat! – ständig Kommentar in die Berichterstattung mogelt? Er muss es jetzt am Anfang seiner Ausbildung lernen und üben.

Bleibt noch eine Warnung übrig: Wer Nachrichten schreibt, lebt meist ungefährdet (es sei denn, er tritt den Mächtigen auf die Füße); wer Kommentare, gar bissige, schätzt, gefährdet Karriere und Gemütsruhe und eckt schnell an mit Verlegern, einflussreichen Leuten und solchen Lesern, die lieber nur die eigene Meinung im Blatt sähen.

Der Chefredakteur des Bonner *Generalanzeigers* musste gehen, als er während der Debatte um die neue Hauptstadt in einem Kommentar auch Sympathie für Berlin durchscheinen ließ. Und als 1995 das Bundesverfassungsgericht entschied, das Kruzifix dürfe nicht in Schulklassen hängen, empörten sich die meisten Kommentatoren gemeinsam mit Bischöfen und CDU-Politikern.

Ausgerechnet die konservative *Welt* druckte einen Kommentar, der die Verfassungsrichter lobte. Leo Kirch forderte die Absetzung des Chefredakteurs, der den Abdruck des Kommentars gebilligt hatte; Kirch war zu dieser Zeit ein einflussreicher Aktionär des Springer-Verlags, in dem die *Welt* herausgegeben wird. Solche Einmischungen von Eigentümern in die Redaktionen sind nicht selten, aber selten öffentlich. Eher selten war auch das Glück des Kommentators wie des Chefredakteurs, dass die Verlagsmanager dem Eigentümer entgegentraten.

Die Leser erwarten in einem Kommentar die klar formulierte Meinung eines Journalisten – vom Keulenschlag, der auf Gründe verzichtet, über die Analyse, die mit dem Fazit schließt, bis zum abwägenden Kommentar, der auch Andersdenkende zu überzeugen versucht. Aber oft bleiben Kommentatoren im Entweder-oder stecken und lassen den Leser mit Seufzern und offenen Fragen allein.

38 Die Satire

«Frauen können keine Glossen schreiben», schreibt Alois Segerer in der Münchner *Abendzeitung*, und er begründet es so:

Frauen haben zu kurze Daumen. Erst der lange männliche Daumen macht aus einem staubtrockenen Thema eine witzige Glosse: Über ihn wird gepeilt, er wird gedrückt und draufgehalten. Weiblichen Däumlingen fehlt diese Feinschliffpolitur-Fähigkeit ... Glossenschreiben ist eine sture, mühselige, fast immer unterbewertete und unterbezahlte Tätigkeit. Also eine typische Männerarbeit. Frauen sind sich dafür viel zu schade.

Da sind wir gleich hineingesprungen in die Satire. Sie ist, ob mit oder ohne Ironie, die leichtlebige Schwester des Kommentars. Wenn's auf der Linie der Zeitung liegt, nehmen die Leser auch eine Satire als Kommentar hin oder freuen sich sogar über das zusätzliche Vergnügen. Genannt wird die Satire freilich in der Zeitung nur selten so.

- Kolumne heißt sie in einigen Zeitungen. Das Wort wird aber auch für ernste Themen verwendet, etwa für juristische Streitfälle oder den Alltag in der Dritten Welt; die Kolumne verweist nicht auf Satire, sondern auf regelmäßiges Erscheinen und wird meist vom selben Autor verfasst.
- *Glosse* wird die Satire am liebsten genannt, vor allem in der Lokalredaktion. Doch die *FAZ* nennt so ihre kurzen Kommentare auf der ersten und letzten Seite des Politikbuchs.
- Eine *Lokalspitze* hat fast jede Zeitung, meist in einer Ecke oben auf der ersten Lokalseite. Sie kann eine Satire sein oder eine neckische Alltagsbeschreibung; oft ist sie ein Kommentar.
- *Streiflicht* heißt die berühmteste Satire der deutschen Blätter, das Markenzeichen der *Süddeutschen Zeitung* oben links auf der Titelseite; es ist die am meisten kopierte Satire in der deutschen Presse (aber vor dem Kopieren sei gewarnt: Es ist fast hoffnungslos).
- *Feuilleton* als Bezeichnung für einen witzigen Text ist weitgehend verschwunden. In den DDR-Zeitungen und Zeitschriften stand es in hohem Ansehen; meist wird es als Name des Kulturteils genommen, also häufig für das genaue Gegenteil von Witz und Anschaulichkeit.
- *Übrigens* und *Nebenbei* lauten weitere Reihentitel, oder: *Die Sprechblase, Zwischenruf, Schlaglicht, Guten Morgen, Auch das noch!*

Wenn alle Fesseln fallen, dann steigert der Journalist die Satire zur Attacke, wenn er jemanden niedermachen will, oder zur Groteske, wenn sich sein Spott gegen eine Sache richtet. Beide steigern die Satire zur schieren Bosheit, sie sind sprachliche und thematische Saltos ohne Netz.

Die *taz* ist voll davon, auch schon auf der ersten Seite. In anderen

38 Die Satire

Zeitungen sind die Satiren selten; in der literarischen Kritik machte sich Marcel Reich-Ranicki damit einen Namen; auf den Sportseiten fällt die Attacke kaum mehr auf, weil sie auf diesem ruhmsüchtigen Feld normal ist: Zu lesen ist in den meisten Zeitungen nur «Hurra!» und «Welch eine Blamage!».

Das Äußerste an Bosheit hat Robert Walser 1912 über August von Kotzebue ausgegossen, Zeitgenosse Goethes und Autor von mehr als 200 Dramen:

> *Kotzebue hat einer stets dankbaren und freundlich-anhänglichen Nachwelt seine massiven, sämtlichen, gepreßten, gedruckten, in Kalbsleder gebundenen, gekotzten und gebutzten Werke hinterlassen, und dennoch, so darf man sich wohl erdreisten zu sagen, wird er kaum noch je wieder gelesen ... Sein Gesicht war ganz verkrochen und verborgen in einem ungeheuerlich großen und kühnen Rockkragen. Einen Hals hatte Kotzebue gar nicht. Seine Nase war lang, und was seine Augen betrifft, so glotzten sie.*

Manche Satiriker verstecken sich hinter einer Kunstfigur, wie «Stine Stöber» in den *Husumer Nachrichten* oder Leo Hammer beim *Westfälischen Anzeiger* in Hamm; oder sie verschwinden hinter der Satire, wenn sie zur anonymen Institution wird wie das *Streiflicht*. Die anonyme Satire hat zwei Vorteile: Der Autor kann ohne Rücksicht auf böse Reaktionen jahrzehntelang schreiben und keinen Angriff auslassen, und der Zorn der von der Satire Zerzausten trifft die Zeitung oder Zeitschrift nur allgemein.

So lassen sich auch Angriffe unterbringen, die kein Autor länger als zehn Ausgaben vortragen könnte. Berüchtigt ist der «Spießer Alfons» in der Medien-Wochenzeitung *Horizont*, in der er Plagiate oder Dummheiten in Anzeigen geißelt und Ross und Reiter nennt. Vorgestellt wird er in seiner Kolumne so:

> *An dieser Stelle finden Sie die ziemlich überhebliche und völlig unmaßgebliche Meinung eines Spießers, von der sich nicht nur die Redaktion, sondern auch der Verfasser selbst in aller Form distanzieren*

möchte. Der Druckfehlerteufel ist sporadischer Mitarbeiter an dieser Kolumne. Alle Reklamationen sind genauso ausgeschlossen wie der Rechtsweg.

Die Leser mögen es, wenn der Redakteur mit den Sachen seinen Spott treibt, die jeden im Alltag zur Weißglut bringen; sie mögen auch kleine Nettigkeiten am Rande; sie mögen eben alles, was nicht so ernst daherkommt. Sie nehmen den Redakteuren manch holprigen Satz ab, die Prozessionen der Adjektive und die Ballungen von Metaphern: «Der Finger Gottes hat schon manchem mit rauer Hand ein Bein gestellt.»

Platz für die Satire ist überall. Wer etwa die Lokalspitze pflegt, liegt immer richtig, auch wenn seine Glossen schwanken zwischen Satire, Kommentar und heiterer Betrachtung, auch wenn sie schnell wechseln von der heiteren in die ernste Tonlage. Manche Autoren, zu denen leicht auch Anfänger zählen, kommen so zu ihrem Ruhm, wenigstens einem regionalen. Die *Berliner Spitzen*, die jahrzehntelang täglich erschienen, waren das Markenzeichen des Berliner Lokalteils im *Tagesspiegel*; ihr ständiger Autor Günter Matthes brachte die besten Spitzen in mehreren Büchern unter. Den Wandel seiner Stadt betrachtete er mit nostalgischem Blick, wie ein Medizinmann mitten im hektischen Alltag Berlins:

Der Mann passt nicht in unsere Gesellschaft. Früher, ja früher gab es so etwas öfter: Leute, die etwas boten, das nicht verlangt, aber honoriert wurde, wobei es dem begrenzten Publikum überlassen blieb, ob und wie es sich erkenntlich zeigte. Der Leierkastenmann im Hof ...

Wie Günter Matthes schrieb auch Helmuth Rücker täglich eine Lokalspitze – allerdings nicht in der gut besetzten Großstadtredaktion, sondern in der kleinen Lokalredaktion Regen der *Passauer Neuen Presse* im Bayerischen Wald. Sein *Moment mal* wurde beim Lokaljournalistenpreis 1993 ausgezeichnet mit der Begründung: «Er verdient den Preis, weil er nicht belehrt.» Der Hinweis war berechtigt: Gerade Lokaljournalisten strecken den Zeigefinger gern in die Höhe.

38 Die Satire

«Manchmal habt's einen Krampf drin, dass es einem d' Schuh auszieht», meinte ein Leser der Rücker'schen Satiren. Doch als der Lokalchef die Spitze nur noch jeden zweiten Tag schreiben wollte, gab's Protest bei den Lesern – und gerade bei denen, so schrieb Rücker, «die uns nach einem Kommentar am heftigsten auf die Zehen gestiegen sind».

Was bewirkt eine Glosse? Wer wirklich etwas bewegen will, der muss kräftig zulangen. Und er muss so schreiben, dass viele die Satire nicht als solche erkennen, sondern sie wörtlich nehmen. Das gelang Michael Schwarze. Er schrieb am 23. Dezember 1977 in der *FAZ*:

Weihnachten 1977 wird ein Fest ohne Fernsehen werden. Wie erst jetzt bekannt wurde, haben Intendanten, Programmdirektoren und die Mitglieder der Aufsichtsgremien in einer geheimen Klausurtagung beschlossen, sowohl am Heiligen Abend als auch am ersten und zweiten Feiertag auf die Ausstrahlung eines Programms zu verzichten ... Sollen wir uns über die Bevormundung ärgern oder sollen wir uns freuen, dass wir das Weihnachtsfest endlich wieder selbst gestalten können? Die Vorteile liegen auf der Hand: Wir können uns endlich wieder Zeit für die Bescherung nehmen. Der Tannenbaum kann in die einzig geräumige Ecke unserer Wohnzimmer, jene, die bislang dem Fernsehgerät vorbehalten war, gestellt werden und muss nicht länger zwischen Sofa und Gardine eingezwängt werden ...

Die Provokation saß: In den Fernsehanstalten wie in der Redaktion standen die Telefone nicht mehr still, Hunderte schrieben einen Leserbrief – von «Gelinde gesagt, eine große Unverschämtheit» bis zu «Wie schade, dass es nur ein Märchen war».

Der ironische Tonfall stellt die Redakteure vor die größten Schwierigkeiten – zumal da die Zahl der Redakteure, die Ironie mögen, leider viel größer ist als die Zahl der Leser, die sie verstehen. So bleibt die Ironie eine Quelle von Missverständnissen. Schon Jean Paul schlug ein «Ironiezeichen» vor – aber wahrscheinlich ironisch.

Redakteure tippen nicht Ironiezeichen in den Computer, sondern kündigen laut an: Vorsicht, Satire! Der Titel *Streiflicht* ist ein solches Signal ebenso wie die schräg gestellte Überschrift.

Wer ohne solchen plakativen Hinweis Satire schreibt, lebt gefährlich. Ein satirischer Artikel über den Vatikan, auf der Politikseite platziert, dürfte im protestantischen Nordfriesland leicht durchgehen, aber beim *Münchner Merkur* mit seinen treuen oberbayerischen Lesern würde er den Chefredakteur zwingen, seinen Schreibtisch zu räumen.

Ironie außerhalb des Satire-Ghettos muss stets die Empfindungen und die Vorurteile des eigenen Publikums bedenken. So konnte die *FAZ* im Oktober 1979 satirisch über den Prager Kommunismus berichten – auf der Politikseite direkt neben nachrichtlichen Texten wie «Anwalt Hübners kritisiert westliche Reaktion auf Amnestie»:

> *Als es vor einigen Tagen in Prag-Veitsberg brannte, rief der zuständige Genosse und Blockwart die Feuerwehr an. Böse Zungen verbreiten jetzt in Prag das Gerücht, der Feuerwehrkommandant in Prag 2 habe dem Blockwart gesagt: Haltet das Feuer bis zum nächsten Fünfjahresplan munter! Unser Soll im Löschen und im Einsatz ist für dieses Jahr schon erfolgreich erfüllt. Es ist klar, dass so ein Gerücht nur staatsfeindlich und antisozialistisch gesinnte, verbrecherische Elemente verbreiten, die, wie allgemein bekannt, alle im Dienste westlicher Geheimdienste stehen.*

Geht es den Redakteuren an die Arbeitsplätze, dann vergeht auch ihnen die Lust an der Satire. Als der Verlag der *Süddeutschen* Personal und Etats kürzte, blieb am 15. März 2003 die erste Spalte, in der täglich das Streiflicht steht, nahezu weiß. Eingerückt und in kleiner Schrift war als knappe Erläuterung zu lesen:

> *«(SZ) Ausgehend davon, dass die Ausgabe Nordrhein-Westfalen dieses Blattes zum heutigen Samstag eingestellt wurde, obwohl die Kolleginnen und Kollegen beste Arbeit geleistet hatten;*
> *in Erwägung ferner des Umstandes, dass die Redaktion der SZ bei weiteren Einschnitten irreparable Schäden fürs Blatt und den Journa-*

lismus insgesamt befürchtet (mehr dazu auf der Medienseite, Seite 20);
    eingedenk all dessen, sah sich das Streiflicht heute außer Stande, aufs gewohnte, den Lesern und ihm selbst lieb gewordene Format anzuwachsen.»

Die Satire ist ein unterhaltsamer, mitunter attackierender, bissig-böser oder sarkastischer Kommentar; für Glossen oder Lokalspitzen, wie Satiren meist genannt werden, gelten auch die Schreibregeln des Kommentars. Leser schätzen die Satire, aber nur wenige besitzen einen Sinn für Ironie, sodass viele Redaktionen sie mit einem Warnschild versehen.

Wie Gott den Journalisten erschaffen hat

Eine Satire über den Journalisten veröffentlichte die *München-Augsburger Abendzeitung* 1930 in der Art einer chinesischen Fabel:

Als Gott die Menschen erschaffen hatte, da gefiel es ihm gar nicht, dass sie ohne Plan und Ziel auf der Erde herumirrten. Je stärker sie sich vermehrten, umso größer wurde die Unordnung. Der eine tat dies, der andere jenes, was ihm gerade in den Sinn kam. Der eine zerstörte das, was der andere aufgebaut hatte.

Da beschloss Gott, jedem Menschen einen Beruf zu geben, für den er geeignet war und der ihn auch befriedigen konnte. Er berief alle Menschen zusammen und ließ durch einen Engel einen großen Sack bringen. In diesen waren zahlreiche Berufe gepackt. Sodann teilte der Herrgott jedem den Beruf zu, für den er die körperlichen und geistigen Fähigkeiten besaß.

Der eine konnte die schwersten Steine wälzen und dicke Eisenstangen biegen, der wurde ein Schmied. Ein anderer besaß die Gabe der Rede, dem wurde die Aufgabe gestellt, das Recht zu verteidigen gegen Missbrauch und Widersacher.

Eine kleine Maid mit flinken Füßen sollte durch ihren Tanz erfreuen, eine andere, die den Thron Gottes sorgfältig von jedem Staub reinigte, musste als Magd den Mitmenschen dienen.

So wurde jedem aus der großen Schar, die Gottes Thron umstand, sein

Beruf zugeteilt. Nur einer war dem Treiben ferngeblieben. Er beobachtete aus der Ferne alles eifrig und machte sich Notizen. Er war auch mit manchem nicht einverstanden.

Als nun alle abgefertigt waren, trat auch er heran, um seinen Beruf zu empfangen. Der Herrgott griff in den Sack – aber der war leer. Da war nun guter Rat teuer. Gott aber erbarmte sich des Armen, der zu spät gekommen war, weil er eifrig kritisiert hatte. Gott tröstete ihn, ließ die Menschen abermals sich vor seinem Thron versammeln und befahl, jeder solle von seinem Berufe ein Stück in den Sack werfen.

Sie befolgten zwar diesen göttlichen Befehl, aber es waren nicht immer die angenehmsten Seiten ihres Berufes, die sie abgaben. Gott schüttelte dann den Sack, fügte die einzelnen Teile zu einem Ganzen, reichte sie dem leer Ausgegangenen und sagte: «Dein Beruf sei Journalist!»

Wie man Leser gewinnt

39 Ein heikler Souverän

In regelmäßigen Abständen fällt die Klappe: Unser Auge schließt sich für den Bruchteil einer Sekunde, unterbricht also die Wahrnehmung und ruht aus. So ist auch das Lesen kein fortwährender Prozess, vielmehr verläuft es in Sprüngen. Bekannte Buchstabengruppen erfasst das Auge mühelos und springt schnell weiter. Begegnet ihm Unbekanntes oder Verwirrendes, stoppt es, geht langsam voran oder schaut zurück – wie bei dem Wort «eingeigelt». Der Werbetexter Franz Ulrich Gass erzählt, wie dieses Wort unser Auge verwirrt:

> *Die häufig vorkommende Buchstabenfolge ei oder ein erfasst das Auge schnell und mühelos. An das ei schon gewöhnt, assoziiert das Auge beim zweiten Blicksprung gei oder geig. Es stutzt dann beim dritten Blicksprung, weil das Gehirn eine Fehlfixierung signalisiert. Die Fixierung beginnt daher noch einmal von vorn, wobei die Blicksprünge anders verlaufen können.*

Da hilft nur: Wörter wie «eingeigelt», «beinhalten» oder «kreieren» gehören in keinen geschriebenen Text. Ohne Mühe lesen wir nur dann, wenn unser Auge die Wörter zügig erfassen kann; es wird langsamer oder springt gar zurück, wenn ungewohnte Buchstabenfolgen es verwirren. Erst recht erlahmt das Interesse bei langen zusammengesetzten Wörtern, exotischen Namen, (Klammern), Zahlenreihen, ungewohnten Abkürzungen und Schachtelsätzen.

Das hatten Sie nie vernommen in der Schule und auf der Universität? Umso schlimmer für diese. Dort gibt es ja nur Pflichtlektüre: Schüler und Studenten müssen lesen, was Lehrer und Professoren ihnen vorgegeben haben, und sie rächen sich damit, dass sie den Professoren Texte liefern, denen diese ihrerseits nicht entrinnen können.

Der Zeitungs- und Zeitschriftenleser aber ist ein Souverän. Was sein Auge nicht fesselt, das entdeckt er oft gar nicht auf der großen Zeitungsseite oder auf Seite 267 eines Magazins; was er entdeckt, das liest er noch lange nicht, falls nicht Foto und Überschrift ihn dazu verführen; und beginnt er wirklich mit der Lektüre, so ist er Zeile um Zeile bereit, wieder aufzuhören, falls die Sache ihn enttäuscht oder die Sprache ihm missfällt.

Journalisten, wenn sie denn gelesen werden wollen, haben also jeden Grund, *alles* ins Feld zu führen, was geeignet ist, aus dem mäßig interessierten Blätterer einen faszinierten Leser zu machen. Das reicht bis zu dem Entschluss, das Schriftbild *geig* zu vermeiden, wenn es nicht ins Geigenspiel mündet, sondern ins Eingeigelte; es erzwingt den klaren Willen, überlange Wörter und undurchsichtige Sätze zu vermeiden (dazu das Kapitel *Schreiben und Redigieren*); und es beginnt mit der Bereitschaft, diejenigen optischen und sprachlichen Mittel anzuwenden, die geeignet sind, den Blätterer oder Bildschirm-Überflieger zu einem Text überhaupt hinzuführen: Foto und Bildunterschrift, Überschrift und Vorspann – und das Layout überhaupt, die schlüssige und gefällige Gliederung der Seite, gleich ob es sich um eine Druck- oder Bildschirmseite handelt.

40 Das Layout

Aus der Wahrnehmungspsychologie kennen wir die Gesetze des Lesens, und die dürften sich seit Jahrhunderten kaum verändert haben. Bilder und Farben reizen unsere Sinne, erst dann konzentrieren wir uns auf das Schwarz-Weiß der kleinen Buchstaben. Also, was tun Leser, wenn sie eine Zeitung aufschlagen oder eine Bildschirmseite?

Beginnen wir mit Zeitung und Zeitschrift: Die Leser schauen sich zuerst das große Bild an, gleichgültig, wo es auf der Seite steht; selbst ein Foto oder eine Graphik am Fuß einer Seite zieht an wie ein Magnet.

Etwa drei Sekunden gibt der Leser dem Redakteur: Hat er ein

reizvolles Bild, eine spannende Überschrift gefunden, liest er sich fest. Stolpert er in eine ungeordnete Seite, in der nicht einmal der Aufmacher auffällt, dann wandert er weiter; die Zeitung ist dick genug, um mit einiger Wahrscheinlichkeit noch attraktive Seiten zu finden.

Hat ihn das Bild gefesselt, wandert sein Blick zur Überschrift. Beide gehören zusammen, und so muss die Aussage von Bild und Überschrift übereinstimmen. Ist Tarzan auf dem Foto zu sehen, darf nicht Jane in der Überschrift stehen; geht es in der Überschrift um die Pleite eines Unternehmens, darf auf dem Bild kein lächelnder Vorstand zu sehen sein (auch wenn kein anderes Bild im Archiv zu finden ist).

Wer die Harmonie von Bild und Schlagzeile stört, vertreibt den Leser: Er reimt sich nicht zusammen, was der Redakteur versäumt hat, ihm zu erklären; er nimmt nur selten die Mühe auf sich, im Text die Lösung für das Rätsel zu finden, warum das Foto des amerikanischen Präsidenten etwas zu tun hat mit der Überschrift, die von Schwierigkeiten des japanischen Kaiserpaars kündet. In Redaktionskonferenzen wird von *Text-Bild-Schere* gesprochen, wenn Soziologen das Wort führen, sprechen sie von *kognitiver Dissonanz*.

Ist das Foto attraktiv und bietet Details an, die man verstehen will, so geht der Leser zunächst in die Bildzeile; verspricht die Überschrift eine spannende oder überraschende Geschichte, wird er zuerst in den Vorspann gehen.

Wie findet man heraus, was Menschen lesen? Werber, die Wirkung von Anzeigen testen, probierten als Erste das Eyetracking aus, die Blick-Aufzeichnung. Lesern einer Zeitung wird eine recht klobige Brille aufgesetzt mit integrierter Kamera; Leser von Internet-Seiten geraten ins Blickfeld einer Kamera im oder über dem Computer.

Der Klassiker in Deutschland ist eine Studie des Düsseldorfer Designers Norbert Küpper von 1989. Er hat mit 30 Studenten und 30 typischen Lesern des *Badischen Tagblatts* in Baden-Baden experimentiert; was er herausfand, gilt nach wie vor:

Fast alle schauten zuerst auf die Bilder. Bei großen, eindrucksvollen Fotos kehrten manche Leser sogar zurück zum Bild, nachdem sie einige Zeilen des Textes gelesen hatten, und gönnten sich einen zweiten Blick.

Norbert Küpper wiederholte 2011 seinen Test und stellte fest – wie schon zwei Jahrzehnte zuvor: «Meldungen mit Menschen werden sehr gut beachtet.» Das ist nicht überraschend, es sei denn für einige Redakteure, die Themen und Sachen mögen, am liebsten soziologisch verquast, und die Politikern auf den Leim gehen, wenn sie sich beschweren, wie wenig über Themen und wie viel über politische Streithähne geschrieben wird.

Zum Ärger der Redakteure blieben in den Blickstudien große Teile der Texte unberührt. «Steinstele bereitete den Archäologen Sternstunde» war ein 160 Zeilen langer Vierspalter am Fuß der vierten Seite überschrieben:

- Gut 60 Prozent lasen die Überschrift.
- Nur noch 9 Prozent stiegen in den Vorspann ein.
- Gerade noch 4 Prozent wollten den Text lesen.
- Schon im zweiten Absatz waren alle ausgestiegen: 0 Prozent für die restlichen 140 Zeilen!

Auf gewisse Weise ist das ein Trost für Redakteure, die schon glaubten, die Leser suchten ihr Heil nur noch in Fotos und Graphiken. Nein! Mit einem guten Foto locke ich den Leser an, mit einer noch besseren Schlagzeile mache ich ihn endgültig neugierig – und dann entscheidet allein mein journalistisches Können, ob mein Artikel gelesen wird.

Was für das Lesen gedruckter Seiten gilt, gilt auch für den Bildschirm – mit wenigen Ausnahmen:

- Der durchschnittliche Internet-Nutzer liest nicht, er sucht – er scannt die Seite. Also muss er schnell etwas finden, an dem er hängenbleibt. Auch der Zeitungsleser sucht, aber er beginnt schneller zu lesen.
- Der Computer strengt die Augen mehr an als graues Papier, der Schirm ist kleiner als eine Zeitungsseite. Also müssen Texte und Bilder so angeordnet werden, dass Leser auf einen Blick erfassen, was sie erwartet – auch ohne die gesamte Seite zu sehen; Spalten wie in der Zeitung erschweren das Lesen.

- Die Bildschirmseite braucht mehr und wiederholt Reize, um den Leser zu fesseln. Eine gute Überschrift und ein großes Foto reichen nicht, zumal Fotos nur über eine schwache Auflösung verfügen.
- Eine Bildschirmseite braucht eine ruhige Übersicht, aber dennoch viele Elemente wie kurze Schlagzeilen und Teaser, auch um von Google gefunden zu werden; zudem Verweise, Links, Chroniken, Listen, Kommentare.
- Die Schlagzeile ist wichtiger als das Foto. Norbert Küpper fand bei seiner Online-Blickstudie 2011 heraus: «Lange Texte auf Nachrichtenseiten werden gelesen, wenn die Überschrift auf der Startseite hochattraktiv ist.»
- Auf dem Bildschirm liest man langsamer als auf Papier. Wer lange und unverständliche Sätze braucht, kann nur hoffen, dass einige Spezialisten zumindest seinen Text ausdrucken.
- Wir lesen von links nach rechts – das ist eine scheinbar triviale Feststellung. Nicht so im Netz: Auf der linken Seite wird mehr gelesen, das erste, also links stehende Wort wird stärker beachtet als die weiteren Wörter – in einer großen wie kleinen Überschrift oder in einer Liste.
- Lange Absätze vergraulen die Leser. Das gilt zwar auch für gedruckte Texte, aber im Netz haben die Leser noch weniger Geduld. Amerikanische Zeitungen richten oft nach jedem Satz oder zwei kurzen Sätzen einen Absatz ein.
- Zum intensiven Lesen fehlt die rechte Umgebung: Die meisten lesen am Schreibtisch und nehmen auch den Laptop selten mit ins Bett oder auf die Couch. Die Smartphones, die tauglich sind für gemütliche Plätze, haben den Nachteil des kleinen Bildschirms.

Die Chance, dass lange Texte gelesen werden, ist in der Zeitung ungleich größer. Aber auch in der Zeitung will er gefunden werden. Wer ein hektisches Layout mag, das jeden Tag anders ist, jeden Tag wilder, den bestraft der Leser mit Weiterblättern. Der Leser mag die Ordnung in seiner Zeitung wie die Ordnung im Küchenschrank: Die Tassen stehen immer an derselben Stelle.

In Küppers Blickstudie aus den 90er Jahren wurde «Das Grauen vor der Haustür», ein Vierspalter am Fuß der fünften Seite, mit der Überschrift nur von der Hälfte wahrgenommen; doch ein Drittel aller Leser blieb dabei bis zum letzten Satz. Wer also bei einem langen Text noch nicht einmal die Hälfte der Leser vor dem letzten Satz verliert, darf sich freuen.

Leser sind langen Texten durchaus nicht feindlich gesinnt. Solche Artikel dürfen nur nicht durchfallen bei der ständigen halbbewussten Güterabwägung, die jeder Leser vornimmt: Wie verhalten sich mein Zeitaufwand und die kleine Anspannung des Lesens zu meinem Gewinn an Information oder Vergnügen? Je länger der Text, desto höher die Ansprüche an die Kunst, das Thema angenehm und spannend darzubieten. Im Lokalteil haben lange Texte es am leichtesten, gelesen zu werden; ein gewisses Interesse am Thema ist dort eben besonders wahrscheinlich.

Wird ein langer Text in Portionen eingeteilt, dann schätzen es die Leser: Nicht harte Arbeit wartet auf sie, vielmehr werden sie ihre Freude am Lesen bekommen. *USA Today* erfand diese Methode und präsentiert damit mehr lange Texte als viele Zeitungen, die sich ihrer Buchstabenwüsten rühmen; *Focus* hatte mit dieser Methode Erfolg, obwohl schon der *Spiegel* sie geübt hatte, wenn auch nur halbherzig.

Eine Zeitung oder Zeitschrift nur mit kurzen Texten wäre unerträglich: Selbst *Bild* lockt auch mit längeren Texten wie in einer Serie «Geheimnis Kloster» oder gar mit einem seitenlangen Interview, als die Redaktion vor der Bundestagswahl 2002 Kanzler Schröder und Herausforderer Stoiber zum Duell lud.

Eine hartnäckige Folge kurzer Texte mit stets wechselnden Informationen ist schwer zu ertragen. Wer mag schon viele Paukenschläge hintereinander?

Kurze und lange Texte – das ist die ideale Mischung. Der Zeitungsredakteur kann von den Zeitschriften lernen, wie sehr er auf den Rhythmus des Lesens achten sollte: Zeitschriften beginnen und enden mit kurzen Happen und schieben zwischen Reportagen und Interviews Seiten mit Notizen wie «Prisma» aus der Wissenschaft, «Trends» in der Wirtschaft oder «Forum» in der Politik.

40 Das Layout

«Zeitungen mit Monopolcharakter sehen selten die Notwendigkeit, ihr Layout zu verbessern», sagt Martin Stahel, einst Vorstandsmitglied bei Gruner+Jahr. Auch Mario Garcia, der bekannteste amerikanische Designer, erzählt schreckliche Geschichten aus deutschen Redaktionen. Rund fünfhundert Zeitungen hatte Garcia neu gestaltet; der *Tagesspiegel* in Berlin wurde zur schwierigsten:

> *In der ersten Sitzung bestanden die Redakteure darauf, dass der Zeitungskopf, die Grundschrift, die Schrift der Überschriften, die Verteilung der Textarten nicht geändert werden. Sie wollten die Grundsätze, die seit 100 Jahren gelten, erhalten sehen. Und dann soll man anfangen zu arbeiten. Deshalb hat es 22 Monate gedauert, diese Zeitung umzugestalten. Es war ein kleiner Schritt für die Redakteure und ein riesiger Schritt für mich. Der Kampf ging zum Beispiel darum, die Fotos auf der Titelseite nach oben zu bringen. Bis zum 2. September 1994 hatte diese Zeitung noch nie ein Foto über dem Bruch. Das dauerte neun Monate, brachte Querelen und Auseinandersetzungen und fast einen Selbstmord.*

Auch wer als Anfänger in eine Zeitungsredaktion kommt, versteht den Widerstand vieler Redakteure nicht; jüngere Leser kennen aus Magazinen aufgeräumte und luftige Seiten, sodass der *horror vacui*, die Angst vor dem weißen Raum, ihnen unbegreiflich bleibt. «Der Leser kann ja denken, uns sei nichts mehr eingefallen!», rechtfertigen sich Redakteure, wenn sie beispielsweise die Zeilen in allen Überschriften komplett ausfüllen oder wenn auf ihren Seiten Buchstaben, Worte und Bilder nahezu ineinanderlaufen.

Leser mögen vollgestopfte Seiten nicht. Sie wollen geführt werden. Dabei hilft der weiße Raum: Er trennt deutlich die Elemente der Seite voneinander, er gliedert, und er hilft, das Wichtige hervorzuheben. «Weiß strahlt eine stille Kraft aus», betont der Designer Garcia. Das hat Folgen für die Gestaltung einer Seite:

- Überschriften sollten nicht unbedingt voll auslaufen, ein Drittel kann weißer Raum bleiben.
- Absätze sollten kurz sein, damit nicht der Eindruck einer kaum zu

bewältigenden Textmenge entsteht. Der Designer Rolf Rehe empfiehlt pro Absatz acht bis zwölf Zeilen.
- Auch Flattersatz erzeugt weißen Raum, der ins Auge fällt: Der Leerraum zwischen den Wörtern wird nicht innerhalb der Zeile verteilt, sondern erscheint am Zeilenende komprimiert wie bei den meisten mechanischen Schreibmaschinen. Die *Emder Zeitung* benutzt durchweg Flattersatz, während andere Zeitungen ihn für Nachrichtenspalten, Glossen, Kommentare anwenden.

Überschriften, die nicht voll laufen, freigestellte Bilder, kurze Absätze – so kann nahezu jeder Redakteur selber dafür sorgen, dass eine Seite genug Luft bekommt. Und wenn er noch die folgenden Regeln beachtet, hat er genug getan, den Leser zu locken:

1. In allen Zeitungen hat sich der Blockumbruch durchgesetzt. Blockumbruch heißt: Jeder Artikel, aber auch mehrere thematisch zusammengehörende Artikel bilden ein geschlossenes Rechteck unter Einschluss eines oder mehrerer Fotos.
Auch die *Neue Zürcher Zeitung* hat am 3. Januar 2006 Galgen, Spinnenbeine und Verschachtelungen abgeschafft. «Bewährte Qualität in neuem Kleid», überschrieb die Redaktion ihr Editorial und begründete die Abkehr vom Alten mit der Hinwendung zur «Leserfreundlichkeit»; man ahnte, welche Kämpfe es unter den Redakteuren gegeben haben muss, um endlich freundlich zum Leser zu werden.
2. Kurze Nachrichten sind begehrt – aber nur, wenn sie übereinander gestapelt werden, möglichst in den Außenspalten und durch Fotos aufgelockert, oder wenn sie nebeneinander in einen Mehrspalter zusammengestellt werden.
3. Längere Artikel werden gelesen, wenn sie der Redakteur auflockert durch Zwischentitel und Infokästen, in denen ein Stichwort erklärt wird, die Fakten, vor allem Zahlen, zusammengestellt werden, der Ablauf der Ereignisse oder die Vorgeschichte erzählt wird. Aber Vorsicht vor Wiederholungen, denn sie vermitteln dem Leser den Eindruck, von nun an werde nichts Neues mehr kommen. So ergab die Leserforschung bei der *Berliner Zeitung*:

Zwar zieht ein Zwischentitel Leser in den Text hinein, aber wenn die Aussage des Zwischentitels im Artikel kam, steigen die Leser aus.

Das Layout verführt zum Lesen. Deshalb muss der Redakteur nicht nur Mühe auf einen guten Text legen, sondern auch in eine attraktive Gestaltung; sonst nützt all das Feilen an einem guten Artikel wenig.

Der Ganzseitenumbruch zwingt immer mehr Redakteure zum Layout am Computer. So müssen sie übersichtliche und luftige Seiten gestalten; Weiß akzeptieren sie als eine attraktive Farbe, ohne die eine Zeitungsseite viel zu grau aussieht, und sie bieten eine Mischung aus kurzen und langen Texten an.

41 Das Foto

In vielen Zeitungsredaktionen gelten Fotos als ein lästiges Übel, mit dem der Raum zwischen den wertvollen Texten gefüllt wird. So wie Fred Taylor, ehemals Redakteur beim *Wall Street Journal*, denkt in den Abonnementzeitungen fast die gesamte Zunft der Schreiber:

Wenn ich so ein riesiges Aufmacherbild von einer Banane auf der Food-Seite einer dieser normalen Zeitungen sehe, dann denke ich nur: Mein Gott, schon wieder 3000 Wörter den Bach runter.

Kaum eine Debatte wird mehr von Gefühlen bestimmt: Muss das Wort gegen das Bild verteidigt werden? In vielen Redaktionen steht die Antwort fest: Wenn das Bild die Hoheit über das Bewusstsein der Menschen gewinnt, dann geht unser Abendland unter im Seichten und Anspruchslosen! Mit Neil Postman unter dem Arm wird das Bild, die Zeichnung und die Graphik mit purer Unterhaltung gleichgesetzt, mit der wir uns zu Tode amüsieren.

Aber das Lesen und Begreifen beginnt immer noch mit dem Schauen. Ein Blick in die Schulbücher von Leseanfängern genügt:

Ihnen wird das Erkennen von Buchstaben leichtgemacht, wenn die Buchstaben Bildern gleichen oder mit Bildern verknüpft werden. Bilder erleichtern den Zugang zu Texten, weil eben Buchstaben abstrakte Zeichen sind; wer sie entschlüsseln will, muss sich mühen.

Ein Bild ist im Vergleich zum Text keine bessere und keine schlechtere Information: Es beschreibt anders als ein Text, es bedarf der Deutungen, es ruft Gefühle hervor – und es reizt dazu, mehr zu erfahren, den Hintergrund des Augenblicks, in dem der Fotograf auf den Auslöser drückte. Der Schreiber kann die Geschichte hinter dem Foto erzählen: Das ist seine Chance, und je besser er sie nutzt, desto mehr Menschen lesen seine Texte.

Das Foto in der Zeitung sollte das Gegenteil des Fotos sein, das Leser in Familienalben kleben. Der Vater möchte nicht das Parkhaus am Gletscher zeigen, sondern in der Totale dokumentieren, dass er mit seinem Auto die Familie erfolgreich zum Großglockner transportiert hat. Redakteure müssen den Leser in eine Szene hineinziehen: Sie wählen den Ausschnitt, der das Wesentliche enthält, und schneiden alles Beiläufige ab. Ein Drama kann auf einem Bild reizlos werden, wenn es in einer Fülle überflüssiger Details versteckt wird.

Das macht den Reiz eines Fotos aus: Es hält einen Augenblick fest, den unser Bewusstsein nicht fixieren kann. Ein Foto ist nicht die Wirklichkeit, es bildet sie auch nicht ab – es konstruiert und interpretiert sie. Umso genauer muss ein Redakteur die Auswahl und Platzierung eines Fotos bedenken.

Die Manipulation

Eine Fülle von Möglichkeiten zu manipulieren bieten sich dem Fotografen und dem Redakteur an. Dies sind einige davon:

1. Die Auswahl. Leser beschweren sich über das einzige Foto, das die kalifornische Tageszeitung *Sacramento Bee* nach einer großen Demonstration in San Francisco gegen den Golfkrieg veröffentlichte: Hippies sind zu sehen, einer davon hat Patronenhülsen an seinen Zähnen befestigt, trägt einen Patronengurt – «und sieht ganz schön wild aus», wie Art Nauman, der Ombudsmann des Blattes, den Lesern zugestehen musste.

«Die Demonstration verlief völlig friedlich», schimpften die Leser, «der junge Hippie auf dem Foto war überhaupt nicht typisch!» Die Redakteure mussten den Lesern recht geben, und der Ombudsmann schrieb in seiner Sonntagskolumne selbstkritisch: «Wir haben die Realität verzerrt. Viele Leser schauen sich nur die Bilder an und lesen Überschriften. Wir hätten neben diesem Foto auch noch andere bringen müssen!»

So manipuliert der Redakteur, wenn er von einer erregten Sitzung des Stadtparlaments den Schnappschuss eines gähnenden Hinterbänklers als einziges Foto oder als herausragendes drucken lässt. Fotos dürfen die Wirklichkeit nicht unzulässig interpretieren: So muss wenigstens das erste und dominierende Foto eines Ereignisses mit der Wahrnehmung der meisten Teilnehmer übereinstimmen; es ist zulässig, in weiteren Bildern Details, Randphänomene und Kuriositäten zu bringen.

Es gibt eine Ausnahme von dieser Regel: Staatsmänner, welche die Hände schütteln oder die Ehrenformation abschreiten. Handschüttel-Fotos haben in der Regel keine Aussage, langweilen die Leser und führen sie somit nicht in den Text hinein. Bei solchen Standardsituationen dürfen, ja sollten überraschende Bilder am Rande des Ereignisses akzeptiert werden.

Zum Beispiel: Der schlafende Außenminister Genscher und der in die Höhe schauende Bundeskanzler Schmidt mit gefalteten Händen – und dazu die Bildzeile in der *FAZ*: «Der Bundeskanzler und der Außenminister bei der Haushaltsdebatte und – wie der Fotograf beteuert – während der Rede des Oppositionsführers Kohl.»

2. Der Ausschnitt. Erfahrene Politiker kennen das Ritual: Sie stellen sich nie an den Rand einer Gruppe; nur wer am Rand steht, kann vom Redakteur abgeschnitten werden. Jedes Foto ist ein Ausschnitt der Wirklichkeit, sodass ein Ausschnitt aus dem Foto erlaubt ist – wenn er nicht verfälscht, sondern den Blick auf das Wesentliche lenkt. Die Hosenbeine von Männern auf einer Gruppenaufnahme müssen nicht zu sehen sein – Brustbild reicht. Die Hand jedoch darf weder durchgeschnitten sein noch weggeschnitten, wenn man den ganzen Ärmel sieht.

Wie findet man den idealen Ausschnitt? Das älteste Werkzeug sind zwei rechteckige Winkel aus Pappe mit etwa 25 cm langen Schenkeln. Die schiebt man auf dem Foto so lange aufeinander zu, bis die optimale Bildwirkung erreicht ist.

3. Die Retusche. Dank des Computers ist es ein Kinderspiel, den Bürgermeister auch aus der Mitte eines Gruppenbildes herauszuretuschieren. Doch wer so in ein Foto eingreift, der überschreitet die Grenze zur Lüge, wie einst Stalin: Lenin sprach am 5. Mai 1920 vor den Truppen, die gegen die polnische Armee kämpfen sollten; auf der Treppe, die zur Rednertribüne führt, standen Trotzki und Kamenew. Nachdem Trotzki in Ungnade gefallen war, wurde das Foto in zwei Versionen verbreitet: als Ausschnitt – nur mit Lenin, die Treppe mit Trotzki und Kamenew war abgeschnitten; und als Fälschung: Die Treppe ist zu sehen, aber Trotzki und Kamenew sind wegretuschiert.

4. Der Blaue-Himmel-Effekt. Die besten Fotos entstehen mit Photoshop oder anderen Programmen. Wie Fotografen früher in der Dunkelkammer mit Chemikalien tricksten, so tun sie es heute mit trickreicher Software: Wo das Auge nur einen grauen Himmel sieht, zaubern sie bizarre Wolken über die Landschaft.

Als Werbeaussage für Urlaubskataloge mag das angehen. Wer aber ein Ereignis dokumentiert, darf bei der Bearbeitung allenfalls für mehr Schärfe und Kontrast sorgen; alles ist erlaubt, was er auch schon mit der Kamera hätte beachten können, inklusive der gebräuchlichen Filter.

5. Gestellte Fotos. Wenn sich der Politiker für uns in Positur gestellt hat, ist dies offen im Text zu sagen, schreibt die Agentur *AP* in ihr Handbuch. Oft inszenieren Fotografen ihrerseits ein Ereignis. Veranlassen sie Politiker zu einem Händedruck, den die nicht für dringend hielten, so bewegen sie sich noch im Rahmen des Üblichen; zahlen sie Skinheads Geld für einen Hitlergruß (und das ist geschehen!), dann sind sie Betrüger und eine Schande des Gewerbes.

6. Gekonterte Fotos. Eine Faustregel besagt: Menschen sollen nicht aus der Zeitungsseite hinausschauen oder aus ihr hinauslaufen. Daraus hat sich die Unsitte entwickelt, das Bild um 180 Grad zu drehen, also: Rechts wird links und umgekehrt. Der Leser merkt es sofort, wenn ein Rennwagen die Werbebotschaften in Spiegelschrift zeigt. Er merkt es nicht, wenn ein Gesicht gewendet wird – es sei denn, er weiß, wie sich ein Schauspieler den Scheitel kämmt. Experten behaupten glaubhaft, dass kein Mensch zwei gleiche Gesichtshälften besitzt: Also verändert das Kontern ein Gesicht – und ist damit verboten. Im Zweifelsfall muss ein Gesicht aus der Seite hinausschauen, das ist das kleinere Übel.

Die Platzierung
Wo auf der Seite sollen die Fotos stehen, und in welcher Relation zum zugehörigen Text, falls es einen gibt? In denselben bleiverliebten Redaktionen, in denen man Fotos ohnehin nicht mag, werden beide Fragen oft mit ärgerlicher Sorglosigkeit beantwortet.

Gehört das Foto zu einem Text, so sollte der Leser die Zusammengehörigkeit sofort erkennen. Folglich muss das Foto gemeinsam mit dem Text ein Rechteck ergeben, einen Block.

Auch dabei kann etwas schiefgehen: wenn nämlich zwei solche Blöcke so aneinanderstoßen, dass ihre Fotos sich berühren. Das ist für den Leser verwirrend und ohnehin Ausdruck eines missratenen Layouts.

Gehört zu einem Bild kein Artikel, so sollte es deutlich abgegrenzt werden gegen die umliegenden Texte, denen man es sonst zuordnen könnte, am besten durch Linien; einst war ein Kasten beliebt, mittlerweile nicht mehr – ein bisschen Zeitgeist fliegt auch durch Designerträume. Solche Fotos heißen, je nach Redaktion, Solobild, Schmuckbild, Featurebild (auch einfach «Feature») oder Fotoartikel. Im Vermischten sind sie ein häufiger Fall.

Die Fotos in den Textblöcken und die Solobilder bestimmen zusammen das Gesicht der Seite mehr als jedes andere Element. Jede Seite braucht über dem Bruch ein tragendes Foto, also ein großes und möglichst brillantes, das den Kontakt zur Seite vermittelt.

Zwei große Fotos auf einer Seite sind aber unerwünscht; das zweite oder dritte Foto muss deutlich kleiner sein – sonst tanzt das Auge des Lesers über die Seite. Am sinnvollsten werden Bilder auf einer Seite in einem Dreieck oder, um Dynamik zu zeigen, in der Diagonalen platziert.

Wie groß sollen Fotos sein? Im *Stern* verbreitete Henri Nannen einst die Faustregel: «Wenn das Bild nichts taugt, müssen wir es riesig hindonnern.» In der Tat: Große Fotos wirken schlechthin stärker als kleine. In die Versuchung, Bilder *zu* groß zu bringen, geraten die meisten Zeitungsredakteure ohnehin nicht.

Das Risiko ist vielmehr, dass man Fotos druckt, die entweder eine angenehme Mindestgröße unterschreiten («Briefmarken» heißen sie dann) oder die auf begrenztem Raum zu viele Menschen oder Gegenstände zeigen («Fliegenschiss»). Manhattan einspaltig ist eben lächerlich, und die Sahara einspaltig wäre es nicht minder.

Für *Porträtfotos* gilt: eng beschneiden, damit das Gesicht dominiert; es sei denn, ich zeige den Abgebildeten in einer für ihn typischen Umgebung. Bei mehreren Porträts in einer Reihe müssen die Köpfe von ähnlicher Größe sein, die Augen auf gleicher Höhe liegen. Boulevardzeitungen neigen dazu, die Köpfe *freizustellen*, d. h. völlig aus ihrer natürlichen Umgebung herauszuoperieren.

Im Internet geben Überschrift und Teaser den entscheidenden Impuls zum Weiterklicken. Das Foto hat eine dienende Funktion, es hat nur eine schwache Auflösung, ist in der Regel klein und zeigt die Menschen oder Ereignisse, die im Teaser erwähnt sind. Also sollte das Foto nur wenige Details in kontrastreichen Farben bringen, sich auf eine Person oder ein Objekt konzentrieren und nur so viel von der Umgebung zeigen, dass die Atmosphäre, etwa bei einem Treffen, zu ahnen ist. Wird der Teaser aktualisiert, muss auch das Bild überprüft werden: Stimmen Inhalt von Text und Bild noch überein?

Zeitschriften und Boulevardzeitungen wissen, was sie am Foto haben; gegen ihre Layouter anzustänkern ist zwecklos. In der Mehrzahl der Abo-Zeitungen dagegen ist das Verhältnis zum Bild unterbelichtet, und auf Auswahl, Größe und Platzierung der Fotos hat der Textredakteur oft Einfluss. Den sollte er nutzen, um beherzt jede Seite mit einem Blickfang zu versehen. Dabei hat er viele technische Regeln zu beachten und sich vor Manipulation zu hüten.

42 Die Bildunterschrift

Der Bildtext (die Bildunterschrift, die BU, die Bildzeile, die Legende) wird mit hoher Wahrscheinlichkeit gelesen, wenn das Foto dem Leser gefällt oder ihn zumindest neugierig macht. Mit entsprechender Sorgfalt und Liebe sollte der Bildtext formuliert werden. In den Zeitschriften und den Boulevardzeitungen weiß man das; in den meisten Abo-Zeitungen stehen viele dem Problem mit Unkenntnis und Gleichgültigkeit gegenüber. Diese Haltung ist unfreundlich gegenüber dem Leser, auch ziemlich dumm, wenn man denn gern hätte, dass der zugehörige Artikel seine Leser findet, und obendrein schlecht fürs Geschäft.

Auch bei den beliebten Fotostrecken im Internet, auch Slideshows oder Dia-Schauen genannt, reiht die Redaktion Foto an Foto, entweder mit der stets gleichen Bildzeile («Lastwagenunfall auf der Gipswerkbrücke») oder gänzlich ohne. Da kippt der Fotograf den Inhalt seines Chips ins Internet, ohne nachzudenken, welche Fotos interessieren könnten. In den Fotostrecken sind kleine Geschichten nicht nur erlaubt, sondern auch erwünscht; sie können unter oder neben dem Bild stehen oder aufplatzen, wenn man mit der Maus übers Bild fährt.

Selbst gegen das kleine Einmaleins der Bildunterschrift wird oft verstoßen: Als Minimum muss sie erklären, wer oder was auf dem Bild zu sehen ist, und darf nichts behaupten, was auf dem Foto nicht zu sehen ist. Ein klassischer Durchhänger in der Zeitschrift *journalist* – Bildmotiv: ein Fjord. Text: «Mehrere Publizistikschulen sollen die regionalen und sprachlichen Probleme Norwegens lösen helfen.»

Der Redakteur war offenbar in Not: Wie soll er vom Fjord zu den Publizistikschulen kommen, dem Thema des Artikels? Den Fehler hatte er schon bei der Auswahl des Fotos gemacht. Es muss zur Überschrift und zum Thema des Artikels passen, sonst verwirrt er den Leser.

Aus der Leseforschung kennen wir die Reaktion der Leser: Passen Foto und Überschrift nicht zusammen, blättert der Leser weiter. Wenn Tarzan auf dem Bild zu sehen ist, darf Jane nicht in der Überschrift stehen – auch wenn sie die Hauptrolle im Artikel spielt. Der Leser mag keine Rätsel.

Erklären, was auf dem Bild zu sehen ist, «dem Leser das Bild vorlesen», wie Henri Nannen es verlangte – das beginnt mit der Antwort auf die Frage: Wer oder was ist das? Das Wer schafft Probleme, wenn das Foto mehrere Personen zeigt.

Sind es drei Prominente, so müssen alle identifiziert werden. Sind es mehr, als der Redakteur in der vorgegebenen Länge unterbringen kann, so braucht der Bildtext eben mehr Platz. Zeigt das Bild drei Prominente und drei Unbekannte, so genügt es, wenn der Redakteur die Prominenten identifiziert; weiß er von den anderen, dass sie Dolmetscher oder Leibwächter sind, so sagt er das.

In amerikanischen Zeitungen nennt der Redakteur auch die Namen von Unbekannten. Hat er partout einen Namen nicht bekommen, schreibt er: «Ein unbekannter Fan schwenkt im Baseball-Stadion begeistert die US-Flagge.» Wie teile ich mit, wer wo steht? Wenn es sich um einen Händedruck zwischen Bundespräsident und Bundeskanzlerin handelt, so wäre der Hinweis «Merkel (links)» entbehrlich, ja lächerlich. Im Regelfall aber muss ich dem Leser klar machen, welcher Name zu welchem Gesicht gehört.

Eine elegante Lösung ist, die Person mit ihren Attributen zu kennzeichnen, etwa «mit Handtasche» oder «unter dem Regenschirm». Die beste Lösung – in den meisten Zeitschriften angestrebt – besteht darin, das Attribut in eine Handlung umzusetzen; statt «Angela Merkel und Nicolas Sarkozy» zu schreiben: «Von Angela Merkel angelächelt, schreitet Nicolas Sarkozy ...»

Nicht nur die Personen werden in der Bildzeile genannt, auch alle Teile der Fotos, die auffallen oder auffallen sollen. Zeigt es an markanter Stelle einen Grabstein mit exotischer Schrift, so steht im Bildtext: «Die Inschrift ist arabisch; auf Deutsch bedeutet sie: ...»

Grabsteine und Sonnenuntergänge können reizvoll sein, doch der Erfolg einer Zeitung, vor allem im Lokalteil, hängt von der Zahl der Menschen ab, die wir im Bild zeigen – und in der Bildzeile identifizieren. Je mehr Menschen wir zeigen und ihnen einen Namen geben, desto sympathischer wird die Zeitung. Bilder mit Sachen vermitteln in der Regel ein Gefühl der Kälte, Bilder mit Menschen dagegen Wärme und Nähe – eben das, was ein guter Lokalteil besitzen muss.

Fotos sollen nicht nur ein Ereignis dokumentieren, sondern, wenn möglich, auch erregen: die Freude beim Blick auf ein Baby oder die Trauer beim Blick auf Menschen, denen ein Taifun ihr Haus zerstört hat. Die Bildzeile sollte die Reaktionen der Leser auffangen, dem Gefühl einen Halt geben, die Freude und Trauer in Worte verwandeln. 1966 schrieb die *Süddeutsche Zeitung* unter ein Foto, das Konrad Adenauer mit erhobener Hand am Rednerpult zeigt:

> «Dreck», sagte Adenauer, «haben wir im eigenen Land genug. Nehmen Sie zum Beispiel mich...» Der Rest des Satzes, mit dem der CDU-Vorsitzende vor deutscher Kritik an Goldwater warnen wollte, ging im Gelächter der Journalisten unter, sodass sich nicht mehr klären lässt, wie er gemeint war. Der 88-jährige Altbundeskanzler brillierte auch sonst mit mehr oder weniger freiwilliger Komik und ließ den Schalk blitzen wie in seinen besten Regierungsjahren.

Mitteilen, was man sieht (statt beschreiben, was man nicht sieht), und dies klar und elegant – neben diesen beiden elementaren Regeln gelten diese:

1. Führen Sie den Leser in die Geschichte ein, die Sie erzählen wollen. Johannes Haller, einst Chefredakteur der Zeitschriften *Sandra* und *Flora*, stellt an den Bildtext einer Zeitschrift die Forderung, sie solle einen Überblick über den Bericht geben: «Wenn jemand nicht alles lesen, sondern sich kurz informieren will, ergeben mehrere Bildunterschriften zusammen am besten eine Mini-Geschichte.» Diese Chance haben Zeitschriften oft, Zeitungen selten.
2. Geben Sie präzise Informationen! Das rät Johannes Haller: «Schreiben Sie Nusspudding, wenn ein Pudding abgebildet ist. Dann weiß der Leser, dass es um den Pudding geht. Das ist viel, denn es könnte ja auch um den Teller oder den Blumenstrauß im Hintergrund gehen.»
3. Schreiben Sie konkret, nie allgemein! Schreiben Sie nicht: «Ges-

tern strahlte wieder die Sonne über die schneebedeckten Berge des Mittelgebirges», sondern: «Die Sonne scheint auf den schneebeckten Feldberg.»
4. Schreiben Sie stets im Präsens!
5. Schreiben Sie kurze Sätze! Der Leser springt vom Text ins Bild, wenn ihm die Bildzeile Neues zeigt, das er selber nicht entdeckt hat; er will leicht in den Text zurückfinden.
6. Sagen Sie dem Leser, wenn Sie ein Archivfoto nehmen! Dasselbe gilt für ein gestelltes Bild. Teilen Sie dem Leser am besten auch Ihre Gründe dafür mit.
7. Auch Solo- und Schmuckbilder beginnen stets mit der Beschreibung des Fotos!

Zu warnen ist vor typischen Fehlern:

- Pflücken Sie nicht Sätze aus dem Lauftext, die zwar wichtig sind, aber keinen Bezug zum Foto haben!
- Legen Sie den abgebildeten Personen keine Aussagen in den Mund wie: «Der Landrat scheint ‹Nein› zu sagen.» In ihrem Handbuch empfiehlt die Nachrichtenagentur *AP*: «Vermeiden Sie es auch, den abgelichteten Personen Emotionen, Stimmungen, Empfindungen zuzuschreiben. Das Bild muss für sich selbst sprechen. Es ist unnötig zu sagen, dass ein Verlierer sich niedergeschlagen fühlt oder dass ein Politiker grimmig aussieht. Richtig ist es zu schreiben, was der Verlierer oder der Politiker im Augenblick der Aufnahme macht, also das Bild zu beschreiben.»
- Wiederholen Sie nicht Formulierungen aus der Überschrift oder dem Vorspann! Leser mögen es nicht, wenn sie innerhalb kürzester Zeit dasselbe mehrmals lesen müssen.
- Sammeln Sie nicht die Unterschriften für mehrere Fotos neben- oder untereinander in einem Bildtext, es sei denn, Sie beschreiben einen Vorgang wie die Sprengung eines Schornsteins!

Anzufügen sind diese Regeln: In jede Bildzeile gehört der Name des Fotografen; eine Montage ist deutlich zu kennzeichnen, auch mit den Namen der Fotografen, deren Bilder genutzt wurden; Bilder aus dem Internet, etwa von Bürgerkriegen und Demonstrationen in Diktaturen, sind als solche zu charakterisieren.

42 Die Bildunterschrift

Zwei Fragen zum Schluss:
1. Darf man Informationen in die Bildzeile packen, für die im Lauftext kein Platz war? Die Frage wird in den Redaktionen unterschiedlich beantwortet, plausibel sind beide Antworten – immer vorausgesetzt, vor den Zusatzinformationen steht die Beschreibung des Fotos. Die einen argumentieren: Was in 140 Zeilen nicht unterzubringen war, sollte nicht in die fünf Bildzeilen gepresst werden, die als erste gelesen werden; die anderen: Unter den Fotos kann man gut Informationen unterbringen, die zu den Bildern passen, aber nur schwer in die Dramaturgie einer Reportage oder eines Features.
2. Was ist von dem rituellen Doppelpunkt zu halten, den der *Spiegel* seit 1947 noch in kaum einer Bildunterschrift vergessen hat? Er tritt in zwei Formen auf:
- Der Satz beginnt mit dem Prädikat, nach dem Doppelpunkt darf das Subjekt folgen («Brach sich beim Skilaufen beide Beine: Prinz Abdul»). Diese Form hat sich in fast allen Redaktionen deutscher Sprache als eiserne Regel etabliert – selbst wenn dabei Zuhälter zum Kaffee kommen («Luden zum Kaffee: Versandhausunternehmer X und Ehefrau Sibylle», *Hamburger Morgenpost*).
- Zweite Form: Was vor dem Doppelpunkt steht, hat keinen erkennbaren Zusammenhang mit dem, was hinter dem Doppelpunkt steht («Ostpreußische Fischer: Wie ein Mühlstein»).

Dieses Ritual erfüllt offensichtlich auch in seinem 49. Jahr die Mehrzahl aller Journalisten deutscher Sprache mit Begeisterung. Leider hat es zwei Nachteile:
- Es verstößt gegen fast alle hier vorgestellten Regeln einer guten Bildunterschrift.
- Nach seiner etwa 600 000sten Verwendung hat es an Frische ein wenig verloren.

Die Bildunterschrift ist in der Regel der zuerst gelesene Text auf jeder Seite einer Zeitung oder Zeitschrift. Also ist es töricht, ihn anders als mit Liebe, Eifer und bestem Handwerk anzugehen.

43 Die Infographik

Graphiken gibt es schon lange in den Zeitungen: Meist standen schlicht Säulen neben- oder Balken übereinander und verglichen Wahlergebnisse, Preise oder die Kraftfahrzeugdichte. Als *USA Today* und *Focus* auf den Markt kamen, wurde die gute alte Graphik mit bunten Bildern aufgeputzt und hieß Infographik. Mittlerweile kehren viele Zeitungen wieder zu alten Tugenden zurück: Die Zeit der überladenen Infographiken ist vorbei, es dominieren wieder schnörkellose, akkurat gezeichnete und leicht zu überschauende Säulen und Torten.

Der Reiz der Piktogramme ist verflogen, die Leser haben sich satt gesehen an den stets gleichen Clip-Arts, die oft mehr an Kinderzeichnungen erinnern als an gekonnte Illustrationen. Wenn bei Graphiken zur Gesundheitsreform immer wieder die Fieberkurve am Krankenbett zu sehen ist, stellt sich leicht Überdruss ein. Dieser Überdruss spricht gegen die bunten Kleckse und naiven Zeichnungen, nicht gegen die Graphik. Wird sie mit Bedacht ausgewählt, kann sie dem Schreiber sehr nützlich sein: Komplizierte oder schwer überschaubare Vorgänge sind mitunter nur umständlich zu beschreiben, eine Graphik – etwa bei einem dramatischen Unfall – kann für Leser wie Schreiber angenehm sein. Der Schweizer Chris J. Walther schreibt:

> *Die Zukunft der Infographik hängt sehr davon ab, wie weit die Infographiker integriert sind in den ganzen Prozess der Nachrichtenauswahl. Die Kompetenz der Infographik muss in der Mitte der Nachrichtenredaktion angesiedelt werden und nicht am Rand. Dies wird zu Infographiken führen, die weniger Dekoration sind, aber einen größeren Wert für unsere Leser bekommen.*

Die Infographik steht der Nachricht näher als dem Foto. Folglich muss sie eine klare, auf das Wichtigste zugespitzte Information enthalten.

Dies sind einige Tipps, die für Zeitungen ebenso gelten wie fürs Internet:
- Bei feinen Unterschieden, etwa prozentualen Abstufungen, ist der Balken zweckmäßig; bei Verteilungen, etwa der Sitze in einem Parlament, ist es die Torte, bei Abfolgen, etwa die Veränderungen bei Meinungsumfragen, ist es die Kurve. Niemals sollte des Effektes willen eine Torte statt eines Balken gewählt werden: Unverständnis wird die Folge sein.
- Die Aussage muss auf den ersten Blick zu erkennen sein, das Verständnis des Textes erleichtern oder sogar auf ihn neugierig machen.
- Was mit wenigen Sätzen klar zu beschreiben ist, gehört nicht in eine Graphik.
- Viele Zahlen werden geordnet in eine Tabelle übertragen. Es käme auch keiner auf die Idee, die Bundesligatabelle zu beschreiben oder in eine Infographik zu packen.

Darf eine Graphik auch eine ganze Seite füllen? Das ist umstritten. Der amerikanische Designer Peter Sullivan verweist auf Untersuchungen, dass Leser gerade eine Minute für das Studium einer Graphik aufwenden, aber keine fünf oder zehn, wie sie für die Themengraphiken notwendig wären.

Doch solche Graphiken haben ihren Wert nicht nur in Büchern und Magazinen, sondern auch in Zeitungen. Bei besonders erregenden Ereignissen, vor allem Krieg, Unglücken und Katastrophen, wächst das Bedürfnis nach Erklärung: Wie kann ein großes Fährschiff wie die Estonia mit tausend Passagieren in einer Viertelstunde sinken? Wie kommt es zu den verheerenden Überschwemmungen des Rheins, der Elbe oder des Mississippi?

Bei großen Ereignissen, vor allem im Sport, können große Graphiken Übersicht schaffen in einem Wirrwarr an Attraktionen und Hinweisen: Wo kann ich parken? Wo gibt's die Eintrittskarten? Auf welchen Plätzen findet welches Tennismatch statt?

Die seitenfüllenden Infographiken erleben eine Inflation in Kriegszeiten, wenn Frontverläufe, die Routen der Bomber und die Positionen der Flugzeugträger zu markieren sind. Im ersten Golfkrieg mussten die Graphiken als Ersatz für die Bilder dienen, die es nicht gab – weil die Militärs keine Journalisten an die Front schicken wollten.

Wahrscheinlich helfen Graphiken auch jungen Leuten beim Lesen der Zeitung. Wer sich die Schulbücher seiner Kinder anschaut, sieht schon seit den 1980er Jahren auf nahezu jeder Seite eine Infographik: So lernen die Kinder, und diese graphische Sprache suchen sie auch in der Zeitung.

Im Internet sind Graphiken attraktiver als Fotos, wie Blickaufzeichnungsstudien belegen. Zu den aus Zeitung und Zeitschrift bewährten Graphiken kommt eine dem Internet eigene hinzu: Die interaktive. Wer beispielsweise in einer Graphik auf eines von vielen Gebäuden klickt, dem öffnet sich ein Fenster mit einer Beschreibung; zu lesen ist, wer dort wohnt oder was produziert wird oder welche Geheimnisse sich verbergen. So erzählt eine Graphik eine Geschichte, je länger man sie betrachtet, sich in ihr Innenleben vortastet und sich buchstäblich viele Fenster öffnen.

Infographiken sind gezeichnete Nachrichten ohne Schnörkel und überflüssige Bilder; sie erläutern komplizierte Sachverhalte und schaffen einen Überblick. Eine ideal gestaltete Zeitungsseite lässt Text, Foto und Graphik verschmelzen.

44 Die Überschrift

«Krieg!», brüllten die Zeitungsjungen auf den Straßen und hielten das *Abendblatt* hoch, von dem die Schlagzeile in die Augen sprang. Die Redakteure halfen den Zeitungsjungen und formulierten die Überschrift kurz, einprägsam und verkaufsfördernd. Heute sind die Verkäufer stumm geworden und stehen als Metallkästen an den U-Bahn-Zugängen. Doch die Überschrift hat ihren Reiz nicht verloren, und im Internet ist sie noch wichtiger als in der Zeitung. Die Redakteure mühen sich immer noch ab: In einigen Redaktionen gibt's eigene Konferenzen für die wenigen Wörter in den fetten Lettern.

Die Leser fliegen darauf – und wehe, eine Überschrift im Lokalteil verzerrt ein wenig oder lobt den Falschen; dann häufen sich die Proteste, und es muss schon mal der Verlagsanwalt eingeschaltet werden. Der Einwand hilft wenig, im Text stehe doch alles richtig; die empörten Leser sehen's nicht ein und vermuten: «Die meisten lesen doch nur die Überschrift!»

Das ist richtig und falsch zugleich. Richtig ist: Doppelt so viele lesen die Überschrift wie den Text. Das fand die Poynter-Studie 1990 in den USA heraus, die größte Untersuchung darüber, wie Menschen ihre Zeitung lesen. Wer möglichst viele Leser in die Überschrift ziehen möchte, muss demnach zwei Bedingungen erfüllen:
1. In die Nähe der Überschrift stellt er ein markantes Bild.
2. Er wählt möglichst große Buchstaben.

Nun *liest* der Leser also die Überschrift. Wie muss sie beschaffen sein, damit sie die größte Chance bietet, ihn in den Text zu ziehen? Neben den beiden Gesetzen, die Poynter formulierte, sollte der Redakteur fünf Prinzipien beachten, die in allen Redaktionen gelten; komplett verwirklicht werden sie allerdings nur selten.

1. Klar in der Aussage und verständlich muss sie sein. Zum Begräbnis von Franz Josef Strauß titelte die Münchner *Abendzeitung* kurz und klar und sogar noch fürs Herz:

**Die Welt trauert
Bayern weint**

Rätselhaft dagegen eine Überschrift in der *Rheinischen Post*:

Beim Leergut saßen viele Brunnen auf dem Trockenen

Beliebige und unklare Überschriften handelt sich ein, wer nur kurze Titel aus wenigen Worten wählen muss – wie es die mittlerweile eingestellte *Woche* schätzte, die 1995 auf sieben aufeinander folgenden Seiten nicht *eine* klare Überschrift brachte: Kontrolle ist gut, Vertrauen ist besser / Aufstand im Osten / Bonbons für Steffi / Jagd auf den Jäger / Schnäppchen zur Sonne / Crash im Boom / Kein gutes Jahr.

2. Den Text darf sie nicht verfälschen. Eine Titelschlagzeile des *Stern* von 1988 hieß:

Zeitbombe Biblis
Die Minuten vor dem GAU

Das erweckte den Eindruck, der Größte Anzunehmende Unfall sei eingetreten; der Text besagte jedoch: «Eine letzte Sicherung und die Notkühlung verhinderten den Supergau».

3. Reizvoll sollte sie sein, also Lust machen auf den Text. Wie diese aus der *Zeit*:

Autopsie einer Wasserleiche
Willi Winkler besichtigt den Rhein-Main-Donau-Kanal

Damit ist zugleich ein Standardmodell vorgestellt, das bei Reportagen, im Vermischten und in Zeitschriften beliebt ist: Die Oberzeile muss noch nicht mitteilen, worum es sich handelt – wenn sie nur reizvoll ist; die Unterzeile hat jedoch unverzüglich die Aufklärung zu liefern.

Das schlechthin Unattraktive bietet die *Neue Zürcher Zeitung* ihren Lesern gar nicht selten an – zum Beispiel: **Japan bleibt Japan** oder **Zum Hinschied von Prof. Aristaks Akovbiantz**.

4. Peinlichkeit und unfreiwillige Komik muss sie vermeiden um jeden Preis. Nicht gelungen war dies
- der *Frankfurter Rundschau*: **Zulus massakrieren 30 Menschen**
- dem *Berliner Kurier*: **Frau von Bushaltestelle entführt**
- der Münchener *Abendzeitung*: **Unvorsichtige beißen die Hunde**

5. Der Zeilenfall ist nicht beliebig. Es irritiert den Leser, die Zeile an einer Stelle gebrochen zu sehen, an der niemand Atem holen würde, wie in der *Neuen Osnabrücker Zeitung*:

**Zum Lob der
Götter Tanz auf
dem Schüsselrand**

Und verkohlt fühlt er sich, wenn die erste Zeile in sich einen Sinn ergibt, und zwar einen falschen wie in der *Stuttgarter Zeitung*:

Grüne: Ozon im Raum

(so weit ist es schon, denkt der Leser – ehe er, wenn er fortfährt, die Wahrheit erfährt:)

Mannheim besser bekämpfen

Dennoch – wer korrekt, leichtverständlich und sachlich die Kernaussage treffen will, kann durchaus scheitern. Einige Gründe sind respektabel, etwa nach Debatten, im Bundestag wie bei Podiumsdiskussionen im Lokalen, bei denen die Behauptung geschmeichelt wäre, sie hätten einen Kern gehabt; oder wenn beim besten Willen keine zentrale Aussage zu entdecken ist in Berichten von Korrespondenten und freien Mitarbeitern – aber der Ressortleiter darauf besteht, sie ins Blatt zu nehmen.

Wie viel Meinung erlaubt die Überschrift? Wie viel Sprachspielerei ist erwünscht?

Kommentierung ist beliebt bei jungen Leuten, gewollt bei Boulevardzeitungen und sogar in überregionalen Zeitungen etabliert. Die *Neue Zürcher Zeitung* erhebt die Meinung in der Überschrift zum Prinzip: «Dornenvolle Trennung von Politik und Geschäft» lautet die Schlagzeile 1994 über die Probleme des italienischen Regierungschefs Berlusconi.

Die *taz* kommentiert in der Überschrift fast immer und zum Teil sehr deftig: Den gekreuzigten Christus nannte sie «Balken-Sepp», als das Bundesverfassungsgericht 1995 sein Kruzifix-Urteil fällte. Den ehemaligen saarländischen Ministerpräsidenten und Feinschmecker Lafontaine, als der wegen seiner hohen Pension ins Gerede kam, veralberte die *taz* 1992: «Vom Trüffelschwein zur Sau der Nation».

Die Meinung in der Nachricht ist also kein Kennzeichen der Boulevardzeitungen. Dennoch sei groß und deutlich ein Warnschild angebracht: Auch wenn die *Neue Zürcher* die Meinung pflegt, auch wenn der *taz* manch witzige Zeile gelingt, so folge der Redakteur diesen drei Appellen:

- Er möge den Willen haben, politische Nachrichten mit strikt unparteiischen Überschriften zu versehen.
- Er möge aus diesem Willen folgern, dass er seine Worte wägen muss.
- Ironie passt zu Kommentaren und Glossen aller Art, zu vermischten Nachrichten, vielleicht auch zu Sport und Feuilleton; doch muss auch dort der übermütigen Schlagzeile oder ironischen Pointe der sachliche Untertitel folgen. Über der *politischen* Nachricht ist Ironie deplatziert.

Die Verkürzung, das Stilmittel der Überschrift, dient dem Verkauf, ist aber auch eine technische Notwendigkeit. Als die Texte noch in Blei gegossen wurden, nahm ein Setzer die großen Buchstaben der Schlagzeile und fügte sie per Hand in ein Winkeleisen; der Redakteur sah also, wie der Raum schrumpfte und schrumpfte und es immer schwerer wurde, die hehren Prinzipien der Klarheit und Genauigkeit zu befolgen.

Wer die Überschrift in den Computer eingibt, kann mit ein paar Tricks in die Zeile noch einen oder zwei Buchstaben reinquetschen; aber er verändert das Schriftbild bis hin zur Schäbigkeit und Unlesbarkeit. Die Layouter sind entsetzt, der Chefredakteur verärgert, aber dennoch nutzen die Redakteure die Computer-Tricks.

Viel Platz haben die Redakteure der *Süddeutschen Zeitung* für ihre Schlagzeile:

<u>Sorge vor weltweiter Rezession</u>

Dramatische Schwankungen an den Börsen

Dax stürzt auf Jahrestief und erholt sich wieder / FDP gegen Merkels Forderung nach einer Transaktionssteuer

Eine Dachzeile über vier Spalten, eine Schlagzeile über vier Spalten und eine Unterzeile über vier Spalten; der gesamte Apparat der Überschriften wird zur Kurzfassung des Textes, der den eiligen Leser schon ausreichend informiert, zumal noch ein langer fetter Vorspann folgt. Vor einigen Jahren waren es noch mehr Zeilen: eine Dachzeile, zwei Schlagzeilen und zwei Unterzeilen.

Die *Süddeutsche Zeitung* schüttet das Füllhorn der Informationen in den Überschriften aus; das ist das eine Extrem. Vor allem die Boulevardzeitungen nutzen das andere: Ganz knappe Titel, die attraktiv sind und noch verständlich, aber nicht zu viel vom Text verraten.

Das Meisterstück lieferte die englische Zeitung *The Sun*, als sie in drei Wörtern mit je zwei Buchstaben die Invasion auf den Falkland-Inseln verkündete, aber dennoch sämtliche Prinzipien erfüllte:

IN
WE
GO

Mit sechs Buchstaben kam auch die *Hamburger Morgenpost* aus, als sie 1988 den Rücktritt des Hamburger Bürgermeisters meldete:

Er
geht

Die Schlagzeile stand neben dem großen Bild eines niedergeschlagenen Dohnanyi: Und jeder Hamburger wusste sofort Bescheid.

Was macht nun der Anfänger, wenn er die Prinzipien gelernt hat und sich in der Fülle der Redaktionsmarotten orientieren kann?

Schreibt er als freier Mitarbeiter außerhalb der Redaktion, dann ist er der Pflicht schon entledigt, eine Überschrift zu liefern: Weder kennt er die Platzierung des Textes noch die Größe der Überschrift. Doch dankbar sind die meisten Redakteure für einen attraktiven Vorschlag; vor allem im Lokalen kümmert sich keine Konferenz um die besten Titel, nur selten palavern zwei Kollegen die attraktive Schlagzeile aus, oft fehlt die Zeit für eine zündende Idee.

Über den Newsdesks hängen große Bildschirme, auf denen die Zeitungsseiten im aktuellen Produktionsstand zu sehen sind. Unter diesen Schirmen versammeln sich die Redakteure am Abend, gehen die Seiten, vor allem die Überschriften durch. Sie verlegen die Blattkritik vom Morgen in den Abend, also aus einer Zeit, in der die Fehler schon in der Zeitung gedruckt sind, in eine Zeit, in denen grobe Fehler noch zu verbessern sind.

In dieser Konferenz, Blattabnahme oder Spätkonferenz genannt, stehen alle großen Überschriften zur Debatte. Für den Anfänger ist sie die Chance, sich bescheiden zu profilieren, wenn Fehler auffallen und, noch besser, wenn gelungene Formulierungen allseits Anerkennung ernten.

Die Überschrift – auch und gerade im Internet – soll klar und wahr in der Aussage sein, genau, verständlich und attraktiv für den Leser; sie soll ihn in den Text hineinführen. In den Nachrichten aus Politik und Wirtschaft sollte sie frei sein von Meinung und folglich auch von Ironie. Sie ist einfach in der Sprache. Bei der vermischten Nachricht nutzt sie Sprachwitz und Augenzwinkern.

45 Lead, Vorspann und Teaser

Lead heißt der erste Satz in einer Agenturmeldung, aber auch bei Zeitungen in den kurzen Nachrichten; er wird typographisch nicht hervorgehoben. In anderen Redaktionen heißt so der komplette erste Absatz; seltener auch «Einstieg».

Der graphisch herausgehobene erste Absatz heißt **Vorspann** (mitunter ebenfalls Lead genannt); die Heraushebung erfolgt meist durch Fettung, durch größere Schrift, mehrspaltigen Text, Unterstreichungen, Flattersatz oder eine Kombination dieser Merkmale wie halbfetter Flattersatz. Manche Redaktionen, etwa die *FAZ*, verzichten völlig auf den Vorspann, andere übertreiben durch eine Bleiwüste von epischer Länge wie die *Süddeutsche Zeitung*.

Oft ist der fette Vorspann nicht das, was er sein sollte, nämlich eine Zusammenfassung – sondern der Redakteur fettet einfach seine ersten Sätze und führt den Text dann in gewöhnlicher Schrift weiter. Das geschieht nicht selten aus der Not heraus; denn nach einer ausführlichen Bildzeile, einer längeren Überschrift und Unterzeile ist das Wesentliche schon geschrieben, und oft ein bisschen mehr.

Deshalb formulieren vor allem skandinavische, zunehmend auch deutsche Zeitungen längere Unterzeilen mit ganzen Sätzen und verzichten auf den Vorspann. Andere entfernen komplett die Unterzeilen und bringen dafür einen fünf- bis achtzeiligen fetten Vorspann mit großen Buchstaben (wie die mit dem europäischen Design-Preis 2003 ausgezeichnete Zeitung *Varden* aus Norwegen).

Jenseits aller Usancen und Verbiegungen gilt: Der nachrichtliche Vorspann muss das Wichtigste und Interessanteste des Lauftextes in sich vereinigen. Er ist eine Schnellinformation, die die Lektüre des Lauftextes allenfalls entbehrlich macht; das ist gewollt, denn die Zeitung will zuerst informieren und muss an den eiligen Leser denken, den Überflieger, der frühmorgens gerade fünf Minuten Zeit übrig hat.

Der Zeitungsdesigner Mario Garcia hält den Vorspann deswegen für eine eigene Textgattung, weil er von den meisten Menschen gelesen wird, ohne dass sie sich danach auch nur eine Zeile des Artikels vornehmen oder auch weil er elegant oder flott formuliert Appetit auf den Artikel macht. Also muss der Vorspann kurz sein: Für Garcia hat der ideale Vorspann, also der meist fette Einstieg, nur etwa fünf Zeilen.

Agenturen heben ihre ersten Zeilen typographisch nicht hervor. Gleichwohl ist das Lead, also einfach der erste Satz, ihr Lebenselixier. Es soll den Redakteur in die Nachricht führen; ist es attraktiv formuliert, liest er weiter; andernfalls fliegt die Meldung in den Papierkorb oder wird im Computer überblättert. Wer so im Konkurrenzkampf um die Gunst des Redakteurs und das Geld des Verlegers steht, muss dem Lead eine herausragende Funktion beimessen. Und so heißt es auch in den Arbeitsanweisungen der Agenturen:

- *AP:* Das Lead entscheidet häufig über die Abdruckquote. Es soll so kurz wie möglich, aber auch so lang wie nötig sein, um den Empfänger zum Weiterlesen zu veranlassen.
- *UPI:* Das Lead ist die Story in a nutshell (in einer Nussschale). Ein einzelner Satz, weder überladen noch verwickelt, sollte genügen. Eine einfache, anschauliche Feststellung ist gewöhnlich das Beste.
- *dpa:* Der erste Satz und der ganze erste Absatz soll kurz, aussagekräftig und direkt sein. Die Einschränkungen, die besonderen Umstände, die Aufzählung der Handelnden und Sprechenden samt ihren Titeln – all das kann im Allgemeinen danach kommen. Der Korrespondent und Redakteur tut gut daran, angesichts eines komplizierten Vorgangs, einer langen Reaktion oder einer umfangreichen Erklärung einen Moment lang kritischen Abstand zu nehmen, sich von den Formalien und äußeren Umständen des Vorgangs zu lösen und sich zu fragen: Was ist der Kern des Vorgangs, wo liegt das neue und interessanteste Moment?

Die Agenturen verstoßen nur noch selten gegen ihre eigenen Grundsätze, aber Nachrichtenredaktionen in den Zeitungen scheinen unter dem Entzug zu leiden und formulieren wie einst die Agenturen – so wie hier in einem *dpa*-Beispiel von 1995:

Mit Forderungen nach Abkehr von einer starren 35-Stunden-Woche und Rückkehr zur Samstagarbeit haben die Arbeitgeber der Druckindustrie ihren Kurs in den laufenden Manteltarifverhandlungen abgesteckt. In einem am Donnerstag in Wiesbaden veröffentlichten tarifpolitischen Grundsatzprogramm setzt sich der sozialpolitische Ausschuss des Bundesverbandes Druck außerdem für eine Neufassung der als überholt empfundenen Regeln zur Maschinenbesetzung ein.

Die Kennzeichen der Überladung: eine Fülle von Attributen (im Beispiel sind es hier 6 mit insgesamt 19 Silben); eine schnelle Folge von Präpositionen (mit/nach/von/zur); das Spreizen des Verbs (im zweiten Satz stehen 17 Wörter zwischen «setzt sich» und «ein», im ersten Satz 10 zwischen «haben» und «abgesteckt») oder das Auseinanderreißen von Subjekt und Prädikat (mehr dazu in Kapitel 12).

Wie kann der Redakteur diesen überladenen Satz sinnvoll ordnen? Er zieht die wichtigsten Aussagen als Stichworte nach vorn und fügt die notwendigen Nachrichtenelemente an, eben die Antworten auf die W-Fragen. Hier ein Vorschlag:

Abkehr von der starren 35-Stunden-Woche, Rückkehr zur Samstagarbeit – das sind die Forderungen, mit denen die Arbeitgeber der Druckindustrie ihren Kurs in den laufenden Manteltarifverhandlungen abgesteckt haben. Der sozialpolitische Ausschuss des Bundesverbandes Druck setzt sich in seinem am Donnerstag veröffentlichten Grundsatzprogramm außerdem dafür ein, die Regeln zur Maschinenbesetzung neu zu fassen; sie seien überholt.

Ein einfaches Rezept, um das Lead nicht zu überladen, liegt in seiner Kürze. «Für amerikanische Newsstorys gilt die Faustregel, dass Leadsätze höchstens 25 bis 30 Wörter lang sind», gibt die Agentur *AP* als Orientierung.

Eines der unverständlichsten Leads druckte die *FAZ*, es hat 50 Wörter, davon 39 vor dem erhellenden Verbum und 42 Wörter vor dem rettenden Subjekt:

Für wirtschaftliches Wachstum durch einen Abbau des staatlichen Schuldenzuwachses und sich daraus ergebende Zinssenkungen, durch eine Änderung des Steuersystems und Erhöhung der Ertragskraft der Unternehmen sowie eine maßvolle Tarifpolitik und die Einführung der persönlichen Beteiligung der Arbeitnehmer am Produktivkapital hat sich die CDU/CSU als ihrem Weg aus Arbeitslosigkeit und Stagnation entschieden.

Den ersten Satz muss jeder beim ersten Lesen verstehen. Wer diese Regel verletzt, der kann sich nicht entschuldigen, er wolle doch nur das Wichtige zusammenpacken. Verständlichkeit geht vor Vollständigkeit. Für den ersten Satz gilt besonders, was stets beim journalistischen Schreiben zu beherzigen ist: Der Redakteur schreibe, wie er's seinem Freund erzählen würde. Sagt er: «Beim Absturz eines Jumbos kamen 144 Menschen ums Leben?» Nein – «Hast du schon gehört!», wird er seinem Freund zurufen; auf diesen Hinweis verzichtet der Redakteur, wenn er die Nachricht schreibt, doch alles, was danach folgt, steht so und nicht anders im Lead: «Ein Jumbo ist in den Tiergarten gestürzt! Alle 144 Menschen an Bord sind dabei umgekommen.»

Statt Fakten stehen oft Allgemeinplätze in den ersten Sätzen, Binsenweisheiten, Kurzfeuilletons und Aphorismen, die die Albernheit streifen:

- *«Das Streikrecht der Arbeitnehmer ist ein unverzichtbares Recht in einer freiheitlichen Gesellschaft. Dieses Bekenntnis legte ...»*
  «Was den einen recht ist, ist den anderen noch lange nicht billig. Nach diesem Motto verfahren offenbar auch die Münchner Möwen ...»
- *«Eine Schwalbe macht noch keinen Sommer, aber 2200 Babys, die mehr als im Jahr davor zur Welt kamen, sind ...»*
- *«In Moskau braucht niemand mehr schlechter Laune zu sein. Unter einer neuen Telefonnummer können die Moskauer jetzt pausenlos Witze hören ...»*

Wie sieht nun der typische, der klassische Vorspann in der Zeitung aus? Zum Beispiel so:

Die Bremer Landesregierung, Bundeswirtschaftsminister Günter Rexrodt und die beteiligten Banken haben am Mittwoch ihre Bereitschaft signalisiert, sich an der Suche nach Lösungen für die Zukunft der Bremer Vulkan Verbund AG zu beteiligen. Dabei wollen sie möglichst viele der 22 500 Arbeitsplätze retten. Der Vorstand hatte zuvor beim Amtsgericht Bremen einen Vergleichsantrag gestellt. (Süddeutsche Zeitung)

Wäre es denkbar, die trockene Nachrichtensprache durch einen erzählerischen Duktus zu ersetzen, wenn auch er das Wichtigste enthält? Denkbar durchaus. *dpa* ließ 1995 als Test unter Chefredakteuren einen ungewöhnlichen Vorspann kursieren, der 1974 in der *Welt* erschienen war; mittlerweile ist solch ein Vorspann gewöhnlich:

Genau 25 Stunden nach seiner Festnahme am Gorki-Prospekt in Moskau verließ Alexander Solschenizyn am Mittwoch auf dem Flughafen Frankfurt die planmäßige Aeroflot-Maschine, bestieg ein Auto des Auswärtigen Amts und fuhr zum Bauernhaus von Heinrich Böll in Langenbroich in der Eifel. Tee, Brot und Bett stehen bereit, sagte Böll. Während Solschenizyn im Auto unterwegs war, kam aus Moskau die Nachricht: Die Staatsbürgerschaft wird aberkannt, die Familie kann das Land verlassen.

Der Teaser

Alles, was wir zum Vorspann empfehlen, gilt auch für den Teaser auf der Internet-Seite. Aber der Teaser, der Lockruf, ist ungleich entscheidender als der Vorspann eines Zeitungstextes.

Der Zeitungsleser sieht den gesamten Artikel vor sich, er springt durchaus mal mitten in den Text, lässt sich reizen durch herausgehobene Zitate, durch Info-Boxen, Listen und Chroniken. Im Internet locken nur Überschrift, Bild und Teaser. Am Ende des Teasers steht «weiter», das Zauberwort: Wer den Lockruf nicht gehört hat, klickt nicht auf «weiter», er ist dem Autor abhanden gekommen.

Der Teaser muss kurz sein, in der Regel kürzer als ein Vorspann in der Zeitung. So zählen die Online-Redaktionen in der Regel nicht die Wörter wie in der Zeitung, sie zählen die Buchstaben inklusive der Leertasten: Die meisten liegen zwischen 230 und 260 Zeichen, bei *ny.times.com* (New York Times) findet man auch 100 und bei *spiegel.de* fast 300.

160 Zeichen ist die magische Zahl. Die ersten 160 Zeichen über-

nimmt Google in der Regel für seinen Vorspann, danach bricht er ab, nicht mitten im Wort, aber – wenn nötig – mitten im Satz. Wer also nicht nur den Leser auf seiner Internet-Seite locken will, sondern auch den Sucher bei Google, der muss das Verlockendste und Informativste in die ersten 160 Zeichen packen.

Zehn Standards formuliert *spiegel.de* für den Teaser:
1. Erzählt den Kern der Geschichte und macht Lust auf mehr
2. Setzt nach Thema und Headline noch mal von vorne an und setzt nichts davon als bekannt voraus
3. Zentrale Schlag-/Reizworte in die erste Hälfte, starke Zitate/Thesen aus dem Text nutzen
4. Aufbauschema mit drei Bestandteilen (Reiz – Kernthese – Rampe) – Spannungsbogen hin zu offener Frage, Konflikt, Idee
5. Stark formulierter erster Satz, gleich ins Eingemachte. Verboten: Zeitliche/Nebensatzeinstiege *(Nach/vor/seit/dass/Ende Juni/während/weil…)* und 08/15-Einstiege *(Das mit Spannung erwartete…, Einer XYZ-Studie zufolge…)*
6. Keine wortgleichen Wiederholungen mit der Überschrift
7. Höchstens ein Doppelpunkt und ein Bindestrich
8. Sparsam mit Zitaten, indirekter Rede, Fragen. Fachwörter vermeiden
9. Nicht zu viele Namen, eventuell Vornamen weglassen, sparsam mit Funktionsbezeichnungen, Altersangaben…
10. Exklusivnachricht oder -Interview im Teaser klar als solche benennen.

Lead, Vorspann und Teaser haben gemeinsam: Sie sollen das Wichtigste und Interessanteste der Nachricht in einem Satz oder in wenigen Sätzen zusammenfassen und so eine rasche Information ermöglichen (anders als im Zeitschriftenjournalismus, mehr dazu in Kapitel 36). Dazu braucht der Redakteur einen klaren Blick und eine klare Sprache. Im Internet entscheidet allein der Teaser, zusammen mit der Überschrift, ob der Leser weiterklickt und den Text liest.

Die Redaktion

46 Wer hat die Macht?

Der Anfänger, aber auch der erfahrene Journalist an einem neuen Arbeitsplatz ist gut beraten, wenn er Augen und Ohren offen hält, um sich gleich an den ersten Tagen über die Machtverhältnisse in der Redaktion zu informieren. So einfach ist es nämlich nicht, dass der *Chefredakteur* die dominierende Figur überall und in allen Lebenslagen wäre.

Zunächst hat jeder Chefredakteur einen Verleger, Geschäftsführer, Verlagsleiter oder Herausgeber über sich, der seine Macht beschränkt – teils nur ein bisschen, zumal wenn der Chefredakteur eine starke Persönlichkeit ist und ein erfolgreiches Blatt macht; oder ganz gewaltig, wenn der Verleger seinerseits publizistischen Ehrgeiz hat oder sein Blatt ins Minus torkeln sieht; oder irgendwo dazwischen. «Herausgeber» können erst recht alles sein: nämlich einerseits der starke Mann, oder ein pensionierter Chefredakteur, dem man noch einen Titel gönnen möchte, oder irgendwas dazwischen.

Vor Axel Springer hatten die meisten seiner Chefredakteure Angst, und wer sie nicht hatte, konnte sich nicht lange halten. Rudolf Augstein, der verstorbene *Spiegel*-Herausgeber, nötigte seiner verzweifelten Redaktion immer wieder längliche Essays auf, so 1995 über Karl May; der Chefredakteur machte ihn zur Titelgeschichte.

Dem einzelnen Redakteur kann es egal sein, ob die Anweisungen des Chefredakteurs mehr von ihm selber oder nur über ihn vom Verleger kommen; denn in jedem Fall ist der Chefredakteur für ihn die Bezugsperson und der, unter dem er leidet, falls es sich um einen engagierten Chefredakteur handelt.

Fall 1, das eine Extrem: Der Chefredakteur trifft alle wichtigen aktuellen Entscheidungen selber, er ist der *Blattmacher*; er sitzt oft am Newsdesk, in der Boulevardzeitung, wo dieser Typ der häufigste ist, sitzt er am «Balken», von Vertretern und Assistenten flankiert, entscheidet über die Schlagzeilen usw.

Fall 2: In die laufenden Geschäfte mischt sich der Chefredakteur nur sprunghaft ein, dann aber mit fürchterlicher Vehemenz – so tat es Henri Nannen mehr als dreißig Jahre lang im *Stern*; in Regionalzeitungen poltert er gern per Telefon in Konferenzen hinein, wenn er bei einem Termin eine vermeintliche Neuigkeit erfährt oder vom eigenen Gedankenblitz fast erschlagen wurde.

Fall 3: Der Chefredakteur kümmert sich zwar um den Aufmacher, die Seite 1, die Kommentare, nimmt sich aber im Übrigen Zeit, seinen Wochenend-Leitartikel vorzubereiten oder Gespräche innerhalb wie außerhalb der Redaktion zu führen.

Fall 4: Ihn interessieren *nur* seine Leitartikel, vom Blattmachen hat er keine Ahnung – das überlässt er dem Deskchef, seinem Stellvertreter oder dem Chef vom Dienst.

Fall 5, das andere Extrem: Er kümmert sich um überhaupt nichts, ja selbst in der Redaktion erscheint er nur tageweise.

Fall 6: Vor allem in Regionalzeitungen werden Chefredakteure zunehmend kleine Unternehmer, die sich mehr um Zahlen als um Leitartikel kümmern, mehr um Auflagen und Marketing als um die Seite 1 und die Lokalteile. Der Chefredakteur als Manager hält sich mehr in der Geschäftsführeretage, im Controlling oder bei Marketingkunden auf als in der Redaktion.

Diese – natürlich grobe – Typisierung überschneidet sich mit einer anderen, nämlich der nach der Rolle des Chefredakteurs in den Konferenzen. Er kann abwesend sein (Fall 5), er kann eine kluge und tolerante Gesprächsführung betreiben (häufig bei Fall 3 und 4), er kann sein Blatt von hier aus wirksam steuern (so in Zeitschriften häufig), und er kann ein rücksichtsloser Selbstdarsteller sein, der seine Macht ausspielt und Diskussionen niederbügelt.

Noch schwieriger wird das Bild, wenn ein Kollegium regiert: in der *FAZ* die Herausgeber, beim *Stern* ein Duo, in der *Süddeutschen Zeitung* in den 1970er Jahren eine siebenköpfige Chefredaktion, bei der hinter dem ersten Namen in Klammern «Vorsitz» stand, hinter dem zweiten «geschäftsführend» – und es war der Zweite, der in jeder Hinsicht der Erste war, außer bei den Leitartikeln.

Häufig ist der *Chef vom Dienst* der einflussreichste Mann der Redaktion: immer zuständig für die Einhaltung der Termine, den Kontakt mit der Druckerei, dem Vertrieb und der Anzeigenabteilung sowie die Koordination zwischen den Ressorts; meistens für Spesen, Dienstreisen, Büroräume, Redaktionstechnik, Urlaubstermine, Sonntagsdienstplan und Praktikanten.

Noch häufiger wird der Deskchef zum starken Mann – in der Tat meist ein Mann, weil Frauen zwar unter den Volontären die Mehrheit stellen, aber nur selten ganz oben zu treffen sind. Er ist Chef des Nachrichtentisches, er macht die Titelseite, er bestimmt, was und wie es ins Blatt kommt, welche Themen und Serien geplant werden und welche Reporter und Freien einen Auftrag erhalten. Er muss sich mit dem Chefredakteur gut stellen, was ihm nicht schwerfällt: Er folgt ihm treu bei den wenige Ideen, die dieser vorbringt, und kritisiert nur, wenn er allzu verschroben denkt; ansonsten ist er frei in seinen Entscheidungen, und die betreffen 95 Prozent des Inhalts.

Im *Spiegel* und in der *Zeit* gelten die *Ressortleiter* als die «Stammesherzöge» – bei der *Zeit* bis zu der selbstironischen Beschreibung: «Die *Zeit* besteht aus fünf Blättern, die sich auf eine gemeinsame Typographie und ein gemeinsames Erscheinungsdatum geeinigt haben.»

In manchen Redaktionen hat sich ein Machtblock aus engagierten Redakteuren gebildet, eine «Keulenriege», gegen die weder die Redaktionsmehrheit noch der Chefredakteur anzuregieren wagt. Auch trifft man Einzelne, zumal altgediente Redakteure, die sich einen Themenbereich zu reservieren verstehen und zuweilen sogar gegen die Meinung des Chefredakteurs anschreiben dürfen.

Bei einem so vielfältigen Gewebe liegt die oft erhobene Forderung nach «innerer Pressefreiheit» weit neben der Wirklichkeit. Von Gewerkschaften und der SPD vertreten, besagt sie ja, der Verleger müsse der Redaktion einen großzügigen, genau fixierten Freiraum gewähren. Doch wie selten ist es der Verleger, den der Redakteur als Feind erlebt! Die Tyrannen und die Meinungsverstümmler sitzen *in* der Redaktion.

Ein meist bedeutender (und oft angenehmer!) Machtfaktor sei nicht vergessen: die Sekretärinnen der Machthaber. Der Neue, der noch gar nichts weiß, sollte seinen Rundgang bei der Chefsekretärin beginnen und bei ihr gut Wetter machen.

> **Machtstrukturen zu durchschauen und sich auf sie einzurichten gehört zum Wichtigsten, was man sich in der neuen Redaktion vornehmen muss. Für die wahre Macht gibt es keine Faustregel, und das Impressum allein sagt wenig oder nichts über sie aus.**

47 Newsdesk und Ressorts

Leser mögen die Übersichtlichkeit, und so mögen sie auch die Ordnung des Ressorts. Am liebsten wollen sie an jedem Tag ihre Lieblingsseiten am selben Ort entdecken, denn nichts ist lästiger als das Suchen. So diente die Einteilung in Ressorts, die es in allen Medien gibt, der Arbeitsfähigkeit der Redaktion ebenso wie der Bequemlichkeit der Leser.

So galt es über Jahrzehnte und erleichterte dem Anfänger die Orientierung. Mittlerweile geht jede Redaktion ihren eigenen Weg – den klassischen mit Ressorts, den modernen mit einem Newsdesk (oder eine Mischung aus beidem, also Newsdesk mit Ressorts in allen Variationen); in der einen Redaktion fällt der Tisch nur Entscheidungen, in der anderen produziert er auch, in der dritten steht er nur als einsames Möbelstück herum.

Kaum ein Chefredakteur kann es sich noch erlauben, ohne Newsdesk zu arbeiten. Verleger und Manager mögen ihn, vor allem weil sie glauben, so Personal sparen zu können. Auch wenn die ersten Newsdesks gegründet wurden, um Qualität und Kommunikation zu fördern, so braucht in der Tat eine zentralisierte Organisation weniger Redakteure.

Ob man die frei gewordenen Redakteure als Reporter recherchieren lässt, um die Zeitung attraktiver zu machen, oder ob man sie entlässt, hängt davon ab, ob das Management stärker ist (oder einfach zum Sparen verdammt ist) oder der Chefredakteur. Meist einigen sie sich: Ein Teil der Stellen für die Reporter, ein anderer Teil wird nicht wieder besetzt.

Zentrale Produktion gab es schon vor der Newsdesk-Organisation. Viele Heimatzeitungen nach dem Krieg, die das komplette Blatt selber produzierten, kauften sich bald den Mantel bei einem großen Verlag in der Nachbarschaft. So konnte sich die Heimatzeitung auf das Lokale konzentrieren, sparte Personal und hob die Qualität, weil sich der große Verlag eine üppige Zentralredaktion leisten konnte; zudem kooperierte der Kleine mit dem Großen im Anzeigengeschäft und verhinderte so, dass der Große zum Konkurrenten wurde.

Die kleine *Emder Zeitung* führte bereits 1982 die Ressorts zusammen. Boulevardzeitungen steuern seit jeher von einem zentralen Ort aus, dem «Balken», Themen, Recherchen und Aufmachung. Die meisten Journalisten in der Welt, ob in Asien oder Amerika, definieren sich nicht als Mitglieder von Ressorts, sondern bestimmen sich zuerst als Blattmacher («Editors»), die redigieren und entscheiden, oder als Reporter, die mit ihrem Laptop unterwegs sind und noch nicht einmal zum Schreiben in die Redaktion kommen.

Auch im deutschsprachigen Raum gibt es neben den Boulevardblättern Redaktionen, die niemals die beamtenhafte Ruhe der Abonnementzeitungen genießen durften: Zeitschriften müssen mit jeder Ausgabe ihre Leser neu begeistern und zum Kauf animieren.

Werner Kilz bemerkte den Unterschied, als er 1996 vom *Spiegel* als Chefredakteur zur *Süddeutschen Zeitung* wechselte: «Die Schwäche der Zeitung ist die Ressort-Eifersüchtelei. Die Ressortleiter sind wie Herzöge. Sie denken nicht an die Zeitung als Ganzes, sondern nur an sich und ihr Ressort.» Die Einführung eines «Newsdesks» gelang ihm erst gegen den Widerstand der Ressorts, als die Krise auch die *Süddeutsche* erreichte; mittlerweile hat Wolfgang Krach, der stellvertretende Chefredakteur, einen der besten Newsdesks Europas organisiert und einen Bayern-Desk nebendran, an dem sämtliche Lokalteile der *Süddeutschen* produziert werden.

Auch große Zeitungen kooperieren, wenn sie in einem Konzern erscheinen: Die Kölner Verlagsgruppe *DuMont* konzentriert die Mantelredaktionen von *Kölner Stadt-Anzeiger, Berliner Zeitung und Frankfurter Rundschau* an einem Tisch; so verfügt die *Frankfurter Rundschau*, einst eine überregionale und viel zitierte Zeitung, nicht mehr über eine Vollredaktion. Ähnlich produziert die *WAZ* an einem 90-köpfigen «Content-Desk» in Essen auch für die *Westfalenpost, die NRZ* und *die Westfälische Rundschau.* Im Berliner Springer-Hochhaus sitzen die Redakteure der «blauen Gruppe» in einem Saal beisammen und machen das Blatt für die *Welt, Welt kompakt,* die *Berliner Morgenpost* und die Online-Auftritte.

Die Leser stört es kaum, solange das Lokale und Regionale in ihrer Zeitung einzigartig sind. Ob eine exzellente Reportage aus Indonesien oder Neufundland auch in einer anderen Zeitung steht, ist für die meisten Leser ohne Belang.

Was ist überhaupt ein Newsdesk oder Nachrichtentisch? Allen Modellen ist gleich: Es gibt einen großen Tisch, an dem zwischen sechs und sechzig Redakteure sitzen, meist auf Rufweite (was bei sechzig, wie in Springers blauer Gruppe, allerdings unmöglich wird); sie machen das komplette Blatt, stets ohne das Lokale, meist ohne den Sport. Den Tisch, den Desk, haben alle aufgestellt, selbst wenn der Chefredakteur die neue Organisation hasst und nur dem Verleger zuliebe eingeführt hat.

Die Verleger investieren viel, nicht selten eine halbe Million und mehr, um die Redaktionen umzubauen. Ein Newsdesk braucht Platz: Die *Frankfurter Rundschau* zog in ein Straßenbahndepot und ließ den Chefredakteur von einer «Kathedrale des Journalismus» schwärmen, die *Welt* und *Berliner Morgenpost* benötigen für den Desk 400, das *Handelsblatt* gar 900 Quadratmeter. Die meisten Nachrichtenräume in Deutschland bleiben aber überschaubar im Vergleich zu denen in den USA, England oder Spanien, die Fabrikhallen ähneln.

Ob der Desk eine permanente Konferenz führt, ob er crossmedial arbeitet, ob er besser redigiert als zuvor in den Ressorts, ob er besser die Regeln einhält, kurzum: ob der Desk die Zeitung besser macht und die Leser bei der Stange hält – das hängt vom Chefredakteur ab, seinem Willen und seiner Kraft, sich gegen meist großen Widerstand in der Redaktion durchzusetzen.

Der Chefredakteur, wenn er überzeugt ist, entdeckt leicht die Vorteile: Die Autoren-Zeitung aus einem Guss – ohne selbstherrliche Ressorts mit ihrer Burgenmentalität; strikte Befolgung des Hausbuchs, also der – oft ungeschriebenen – Regeln für Layout, Stil und Sorgfalt; mehr Zeit für Reporter, für Recherchen, fürs intensive Redigieren; Spezialisierung der Redakteure, die nach ihren Talenten und Fähigkeiten eingesetzt werden; schnelle Reaktion auf aktuelle Ereignisse; Übersicht aller Artikel, sodass ein sinnvoller Themen-Mix erreicht wird; Verquickung von Lokalem, Regionalem und Welt-Nachrichten; leichte Koordinierung bei komplizierten Serien, die über mehrere Ressorts laufen; gemeinsame Nachrichtenauswahl und Steuerung für Zeitung, Online und sogar Hörfunk und Fernsehen – und für künftige Mediennutzungen; weniger Konferenzen, dennoch intensive Kommunikation und einfache Planung; schnelle Reaktion auf Kritik und Anregung von Lesern, vor allem im Internet.

Der Redakteur als Blattmacher schaut mehr auf die Nachteile: Er kann weniger entscheiden; sieht nur einen Ausschnitt des Treibens in der Redaktion; bekommt einen dichten Arbeitsrhythmus; braucht hohe Konzentration über lange Zeit; muss sich für eine Form der Arbeit entscheiden: Blattmacher oder Reporter; er ist Textchef – und hat dies nicht gelernt; und er ist am Desk nie allein (allerdings kann er sich für ein Telefonat oder das Schreiben des Leitartikels in einen kargen Raum zurückziehen, der einer Mönchszelle gleicht).

Auch viele Reporter, vor allem im Lokalen, klagen, wenn ihre Seiten an einem Lokal- oder Regional-Desk produziert und redigiert werden: Sie haben das Recherchieren, vor allem das tiefe, verlernt und vermissen die früher so gescholtene Routinearbeit von Seitenproduktion, Terminbesuch und Bearbeiten der Mitarbeitertexte. Sie tun sich schwer mit der neuen Freiheit: Wie finde ich Themen? Wie entdecke ich nicht nur die Probleme der Stadt, sondern: Wie gehe ich ihnen auf den Grund? Wie entfache ich Phantasie? Wie komme ich an die Ideen und das Wissen der Leser?

Allerdings fügen sich die zu Reportern mutierten Lokalredakteure leichter in ihre neue Rolle als ehemalige Nachrichtenredakteure. Lokalredakteure waren, zumindest in den kleinen Orten, schon immer Generalisten: Morgens sezieren sie den Haushaltsplan der Gemeinde, mittags erfahren sie vom Konkurs eines Unternehmens und abends hören sie einen Vortrag über Gentechnik.

Der zentrale Desk ist leicht so zu organisieren, dass Blattmacher nur das Blatt machen, die Chefs nur entscheiden, die Reporter draußen recherchieren und – falls vorhanden – die Layouter nur layouten. Zentrale Lokal-Desks sind dagegen selten, an denen alle oder zumindest ein Großteil der Lokalteile gemacht werden. Sie sind schwerer zu organisieren: Wer sichtet die Mails und die Post? Wer spricht mit den Lesern, die in die Redaktion kommen? Wer sitzt am Telefon? Wer teilt die Freien, etwa im Sport, ein?

Hocken die Reporter weiter in der Redaktion, gehen Zeit und Kraft verloren. Da hilft nur eine effiziente Organisation. Die meisten Lokalredakteure haben aber nur die Verwaltung des Chaos gelernt, finden sich nicht mehr zurecht und leiden zusätzlich unter den Blattmachern am Desk, die ihnen sagen, was sie besser tun und lassen sollen.

Und was wird aus den klassischen Ressorts? Solange die Leser noch verlangen, dass die Zeitung nach Politik, Wirtschaft und Kultur geordnet ist, so lange werden Redaktionen Spezialisten brauchen – ob als eigene Ressorts oder als Spezialreporter in einem großen Team. Deshalb lohnt auch noch der Blick in die klassischen Ressorts: Zum einen gibt es noch Zeitungen, die traditionell arbeiten, zum anderen ist der Blick in die Geschichte nützlich, um Gespräche von älteren Kollegen ebenso verstehen zu können wie Sinn und Unsinn moderner Strukturen.

Lange folgte die *FAZ* streng dem klassischen Schema mit den Nachrichten im ersten Buch, der Wirtschaft im zweiten und dem Feuilleton im dritten; mittlerweile ist der Finanzteil als eigenes Buch geschaffen worden und an einigen Tagen der Sportteil, immer montags und zu großen Ereignissen wie Olympia oder Fußball-Weltmeisterschaft.

Der Lokalteil konnte sich erst im 19. Jahrhundert durchsetzen, als die Zensur gelockert wurde. Das jüngste der klassischen Ressorts ist der Sportteil, der in Deutschland noch nicht einmal seit hundert Jahren verbreitet ist – anders als etwa in England; so bleibt der Sport, trotz seiner wachsenden Bedeutung, in den überregionalen Zeitungen ein Anhängsel des Wirtschaftsteils.

Ordnen wir die Ressorts nach dem Nutzen, den sie dem Anfänger bringen, und nach den Chancen, dass er dort willkommen ist.

Das Lokale

Wer in den Journalismus einsteigen möchte, der suche sich eine der 1500 Lokalredaktionen in Deutschland, möglichst eine kleine auf dem Land. Ist er bereit, auch am Samstagabend eine Jahreshauptversammlung zu besuchen; ist er fähig, eine Digitalkamera zu bedienen; ist er so bescheiden, auch mit schmalen Honoraren zu arbeiten – dann wird er mit offenen Armen empfangen. Er verhilft den Redakteuren, die die Termine vergeben, zu einem freien Abend; er hilft dem Lokalchef, der sich weniger Klagen seiner Redakteure über den mörderischen Stress anhören muss; und er hilft sich selber, denn so mühelos schafft er's nirgends, sich schnell gedruckt zu sehen.

Das Lokale ist auch ein gutes Sprungbrett: Selbst prominente Chefredakteure rühmen sich, die ersten Sporen in einer kleinen Redaktion verdient zu haben; und je exotischer der Name der Lokalredaktion klingt, desto stolzer erzählen sie die Geschichten von ihren ersten Artikeln. Auch bei den Lesern steht das junge Lokalressort mit weitem Abstand vorn in der Gunst.

Zwei Drittel der Redakteure werden auch in den Lokal- und Regionalteilen eingesetzt. Je dünner die Zentralredaktionen werden, umso weniger Prestige dort zu erwerben ist, umso angesehener und beliebter wird das Lokale – das noch vor einigen Jahrzehnten ein Schweizer Chefredakteur als «bevorzugten Ort erbärmlicher Vielschreiberei» geißelte.

Die neue Organisation der Redaktion ist eine große Chance für freie Mitarbeiter. Wenn auch Tageszeitungen zu Autorenzeitungen werden, brauchen sie phantasievolle und gute Schreiber. Sie gibt es in den Redaktionen nicht gerade im Übermaß, sodass freie Journalisten, aber auch Praktikanten bessere Chancen als früher bekommen, frische Themen anzubieten und gleich zu realisieren.

Die Nachrichtenredaktion
Sie wird auch Politik-Ressort genannt – was irreführend ist: Denn selbstverständlich erscheinen auf der ersten Seite Flugzeugkatastrophen und große Ereignisse aus Wirtschaft, Kultur, Sport und dem Lokalen. In den meisten Redaktionen ist es mittlerweile verpönt, an gewöhnlichen Tagen mit denselben Stoffen wie die *Tagesschau* aufzumachen. Auch die Leser wollen auf der Titelseite nicht die Themen finden, die sie am Vortag in den Hörfunknachrichten, im Fernsehen oder im Internet erfahren haben. So suchen die Nachrichtenredakteure selbst in konservativen Redaktionen – nicht selten verzweifelt – nach einer ungewöhnlichen Perspektive für ein *Tagesschau*-Thema, nach einem starken regionalen Stück oder zumindest einem originellen Foto.

Nachrichtenredakteure schreiben wenig (meist nämlich nur die Überschriften, manchmal den Vorspann des Aufmachers), und sogar redigieren müssen sie nicht unbedingt, wenn sie sich nämlich auf die Texte der Agenturen verlassen. Die Computer haben die Versuchung, Agenturtexte unverändert zu übernehmen, noch erhöht, weil es verlockend ist, durch Tastendruck die Nachricht unverändert zum Drucken freizugeben.

Dennoch ist die Arbeit der Nachrichtenredaktion von politischer Bedeutung. Hier wird ja über Groß oder Klein, Oben oder Unten, «Skandal» oder bloß «Affäre» entschieden und das Gros der Nachrichten dem Leser notgedrungen schlichtweg vorenthalten. Kanzler und Oppositionsführer in die Schlagzeile – oder nur einer von beiden – und welcher? Am anderen Ende Deutschlands brennt ein Haus, fünf Menschen kommen um: eine vermischte Meldung – oder der Aufmacher, weil es sich um ausländerfeindliche Brandstiftung handeln könnte? Mit solchen Entscheidungen machen Journalisten Meinung, viel mehr als mit Leitartikeln.

Der Sport
Wer sich für Sport interessiert und am Sonntagnachmittag bereit ist, in Kneipen anzurufen für die Spielberichte der Kreisklasse – der hat wenig Mühe, in einer Lokalredaktion schnell eine Stelle als fester Freier zu bekommen. Doch der Job im Sport kann in eine Sackgasse führen: Die 1:0-Berichterstattung findet relativ wenig Beachtung bei den Kollegen.

Zudem stehen die Sportredakteure eher am Rand der Redaktion – ob in der Zentrale oder im Lokalen, wo durchweg die Freien die Arbeit stemmen. «Sportjournalisten sind immer beschäftigt, haben nie Zeit, fordern Reflexion, realisieren sie im Alltagsbetrieb aber selten», stellen Josef Hackforth und Christoph Fischer in der Einleitung zum *ABC des Sportjournalismus* fest. Dennoch sind Sportredakteure offenbar die glücklichsten Journalisten: Gerade fünf Prozent würden lieber einen anderen Beruf ergreifen, stellt eine große Studie des Instituts für Sportpublizistik an der Kölner Sporthochschule nach der Befragung der 4000 Sportjournalisten in Deutschland fest.

Der Sport meint auch, das Interesse der Massen zu befriedigen. Doch das stimmt nur teilweise – wenigstens für die Zeitungen. Der Widerstand der Leser wächst. Sie nehmen die zig Sportseiten, vor allem am Montag, nicht mehr hin. In seiner Remscheider Leseruntersuchung stellt Professor Rager fest:

> *Zwei große Gruppen von Lesern stehen sich gegenüber: Die einen, überwiegend Männer, werden in ihren Interessen gut bedient und wollen teilweise sogar noch mehr Sport. Den anderen, in der Hauptsache Frauen und Ältere, ist der Lokalsport in seinem jetzigen Zuschnitt zu umfangreich. Zum einen Teil wollen sie andere Sportarten berücksichtigt sehen, und zum anderen Teil interessiert sie Sport nicht.*

Wenn selbst der Lokalsport gut die Hälfte der Leser vergrault, dann dürfte der überregionale Sport nur noch einen harten Kern von männlichen Lesern beeindrucken: Der Sportteil wird jedenfalls in seiner Wirkung überschätzt – wenigstens in der derzeitigen Verfassung.

Die Kultur
Wer über ein Kabarett für den Lokalteil berichten will oder das Orgelkonzert in der Klosterkirche, der bekommt schnell die ersten Termine. Doch in der überregionalen Kultur haben Anfänger kaum eine Chance. Dort versammeln sich Experten für die verschiedenen Gebiete: für Theater und Musik, die noch unterteilt wird in klassische und populäre, für bildende Kunst und Architektur, Film und Literatur. Da die Kulturredaktionen nur bei den überregionalen Zeitungen gut besetzt sind, werden manche Gebiete von freien Mitarbeitern abgedeckt – aber meist von älteren und routinierten.

Sie müssen etwas beherrschen, was dem angehenden Journalisten auch wenig nutzen wird: Sie schreiben meist wenig verständliche Texte, bewusst für eine Minderheit, wie in vielen Feuilletonredaktionen stolz festgestellt wird. Der typische deutsche Kulturredakteur *möchte* von Hinz und Kunz gar nicht verstanden werden.

Das Lebensgefühl etwa des Musikkritikers geht dahin: Ich will respektiert und idealerweise bewundert werden von den Kollegen Musikkritikern, also von den Leuten, die in jedem Konzert in der ersten Reihe sitzen, sowie von den Mitgliedern des Streichquartetts, über das ich schreibe. Ob irgendjemand anderes mich versteht, ist mir egal, es wäre mir sogar ein bisschen peinlich, wenn sie mich verstünden.

Die Wirtschaft
Nirgends hat der Anfänger geringere Chancen als im Wirtschaftsressort – wieder mit der Ausnahme des Lokalteils, in dem Redakteure gern den Eröffnungsbericht über das Miederwarengeschäft abgeben. Ansonsten trauen Wirtschaftsredakteure den Ungeübten wenig zu, und wahrscheinlich haben sie auch recht: Die Materie ist

kompliziert und nur von Eingeweihten zu durchschauen, zudem haben Fehler gravierende Folgen; im schlimmsten Fall droht eine Schadenersatzklage, wenn einem Unternehmen der Konkurs angedichtet wird; schnell jedenfalls droht das Verstummen von Managern und Geschäftsführern, wenn sie sich missverständlich wiedergegeben fühlen.

So wird der Wirtschaftsteil meist für Eingeweihte geschrieben. Peter Glotz und Wolfgang Langenbucher kamen 1968 in ihrer Streitschrift *Der missachtete Leser* zu einem Urteil, das noch weitgehend gilt:

> *Die Wirtschaftsteile werden von den meisten Lesern überschlagen ... Sie sind beigelegte Fachzeitschriften für Eingeweihte. Noch immer hängen viele Zeitungen am Aufbau des klassischen Handelsteils ... Man bietet verschlüsselte Informationen für die schmale Schicht der Wissenden.*

Einige Zeitungen haben den Wirtschaftsteil für jedermann geöffnet oder bieten eigene Ratgeberseiten an.

> **Die moderne Redaktion mit einem Newsdesk reißt die Ressortgrenzen nieder, schafft freien Raum für Reporter und Autoren und produziert eine Zeitung aus einem Guss. Das Lokale bleibt der typische und wahrscheinlich beste Einstieg in den Journalismus; ein paar Jahre am Desk, als Blattmacher oder in einer Nachrichtenredaktion sind ebenfalls eine vorzügliche Schule für alle journalistischen Sparten.**

> **Wie die amerikanischen Zeitungen schon immer ihre Redaktion organisierten**
> Der Newsdesk, der Nachrichtentisch, war über Jahrzehnte in deutschen Tageszeitungen unbekannt. In den USA, wie in den meisten angelsächsischen Ländern, waren die Redaktionen schon immer zentral und strikt organisiert: Ein Newsdesk, der alles regelt; ein Nachrichtenraum, in dem die Editoren, die Blattmacher, das Blatt redigieren; und draußen

arbeiten die Reporter, die die Nachrichten besorgen und Reportagen schreiben.

In seiner legendären «Zeitungslehre» von 1955 verglich der Berliner Publizistik-Professor Emil Dovifat die deutschen und amerikanischen Redaktionen:

Jede größere deutsche Redaktion hat ihren beinahe symbolisch langen Korridor, in den hinein meist ganz abgeteilte Zimmer der einzelnen Ressorts münden.

Der Gegensatz dazu ist das amerikanische Redaktionssystem. Hier ist die Arbeit nicht fachlich nach Stoffgebieten getrennt, sondern es sind die «Meinungsarbeiter», die nur eine geringe Rolle spielen, von den «Nachrichtenarbeitern» gesondert. Diese wiederum finden und formen die Nachricht in einer nicht stofflich, sondern nach Herstellungsphasen gegliederten Arbeitsteilung.

Die erste findet die Nachricht, die zweite schreibt sie, der dritte redigiert sie, der vierte findet die Überschrift, und der fünfte bestimmt ihr typographisches Auftreten.

Presserecht und Ethik

48 Wie Journalisten entscheiden

Welcher Journalist dringt schon in ein fremdes Hotelzimmer ein und findet in der Badewanne einen toten Ministerpräsidenten? Wer führt schon Bündel von Hundert-Euro-Scheinen mit sich, um Fotos von Verunglückten zu kaufen? Oder ein Scheckbuch, um Zigtausend auszugeben für eine exklusive Nachricht? Über solche öffentlichen «Aufreger» debattieren gern Evangelische Akademien sowie Talkrunden im Fernsehen; im journalistischen Alltag sind weniger spektakuläre, dennoch folgenreiche Entscheidungen zu treffen. Dieter Golombek, Pionier des Lokaljournalistenprogramms, erzählt vier typische Fälle, wie sie jeden Tag auf Redakteure zukommen können:
1. Der Oberbürgermeister hat zwei rauschgiftsüchtige Söhne. Einer von beiden ist bereits straffällig geworden. Ist das ein Thema für die Zeitung oder die Privatangelegenheit des Bürgermeisters?
2. Der Geschäftsführer eines Arbeitslosenprojektes, einst selber arbeitslos, hat 13 000 Euro unterschlagen. Die Stadt zieht die Sache glatt, um der guten Sache, dem sinnvollen Arbeitslosenprojekt, nicht zu schaden. Darf die Zeitung mitziehen?
3. Zur Bundesverdienstkreuzverleihung erscheint der ohnehin alkoholgefährdete Landrat volltrunken. Dass er Alkoholprobleme hat, ist schon lange bekannt, aber immer ein Tabuthema gewesen. Darf die Zeitung bei der Tabuisierung bleiben?
4. Die Aids-Hilfe will eine Beratungsstelle in einem Gebäude einrichten, in dem auch ein Facharzt seine Praxis hat. Der Facharzt versucht, dies zu verhindern – aus Angst, seine Patienten könnten wegbleiben. Die Zeitung erfährt davon. Soll sie die Geschichte ins Blatt rücken? Nennt sie den Namen des Arztes? (Bei Nicht-Nennung könnten andere Ärzte den Hinweis verlangen, dass sie nicht gemeint sind.) Wem nützt die Veröffentlichung, wem schadet sie?

Wird durch die Veröffentlichung die Aids-Angst nicht noch weiter geschürt?

Die Fragen, die Dieter Golombek formuliert, werden in vielen Redaktionen gar nicht gestellt. Wer als Praktikant, freier Mitarbeiter oder Volontär in eine Redaktion kommt und große Diskussionen über folgenreiche Entscheidungen erwartet, der wird meist enttäuscht. Redaktionen gehen Diskussionen gern aus dem Weg; der Hinweis auf den drohenden Redaktionsschluss stimmt oft, aber ebenso oft wird er genutzt, um neugierige Fragen abzuwehren.

Christian Lindner, Chefredakteur der *Rhein-Zeitung*, erzählte auf einer Tagung über neuen Journalismus: «Die meisten Chefredakteure sind zufrieden, wenn Konferenzen voll sind. Die Anwesenheit zählt, Prozesse und Rituale – nicht der Inhalt.» Berühmt sind die Redaktionen der *Frankfurter Rundschau* für ihre Bereitschaft zu ausgiebigen Diskussionen; berüchtigt sind viele Lokalredaktionen für ihr Schweigen, das nicht selten Kungeleien und heimliche Pakte mit den Eliten verschleiern soll; beliebt sind Redaktionen, die Diskussionen nicht unentwegt pflegen, aber in Konferenzen einem Streit nicht aus dem Weg gehen – auch wenn der Anfänger nicht auf Grundsatzdiskussionen beharren sollte.

Normalerweise gilt: Journalistische Entscheidungen werden aus dem Bauch gefällt, nach Interessen oder vermuteter Wirkung. Gibt's Ärger, weil der Verleger oder Chefredakteur ein Studienfreund des Landrats ist? Droht ein Rechtsanwalt mit Briefen und Verfügungen? Stehen Interessen der Anzeigenabteilung auf dem Spiel? Muss man Arbeitslose schonen, weil sie zu einer benachteiligten Randgruppe zählen?

So werden Entscheidungen getroffen, um Ärger zu vermeiden, Vorteile zu pflegen, Rechnungen zu begleichen oder Weltanschauungen zu stützen. Beim Boulevard oder den Magazinen kommt die Lust an der Sensation hinzu, das Jagdfieber, einen vermeintlichen Skandal als Erster zu entdecken, oder die Hoffnung auf eine große Karriere.

So stehen halbgare Geschichten im Blatt oder kompletter Unsinn wie die Hitler-Tagebücher; in Lokalredaktionen werden dagegen gern «Themen durch Weglassen erledigt», wie Dieter Golombek feststellt. So blieben auch die Geschichte des rauschgiftsüchtigen Politikersohns, der Arbeitsloseninitiative und der Aids-Beratungsstelle ungeschrieben – ob aus gutem Grund, soll am Ende des nächsten Kapitels noch geklärt werden.

Ob Journalisten eine Nachricht drucken lassen oder nicht – sie entscheiden darüber, was die Leser interessieren soll. Die meisten wollen jedoch von Ethik nichts hören, und einige verlangen: Der Journalist hat sein Handwerk zu beherrschen, das reicht.

Es reicht nicht. Das Handwerk ist die Technik, und sie kann nicht die entscheidenden Fragen beantworten: Welche Wirkung will ich hervorrufen? Welche rufe ich hervor, ohne es zu wollen? Solche Fragen verfolgen nicht nur den Journalisten, es sind die alten Fragen der Naturwissenschaftler, als sie das Atom spalteten und die Bombe bauten, oder der Ärzte, die Sterbehilfe leisten oder ein Kind abtreiben: Die Technik beherrschen sie perfekt, das ist nicht die Frage.

Ärzte beispielsweise befolgen den hippokratischen Eid, dann wenden sie ihre Technik an; das ist die Reihenfolge. Und wie lautet der Eid für Journalisten? Wie sollen sie handeln?

Journalisten entscheiden stets für ihre Leser, ob sie eine Nachricht drucken oder weglassen. Nur wenige Redakteure fragen nach der Wirkung, die meisten entscheiden aus dem Bauch heraus – sie wollen Ärger vermeiden oder sich durch die Entdeckung eines Skandals einen Namen machen.

49 Wie Journalisten entscheiden sollten

Redakteure mögen es, aus ihrem Alltag zu erzählen: Beispiele über Beispiele; aber sie mögen keine Regeln, nach denen sie ihre Entscheidungen treffen sollen. Am liebsten hätten sie eine Rezeptsammlung, in der alle möglichen Fälle gelöst sind – wohl wissend, dass sie immer wieder einmalige und erstmalige Entscheidungen zu fällen haben.

«Wie viele Engel passen auf eine Nadelspitze?» Solche Fragen beantworteten die Philosophen des Mittelalters, um noch den absurdesten Fall gelöst zu haben – damit der Einzelne erst gar nicht in die Gefahr einer eigenen Interpretation oder Entscheidung geriet. Solche geschlossenen Systeme taugen wenig und widersprechen der Verantwortung der Journalisten.

Doch diese Verantwortung schwebt nicht frei in den Redaktionen herum, sondern besitzt ein tragfähiges Fundament – in der Demokratie und unserer Verfassung. Und dies ist die Grundregel, sie ist einfach zu verstehen und zu befolgen: Journalisten sollen frei, unbeeinflusst und sofort alle Informationen weitergeben, die die Menschen in einer Demokratie benötigen. Dies ist ihre Pflicht, nicht allein ihr Recht!

Ihre Rechte kennen die Redakteure, und sie wissen, dass sie mehr Rechte besitzen als die normalen Bürger. «Die Pressefreiheit und die Freiheit der Berichterstattung durch Rundfunk und Film werden gewährleistet. Eine Zensur findet nicht statt.» So bestimmt der Artikel 5 des Grundgesetzes; eine solche Macht geben den Medien nur wenige Verfassungen in der Welt. Und diese Macht kann kein Politiker wesentlich einschränken; die Pressefreiheit zählt zu den Grundrechten, sie darf in ihrem Wesensgehalt nicht verändert werden, auch nicht mit Zwei-Drittel-Mehrheit des Bundestags.

Doch sein Recht kann der Redakteur nicht nach Belieben in Anspruch nehmen – im Gegensatz etwa zum Demonstrationsrecht; kein Deutscher ist verpflichtet, sich für seine oder anderer Interessen unter freiem Himmel zu versammeln, und dabei spielt es keine Rolle, ob er dies aus Überzeugung oder aus Faulheit unterlässt.

Kann auch der Journalist Berichte unterdrücken, weil er Ärger befürchtet, Kopfschmerzen hat oder an den Nutzen der Stadt denkt, einer Partei oder einer Interessengruppe? Nein: Der Journalist *muss* sein Recht, frei zu berichten, stets in Anspruch nehmen. Dem Recht der Pressefreiheit korrespondiert die Pflicht, sie auch zu nutzen – selbst wenn Pressionen oder Nachteile zu befürchten sind.

Auch der Anfänger muss seine Pflicht kennen. So sprach ihn Jürgen Richter an, Ex-Vorstandsvorsitzender von Springer, als er 1995 Journalistenschüler begrüßte:

49 Wie Journalisten entscheiden sollten

Ihr Recht ist die in unserer Verfassung verbriefte Freiheit des Wortes, des Widerspruchs, der Kritik. Dieses Recht ist ein Lebensnerv der Demokratie. Aber dieses Recht ist auch Ihre Pflicht. Pflicht gegenüber diesem Staat. Pflicht gegenüber Ihren Lesern.

Die Pressefreiheit verleihen nicht Parteien, Politiker oder Parlamente, sondern die Bürger. Nur durch umfassende und wahrheitsgetreue Informationen sind sie in der Lage, ihre Entscheidungen über Macht und Mandate zu fällen. Die Bürger leihen den Journalisten die Macht, für sie alle Informationen zu sammeln, und verbinden sie mit der Verpflichtung, diese Informationen sofort an sie weiterzugeben. Der Journalist handelt also für seinen Auftraggeber – wie ein Treuhänder.

So sieht es immer wieder das Verfassungsgericht, das alle Angriffe des Staates gegen die Medien abgewehrt hat: Der zur politischen Entscheidung berufene Bürger soll umfassend orientiert sein, die Meinungen anderer kennen und gegeneinander abwägen. Die Journalisten halten diese Diskussionen in Gang, sie beschaffen die Informationen, nehmen dazu Stellung und geben den Menschen Orientierung in der öffentlichen Auseinandersetzung.

Was folgt daraus? Journalisten müssen alles, was sie tun oder unterlassen, begründen können – wie jeder, der im Auftrag eines anderen tätig wird. Prompt kommt von Redakteuren der Einwand: Aber sind Journalisten nicht frei? Ja und nein: Die so gern beschworene Freiheit bezieht sich nur auf den Staat, der nicht verlangen kann, dass Redakteure ihm Rechenschaft ablegen; sie bezieht sich nicht auf die Bürger: Sie haben ein Recht darauf, dass Journalisten ihnen erklären, warum sie schreiben, wie sie schreiben – und warum sie schweigen. Schweigen dürfen sie selten.

Neben der Information zählt Karl-Hermann Flach auch die Kritik und Meinungsbildung zu den Pflichten, welche unsere Verfassung den Journalisten auferlegt. Und er fährt fort:

Auch überzogene Kritik muss die Demokratie ertragen können, zumal die Frage kommt, wer denn bestimmen soll, was als überzogen zu gel-

> ten hat. *Politikern und Staatsorganen steht diese Bestimmung nicht zu. Und eines ist sicher: Die Demokratie wird bestimmt nicht an zu viel Kritik zugrunde gehen, eher an der mangelnden Kritikfähigkeit und Kritikverträglichkeit ihrer führenden Schichten.*

Der Journalist soll also nicht nur eine Meinung haben, er muss sie formulieren. Allerdings muss er auch darauf achten, dass seine Leser genau unterscheiden können: Was ist Nachricht? Was ist Kommentar?

Und was ist mit all den bunten Meldungen, dem Privatleben der Königinnen und Fraktionsvorsitzenden, mit Mord und Totschlag? Ist der Redakteur auch verpflichtet, all dies ins Blatt zu heben? Nein, er muss nur melden, was die Menschen wissen müssen, um die Demokratie in Schwung zu halten. Das ist der Maßstab, alles andere folgt Regeln und Konventionen, die wenig mit der journalistischen Ethik zu tun haben und mehr mit Sitte und Anstand, Zeitgeist und Takt, Stil der Zeitung und Erwartung des Publikums.

Bisweilen ist die Abgrenzung schwierig: Ist der Seitensprung eines Politikers seine Privatsache, wenn er unentwegt von der Heiligkeit der Familie spricht? Darf der Name eines Ladendiebs genannt werden? In den USA gibt's keine Probleme, bei uns wiegt der Schutz der Persönlichkeit höher; doch gilt dies auch für den klauenden Richter, der für seine scharfen Verurteilungen bekannt ist?

Streiten kann man sich über das öffentliche Interesse am Verhalten eines Bürgermeisters und Landtagsabgeordneten, der vor Gästen einer Feier seine Mutter schlägt: Hat ein Politiker, dessen Moralvorstellungen Gesetze prägen können, nicht Vorbild zu sein? Ja, meinte eine Zeitschrift und berichtete über die Schläge. Nein, meinte das Landgericht Oldenburg: Das Verhalten des Sohns ist für seine Qualifikation als Landtagsabgeordneter ohne Belang, sodass der Vorfall als rein persönliche Angelegenheit zu werten ist.

So gehört jedenfalls die Drogenkarriere des Bürgermeistersohns, eines der Beispiele im vorigen Kapitel, nicht in die Zeitung: Das ist Privatsache des Bürgermeisters; dies zu wissen, hilft den Bürgern nicht bei der Kontrolle seiner Amtsführung; zudem hat Sippenhaftung in der journalistischen Ethik nichts zu suchen.

Gedruckt werden muss der Bericht über die Unterschlagung im öffentlich finanzierten Arbeitslosenprojekt; wenn die Redaktion meint, der guten Sache solle nicht geschadet werden, kann sie in einem Kommentar Partei ergreifen. Auch die Alkoholprobleme des Landrats müssen die Wähler erfahren, immerhin sind sie die Vorgesetzten des gewählten Beamten. Im konkreten Fall hat der Bericht den Landrat dazu gebracht, eine Entziehungskur anzutreten, die auch erfolgreich war.

Die Kontrolle der Macht und der Mächtigen, verbunden mit hoher Glaubwürdigkeit und dem Willen zur Wahrhaftigkeit, das ist die oberste Pflicht von Journalisten. *WAZ*-Verleger Bodo Hombach hat Kants kategorischen Imperativ mit der Frage «Was ist, wenn es alle tun?» umgedeutet in den kategorischen Imperativ der Mediengesellschaft: «Was ist, wenn es rauskommt?»

Also, was die Bürger wissen müssen, um die Mächtigen kontrollieren zu können, das muss, alles andere kann in der Zeitung stehen, wie etwa die Auseinandersetzung zwischen der Aids-Hilfe und dem Arzt: Bei der muss die Redaktion entscheiden, ob sie mehr darin entdeckt als einen privaten Konflikt.

So einfach ist die journalistische Ethik. Der Presserat gibt einen nützlichen Wegweiser durch Regeln und Konventionen heraus, den Pressekodex, der von Verlegern und Journalisten immer wieder aktualisiert wird; eine Reihe von Verlagen verpflichtet die Redakteure in ihren Verträgen auf die Einhaltung des Kodex, doch unausgesprochen legen auch die anderen Wert darauf, dass die Redakteure sich daran halten – und sei es nur, um nicht eine öffentliche Rüge des Presserats zu riskieren, die das Ansehen in der Öffentlichkeit und vor allem in der Zunft beschädigt.

An den Presserat, in dem Verleger und Redakteure entscheiden, kann sich jeder Leser wenden; er entscheidet, ob die Zeitung oder Zeitschrift gegen den Pressekodex verstoßen hat – und verpflichtet die Redakteure, die Rüge im eigenen Blatt abzudrucken. Der komplette Pressekodex, eben das Grundgesetz der Journalisten, ist im Anhang abgedruckt.

> Das soll der Journalist tun: informieren, kritisieren und Meinungen bilden – im Auftrag der Bürger, die alle Informationen benötigen, um den Mächtigen auf die Finger zu schauen und bei Wahlen die richtige Entscheidung treffen zu können. Der Journalist ist von der Verfassung eingesetzt als Treuhänder des Bürgers – und nicht als Lautsprecher der Politiker.

50 Presserecht

«Die Presse ist frei», so beginnen die meisten Pressegesetze, erlassen von den Parlamenten der Bundesländer. Doch die Freiheit ist nicht grenzenlos – wie in den USA, wo beispielsweise jeder Besitzer einer Schusswaffe namentlich in der Zeitung genannt werden darf, oder wie in Norwegen, wo Journalisten Einblick in die Steuerakten der Bürger nehmen und diese veröffentlichen dürfen.

Was dürfen Journalisten in Deutschland? Sie können Behörden zwingen, ihnen Auskünfte zu geben, die normale Bürger nicht bekommen; sie dürfen in Akten der Behörden blättern, was mittlerweile jedem Bürger durch das «Informationsfreiheitsgesetz» ermöglicht wird – allerdings nur unter großen Mühen, mit viel Aufwand, auch hohen Kosten (und nicht für alle Landesbehörden).

Ein hartnäckiger Journalist knackt jede Behörde, und sei sie noch so verschlossen – und er darf dies tun, im Notfall mit Hilfe der Gerichte. Doch so großzügig die Richter sind, wenn es gegen die Allmacht des Staates geht, so zurückhaltend sind sie, wenn Journalisten in die Privatsphäre eindringen – der Schutz der Persönlichkeit geht meistens vor.

Zum Beispiel bei Fotos. Ein Gesetz aus dem Kaiserreich bestimmt: Prinzipiell haben Menschen ein Recht am eigenen Bild. Der § 22 des Kunst-Urhebergesetzes fordert vor dem Abdruck die Genehmigung des Abgebildeten. So klagten schon in der Weimarer Republik zwei herausragende Politiker, Ebert und Noske, gegen die

Veröffentlichung eines Fotos, das sie in Badehosen zeigte. Ein Landgericht wies die Klage ab.

In Deutschland werden im § 23 des Kunst-Urhebergesetzes die Ausnahmen formuliert: Danach dürfen Personen ohne Zustimmung fotografiert werden, wenn sie sich bewusst in der Öffentlichkeit bewegen («absolute Personen der Zeitgeschichte»); für eine kurze Zeit zur Zeitgeschichte zählen, etwa als Büttenredner beim Karneval oder Leiterin eines Kindergartens, der vom Bürgermeister eröffnet wird («relative Personen der Zeitgeschichte»). Nach dem Caroline-Urteil des Europäischen Gerichtshofs für Menschenrechte dürfte die Unterscheidung in absolute und relative Personen der Zeitgeschichte, also Prominente und Prominente auf Zeit, keine Rolle mehr spielen. In dem Urteil hatte das Gericht der Prinzessin aus Monaco recht gegeben: Fotos hätten nicht gedruckt werden dürfen, die sie im Alltag zeigen, etwa beim Einkaufen.

Der Rechtsanwalt Martin W. Huff folgert: Es geht allein um den Informationswert für die Öffentlichkeit. Ist der hoch, kann sich eine Person nicht vor einer Veröffentlichung schützen; ist der Informationswert gering, kippt die Waage zugunsten der Person, die ihr Leben und ihren Alltag vor der Öffentlichkeit verbergen will.

Die Thüringer Medienrechtsprofessoren Frank Fechner und Axel Wössner nehmen den Fall eines bekannten Schauspielers, der wegen Betrugs zu einer jahrelangen Gefängnisstrafe verurteilt wird. Darf die Zeitung ein Foto von ihm drucken, wie er, da im offenen Strafvollzug, kurz nach Haftantritt das Gefängnis verlässt und in ein Auto steigt? Die Prüfung der Antwort hat drei Stufen zu durchlaufen, sagen die Medienrechtler:

Stufe 1: Einwilligung? Nein.

Stufe 2: Zeitgeschichtliches Ereignis? Ja, da die Frage gestellt wird, ob ein Prominenter im Gefängnis begünstigt wird.

Stufe 3: Hat der Prominente dennoch ein berechtigtes Interesse, dass sein Foto nicht gedruckt wird? Ja, sagt er, meine Resozialisierung wird gefährdet, wenn die Öffentlichkeit wieder mein Fehlverhalten erfährt.

Ergebnis: Das Foto darf gedruckt werden, da die Haftstrafe lange dauert und die Resozialisierung noch kein Thema ist – im Gegensatz zum öffentlichen Interesse an der Frage, ob Prominente privilegiert werden.

Diese Prüfung müssen Redakteure stets vornehmen, wenn sie ein Foto veröffentlichen wollen. Weniger aufwendig ist die Prüfung, wenn es um die Texte geht. Sie dürfen die Intimsphäre nicht erreichen, müssen stimmen und sich vor Schmähkritik hüten. Wer eine Fernsehansagerin eine «ausgemolkene Ziege» nennt, bei deren Anblick «die Milch sauer» werde, der hat die Kritik überzogen; so entschied der Bundesgerichtshof.

Wenn also die Prinzessin aus Monaco durch Hückeswagen schlendern sollte, darf das in der Lokalspitze zum Thema werden. Das Foto darf nur ins Blatt kommen, wenn sie zusagt – es sei denn sie ist auf dem Weg zum Bürgermeister, um mit ihm heimlich ein Geschäft zu besprechen.

Fotos dürfen weiterhin auch ohne Zustimmung gedruckt werden, wenn Personen
- in einer Gruppe öffentlich auftreten, sei es beim Winterschlussverkauf am Wühltisch, bei einer Demonstration, auf den Stehplätzen im Stadion (Dokument des Zeitgeschehens);
- zufällig herumstehen bei der Aufnahme einer Landschaft oder einer denkmalgeschützten Häuserfront in der Stadt («Beiwerk zur Landschaft»);
- ein Honorar akzeptieren.

Für eine Zustimmung reicht aus, wenn sie bei einer Straßenumfrage um eine Stellungnahme gebeten werden und der Fotograf sie dabei unübersehbar aufnimmt.

Mit solchen rechtlichen Bestimmungen kann schon der freie Mitarbeiter bei seinem ersten Termin konfrontiert werden; also ist es nützlich, wenn er sie kennt. Dagegen ist es höchst unwahrscheinlich, dass er einen toten Ministerpräsidenten in der Badewanne entdeckt. Soll er ihn fotografieren? Im Zweifelsfall: ja. Denn ob das Foto gedruckt wird, ist die Frage, die der Chefredakteur zu beantworten hat.

Kommen wir noch einmal zu den Texten: Im Kampf um die öffentliche Meinung darf schärfer formuliert werden als in einer Geburtstagsrede – wie die Liste der Beleidigungen und Beschimpfungen im Bundestag belegt. So ist die Grenze zwischen erlaubter Kritik und *Schmähkritik* schwer zu markieren: Gerichte bis hin zum Bundesverfassungsgericht haben sich jahrelang mit der Frage beschäftigt, ob man Soldaten in einem Leserbrief «potenzielle Mörder» nennen darf. Man darf es übrigens, wenn man nicht einen bestimmten Soldaten noch ausdrücklich die Bundeswehr damit diffamieren will.

Auch in journalistischen Texten ist die Individualsphäre, also Namen und persönliche Ehre, geschützt, solange eine Person nicht öffentlich auftritt; ebenso geschützt sind Privat- und Sexualleben sowie Briefe, Tagebücher und Krankenakten. Dringen Journalisten dennoch in die Privatsphäre ein, können Prominente und alle anderen auch eine Gegendarstellung verlangen – und durchsetzen sogar bis auf die Titelseite einer Zeitschrift, wie es der Prinzessin von Monaco oder Ex-Bundestagspräsident Wolfgang Thierse gelang.

Was Prinzessin und Politiker erreichen, das gelingt jedem Leser – wenn er einen guten Rechtsanwalt findet, der sich in den Tücken der Formvorschriften auskennt und die Formulierungskünste beherrscht. So darf eine *Gegendarstellung* keine Meinungsäußerung enthalten (woran die meisten schon scheitern), sie muss in den meisten Ländern eigenhändig unterschrieben sein und darf nicht wesentlich länger ausfallen als der beanstandete Text; nur wahr muss sie nicht sein, das verlangt keiner.

Die Gegendarstellung soll die Waffengleichheit wenigstens ein Stück garantieren, denn auch Journalisten dürfen Unwahres behaupten und können erst belangt werden, wenn die Zeitung gedruckt ist. Wie kommt es dann, dass ungleich mehr unwahre Nachrichten als Gegendarstellungen in der Zeitung stehen?

Der normale Leser hat kaum eine Chance, eine Gegendarstellung so zu formulieren, dass sie der Verlagsjustiziar nicht ablehnen kann. Am besten ist daher derjenige Leser beraten, der versucht, einen Leserbrief ins Blatt zu bekommen – in dem er sogar kräftig schimpfen kann.

Der Journalist hat also auch Grenzen zu beachten. Geht der Bürgermeister ins Bordell, so gehört dieser Besuch zu seinem Privatleben – es sei denn, er rechnet den privaten Beischlaf als Spesen ab oder wetterte öffentlich gegen Mitbürger, die Bordelle besuchen. Dann muss der Journalist recherchieren, dann darf er bluffen und verwirren, drohen und schweigen, um die Wahrheit herauszufinden – es sei denn, er mag solche Methoden nicht und verzichtet auf einen Knüller.

Der hartnäckig recherchierende Journalist ist im Recht, er hat sogar die Pflicht, möglichst viele und umfassende Informationen zu besorgen. Wenn er zu wenig fragt und sich zu schnell ins Bockshorn jagen lässt, verstößt er gegen die Sorgfaltspflicht, wie sie in jedes Landespressegesetz aufgenommen wurde:

Die Presse hat alle Nachrichten vor ihrer Verbreitung mit der nach den Umständen gebotenen Sorgfalt auf Inhalt, Herkunft und Wahrheit zu prüfen. (§ 6, Pressegesetz NRW, ähnlich in allen anderen Pressegesetzen der Länder)

Ein Bürgermeister setzt sich also ins Unrecht, wenn er die Auskunft verweigert; der Journalist ist im Recht, wenn er die Auskunft verlangt. Und wenn der Bürgermeister wissen will, wer dem Redakteur die Information über seinen Bordellbesuch gesteckt hat? Der Journalist darf schweigen, und selbst ein Staatsanwalt oder Richter kann ihn nicht zur Aussage zwingen. Das Zeugnisverweigerungsrecht gilt uneingeschränkt: Weder Beugehaft noch Geldstrafen, wie in anderen Staaten, sind erlaubt.

Wann darf ein Journalist über einen Verdacht berichten?
Der Bundesgerichtshof hat die Kriterien 1999 in einer Urteilsbegründung so festgelegt:

Einen Mindestbestand an beweisbaren Tatsachen muss ein Journalist schon vorweisen können. Der Verdacht muss auch schwer wiegen. Und je schwerer der Verdacht, umso größer die Sorgfalt.

Keine Vorverurteilung und keine einseitige Darstellung, die Unschuldsvermutungen ausblendet.

Die Stellungnahme des Verdächtigen ist, wenn möglich, einzuholen.

Das Gericht hat die Latte für die Sorgfalt aber nicht zu hoch gelegt, um die Meinungsfreiheit nicht zu gefährden. Das wäre der Fall, wenn Journalisten nur mit Sicherheit feststehende Tatsachen schreiben dürften. Das Gericht sieht die Not der Journalisten: Sie haben wenig Zeit, und sie haben nicht die Recherchemittel wie Polizei und Staatsanwaltschaft.

Und wenn sich später herausstellt, dass trotz aller Sorgfalt die Vorwürfe falsch waren? Journalisten müssen weder mit Widerruf noch Schadensersatz rechnen, schreibt *WAZ*-Justiziar Carsten Podszadlik. «Die Unschuldsvermutung kann die Freiheit der Berichterstattung nicht einschränken, wenn die Grenzen zulässiger Verdachtsberichterstattung eingehalten werden.»

All dies gilt im Internet ebenso, wobei jeder bedenken sollte: Im Internet sind Informationen, vor allem Bilder, viel länger abzurufen als in einer Zeitung, die schnell als Altpapier entsorgt wird. Also gelten zumindest gleich große Sorgfalt und eine noch größere Skepsis, wenn man Informationen aus dem Netz auf seine Seiten stellt.

Wer kurze Nachrichten einfach übernimmt, verletzt noch kein Urheberrecht; Journalisten sollten gleichwohl stets die Quelle nennen. Juristen gebrauchen als Maß für das Urheberrecht die «Schöpfungshöhe». Die ist meist hoch genug, wenn der Journalist längere Passagen selber formuliert.

Wer einen deutlich als PR gekennzeichneten Artikel oder eine Pressemitteilung mit «paste & copy» nutzt, macht urheberrechtlich nichts falsch, journalistisch aber vieles (was nicht heißt, dass es im Internet nicht tausendfach geschieht und nicht immer mit Quellenhinweis). Das gilt auch für amtliche Texte, etwa Gesetze, Verordnungen oder Urteile.

Am besten verhält sich eine Redaktion so: Alles als Quelle nutzen, dann prüfen und mit Quellenhinweis in eigene Worte fassen, es sei denn, man nutzt ein Zitat.

Fotos und Graphiken sind nie frei, das gilt auch für Amateuraufnahmen – es sei denn, 50 Jahre sind vergangen nach der Erstveröffentlichung oder 70 Jahre nach dem Tod von bekannten Fotografen, deren Werke wie Kunstwerke zu werten sind.

Wer seine Diaschau, sein Podcast oder Video im Netz mit Musik unterlegt, hat keine Probleme, wenn er Vogelstimmen im Wald aufnimmt oder seine eigene Komposition auf der Blockflöte bläst. Wer aber die Mondscheinsonate für sein Video nutzt, bekommt Probleme: Zwar ist Beethoven länger als 70 Jahre tot, sodass die Urheberrechte erloschen sind, aber der Klavierspieler und sein Verleger haben Leistungsschutzrechte, die mindestens 50 Jahre gelten. Da hilft nur: Beethoven selber auf dem eigenen Klavier spielen oder zahlen.

Journalisten haben mehr Freiheiten als andere Bürger; unbegrenzt ist auch ihre Freiheit nicht. Ob sie schreiben oder fotografieren: die Privatsphäre ihrer Mitmenschen ist meistens geschützt und die Menschenwürde immer. Auch Leser sind nicht rechtlos: Jeder Tatsachenbehauptung der Presse können sie mit einer Gegendarstellung entgegentreten, ob ihr Inhalt wahr ist oder erlogen.

Pressesprecher und PR

51 Wie man in der PR arbeitet

«Wir leben in einer PR-Gesellschaft», sagt der amerikanische Pulitzer-Preisträger Walter Pincus. Er bedauert es. «Wir haben eine große publizistische Aufrüstung auf unserer Seite», sagt Klaus Kocks, ehemaliger PR-Vorstand von VW. Er genießt es.

Beide haben recht, dafür gibt es drei Hinweise:

Erstens: PR-Stellen machen etwa zwei Drittel aller öffentlichen Stellenangebote für Journalisten aus, der Rest bezieht sich aufs Marketing, der kleinste Teil auf Redakteursstellen bei Zeitungen und Zeitschriften. Zwar wird in den Redaktionen oft intern besetzt, meist nach dem zweijährigen Volontariat, dennoch haben gut ausgebildete Redakteure die größten Chancen in der PR.

Selbst Chefredakteure wechseln von der Wahrheit zur Werbung. Einige, weil ihr Stuhl wackelt oder schon umgefallen ist, andere, weil sie Abwechslung und ein Abenteuer suchen oder kurz vor dem Ruhestand einmal gut verdienen wollen. So wechseln sie von der *Wirtschaftswoche* zur Deutschen Bank, vom *Hessischen Rundfunk* zur Bundesbank, von der *Financial Times* zu Lehman Brothers. Offensichtlich zahlt die PR besser bis exzellent. Oliver Herrgesell war als Vize-Chefredakteur des *Stern* sicher gut bezahlt, doch es ging noch besser. Nach seinem Wechsel zu *RTL* sagte er: «Die Konditionen stimmten.»

Zweitens: Pressestellen liefern immer mehr Themen, im Lokalen und den Online-Redaktionen auch komplette Artikel. Da die meisten PR-Arbeiter in Zeitungsredaktionen gelernt haben, wissen sie, wie ein guter Artikel aussehen muss und welche Artikel die Redaktionen gerne und wenig geprüft abnehmen.

Drittens: Pressestellen machen Politik, indem sie Minister und Oberbürgermeister beraten und ihnen Satz für Satz vorschreiben, für sie Kampagnen schmieden, ihre Interviews redigieren, Gastkommentare lancieren und Haarschnitt und Kleidung bestimmen. Die meisten Politiker machen mit, weil es Erfolg garantieren soll. Manager in der Wirtschaft, in Hilfsorganisationen und bei den NGO agieren oft genauso, auch Rechts- und Staatsanwälte und alle, die Interessen haben und sie durchsetzen wollen.

Warum dennoch zu viele den PR-Einflüsterungen auf den Leim gehen, haben wir gleich zu Beginn des Buches beschrieben (Kapitel 2: Welche Journalisten wir nicht meinen) und ergänzen es mit Walter Pincus: «Es gibt viele gute Journalisten, ohne Zweifel, aber auch jede Menge, denen das Haus im Grünen wichtiger ist als eine gute Geschichte. Um was geht es? Um Unabhängigkeit, Skeptizismus, Distanz zur politischen Maschinerie. Aber gibt man Journalisten heute die Freiräume und die Zeit, bestimmte Erfahrungen zu machen?»

Wie arbeiten PR-Leute? Sie arbeiten wie Journalisten und denken wie Lobbyisten. Sie beherrschen das journalistische Handwerk, kennen ihre Zielgruppe und die Unterschiede in den Medien, bedienen also das Fernsehen anders als ein Anzeigenblatt, sie bauen Brücken zwischen Journalisten und Managern oder Politikern und stellen in der Behörde oder dem Unternehmen unangenehme Fragen, bevor andere sie stellen. Immer dienen sie dem, der sie bezahlt; aber wenn sie gut sind, entscheiden sie in ihrer Behörde oder ihrem Unternehmen sogar mit.

Was muss ein Redakteur beachten, wenn er in die PR wechselt? Er muss seine Texte und Strategien «im Haus» abstimmen, also mit Vorgesetzten, die von Journalismus keine oder wenig Ahnung haben, Journalisten nicht selten verachten und am liebsten das große Schweigen schätzen, wenn es kritisch wird, und die großen Fanfaren, wenn es Neues zu verkaufen gilt.

Er muss mit den ehemaligen Redaktionskollegen respektvoll umgehen, auch wenn die in ihm einen Verräter sehen und ihm den großen Dienstwagen neiden. Deshalb muss es ihm gelingen, seine Ex-Kollegen prompt, sachlich und ausführlich zu informieren, statt Anfragen abzubügeln und mit Einladungen zu Mittagessen und Reisen zu korrumpieren. Immerhin hat ihn sein Arbeitgeber eingestellt, weil er weiß, wie Redakteure ticken.

Der Pressesprecher muss wissen, wo seine Macht endet. *RTL*-Sprecher Oliver Herrgesell: «Für einen Pressesprecher ist die Messlatte, was ankommt, und nicht, was er geschrieben oder gesagt hat. Was ankommt, liest er in der Zeitung. Der Pressesprecher gibt das letzte Wort an den Journalisten ab.»

Weniger freundlich, aber ähnlich bestimmt sagte es Klaus Kocks. Als ihm Andreas Wolfers, Leiter der Hamburger Journalistenschule, «höhnischen Spott» gegenüber Redakteuren vorwarf, blaffte er zurück: «Wir sind der Parasit einer freien Presse, wir haben kein Interesse daran, dass das Wirtstier derart schwächelt.»

52 Wie Öffentlichkeitsarbeiter informieren

Die Zahl der Journalisten sinkt – und die der Öffentlichkeitsarbeiter steigt; besser bezahlt werden sie auch, und viele freie Journalisten, schäbig honoriert, verdienen sich in der PR ein Zubrot. Gleichzeitig verstärkt sich in vielen Verlagen das Drängen der Anzeigenabteilungen auf die Redaktionen: Seid nett zu Firmen und Verbänden, die Anzeigen brauchen wir – es geht ums Überleben!

Für einen sauberen, unabhängigen Journalismus sind das schlechte Nachrichten. Mit dem steigenden Einfluss der *Public Relations* (neuerdings auch *Corporate Publishing* genannt) lässt sich indessen leben – sofern der Journalist ein paar Grundsätze wachhält (zusammengestellt von Wolf Schneider, der neben der Ausbildung von Journalisten seit zwanzig Jahren auch die von PR-Leuten betreibt, indem er ihnen zu besserem Deutsch zu verhelfen sucht). Ein sprachlich sauberes Textangebot erhöht ja die Abdruckwahrscheinlichkeit. Indem Wolf Schneider gleichzeitig die Sitten, die Unsitten und Tricks von Öffentlichkeitsarbeitern besser kennt als die meisten Journalisten, kann er denen am besten raten, was sie für den Umgang mit PR-Texten beachten sollten. Vor allem dieses:

1. Vorsicht immer. Jeder Pressemitteilung von Firmen, Verbänden und Parteien gebührt ein Quantum Misstrauen. Es handelt sich ja nicht um «Kommunikation» (wie die Wirtschaft die Summe aus Werbung und PR irreführenderweise nennt), sondern um *Auftragskommunikation*.

2. Die Form: oft passabel. In der Form nähern sich immer mehr Pressetexte dem journalistisch Erwünschten. Ist der Inhalt unbedenklich, so haben Redakteure wie Leser einen Gewinn davon. Ist die Nachricht in der Sache unverfänglich (wie bei vielen, wenn auch nicht allen Personalentscheidungen), so steht dem Abdruck nichts im Wege. Handelt es sich um ein neues Produkt, so empfiehlt sich ein kritischer Umgang mit den Superlativen.

3. Nachrichtenwert: oft null. Viele Pressestellen sind gehalten, gute Nachrichten in nicht zu großem Abstand zu produzieren, ob es Neues mitzuteilen gibt oder nicht. Hält der Redakteur dieses Wissen wach, so wird er mit der Einschätzung keine Probleme haben.

4. Signale für Nichtbeachtung. Die PR-Branche verwendet eine Reihe von Standardvokabeln, die Lesern wenig sagen, Redakteure aber misstrauisch stimmen sollten. Die wichtigste: Innovation, innovativ. Seit rund zwanzig Jahren gibt es in Deutschland keine Firma, die sich und ihre Produkte *nicht* als «innovativ» bezeichnet (es müsste sich schon um eine Werkstatt zur Restaurierung antiker Bilderrahmen handeln). Was an einem angeblich innovativen Produkt wirklich neu ist und ob seine Verbesserung für eine Nachricht reicht, bleibt im Einzelfall zu prüfen.

Vor anderen Standardbegriffen wird hier gewarnt im Lexikon unbrauchbarer Wörter (Kap. 16): *Aktivitäten, Fokus, Herausforderung, Inhalte, Kreativität, Potenzial, Prozess, Segment* – allesamt für Leser und Hörer nicht zumutbar, weil sie falsch, missverständlich, hässlich oder vollständig ausgeleiert sind (oder alles auf einmal).

5. Warnung vor Beachtung. Berichten Firmen, Verbände, Parteien über eine eigene Krise, einen Misserfolg, ein Missgeschick, so ist selbstverständlich höchstes Misstrauen geboten. Ist eine eigene Recherche nicht möglich, so erfolge die Zitierung klein und mit Hilfe aller erreichbaren korrekten Konjunktive.

Steht im Waschzettel Tarifanpassung – und es ist, wie fast immer, eine Erhöhung, so hat der Journalist «Erhöhung» zu schreiben (und möglichst dazu eine Glosse, die die «Anpassung» verspottet).

Werden Synergie-Effekte angekündigt, so sollte der Redakteur zweierlei im Kopf haben: 1. Ob sie eintreten, ist völlig ungewiss (siehe das Daimler-Chrysler-Desaster). 2. Wenn sie eintreten, bedeuten sie meistens Massenentlassungen, sind also für viele Leser und Hörer eine Schreckensnachricht.

So schnell wie möglich, «so sozialverträglich wie möglich» sind Floskeln, die ein Redakteur nie übernehmen sollte. Alles hängt ja davon ab, *wann* oder *wie* etwas möglich ist, und wer das nicht sagt, wird nicht gedruckt und nicht gesendet – es sei denn mit Hinweis auf seine Auskunftsverweigerung.

Vor diesem Hintergrund: Hoffentlich ein klarer Kopf bei den Kollegen, die auf beiden Seiten des Schreibtischs arbeiten müssen.

Wer aus einer Redaktion in die PR wechselt, muss seine Einstellung ändern. «Gläser, die vorher halb leer waren, sind jetzt halb voll. Der Sprecher muss notfalls eine Mitteilung vertreten, die er so niemals verfasst hätte.» (Oliver Herrgesell, *RTL*)

Achtung Wikipedia! Hinweise zum kritischen Umgang

Gerade im Internet ist PR nur schwer zu entdecken und tarnt sich oft als seriöse Nachricht. «Das gilt auch für vermeintlich Harmloses und Alltägliches wie den Umgang mit Wikipedia», schreibt Albrecht Ude. Da jeder, auch anonym, einen Nutzeraccount anlegen kann, wird PR und Manipulation zwar sanktioniert, aber nur, wenn es entdeckt wird. Albrecht Ude entdeckte beispielsweise einen PR-Mann, der für seinen Arbeitgeber Artikel in Wikipeadia gestellt hat.

Udes fünf Hinweise für den Umgang mit Wikipedia

1. Wikipedia ist keine Quelle! Schönschreiberei in der Wikipedia ist häufiger als Vandalismus und schwerer zu enttarnen.
2. Achten Sie auf die «History» (Versionsgeschichte): Anzahl, Frequenz und Daten der Änderung des Artikels.

3. Achten Sie auf die Diskussionen der Bearbeiter. Beachten Sie ggf. auch die Versionsgeschichte der Diskussion.
4. Bei echtem Vandalismus und «edit wars» hilft Wiki-Watch.
5. Um PR-Schreiberei zu entdecken, achten Sie in der Versionsgeschichte auf Benutzer, IP-Adressen und prüfen Sie, woher die Zugriffe kamen und welche Artikel von dort geändert wurden.

Erläuterungen zu den Hinweisen:
www.ude.de/seminar/achtung-wikipedia.pdf

Die Zukunft der Zeitung

53   Was die Leser wollen

Über Jahrhunderte hatte die Zeitung kaum eine Konkurrenz zu fürchten – außer der Obrigkeit, die ängstlich darauf achtete, dass die Untertanen ebenso dumm blieben wie uninformiert. Solange die Zeitungen keine Nachrichten von Gewicht drucken durften, fanden sie nur wenige Leser. Erst die moderne, die offene Gesellschaft brachte der Zeitung auch Massen von Lesern: Der Kampf um die Freiheit war immer auch ein Kampf um die unzensierte Nachricht für jedermann.

Doch in den vergangenen Jahrzehnten hat die Zeitung das Rennen um die Aktualität an Hörfunk, Fernsehen und Internet verloren.

Dennoch behauptet sich die Zeitung, noch. Sie bietet eine Reihe von Vorteilen im Vergleich zu den anderen Medien: Sie besticht durch Glaubwürdigkeit, vor allem gegenüber dem Internet; sie ist Wegweiser durch die Masse an Information; sie liefert gut konsumierbare Portionen statt ständiger Unruhe durch Aktualisierung; sie ist eine Wundertüte, die überraschende Nachrichten, Themen, Analysen, Glossen und Fotos bietet.

Der Wiener Journalistikprofessor Klaus Schönbach listet weitere Vorteile auf: Die Zeitung ist bequem, praktisch, beruhigend; sie vermittelt ein Gefühl der Zugehörigkeit und stiftet Identität; und sie zähmt unliebsame Überraschungen, die uns zu überwältigen drohen.

Schließlich bedient sie jeden Tag das wichtigste Lebensgefühl vieler Menschen: Dies ist mein Zuhause, meine Heimat. Wer von der Zeitung als Marke spricht, meint diese besondere Bindung zwischen Lesern und ihrer Regional- und Lokalzeitung. Wird diese Bindung locker, fremdelt der Leser, ist das Abonnement in Gefahr – unabhängig von allen Beteuerungen der Redaktion, wie viele wertvolle Artikel sie doch anbiete.

Zeitschriften haben stets nach den geheimen Wünschen ihrer Leser gefragt. Wenn Zeitungen dies tun, fällt bei den Lesern immer wieder ein Wort, das Journalisten maßlos erschreckt: Leidenschaft. Die Leser wollen spüren, dass Journalisten leidenschaftlich über ihre Heimat schreiben, über ihr Leben, ihren Alltag, ihr Glück und ihre Tragödien.

Redakteure sind es gewohnt, sachlich und distanziert zu schreiben – eben leidenschaftslos, es sei denn in Kommentaren oder Kolumnen. Doch Distanz und Leidenschaft ist für die Leser kein Gegensatz. Sie machen die Leidenschaft weniger im Schreibstil fest, sondern in hoher Sorgfalt: Sie mögen keine Fehler; sie wollen Interessantes nicht lange suchen; sie wollen Überschriften sofort verstehen.

Leidenschaft heißt für die Leser auch: Erklär mir meine Welt, aber ohne Hochmut und den Gestus des Besserwissenden, des Oberlehrers. Und gib mir einen Rat, den ich wirklich brauchen kann – also, gib dir Mühe, herauszufinden, was in meinem Leben wichtig ist

Der Schweizer Carlo Imboden entwickelte eine Methode, die – ähnlich wie beim Fernsehen – die ‹Einschaltquote› für Texte ermittelt. Repräsentativ ausgewählte Leser nehmen einen Stift in die Hand, der einem Marker ähnlich ist, und markieren die Teile der Zeitung, die sie gelesen haben; der Stift ist Scanner und Handy in einem, er überträgt Daten sekundenschnell in ein Rechenzentrum. Eine Reihe von Zeitungen von Würzburg bis Köln, von Osnabrück bis Berlin hat diesen Quoten-Ermittler schon eingesetzt, den sein Erfinder «Readerscan» nennt.

Unabhängig von der Größe der Stadt oder Landsmannschaft sind gut drei Viertel der Ergebnisse identisch. Sie überraschen den nicht, der sein Handwerk beherrscht; sie beweisen, dass jeder seine Leser erfreut, der sich an die Regeln dieses Handbuchs hält.

Es gibt offenbar eine Art Naturgesetz des Zeitungsmachens, gegen das keiner verstoßen sollte, der wirklich gelesen werden will:
- Die Leser lieben Reportagen, Porträts und Features, je länger, desto besser. Carlo Imboden, der Schöpfer von Readerscan, sagt: «Lange Texte saugen die Leser auf! Selbst aufwendig recherchierte Texte werden nicht nur viel gelesen, sondern stärken die

Leserbindung. Nur bei solchen Texten merken die Leute: Ich brauche diese Zeitung!»
- Noch beliebter als die Reportage ist die Glosse. Die amerikanischen Zeitungen wissen das schon lange: Kolumnisten sind die am besten bezahlten Redakteure und oft so populär wie Fernseh-Stars. Gute Schreiber machen also gute Zeitungen aus.
- Der Leitartikel hat überraschend hohe Quoten, aber nur wenn er eine klare, bissige Überschrift hat. Titel wie aus dem Textspeicher verscheuchen die Leser: «Zwischen den Stühlen» oder «Um Europa verdient gemacht». Noch intensiver als auf einer Meinungsseite werden die Kommentare gelesen, wenn sie direkt neben dem Bericht stehen.
- Das Vermischte steht an der Spitze der beliebtesten Seiten. Überall ist die Klatschspalte, also die kleine *Bildzeitung*, der Quotenrenner. Aber Vorsicht: Zu viel Klatsch verschreckt die Leser. Eine Seite reicht und eine Spalte im Lokalen.
- Die Politik hat nur viele Leser, wenn sie verständlich geschrieben ist und vom Nutzen oder Schaden für den Bürger handelt.
- Nur wenige lesen die Kultur und den Lokalsport; selbst der große Sport dümpelt dahin, es sei denn Länderspiele oder Europapokalspiele laufen, die auch im Fernsehen mit hohen Einschaltquoten die Massen anziehen. Dennoch können Zeitungen weder auf die Kultur noch auf den Sport verzichten; selbst wer dort wenig liest, will sich schon vergewissern, dass es Kultur in seiner Stadt gibt und worüber die Leute reden. Kompliziert ist die Entscheidung, wie viel Volksmusik auf der Kulturseite stehen darf. Unterhaltsame Kultur erhöht die Quote, aber verschreckt die Operngänger (und die Feuilletonisten, denen ihr Weltbild ins Wanken gerät). Fehlt der Lokalsport, hagelt es Abbestellungen. Aber auch der Sport bekommt höhere Lesequoten, wenn er Themen für Frauen anbietet (die fast komplett den Sport beiseitelegen), seine Spezial- und schiefe Bildersprache ablegt und Menschen mit ihren überbordenden Gefühlen zeigt.
- Die Tagesschau-Themen dürfen nicht fehlen. Das Fernsehen macht den Leser neugierig, er will das Gesehene nachlesen und verstehen

können. Überhaupt werden Artikel gelesen, die auf große TV-Ereignisse reagieren wie «Wetten, dass …?» oder Fernsehfilme mit hohen Einschaltquoten. Anton Sahlender, Stellvertreter des Chefredakteurs der *Main-Post*, meint: «Auf der Quote des Fernsehens aufsetzen ist ein Wellenreiter für die Zeitung.»

Vier Faktoren hat Anton Sahlender für einen erfolgreichen Text ausgemacht, nach Sichtung von Tausenden von Daten: Das Thema muss etwas mit dem Leben der Menschen zu tun haben: Unglück, Wetter, große Feste, wenn die Leser dabei waren, und Tiere ziehen immer; der Text gibt Orientierung, ist einfach und nützlich; er spricht Gefühle an; Prominente treten auf. Je mehr von diesen Faktoren vorkommen, desto größer ist die Chance, dass ein Text gelesen wird.

Die Folgen von Readerscan: heftige, aber fruchtbare Debatten in den Redaktionen, die oft erstmals ihre Leser und deren Bedürfnisse kennenlernen.

Die Redakteure ändern sich, Zeitungen und Leser auch: Um 20 Prozent stieg die Lesequote bei der *Main-Post*, seitdem die Redakteure die Bedürfnisse der Leser besser erfüllen. «Das ist schon ein ziemlicher Hammer, weil wir ja im Wettbewerb mit Fernsehen, Radio und Internet stehen», sagt Chefredakteur Michael Reinhard. «Wir haben die Hoffnung, dass die erhöhte Intensität Leser, die vielleicht auf dem Absprung sind, vom Sprung abhält.»

Überraschend sind die Erkenntnisse nicht. Es reichte noch nie, nur Nachrichten zu bringen. Schon lange vor Readerscan wertete der Dortmunder Journalistik-Professor Günther Rager Hunderte von Zeitungsseiten aus und stellte fest: «Die Tageszeitung pflegte und pflegt über weite Strecken eine regelrechte Monokultur der Informationen: Gehegt wurden nur die puren Fakten. Aus der Ökologie ist ja längst bekannt, wohin Monokulturen führen: langfristig zu Bodenerosion und zum Rückgang der Erträge.»

Es bleibt dabei: Der Redakteur muss rausgehen auf die Markt- und Sportplätze und in die Kneipen, um zu erfahren, was seine Leser umtreibt. Er kann sie auch einladen, etwa zu Betriebsbesichtigungen, um ihre Wünsche kennenzulernen und nicht nur im eigenen Saft zu schmoren.

Die Leser erwarten von ihrer Tageszeitung: Redakteure mit Leidenschaft sollen ihnen eine Schneise durch den Informationsdschungel schlagen; ihnen sagen und erklären, was wichtig ist; ihnen Lebenshilfe geben. Am meisten interessiert sie das Lokale; am wenigsten mögen sie die Monokultur der Nachrichten und Berichte, stattdessen wollen sie angelockt werden durch Kommentare, Reportagen, Glossen, Porträts.

54 Die neue Seite 1

Ein halbes Jahrhundert nach der ersten *Tagesschau* haben die meisten Regionalzeitungen auf das Fernsehen reagiert. Sie nehmen die Spitzenmeldungen der Tagesschau nur noch, wenn sie zum Küchenzuruf taugt, sie drehen sie auf jeden Fall weiter, leider meist noch in einer trockenen und nüchternen Nachrichtensprache. An ereignislosen Tagen, an denen sich Hinterbänkler in die *Tagesschau* robben, bringen sie eigene Reportagen und selbst recherchierte Nachrichten aus der Region auf die Titelseite.

So wird die erste Seite zum Schaufenster der Zeitung und zum Stadtgespräch: Das wünschen sich die Leser statt des *Tagesschau*-Recyclings. Dabei lohnt nicht der Streit, ob der Aufmacher lokal, regional oder überregional sei, ob Bericht, Feature oder Reportage: Das Beste muss es sein!

So dürfte in der Regel das Schützenfest keine Chance bekommen, als Aufmacher die Leser zu locken. Die Stärke der Provinzzeitung ist zwar die Berichterstattung aus der Nachbarschaft, aber sie darf nicht provinziell wirken. Nur – wie findet eine Redaktion den Aufmacher und die Themen, welche die Leser gleich lesen und über die sie noch Stunden später reden wollen? Wer hat die «Honey-Story» geschrieben? So nennen amerikanische Redakteure den Artikel, den die Frau am jungen Morgen so attraktiv findet, dass sie ihrem Ehemann zuruft: «Honey, hast du schon gelesen ...?»

Was Tageszeitungsredakteure zumindest für ihren Aufmacher

fordern sollten, forderte der *Stern*-Chefredakteur Henri Nannen für jede Geschichte in seiner Zeitschrift: Sie muss in einen «Küchenzuruf» münden. Das altmodische Frauenbild soll uns hier nicht stören; was Nannen sagen wollte: Die Geschichte muss auf einen Dollpunkt zulaufen, der den Leser in Erstaunen versetzt, ihm ein Aha-Erlebnis vermittelt – und zwar so, dass es ihn drängt, diesen Dollpunkt in die Küche zu rufen, wo seine Frau kocht; und so einfach und durchschlagend muss der Dollpunkt formuliert sein, dass er sich zum Rufen in die Küche eignet.

«Wie heißt der Satz, den Sie aus dem Fenster brüllen würden?» Mit dieser Frage löchert der überaus erfolgreiche Werbetexter Konstantin Jacoby den Auftraggeber, um ihn zu einer klaren Formulierung seiner Wünsche zu zwingen, und dann sich und seine Texter, um die Werbewirksamkeit zu kontrollieren. Er verlangt den Küchenzuruf also auch für Werbebotschaften; der Test ist das Rufen des Satzes aus dem offenen Fenster, vor dem sich eine tausendköpfige Menschenmenge versammelt.

Küchenzuruf und Fensterbrüller sind ein vorzüglicher Test und Maßstab für den Aufmacher der Titelseite: Was keinen Küchenzuruf hergibt, kann keine Schlagzeile hergeben – und hat auf der Titelseite nichts zu suchen. Doch taugt der Küchenzuruf nicht nur als Aufmacher-Test, sondern für jede Phase jeder journalistischen Arbeit – umso wichtiger, je länger und je prominenter der Text ist:

- Wenn mir zu meinem Schreibvorhaben (Reportage, Leitartikel) kein Küchenzuruf einfällt: Habe ich dann überhaupt ein Thema? Ich sollte es entweder so lange durchwalken, bis ich den Zuruf habe, oder das Thema fallen lassen.
- In der Redaktionskonferenz kann ein Redakteur sein Thema nur mit dem Küchenzuruf als erstem oder letztem Satz seiner ohnehin straffen Ankündigung verkaufen.

Einspruch!, warnen viele Redakteure. Gibt es denn nicht Sachverhalte, die so komplex sind, dass sie sich dem bloßen Zuruf entziehen? Ehrt es nicht den Journalisten, wenn er auch vielschichtige Themen angeht und dabei alle Facetten beleuchtet?

Ja, es ehrt ihn. Nur – wenn ein kompliziertes Thema keinen Küchenzuruf hergibt, deutet das darauf hin: Der Autor hat nicht intensiv genug um eine Zuspitzung seines Themas gerungen. Wer schreiben will, ist gut beraten, wenn er sich zuvor um die prägnanteste Formulierung seines Themas bemüht; und wer wirken will als Jungredakteur auf die Konferenz, als Schreiber auf Leser, der kommt um die Annäherung an den Fensterbrüller erst recht nicht herum.

Zwei, ja drei Aspekte in einem kurzen Satz zu bündeln, ist dabei kein unlösbares Problem – gerade dann nicht, wenn es sich um Aussagen handelt, die einander zu widersprechen scheinen:
- Im Alltagsdrama: Otto ist doof, aber ich liebe ihn.
- Bei Johannes Mario Simmel: Wir Deutschen können ein Wirtschaftswunder machen, aber keinen Salat.
- Bei Rousseau: Der Mensch ist frei geboren und liegt doch überall in Ketten.
- In der Kriegsgeschichte: Die Garde stirbt, aber sie ergibt sich nicht.
- *Drei* Aussagen in einem kurzen Satz bei Cäsar: Ich kam, ich sah, ich siegte.
- Drei in einem Themenvorschlag wie diesem: Deutschlands Zukunft – reich, faul und ausgestorben.

Mit einer solchen Zuspitzung erreichen Journalisten fünferlei:
1. Sie fangen die Redaktion.
2. Sie fangen den Leser – falls der Zuruf ihre Überschrift oder ihr Einstieg ist.
3. Falls er ihr Schluss ist (die *punch line*), bringen sie den Leser mit Sicherheit zum Rufen oder zum Auflachen.
4. Sie geben sich selbst eine scharfe Gliederung vor (die Begründung der drei Behauptungen), und das kann der Qualität ihres Textes nur förderlich sein.
5. Sie nehmen den Leser an der Hand, indem sie ihm ihre Gliederung entweder mitteilen (Zuspitzung im ersten Satz) oder sie ihn spüren lassen (Zuspitzung im letzten Satz).

Wer zwei zuständigen Philosophen glauben will, darf die Behauptung wagen, dass kein Thema auf Erden sich dem Küchenzuruf verweigert:

> *Wer's nicht einfach und klar sagen kann, der soll schweigen und weiterarbeiten, bis er's klar sagen kann (Karl Popper).*
>
> *Was sich sagen lässt, lässt sich klar sagen, und worüber man nicht sprechen kann, darüber muss man schweigen (Ludwig Wittgenstein).*

Und wenn die Realität keinen Aufmacher liefert, den man auch nach großen Mühen in keinen Küchenzuruf packen kann? Der Fall ist allzu häufig. Exakt nach den Bedürfnissen einer Zeitungsredaktion wird sich die Realität kaum richten, indem sie für rund 300 Ausgaben pro Jahr genau 300 Ereignisse produziert, die als Aufmacher herausgestellt werden können.

Fragt man die Nachrichtenchefs der großen Zeitungen, so wird der Verdacht erhärtet: An fast 200 der 300 Tage könnten sie auf einen Aufmacher verzichten, an rund 50 dieser 200 Tage täten sie das sogar liebend gern. Trotzdem aufmachen zu müssen an diesen fast 200 Tagen – das begünstigt die Tendenz, Politikern ein Forum der Wichtigtuerei zu verschaffen, Ereignisse von mäßiger Bedeutung zu überreizen, Skandale zu melden, die nicht dringend so heißen müssen – und Leser zu langweilen oder irrezuführen.

Und was ließe sich dagegen tun? Die Redaktion muss frühzeitig Aufmacher planen für ruhige Nachrichtentage: Analysen und Reportagen, die den Leser neugierig machen. Das wäre unseriös, kommt schnell als Warnung – und ungewohnt für die deutschen Leser. Wahrscheinlich wird man sie in der Tat daran gewöhnen müssen, dass das Beste auf der ersten Seite steht. Wer seit Jahrzehnten weiß, dass er die erste Seite nur zu überfliegen braucht, dem würde eine Umgewöhnung zugemutet, wenn er auf Sprechblasen, Agenturjargon und Fernsehwiederholungen verzichten müsste. Doch wahrscheinlich haben Redakteure größere und längere Gewöhnungsschwierigkeiten als die Leser.

Wer Analysen und Reportagen auf der Titelseite unseriös findet, der schaue zu den seriösen Blättern der Weltpresse.

Die *International Herald Tribune* bringt manchmal drei Reportagen auf der ersten Seite, das *Wallstreet Journal* jeden Tag, und es ist die größte Finanzzeitung und eine der größten Zeitungen der Welt. Sie begannen an einem Tag im August 1995 so:

Zur Olympiade 1996 in den USA: «Es ist einer der Lieblingswitze von Bill Payne, dem Präsidenten des Olympischen Komitees von Atlanta: Ich habe die Welt überzeugt, dass wir in Atlanta im Sommer nur 25 Grad im Schatten haben. Ich habe nicht gesagt, zu welcher Tageszeit.»

Vorschau zur Weltfrauenkonferenz in China: «Die Delegierten, die schon gekommen sind, sprechen von Chaos. Unterkünfte gibt es nicht, ein Programm auch nicht. Kleine Gruppen von Frauen irren über den Flughafen auf der Suche nach jemandem, der sie begrüßt.»

Zur Einführung der Computer-Software Windows 95: «Wir danken Gott oder Bill Gates, dass es vorüber ist.»

Die Redakteure in Amerika können noch *erzählen*, und sie trauen sich auch, es zu tun, und sie trauen sich sogar, solche anschaulichen Sätze auf Seite 1 zu tragen.

Die neue Titelseite wird zum bunten Schaufenster der Zeitung mit den interessantesten Themen und Nachrichten. Sie ist keine gedruckte Wiederholung der Tagesschau mehr; vielmehr nimmt sie als Aufmacher durchaus Reportagen und Analysen, wie es große internationale Zeitungen schon heute pflegen, und lokale Themen, wann immer sie dazu taugen.

55 Der neue Lokaljournalismus

«Viel Schrott und wenig Qualität», lautet Dieter Golombeks vernichtendes Urteil über den Lokaljournalismus: zu wenig Recherche, zu viel Hofberichterstattung, zu wenig Phantasie, zu viel Routine.

Doch Golombek, der Erfinder des Lokaljournalistenprogramms, sieht bessere Zeiten kommen:

Bei der Mehrzahl der lokalen und regionalen Tageszeitungen hat sich die Erkenntnis Bahn gebrochen, dass nicht Leitartikel und Theaterkritiken den Wert des gesamten Produkts für seinen Käufer ausmachen. Der Lokalteil ist das Herzstück der Zeitung, von ihm lebt sie. Der Lokalteil entscheidet darüber, wie sich die Leser mit ihrer Zeitung zu Hause fühlen.

In einer Behörde, und nicht in den Köpfen von Verlegern und Chefredakteuren, entstand der neue Lokaljournalismus. Dieter Golombek entwickelte mit vielen Zeitungsmachern zusammen Anfang der 1970er Jahre für die *Bundeszentrale für politische Bildung* das Lokaljournalistenprogramm mit folgender Bilanz:
- Tausende von Redakteuren diskutierten in Modellseminaren, wie sie eine bessere Tageszeitung anbieten können.
- Die Reihe *Themen und Materialien für Journalisten* bringt in acht Bänden Beispiele und Debatten über: die alltägliche Pressefreiheit, Parteien, Wahlen, Ausländer, Modelle für morgen, Wirtschaft und Geschichte.

Der Mediendienst *Drehscheibe*, der monatlich erscheint, sichtet den unüberschaubaren Markt der Lokalteile und bietet herausragende Geschichten und Konzepte zum Nachmachen an.

«Wir bauen ein Netz für 1500 Lokalredaktionen, wir fördern und sichern Qualität», erklärt Berthold L. Flöper, der das Journalistenprogramm heute leitet und weiter ausbaut, zum Beispiel für Hörfunkjournalisten. Doch Qualität entsteht nur, wenn Redakteure ihren Schreibtisch verlassen – was dem Anfänger und Volontär selten schwerfällt. Ein Fünf-Punkte-Programm bestimmt die Qualität des neuen Lokaljournalismus:
1. Die Redakteure gehen auf Augenhöhe mit ihren Lesern, sie heben die Themen der Bürger ins Blatt – und nicht nur die Verlautbarungen der Honoratioren.
2. Sie moderieren das Gespräch der Bürger und bringen viele Mei-

nungen ins Blatt, das dadurch zum Forum wird – wie früher der Marktplatz, auf dem sich die Leute trafen. Im umfangreichen Leserbriefteil kehrt sogar ein wenig Anarchie ein, jedenfalls das Gegenteil einer formierten Meinungseinfalt.

3. Sie schauen den Mächtigen auf die Finger, denn «die Qualität der lokalen Tageszeitung ist mitentscheidend für die Qualität der Demokratie», wie Flöper fordert. Lokaljournalisten dienen ihren Lesern als Treuhänder; sie bringen unverzüglich alle, wirklich alle Nachrichten, die ihre Leser erwarten, sie erklären die Zusammenhänge und kommentieren sie – meist folgenreicher als der Leitartikel zum Besuch des südkoreanischen Regierungschefs.

4. Sie sind das Gedächtnis einer Stadt. Sie kramen die alten Storys wieder aus und fragen, was aus den Versprechungen der Politiker geworden ist. Mit Berichten von Zeitungen rufen sie die Geschichte ins Bewusstsein, sei es aus dem Dritten Reich oder der Stasi-Ära im Osten – aber aus der alltäglichen Perspektive, nicht aus der abgehobenen von Historikern.

5. Sie unterhalten ihr Publikum, denn eine Stadt braucht Gesprächsstoff, auch Klatsch: Das Porträt zum 100. Geburtstag des ältesten Bürgers sorgt dafür ebenso wie die Siegerliste der Rammler-Schau vom Wochenende.

Die Zeitung ist «das Medium für die zivilisierte Polis», schreibt Neil Postman, das Fernsehen das Medium für den vereinsamten Menschen. So braucht die Lokalzeitung unbedingt die Öffentlichkeit, und gleichzeitig stellt sie sie her. Denn nur wer noch mitreden will, interessiert sich für die Demokratie in der Stadt.

In einigen amerikanischen Redaktionen gehört der Korrespondent in der Hauptstadt Washington zur Lokalredaktion. Bis vor wenigen Jahren war dies undenkbar in Deutschland. Die meisten Korrespondenten lehnen diese Konzentration auf die Region grundsätzlich ab – oft mit Unterstützung der Abgeordneten, die es nicht mögen, wenn ihnen der Korrespondent genau auf die Finger guckt und davon in der Heimat berichtet.

Der Korrespondent als Lokalredakteur wäre folgerichtig, um dem Leser endlich zu erklären, wie sich das Treiben der Politiker und

Bürokraten in ihrem Alltag auswirkt. Er bekommt schon Wind von Gesetzen und Verordnungen, wenn die Ministerialbeamten noch über dem Entwurf brüten: Er kann schon früh Alarm schlagen, wenn die neue Trasse des ICE durchs Verbreitungsgebiet geplant wird oder Brüssel die Förderung für eine Branche streichen will, die gerade in der Region vielen Menschen Arbeit verschafft.

Eine Reihe von Gesetzen ist überhaupt nur regional von Bedeutung und hat so kaum eine Chance, von den Agenturen beachtet zu werden. Solche Themen könnte der Korrespondent aufspüren in Berlin, der Landeshauptstadt und in Brüssel: Ein Gesetz zum Schutz der Almen würde in Lübeck so wenig interessieren wie in Garmisch-Partenkirchen die Subventionsstreichungen für Werften.

Aber wird der Berliner Korrespondent nicht besser eingesetzt, wenn er Hintergrundgespräche mit dem Minister führt, den der Chefredakteur oder Verleger schätzt? Oder muss er nicht zur Bundespressekonferenz ziehen, für die der Verlag immerhin den Mitgliedsbeitrag zahlt?

Nein, die Agenturen berichten ausführlich aus der Hauptstadt und lassen kein überregional wichtiges Thema aus – und wenn die Redaktion mit den Texten nicht zufrieden ist, kann sie sich bei der Agentur beschweren, zumal die großen eine Kommentarfunktion in ihrem Angebot anbieten und innerhalb von Minuten antworten. Ist der eigene Korrespondent von den Pflichtaufgaben befreit, kann er sich um die heimischen Abgeordneten, Minister und Staatssekretäre kümmern und die Themen für seine Heimatregion recherchieren – als Lobbyist der Leser seiner Zeitung. Und wie wäre es, wenn zu jedem Gesetz gemeldet wird, wie die heimischen Abgeordneten gestimmt haben – wenn sie überhaupt anwesend waren?

Wer den Wert der Lokalredaktionen hoch einschätzt, der muss auch den Rang der Redakteure anheben. «Stimmt die Rangfolge noch, die in unseren Redaktionen herrscht?», fragte schon 1986 Günter Prinz aus dem Vorstand des Springer-Verlags:

Der Schwerpunkt des Leserinteresses liegt, wie wir alle wissen, beim Vermischten, beim Lokalen und dann noch beim Sport. Aber in jeder normalen Redaktion ist nicht etwa der Lokalchef der König, sondern der kaum gelesene Außenpolitiker. Nach ihm kommt der Innenpolitiker, obwohl wir aus allen Copytests wissen, dass seine Leitartikel nur von 20 Prozent der Leserschaft angelesen werden. Dann kommt der Feuilletonchef, der auch keine hohen Leserquoten hat. Ganz am Ende kommen klein und etwas verachtet, schlecht bezahlt und mit dem kleinsten Dienstwagen, der Lokalchef, der Sportchef, der Mann vom Vermischten.

Es ist in vielen Redaktionen immer noch so: Wer seinen Schreibtisch selten verlässt und nur ausnahmsweise recherchiert, wie der Politikredakteur, der genießt hohes Ansehen. Der Chefredakteur konferiert in den meisten Zeitungen täglich mit der Zentralredaktion und kümmert sich kaum um die Lokalredaktionen. Wer das ändern will, muss mit vielen Intrigen und Fallen in der Zentralredaktion rechnen – aber, wenn er durchhält, auch mit dem großen Dank der Leser.

Der neue Lokaljournalismus berichtet aus der Perspektive der Leser, nicht aus der von Honoratioren. Er gleicht dem Marktplatz, auf dem viele Meinungen, aber auch Klatsch zu hören sind; er kontrolliert die lokalen Eliten und stärkt die Demokratie dort, wo sich viele Menschen noch direkt einmischen können.

56 Service und Aktionen

«Die Leser waren verärgert; die Leser waren empört; die Leser haben mit Kündigung ihres Abonnements gedroht; die Leser haben die Zeitung abbestellt; die Leser haben gebettelt und gebeten; die Leser haben Briefe an die Redaktion geschrieben. Die Leser haben gewonnen.» So kapitulierte die Redaktion des Berliner *Tagesspiegel* auf der Titelseite vor ihren Lesern, als sie der Empörung nicht mehr Herr wurde.

Der Grund des Leseraufstands: Nach der Renovierung des Blatts war das wöchentliche Veranstaltungsmagazin «Ticket» eingestellt worden. Die Redaktion gab nach und entwickelte ein noch besseres Magazin.

Vor einem guten Jahrzehnt zählte der *Tagesspiegel* zu den Pionieren eines übersichtlichen Service, mittlerweile hat er sein Magazin eingestellt, aber immer mehr Zeitungen bieten ihren Lesern eine große, meist in einer Beilage versammelte Übersicht der herausragenden Termine für die nächste Woche. Der *Kölner Stadt-Anzeiger* legt sogar täglich ein 16-seitiges Tabloid-Buch bei: «Magazin» mit Terminen und TV-Programm, Gesundheits- und Computer-Tipps, Sudoku, Kochrezepten und Horoskop.

Alle Copytests und Umfragen beweisen: Die Leute können nicht genug bekommen an Tipps und Empfehlungen, was sie in ihrer stetig wachsenden Freizeit anstellen können. Ausführlicher Service ist eine Stärke der regionalen Tageszeitung. Kein Stadtmagazin kann so aktuell sein wie die Zeitung, und selbst das Internet ist niemals so übersichtlich wie ein Zeitungsmagazin, das Hunderte von Veranstaltungen, gut geordnet, auf wenigen Seiten präsentiert.

Doch wenn ein Leser wissen will, wann er ein gerade rezensiertes Theaterstück sehen kann, dann wird er immer noch in vielen Zeitungen enttäuscht. Als beispielsweise die *Frankfurter Rundschau* in 200 Zeilen eine Aufführung der Hersfelder Festspiele kritisierte, fügte sie nur vier Worte an für den Service: «Termine: zahlreich, bis 5. August». Wie viel Verachtung des Publikums darf sich ein Kritiker erlauben? Nicht einmal eine Zeile knapst er von seinem Verriss ab, um wenigstens eine Telefonnummer anzugeben, unter der die Leser weitere Informationen bekommen.

Erst langsam haben die Zeitungen die Lektion begriffen. So gibt es kaum mehr einen Lokalteil ohne Veranstaltungskalender, der oft noch unvollständig, unübersichtlich und lieblos in die Ecke gestellt wird. Dabei hat die Tageszeitung einen Vorteil, den ihr keiner nehmen kann: Sie ist auf dem letzten Stand und kann darauf hinweisen, dass der Opernball ausverkauft ist und die abendliche Vorstandssitzung der Taubenzüchter wegen Erkrankung des Vorsitzenden ausfällt. Sie kennt auch alle Veränderungen und Ergänzungen des Fernsehprogramms: Sie ist den TV-Illustrierten haushoch überlegen, die nicht wissen können, wer in einer Talkshow auftritt. Selbst dem Internet ist sie deutlich überlegen, wenn sie alle neuen Sendungen deutlich heraushebt, sodass sie auf den ersten Blick zu entdecken sind (wie es vorbildlich die *Welt* macht).

Was soll der Service bieten? Neben den Veranstaltungshinweisen können die Öffnungszeiten von Beratungsstellen stehen, die Luftmesswerte mit Smog- und Ozonalarm, die Wasserstände von Flüssen und Seen für Angler und Bootsfahrer, der ausführliche Wetterbericht, der Hinweis auf Baustellen mit einer Karte der Umleitungen, der Standort von Radarfallen.

Zum Service der Zeitung gehören auch Hilfen fürs alltägliche Leben – eben Lebenshilfe im klassischen Sinn.

Nach der Wende gab es im Osten Deutschlands viel zu erklären: Die Zeitungen boten täglich mehrere Ratgeberseiten und füllten mitunter ein eigenes Buch. Diese Seiten sind immer noch begehrt, doch die Menschen wollen nicht nur wissen, wie sie preiswerte Autoversicherungen finden, sie wollen vor allem wissen, wie sie sich gegen die Willkür von Behörden wehren können. Die Leser der *Volksstimme* in Magdeburg klagten laut über fehlende Hilfe der Zeitung gegen Bescheide von Ämtern. Den Menschen fehlt die 50-jährige Erfahrung der Westbürger im Umgang mit staatlichen Bürokraten; sie fühlen sich noch ohnmächtig und hilflos gegenüber Formularen, Verordnungen und blauen Briefen.

Die Redaktion etablierte einen Leseranwalt, der den Beschwerden nachgeht und weiß, wie man mit Behörden umgehen kann. Andere Zeitungen testen gemeinsam mit ihren Lesern die Behörden, wie es die *Berliner Morgenpost* in einer zwölfteiligen Serie 2001 tat und 2004 wiederholte. Die Leser ärgern sich nicht nur über Behörden. Die *Neue Presse* in Hannover nahm sechs Jahre lang rund 30 000 Leserbeschwerden über den Service von Firmen auf: Handy-Verträge, Lieferprobleme, schlechte Einbauqualität, schleppende Bearbeitung von Reklamationen. «König Kunde» brachte zwar kurzfristig Stornierungen von Anzeigenaufträgen, aber vor allem viele neue Abos.

Um juristischen Ärger zu vermeiden, war eine klar geregelte und aufwendige Recherche bei jeder Beschwerde notwendig.

Anders als in Skandinavien muss ein Deutscher vors Verwaltungsgericht ziehen, um sein Recht gegenüber Behörden durchzusetzen; in Schweden hat der Staat, der um die Unzulänglichkeit seiner Beamten weiß, schon 1809 den *Ombudsmann* in die Verfassung geschrieben, dieser prüft unabhängig von den Autoritäten, ob Behörden einen Bürger ungerecht behandeln. Diese Idee greift in Deutschland die Petition an den Bundes- oder Landtag nur halbherzig auf; sie wertet den Anspruch des Bürgers auf faire Behandlung als Gnadenakt und nicht als selbstverständliches Recht.

Etwa vierzig Zeitungen in den USA gehen noch weiter und bieten einen Service gegen die Willkür der Redaktionen an: Jeder Leser kann sich an den Ombudsmann der Zeitung wenden, der nicht dem Chefredakteur untersteht und in einer eigenen Kolumne Fehler der Redaktion anprangern kann. Ein Beispiel aus der kalifornischen *Sacramento Bee* ist im Kapitel 41 zu finden.

Wer als Lokalredaktion einen Leseranwalt bietet, der versteht sich nicht mehr nur als Transporteur, der eine Nachricht vom Bürgermeister oder der Kaufhaus-Pressestelle zum Empfänger schickt. Wer sich direkt einschaltet, bietet sich als Helfer für den Bürger an – und sammelt Spenden für Bürger, die plötzlich Hilfe brauchen, oder für ein Spezial-Auto des Behindertenprojekts. Spenden sammeln Lokalredaktionen nicht nur für die eigenen Bürger: Das *Obermain-Tagblatt* sammelte 2007 für eine KZ-Überlebende aus der Ukraine, als diese eine Woche den Landkreis Lichtenfels besucht und mit 500 Schülern gesprochen hatte.

Wenn der Redakteur auf Augenhöhe mit dem Leser gehen will, muss er bisweilen schon den Schreibtisch verlassen – und *Aktionen* organisieren. Immer mehr Lokalredaktionen verlieren die Scheu, selber Podiumsdiskussionen zu veranstalten und zu moderieren oder in den Stadtteilen einen Stammtisch zu organisieren, an dem die Bürger ihrem Ärger freien Lauf lassen und dazu manchmal auch Freibier bekommen.

Wer den Schreibtisch verlässt und zu den Leuten rausgeht, der folgt einer alten Regel der Pfarrer, die nicht in der Kirche auf ihre Schäfchen warten: Du musst die Leute dort abholen, wo sie leben. Wenn sich Journalisten als Treuhänder oder auch als Anwalt der Leser verstehen, dann warten sie nicht darauf, bis sich die Leute bei ihnen melden, sondern besuchen sie dort, wo sie wohnen, arbeiten oder ihrem Vergnügen nachgehen.

Journalistische Aktionen dienen der Leser-Blatt-Bindung, helfen der Redaktion und sogar der Auflage auf die Sprünge: In den Gesprächen erfahren die Redakteure, was ihre Leser wirklich beschäftigt.

Besonders vor Wahlen dürfen Journalisten nicht nach der Pfeife der Politiker tanzen. Wer im Auftrag der Bürger die Mächtigen kontrollieren soll, muss selber die Initiative ergreifen und für den Durchblick der Leser sorgen. Er sollte Programme vergleichen, Kandidaten hart befragen und Podiumsdiskussionen organisieren. Gerade in Wahlkampfzeiten ist es die Aufgabe von Journalisten, Fragen zu stellen. Politiker müssen antworten – und nicht selber Antworten geben auf Fragen, die keiner stellt.

Guter Service hilft den Lesern, ihren Alltag zu bewältigen, ihre Freizeit zu organisieren und ihr Leben lebenswert zu gestalten. Service sind Nachrichten im ursprünglichen Sinn – etwas, nach dem sich Menschen richten können.

Die besten Aktionen mit Lesern

Der 2009 amtierende Bundespräsident Horst Köhler verlieh der *Braunschweiger Zeitung* den Deutschen Lokaljournalistenpreis für das Konzept der Bürgerzeitung. Es besteht im Kern aus vielen Aktionen mit den Lesern – wie beispielhaft diese:

Leserkonferenzen: Jede Lokalredaktion lädt vier Mal im Jahr ausgewählte Leser zur Diskussion ein. Aus den Diskussionen entstehen viele Themen für die Redaktion.

Ombudsrat: Ein früherer Generalstaatsanwalt kommentiert in jeder Montagausgabe Leserbeschwerden; hält der stellvertretende Chefredakteur eine Gegenrede für notwendig, stellt er sie dazu.

Leser fragen: Schon tausend Leser haben auf Einladung der Redaktion Prominente oder Experten interviewt; auf einer kompletten Seite erscheinen die Interviews an jedem Dienstag.

Gemeinsam-Preis: Die Zeitung porträtiert einmal im Jahr 50 ehrenamtlich Tätige, lässt die Leser abstimmen und zeichnet sie am Montag vor Pfingsten im Braunschweiger Dom aus.

Junge Chefredaktion: Einen Tag lang setzen sich einige junge Leute an den Newsdesk, setzen ihre Themen und kommentieren ihre Entscheidungen im Blatt.

Kinderpressekonferenz: Die Jüngsten aus Kindergarten und Grundschule interviewen Politiker, zum Beispiel im Wahlkampf. Eltern und Lehrer sind ausgeschlossen.

Filmpremieren und Leserkritiker: Die Zeitung zeigt Filme vor dem Kinostart, sammelt auf Stimmkarten die Kritiken und Noten der Leser und druckt diese ab. Am Ende des Jahres gibt es den Leserfilm des Jahres.

57 Wie können Zeitungen überleben?

Saturierte Abonnementzeitungen können mit journalistischen Mitteln gar nicht ruiniert werden. So stand es, 1996, in der ersten Auflage dieses Handbuchs. Sie können durchaus ruiniert werden, das zeigt die aktuelle Krise. Omas Zeitung liegt im Sterben. Zeitungen, auch mit hohen Auflagen, werden aufgekauft; große, allen voran die überregionalen, nehmen schmerzliche Einschnitte ins redaktionelle Angebot vor, sehen sich zu Massenkündigungen genötigt und fürchten um ihre journalistische Kompetenz.

Doch Zeitungen können ihre Chance zum Überleben nutzen – gegen das hirnrissige Überangebot an richtigen und läppischen, an schiefen und falschen Informationen aus hundert Fernsehkanälen und der Schrottfabrik des Internet. Es schiebt ihnen die Chance und den Auftrag zu, das Stimmige, das Wichtige herauszufiltern, den Datenmüll zu entsorgen, im Chaos der Wegweiser zu sein.

Gerade ein geschrumpfter redaktioneller Raum führt nicht unweigerlich zum Verlust von Kompetenz, sondern bietet die Möglichkeit, die Zeitung interessanter zu machen; man muss nur in der Not den Anstoß zum Umlernen erkennen. Wir fassen zusammen, was wir an verschiedenen Stellen in diesem Buch einer Zeitung der Zukunft empfohlen haben:

Lehre 1: Nur noch halb so groß berichten über die Reden von Politikern und die Verlautbarungen von Parteien und Verbänden, zumal in Wahlkampfzeiten. Es gibt weder eine Journalistenpflicht noch ein heißes Leserinteresse, täglich groß gedruckt zu sehen, was da an Versprechungen und Verunglimpfungen abgelassen wird, an Retourkutschen, unseriösen Prognosen und durchschaubaren Lügen. Über politische Sprechblasen wahrheitsgemäß berichten heißt ja: in redlicher Absicht die Zeitung mit Schönfärbereien und Irreführungen füllen; je weniger sie davon druckt, desto mehr steigt also ihr Wahrheitsgehalt.

Lehre 2: Nur noch halb so groß berichten über Hormonskandale. Warum gab es viele Wochen lang keinen einzigen von ihnen nach dem Fall der Berliner Mauer im November 1989 und nach dem Einsturz des World Trade Center im September 2001? Weil die Zeitung dafür keinen Platz hatte. Meist aber besitzt sie zu viel davon. Was war im Januar 2001 die größte Sorge der Deutschen, noch mehr als die Arbeitslosigkeit? BSE! Warum? Weil Fernsehen und Presse in sensationsarmer Zeit wochenlang von diesem Rinderwahnsinn lebten. Ist eigentlich irgendjemand in Deutschland daran gestorben oder auch nur erkrankt? Keiner. Was also wäre der angemessene Platz für die Berichterstattung gewesen? Der Wirtschaftsteil; Kühe und Bauern haben ja wirklich gelitten.

Lehre 3: Meistens halbieren könnte man und sollte man die Theater-, Konzert- und Ausstellungskritiken sowie den Leitartikel der *FAZ*.

In Berlin vierspaltig über eine Aufführung in Graz oder Bochum zu berichten, befriedigt weit mehr die Eitelkeit des Rezensenten als das Interesse vieler Leser, und überdies wird da eine erschreckende Menge erhabenen Schwachsinns in die Welt gesetzt – zum Beispiel: «In der jüngeren Variante bevorzugt Boulez mit den drei Flöten als Protagonisten ein in seiner unablässigen Dichte dennoch eher monochromes Bild, während in der früheren Gestalt die der Elektronik unterworfene Midi-Flöte in Partnerschaft mit nur wenigen Instrumenten subtilste echohafte, ja geheimnisvolle Klangschleier zu weben scheint.» *(Kölner Stadt-Anzeiger)* Welche journalistische Qualität wäre beschädigt, wenn in Zukunft der Platz für dergleichen fehlt?

Lehre 4: Doch der Wille zur Kürze sollte auch vor solchen Texten nicht haltmachen, die substanzreich und gut geschrieben sind wie in etlichen Zeitungen die Reportagen und Analysen. Die Tageszeitung ist nun einmal, verglichen mit der Zeitschrift und dem Buch, das kurzlebigere Medium, überwiegend beim Frühstück angelesen oder durchgeblättert oder in der U-Bahn oder im Büro.

Schon durch den bloßen Anblick eines großflächig ausgebreiteten Themas fühlen viele Leser sich entmutigt, oder sie hören mittendrin mit der Lektüre auf, vollziehen also auf eigene Faust jene Halbierung, die der Autor verweigert hat. Und die Tendenz, lange Texte zu übergehen oder ungeduldig nach ihrer Kernaussage zu fahnden, hat sich in den letzten Jahrzehnten dramatisch verstärkt.

Als 1901 die *Buddenbrooks* erschienen, gab es kein Kino, kein Radio und fast nichts von alldem, was heute unseren Feierabend füllt. Damals konnte Thomas Mann es sich noch leisten, auf den ersten acht seiner 800 Seiten über die Farbe eines Sofas und dessen goldene Löwenköpfe zu plaudern, über die Ornamente an den Tischbeinen, das Harmonium und den Flötenbehälter darauf. So viel Liebe zum Detail erträgt heute kaum noch einer, und auch prominente Reporter genieren sich dafür, dass sie noch vor zehn Jahren einen ganzen Satz darauf verwendeten, zu beschreiben, wie ein Mensch die Kaffeetasse bedächtig zum Munde führte.

Der typische Leser von heute, welchen Bildungshintergrunds auch immer, erwartet rasche Information und permanentes Lesevergnügen. Wer ihn erreichen und bis zur letzten Zeile halten will, sollte daher halb so viel schreiben, wie er möchte und wie er in seiner Redaktion vielleicht noch darf. Die Behauptung, dies sei nur um den Preis der Oberflächlichkeit zu haben, ist falsch: Wenn ein Starschreiber seinen Ehrgeiz daransetzte, seine volle Substanz in den halben

Raum zu drängen, dann schaffte er das auch. Nur der Ehrgeiz fehlt, das ist es.

Das waren vier Möglichkeiten, die Zeitung bei weniger Platz, also bei reduzierten Kosten für Druck und Papier, nicht kurzatmiger, sondern realitätsnäher und interessanter zu machen – vorausgesetzt, die Verlage sparten an einem nicht: an der Redaktion.

Lehre 5: Endlich Reportage oder Analyse auf die Seite 1 nehmen, statt den Zeitungsleser mit einer Schlagzeile zu ärgern, die er zwölf Stunden vorher schon vom Fernsehen oder von Nachbarn und Freunden gehört hat! Für 95 Prozent der Leser ist das Wichtigste, was die Zeitung hat – der Aufmacher –, eine bloße Erinnerung an den Fernsehabend zuvor. Die erste Seite kann und muss das Schaufenster der Zeitung sein. Warum soll ich das Beste, was ich habe, dem Leser vorenthalten – wen soll ich da in meinen Laden locken?

Redaktionen, die ihre Lehren aus der Krise ziehen, müssen anders arbeiten, sie müssen versuchen, die Arbeitstechnik des *Spiegel* oder des *Stern* ins Tagesgeschäft zu übertragen. Die aktuellen Magazine haben aus der Einsicht in ihre Not die richtigen Konsequenzen gezogen. Ihre Not: Sie kommen immer zu spät, sie hinken der Zeitung und noch mehr dem Fernsehen hoffnungslos hinterher. Die Konsequenz: Wir müssen anders sein als diese beiden. Niemals drucken wir einen bloßen zweiten Aufguss der *Tagesschau* (womit sich noch zu viele Zeitungen törichterweise zufrieden geben). Wir versuchen es vielmehr mit analytischer Aufbereitung von Informationen abseits der Agenturroutine, mit klassischen Reportagen, gerade aus dem Lokalen, mit der Witterung für jede latente, sich erst morgen offenbarende Aktualität – und idealerweise mit aufregenden Exklusivgeschichten.

All dies würde nicht genügen. Ehrgeiz müsste hinzukommen: der Drang, ununterbrochen das Beste zu geben, gespeist aus der realistischen Angst ums Überleben – die man beim *Stern* oder *Spiegel*, im Gegensatz zur Tageszeitung, schon lange kennt.

> **Die Krise bietet Zeitungen die Chance, interessanter zu werden: Sie reduziert drastisch das verschnörkelte Geschwätz, das Gerümpel und die falschen Sensationen; sie orientiert sich an der Arbeitsweise der Magazine, entkommt der Agenturroutine und bietet exklusive Geschichten.**

Die Evakuierten

Auch gute Autoren sollten versuchen, nur noch halb so lang zu schreiben wie bisher, heißt unser Rat. Wie viel man auf wie wenig Platz aussagen kann, dafür liefern ein brillantes Beispiel die Reportagen, die der 23-jährige Isaak Babel in Petrograd (dem späteren Leningrad) 1918 für die Zeitung *Neues Leben*, herausgegeben von Maxim Gorki, geschrieben hat. Hier eine davon:

«Es war eine Fabrik, und in der Fabrik herrschte Unrecht. Aber in den Zeiten des Unrechts qualmten die Schornsteine, drehten sich unhörbar die Schwungräder; der Stahl blitzte, die Fabrikhallen zitterten vor tosendem Arbeitsfieber.

Das Recht kam, und alles ging schief. Der Stahl verschwand, man begann die Arbeiter zu entlassen, in trägem Zweifel schleppten sich die Lokomotiven von Station zu Station. Gebeugt von dem unerbittlichen Gesetz wurden die Arbeiter durch das Land hin und her geweht wie wertloser Staub.

Vor ein paar Tagen wurde die Baltische Fabrik ‹evakuiert›. Vier Familien wurden in einen Waggon gestopft. Der Waggon wurde auf eine Fähre geschoben, und die Fähre fuhr los. Ich weiß nicht, ob der Waggon gut oder fest auf der Fähre befestigt war. Man sagt, er sei überhaupt nicht befestigt gewesen.

Gestern habe ich diese vier ‹evakuierten› Familien gesehen. Sie liegen, einer neben dem anderen, im Leichenschauhaus. Fünfundzwanzig Leichen. Fünfzehn davon sind noch Kinder gewesen. Ihre Namen sind die gleichen, wie wir sie aus anderen Katastrophenberichten kennen: Kusmin, Kulikow, Iwanow. Keiner ist älter als fünfundvierzig.

Den ganzen Tag drängen sich Frauen von den Wassilewski-Inseln und von der Wyborger Seite um die weißen Särge. Ihre Gesichter sind genau so grau wie die der Ertrunkenen.

Ihre Tränen sind karg. Wer Friedhöfe besucht, weiß, dass man bei uns aufgehört hat, auf Begräbnissen zu weinen. Die Menschen sind ständig in Eile, sie sind verwirrt, kleinliche und bösartige Gedanken bohren unermüdlich im Hirn.

Die Frauen bedauern am meisten die Kinder und legen ihnen zwanzig Kopeken in Papier auf die gefalteten kleinen Hände. Die Brust einer der verstorbenen Frauen, die ein fünf Monate altes ertrunkenes Kind in den Armen hält, ist von Banknoten übersät.

Ich gehe hinaus. In der Sackgasse neben dem Tor sitzen auf einer verfaulten Bank zwei gebückte Greisinnen. Mit farblosen, tränennassen Augen sehen sie zu, wie der Wächter im schwarzen, löcherigen Schnee Feuer macht. Dunkle Rinnsale verbreiten sich über die klebrige Erde.

Die Greisinnen unterhalten sich leise über ihre alltäglichen Sorgen. Der Sohn des Tischlers ist zu den Rotarmisten gegangen, man hat ihn getötet. Auf dem Markt gibt es keine Kartoffeln, es wird auch keine mehr geben. In die Hofwohnung ist ein Grusinier eingezogen. Er verkauft Bonbons und hat die Tochter des Generals, eine Gymnasiastin, verführt. Er trinkt mit den Milizsoldaten Wodka, und von allen Seiten schickt man ihm Geld.

Und dann erzählt eine der Greisinnen mit ihrer Altweiberstimme und in einfachen Worten, warum fünfundzwanzig Menschen in die Newa gefallen sind:

‹Die Ingenieure aus der Fabrik sind alle weg. Der Deutsche sagt, das Land gehört ihnen. Die Leute sind eine Zeitlang herumgestanden, dann haben sie ihre Wohnungen verlassen, wollen nach Hause. Die Kulikows, Mütterchen, sind nach Kaluga aufgebrochen. Sie haben angefangen, eine Fähre zu bauen. Drei Tage haben sie sich geplagt. Der eine säuft sich voll, dem anderen ist es schwer ums Herz, er sitzt da und denkt nach. Die Ingenieure sind weg, und die Leute haben keine Ahnung. Sie bauen die Fähre, und die Fähre fährt los, und alle begrüßen sie. Der Fluss bäumt sich auf, und die Männer mit Kindern und Frauen fallen ins Wasser. Man hat sie schön aufgebahrt. Man hat achttausend für das Begräbnis gegeben. Wie schön sie die Totenmesse lesen. Die Särge sind mit Brokat bedeckt. Man achtet das arbeitende Volk.›»

Ausbildung und Berufsbilder

58 Die Ausbildung zum Redakteur

Wer eine Dauerwelle legen will, muss drei Jahre lernen und in einer Prüfung vor einer staatlichen Stelle beweisen, ob er's kann. Wer seine Mitbürger informieren und den Mächtigen auf die Finger klopfen will, kann zwei Jahre lernen, aber er muss es nicht; und geprüft wird er überhaupt nicht. Der Journalismus ist ein freier Beruf.

«Die Bundesregierung hält daran fest, daß der Beruf des Journalisten ein offener Begabungsberuf bleiben muß», heißt es im Medienbericht 1985. Doch ist es unerheblich, ob die Regierung festhält oder loslässt: Das Grundgesetz verbietet es staatlichen Stellen, sich in die Auswahl von Redakteuren einzumischen. «Eine Zensur findet nicht statt», heißt es im Artikel 5; und über eine Ausbildungsordnung oder amtliche Prüfung könnte der Staat eine politische Kontrolle ausüben.

So gab und gibt es *Seiteneinsteiger*, die ohne Ausbildung in eine Redaktion gelangen. In den fünfziger und sechziger Jahren stieg schon mal ein Straßenbahnschaffner zum Lokalchef auf, wenn er zuvor als freier Mitarbeiter über das Fußballderby geschrieben hatte und dem Verleger aufgefallen war. Den Lokalredaktionen tat's gut; zwar holperten viele Sätze im Blatt, doch so viel Menschenkenntnis und Alltagserfahrung kommt heute, mit den Akademikern, nicht mehr in die Redaktionen. Bisweilen rutscht auch heute ein Seiteneinsteiger in die Redaktion, wenn dem Chefredakteur ein Blogger aufgefallen ist und er seine Redaktion aufmischen will.

Immer mehr schaffen den Sprung in den Journalismus über das Studium des Journalismus, weil immer mehr Chefredakteure und Verleger dem Volontariat misstrauen. «Das klassische Volontariat reicht nicht mehr», sagt auch der Leipziger Journalistikprofessor Michael Haller. Klassisch heißt das Volontariat, weil es seit Jahrzehnten nahezu unverändert geblieben ist; weil es den Volontär die klassischen Ressorts durchlaufen lässt (auch wenn es die oft nicht mehr gibt); weil es zu 90 Prozent «Praxis» ist, also Mitarbeit in den Redaktionen nach dem Prinzip: Die Jungen lernen von den Alten; und weil es nicht selten Redakteursstellen billig ersetzt.

Zumindest bei der Beherrschung der Neuen Medien sind die Jüngeren den meisten älteren Redakteuren weit überlegen. Dennoch bilden nur wenige Zeitungen für die digitale Zukunft aus wie die *Rhein-Zeitung*. Sie verlangt schon von den angehenden Volontären:

> *«Für zwingend notwendig halten wir es, dass Sie Online und Web 2.0 nicht nur in der Theorie kennen, sondern auch anwenden. Wir freuen uns auch über Bewerber aus der Blogger-Szene.»*

Mark-Oliver Multhaupt, Geschäftsführer von *WAZ-NewMedia*, bietet ab 2011 ein Multimedia-Volontariat an – gemeinsam mit *Bild* und *Süddeutscher Zeitung*; Fotos, bewegte Bilder und das «visuelle Story-Telling» stehen im Zentrum der Ausbildung.

Was muss ein Volontär lernen? Was muss er am Ende können? Tausend Bewerbungsmappen liegen Jahr für Jahr auf dem Schreibtisch von Wolfgang Blau, dem Chefredakteur von *ZEIT-Online*. Wer zum Gespräch eingeladen wird, kann stolz sein. Wer einen Vertrag bekommen will, muss eine Frage überzeugend beantworten: «Warum sind Sie Journalist?»

Diese Frage stellt Wolfgang Blau meist am Ende eines Gesprächs. Er setzt voraus, dass die Bewerber die Technik der neuen Medienwelt beherrschen, auch das Handwerk des Schreibens. Aber es nützt ihnen wenig, wenn sie diese letzte Frage nicht beantworten können. «Leidenschaft verlange ich», sagt Wolfgang Blau auf einem Kongress der Leipziger «School of Media» über den neuen Journalismus. «Brennende Leidenschaft – die können wir nicht ausbilden, die muss man besitzen.»

Leidenschaft kann man nicht lernen; ein guter Ausbilder in der Redaktion kann sie entfachen. Diese Fähigkeiten, die Wolfgang Blau verlangt, kann jeder lernen:

- Schreiben, Redigieren und Recherchieren auf hohem Niveau, gutes Allgemeinwissen und zumindest ein tiefes Spezialwissen, gleich ob in Nanobiologie oder Sinologie;
- Kenntnis der ethischen Regeln;
- souveränes multimediales Arbeiten;
- Beweglichkeit in den sozialen Medien – denn: «Wer sie auch privat nutzt, hat die frischeren Ideen und verfügt über mehr Quellen für Themen und Recherchen»;
- Sicherheit in der Moderation von Communitys, in der Bewertung von Nutzerkommentaren sowie Beteiligung an Online-Debatten;
- Video- und Fotografiekenntnisse sind wünschenswert, Denken wie ein Techniker, also Programmiererwissen, ist nützlich.
- Grundkenntnisse der Werbewirtschaft, um souverän Gespräche mit Vermarktern führen zu können (ohne dabei die journalistische Unabhängigkeit aufzugeben) – denn «die alte Denkart von Redakteuren – Wir haben mit Umsatz nichts zu tun – ist dünkelhaft».

Das muss ein Volontär beherrschen, wenn er einfach durch Ablauf der Zeit Redakteur wird. Ob er es lernt? Die großen Journalistenschulen stellen fest: Immer mehr Bewerber haben schon ein abgeschlossenes Volontariat und wollen zusätzlich diese hochprofessionelle Ausbildung – auch noch zu geringer Bezahlung.

Dennoch führt der normale Weg weiter über das *Volontariat*.

Wer Journalist werden will, muss früh anfangen, zu schreiben und Redaktionsluft zu schnuppern. Mit jedem Auftrag, mit jedem Artikel und mit jeder Stunde in einer Redaktion steigert er seine Chance, das begehrte Volontariat zu bekommen.

Doch die Türen zum Volontariat stehen nicht sperrangelweit offen, der Zugang gleicht eher einem Nadelöhr. 1200 Volontäre bilden die deutschen Tageszeitungen aus (davon sind 58 Prozent weiblich), das Hundertfache an Bewerbungen geht Jahr für Jahr ein.

Die meisten Verlage bevorzugen Akademiker, Abiturienten haben so gut wie keine Chance, Studienabbrecher bekommen schon größere Chancen, doch müssen sie sich weit mehr anstrengen und sich in der Redaktion bewährt haben als ihre Konkurrenten mit bestandenem Examen. Dennoch reicht das Studium nur selten aus, um sofort einen Redakteursvertrag zu bekommen.

Die Online-Journalistin Nea Matzen von *tagesschau.de* rät angehenden Journalisten:

> *Wer nicht bereits in einer Online-Redaktion arbeitet, tut am besten daran, möglichst viel mit freier Software und nicht zu teurer Ausrüstung auszuprobieren. Eine Soundslideshow oder Vuvox-Präsentation zur Hochzeit der besten Freundin oder zum 70. Geburtstag der Mutter ist ein wunderbarer Anfang. Multimediales Denken beginnt nicht mit dem ersten Auftrag oder der Festanstellung, sondern kann auch schon vorher viel Spaß machen.*

Auch eine eigene Website ist nützlich vor einer Volontärsbewerbung, ein eigener Blog oder die Mitarbeit bei einem Blog, bei einer hyperlokalen Zeitung – aber immer noch auch das Schreiben für eine Schüler- und Studentenzeitung, vielleicht sogar ein Stadtmagazin oder Anzeigenblatt, wenn es nicht allzu anspruchslos ist.

Der Weg in den Journalismus führt meistens über ein zweijähriges Volontariat bei Tageszeitungen; das verdienen sich fast ausschließlich langjährige freie Mitarbeiter – zunehmend in der Online-Redaktion – nach einem fast beliebigen Studium. Das Volontariat ist weitgehend eine Ausbildung in der Redaktion; vor allem in kleinen Redaktionen arbeiten schon Volontäre so selbständig wie die Redakteure und bemerken das Ende ihrer Lehrzeit nur am Anstieg des Gehalts.

59 Die journalistischen Berufe

Journalist darf sich jeder nennen, auch wenn er nur ab und an einen Leserbrief schreibt. So gibt es unzählige Journalisten und auch Hunderte von Berufen, die sich zum Journalismus rechnen, Hunderte von Studiengängen an Universitäten, Fachhochschulen und Ausbildungsstätten für einen Medienberuf – Journalist kann sich jeder nennen, Redakteur wird er nur, wenn ihm ein Verleger einen Vertrag gibt.

Rund 35 000 Redakteure arbeiten in Deutschland. Rund 20 000 bei Zeitungen und Zeitschriften, die übrigen in Rundfunk, Fernsehen, Agenturen und Anzeigenblättern.

In dieser Statistik fehlen zwei journalistische Berufe, in die Redakteure von Tageszeitungen oder Zeitschriften gern wechseln: Wer nach dem Volontariat eine Stelle sucht oder nach Jahren als Redakteur die Lust an der Zeitung verloren hat, der wird Pressesprecher von Parteien, Verbänden, Unternehmen, Behörden oder Redakteur einer Mitarbeiterzeitung.

Mitarbeiterzeitschriften sind heimliche Auflagenmillionäre. Rund 1500 gibt es in Deutschland mit einer geschätzten Gesamtauflage von rund 25 Millionen. Obwohl in den meisten größeren Unternehmen die Mitarbeiter auch durchs Intranet informiert werden, scheint diese schnelle Form der Information nicht zulasten der gedruckten Form zu gehen.

Je größer das Unternehmen, umso eher sind Geschäftsführer bereit, zur Information und Motivation der Mitarbeiter eine eigene Zeitschrift herauszugeben, die meist monatlich oder vierteljährlich erscheint.

Die *Deutsche Public Relations-Gesellschaft* zeichnet jedes Jahr die besten aus: Schon drei Mal hat *inside.mag* des Springer-Verlags den Medienpreis gewonnen. Einmal Erster und einmal Zweiter war *you and me* der Deutschen Telekom. Einen Sonderpreis bekam *Gravis Life*, die Mitarbeiterzeitschrift des Computerhändlers, ausschließlich von Auszubildenden geschrieben und gestaltet.

Kundenmagazine bieten oft eine erstaunlich hohe Qualität, in der

Gestaltung, im Ideenreichtum der Macher wie auch in der Professionalität von Texten und Bildern. In den vergangenen Jahren ist *living bridges* der Schering AG gleich vier Mal ausgezeichnet worden; drei Mal unter den Preisträgern waren beispielsweise das *Bayrische Staatsforsten Magazin* oder *Vier – Das Magazin der Hochschule für Künste* in Bremen, *air* von Blue Wings und das *BMW-Magazin*.

In den *Pressestellen* haben etwa drei Viertel der Mitarbeiter eine journalistische Ausbildung. «Wir sitzen auf der anderen Seite des Schreibtisches», so zeichnen sie gern ihr Bild als Öffentlichkeitsarbeiter – und Partner des Redakteurs.

Lokalredaktionen sehen sich oft einer Übermacht an Öffentlichkeitsarbeitern gegenüber, die professionell um den Platz in der Zeitung kämpfen. Rund 12 000 Journalisten arbeiten in Pressestellen, die Zahl steigt immer noch. Mittlerweile kopieren auch die öffentlichen Verwaltungen die Wirtschaft; kaum ein Bürgermeister will, trotz des Jammers über leere Kassen, auf einen Pressesprecher verzichten, der das Loblied seiner Taten singt.

Das Verhältnis zwischen PR-Journalisten und Redakteuren ist nicht immer ungetrübt. Manfred Buchwald, einst Vorsitzender des Deutschen Journalisten-Verbands, wehrte sich 1986 gegen die Umarmung durch die Öffentlichkeitsarbeiter; solche Klage ist nie verstummt:

> *Ich halte nichts von einer lauthals beschworenen Partnerschaft zwischen PR und Journalismus. Das klingt mir zu sehr nach warmem Hautkontakt und Umarmung; nach Kumpanei und Komplizenschaft, die es nicht geben darf, wenn beide Bereiche nach ihren Gesetzen handeln, ihrem Auftrag gerecht werden wollen. PR ist keine besondere Art von Journalismus, und Journalisten sollen nicht Handlanger der Öffentlichkeitsarbeit sein. Zu große Nähe verstellt den Blick auf den anderen. PR-Leute sind Interessenvertreter, Lobbyisten im Vorzimmer journalistischer Schreibstuben. Ich empfehle rationale Distanz.*

In der Tat: Die Aufgabe des Öffentlichkeitsarbeiters ist es nicht, umfassend und ehrlich zu berichten, sondern dafür zu sorgen, dass sein Arbeitgeber eine gute Presse hat.

Social Media Redakteur ist ein neues Berufsbild, ein PR-Journalist mit besonderen Fähigkeiten, die so in einer Stellenanzeige beschrieben werden: «Sie leben Social Media, sind bei facebook, twitter, You Tube und Blogs aktiv und besitzen eine hohe Affinität zur Kampagnenarbeit im Internet. Sie beherrschen SEO ebenso wie die schnelle Online- und Offline-Recherche und können Pressetexte zugespitzt, anschaulich und stilsicher formulieren.»

«Sie sind ein Digital Native» ist eine beliebte Anrede in Stellenangeboten für Journalisten, die in Online-Redaktionen gern «Content-Manager» genannt werden. Doch die kumpelhafte Anrede täuscht nicht darüber hinweg, dass immer mehr technisches Wissen verlangt wird, zusätzlich zu den traditionellen journalistischen Fähigkeiten. Eine Auswahl aus Stellenanzeigen 2011: Webvertising, Suchmaschinenoptimierung, Kenntnisse im Umgang mit einer DV-Cam und Final Cut Pro, Erfahrungen mit CMS.

Kaum mehr überschaubar ist das Angebot an privaten und teuren Ausbildungen zum Medien-Allrounder, Medienmanager oder einfach Onlineredakteur. In den meisten Fällen verdient nur der Ausbilder, der Auszubildende vergeudet Zeit und Geld, wenn er in einem halben Jahr Photoshop lernt und Programmieren und vieles Technische mehr und am Rande auch noch Schreiben und Journalismus.

Journalisten nennen sich Unzählige. Die meisten wollen Redakteure werden, also angestellt bei einem Verlag – sei es bei Zeitungen und Zeitschriften, bei Mitarbeiterzeitschriften und Kundenmagazinen. Neben Autoren, Moderatoren, Fotografen und Designern kommen neue Berufsbilder für Onlinedienste hinzu.

60 Der freie Journalist

«Ein freier Journalist muss besser sein als seine Brötchengeber. Und schlauer noch dazu. Nur darf er es seinen Redakteuren nicht zeigen. Trotz journalistischer Qualität und Engagement rund um die Uhr stimmen die Einnahmen nicht immer. Aber wenn die Honorare nicht einmal einen Urlaub ermöglichen, geschweige denn die notwendigen Investitionen sichern, braucht der Freie gar nicht erst loszulegen.» So beschreibt Berthold Flöper, Herausgeber des *Ratgebers Freie Journalisten*, die 25 000 Journalisten, die nicht von einer Redaktion fest angestellt sind, aber vom Schreiben und Fotografieren leben – im Gegensatz zu jenen freien Mitarbeitern, die neben einem anderen Beruf gelegentlich für eine Zeitung oder Zeitschrift arbeiten und sich ein Zubrot verdienen (und die hier nicht gemeint sind).

Die Freiheit hat ihren Preis. Der selbständige Journalist arbeitet als Unternehmer: Ohne Aufträge und Auftraggeber kommt kein Geld auf sein Konto; regelmäßige Überweisungen sind selten, weil nur eine Minderheit gut und pünktlich zahlt; für Kranken- und Sozialversicherung sowie die Altersversorgung muss er selber aufkommen; Weihnachts- und Urlaubsgeld überweist keiner, und im Urlaub läuft kein Gehalt automatisch weiter; sein Büro finanziert er selber, mit Fax, Computer und Putzfrau.

So muss der freiberufliche Journalist all das beherrschen, was Redakteure gern ignorieren. Er muss sich an den Wünschen seiner Kunden orientieren, gute Artikel und Fotos rechtzeitig liefern und stets nett und freundlich bleiben. Nur – seine Kunden sind nicht die Leser, sondern sein Kunde ist ein einziger Leser, eben der Redakteur, der 14-mal im Jahr sein Gehalt nebst Altersvorsorge bekommt (inklusive Weihnachts- und Urlaubsgeld). Und der bestimmt, wer schreiben und fotografieren darf.

Andererseits sind Zeitungen, vor allem aber Zeitschriften, Fernsehen und Hörfunk, auf die Freien angewiesen. Redaktionen sind zunehmend schmal besetzt; Festangestellte sind teurer als Freie, die in der Regel nur für das bezahlt werden, was sie liefern. Es gibt allerdings die Ausnahmen derer, die ein garantiertes Pauschalhonorar bekommen – wenn sie lange, gut und zuverlässig gearbeitet haben. Bei Fernsehen und Rundfunk heißen sie *Feste Freie*, bei Zeitschriften und Zeitungen *Pauschalisten*. Eine kleine Pauschale sichert ihr Existenzminimum und lässt ihnen große Freiheiten; eine hohe Pauschale zwängt sie oft mehr ein als ein Redakteursvertrag. Allerdings vergeben Redaktionen nur noch ungern Pauschalverträge: Ist der Mitarbeiter fast ausschließlich für einen Verlag tätig, gilt er als scheinselbständig und kann sich vor einem Arbeitsgericht ins Angestelltenverhältnis einklagen.

Die Künstlersozialkasse, bei der sich Freie günstig versichern können, gibt das durchschnittliche Einkommen von Freien mit 13 570 Euro im Jahr an; da sind aber auch Schriftsteller einbezogen. Laut Deutschem Journalisten-Verband liegt das Monatseinkommen eines Freien im Rundfunk bei 3000 Euro; es steigt, «wenn er gute Aufträge hat und hart arbeitet»; beim Fernsehen liegt es bei über 200 Euro am Tag; vergleichbare Honorare zahlen große Magazine, Tageszeitungen zahlen sehr viel weniger.

Bevor ein Freier unentbehrlich wird, muss er viel mehr Disziplin üben als ein Redakteur: Wer nicht um sieben Uhr aufstehen kann, sollte den Beruf nicht ergreifen. Er muss Klinken putzen, den Markt erkunden und eine Lücke entdecken – und viel Lehrgeld zahlen, was buchstäblich zu verstehen ist. Der folgenreichste Fehler der Anfänger: Sie bieten den Redaktionen ihre Lieblingsthemen an und fragen nicht, was die Redaktionen brauchen. So stapeln sich jeden Morgen die unverlangten Manuskripte auf den Schreibtischen der Redakteure. Im besten Fall bekommt der Freie eine nette Absage aus dem Computer, meistens landen Texte und Fotos im Papierkorb.

Im Vorteil sind diejenigen Freien, die sich zuvor als angestellte Redakteure schon ein Netz von Kontakten geknüpft haben. Sie kennen die Arbeitsweise von Redakteuren mit ihren Empfindlichkeiten und Eitelkeiten und spüren die Marktlücken auf. Wenn einer trotz aller Schwierigkeiten frei arbeiten will, muss er neben der Disziplin viel Geduld haben und alle Möglichkeiten nutzen:

1. Wer als Freier anfängt, muss in den Nischen sein Geld verdienen. Die *Bäckerblume* und die *Fachzeitschrift für Aquariumfreunde*

brauchen eher einen guten Autor als die Tageszeitung. Am besten blättert er einen halben Tag im Bahnhofskiosk und bittet den Inhaber, kostenlos die Remittenden zu bekommen; regelmäßig bietet die Zeitschrift *Medium Magazin* Hinweise auf Verdienstmöglichkeiten.
2. Er sollte auch keine Scheu vor PR, erst recht nicht vor Online entwickeln: Agenturen, Verbände, Ministerien, Behörden und Unternehmen zahlen oft besser als die Medien, sie sind geradezu vernarrt in Leute, die wirklich schreiben können, und sie haben Aufträge in Massen.
3. Er sollte nicht haltmachen vor Broschüren und Firmenzeitschriften. Wer ein Händchen für gutes Layout hat und in einen Mac investieren kann, kann sogar komplette Broschüren, Faltblätter oder gar Zeitschriften für kleine Unternehmen herstellen – vom Text und den Bildern übers Layout bis zur Druckreife.
4. Er sollte auch an den Rundfunk denken. Gute kleine Aufnahmegeräte sind erschwinglich, sodass man bei einem Gespräch oder Termin leicht einige Sätze speichern kann, um sie den Privatsendern anzubieten; die sind süchtig nach O-Tönen.
5. Er sollte vor dem Selbstplagiat nicht zurückschrecken; es zahlt sich aus. Wer Informationen, Artikel und Fotos mehrfach verkaufen kann, kommt in die schwarzen Zahlen. Aber Vorsicht ist geboten, damit man nicht dem Konkurrenzblatt dieselbe Story verkauft.

Die Freiheit eines freien Journalisten ist nicht grenzenlos: Er ist abhängig von den Wünschen seiner Kunden, von ihren Honoraren und bisweilen auch ihren Launen. 25 000 Freie arbeiten als Unternehmer, die höchst selten Urlaub und Krankheit bezahlt bekommen – und sich somit den Hochmut nicht erlauben können, der manche fest angestellten Redakteure befällt.

Welche Zukunft hat der Journalismus?

Unter allen heute lebendigen journalistischen Medien ist als Erstes die *Zeitung* bedroht. Eine demokratische Gesellschaft könnte das ertragen, wenn der Qualitätsjournalismus sich in den anderen Medien am Leben hielte. Wahrscheinlich wird ihm das gelingen – wenn auch kaum zu 100 Prozent. Dann bleibt die größere Sorge: Für wie viele junge Leute ist Journalismus im klassischen Wortsinn – sind saubere Informationen über den Zustand der Welt überhaupt noch interessant?

Die Zeitung ist bedroht, weil die Anzeigen schrumpfen – und aus denen hat sie sich meist zu 50 bis 60 Prozent finanziert. Und auch die Leser laufen ihr davon. «In 20 Jahren wird kein Papier mehr bedruckt», hat Rupert Murdoch verkündet, und Jakob Augstein, Zeitschriftenherausgeber und Verlegersohn, sagt es unumwunden: «Ich wüsste nicht, warum es die *Süddeutsche* in 20 Jahren noch geben soll.» Die Zeitung erreicht nur noch 70 Prozent der erwachsenen Deutschen und noch nicht einmal 40 Prozent der 14- bis 29-Jährigen (gegenüber 66 Prozent vor zwanzig Jahren). Von denen informieren sich 73 Prozent primär via Internet – und dies auch nur rudimentär. Die Zeitung gehört für sie zu den «Holzmedien».

Nun trösten sich viele Zeitungsmacher mit dem sogenannten Riepl'schen Gesetz (aufgestellt 1913 von Wolfgang Riepl, dem Chefredakteur der *Nürnberger Zeitung*): Kein neues Medium habe das alte je verdrängt, sondern allenfalls den Anwendungsbereich verschoben. In der Tat: Das Radio hat die Zeitung nicht ersetzt und das Fernsehen nicht das Kino. Doch das Gegenteil ist auch wahr: Das Telegramm ist fast ausgestorben, das Fax nur noch für solche Texte in Gebrauch, die einer Unterschrift bedürfen.

Trost kommt eher von den Vorzügen, die die Zeitung unstreitig behalten hat. Der eine ist ihre *Glaubwürdigkeit*: Mit der ist sie bisher dem Fernsehen deutlich, dem Internet dramatisch überlegen. Bei sich widersprechenden Aussagen glauben selbst von den Internetbegeisterten 14- bis 29-Jährigen nur 13 Prozent dem Internet, 31 Prozent dem Fernsehen, aber 48 Prozent der Zeitung – so jedenfalls 2008 die *FAZ*. Gerade die Glaubwürdigkeit jedoch ist in Gefahr: In den ausgedünnten Redaktionen wächst notgedrungen die Bereitschaft, die Pressemitteilungen von Unternehmen, Parteien, Verbänden, Behörden ungeprüft und unverändert abzudrucken – Texte also, die tendenziell ein anderes Ziel als die ungeschminkte Wahrheit haben; und inzwischen gibt es in Deutschland mehr als doppelt so viele Öffentlichkeitsarbeiter wie Journalisten.

Von anderen Vorzügen der Zeitung ist nicht so sicher, ob die Mehrheit der Deutschen noch von ihnen Gebrauch zu machen wünscht. Unter dem Info-Müll, unter dem hirnrissigen Überangebot an richtigen, falschen und läppischen Informationen muss man ja *leiden*, um die Zeitung als den großen Schrott-Entsorger zu begrüßen, der sie ist. Man muss es mögen, mit interessanten Themen konfrontiert zu werden, nach denen man nie gesucht hätte. Man muss bereit sein, sich über einen Parlamentsbeschluss zu informieren, der die eigene Zukunft und die Lebenschance der Kinder verändern kann – selbst wenn die Lektüre kein schieres Vergnügen ist.

Auch dem seriösen Online-Journalismus hat die Zeitung voraus, dass sie den Nachrichtenfluss *portioniert*, dass sie als Befreiung aus dem unerbittlichen Fließband der Informationen empfunden werden kann: Jetzt habe ich sie gelesen, und für die nächsten 23 Stunden genügt mir das – verpassen werde ich nichts. Auch verschafft die Zeitung mir in Glossen, Reportagen, Analysen oft ein Lesevergnügen, mit dem kein Computer mithalten kann.

Viele Redaktionen machen seit Jahren klugen Gebrauch von dieser ungeheuren Chance, nun freilich von den Sparmaßnahmen mehr und mehr bedrängt; andere liefern lieblose Routine wie eh und je: Sie drucken Agenturtexte und Verlautbarungen ab, und ihr Aufmacher ist oft genug identisch mit der ersten Nachricht der *Tagesschau* vom Abend zuvor.

Dass Karl-Theodor zu Guttenberg zurückgetreten war, hatten alle Online-Dienste, Radiosender, Fernsehnachrichten den Deutschen am Nachmittag und Abend des 1. März 2011 förmlich eingehämmert. Und wie lautete die Schlagzeile der *FAZ* am Morgen danach? «Guttenberg tritt zurück». Und die der *Süddeutschen*? «Guttenberg gibt auf» – sprachlich also in der ebenso hinterwäldlerischen wie schamlosen Pose dessen, der eine Neuigkeit zu verkünden hat; journalistisch allenfalls mit dem Trost: «Die Leute werden es so oder so lesen.» Hätte man nicht eine der Unterzeilen zur Schlagzeile erheben können? «CSU: Er wird wiederkommen» *(FAZ)*, «Angela Merkel war überrascht» *(SZ)* – und selbstverständlich hätten sämtliche Leser den Kontext «Guttenberg» mit einem Schmunzeln hergestellt.

Mit der bloßen Nachricht kann die Tageszeitung nicht überleben – Verleger und Journalisten wissen das seit Jahren. Warum handeln sie nicht endlich danach? Zusatzinformationen müssen sie anbieten. Einordnung, Hintergrund, Analyse, Reportage, Lesespaß.

Nehmen wir nun aber den Fall, dass eine Zeitung alles richtig macht: die Interessen ihrer Leser liebevoll bedient und der Kurzatmigkeit des Internet die gut abgehangene Information entgegensetzt, mit Lesevergnügen angereichert – dann hat sie trotzdem ein Problem, das sich mit aller Qualität der Welt nicht lösen lässt.

Denn unaufhörlich *sinkt* die Zahl der Menschen, die noch bereit sind, mehr als die Häppchen, die Fetzen zu lesen, die sie vom Computer gewöhnt sind – sich also vier, sechs, acht Minuten auf die Lektüre eines Textes einzulassen, wie brillant er auch geschrieben wäre.

Und in ähnlichem Tempo *wächst* die Zahl der jungen Leute, «die gar keine umfassenden, sondern nur sie betreffende Informationen suchen», schreibt die *Frankfurter Rundschau*. Von denen wünschen sich gar nur 15 Prozent noch aktuelle Rundum-Information (Allensbach 2008). Unter «gut informiert sein» verstehen sie, «dass sie wissen, was ihre Freunde im Netz gut finden» *(Süddeutsche Zeitung)*.

Der ZDF-Chefredakteur Peter Frey sagt es so: «In einer Art Slalom zappt die Klientel um alles herum, was nach Information riecht.» Und Mathias Müller von Blumencron vom *Spiegel*: «Heute lassen sich viele Leute eher bei Facebook und Twitter durch ihre

Freunde informieren als über klassische redaktionelle Seiten. *Das* ist unsere neue Konkurrenz.»

Sind die jungen Leute unwiderruflich verloren? Nein. Schüler bekommen Lust aufs Lesen von Zeitungen und Büchern, wenn sie im Unterricht nicht nur auf Bildschirme und Whiteboards starren. Die meisten verstehen schnell, dass die Lektüre von Zeitungen gut ist für ihre Karriere – wenn sie erst einmal Zeitungen über eine längere Zeit gelesen haben, und sei es nur für ein paar Wochen.

Kultusminister müssen dafür die Zeitungslektüre in die Lehrpläne aufnehmen und Verlage ihre Redakteure und Zeitungen in die Schulen schicken, am besten schon in die Kindergärten. Es gibt einige Vorbilder wie die *ZeitungsZeit* in Nordrhein-Westfalen: Landesregierung und Verleger beliefern knapp eine halbe Million Neuntklässler ein Vierteljahr lang kostenlos mit Zeitungen. Dies sind andere Beispiele: Das *Tübinger Tagblatt* startete 2002 mit der «Kinder-Uni»; die *Recklinghäuser Zeitung* experimentierte erfolgreich 2005 mit «Zeitung im Kindergarten»; der *Hellweger Anzeiger* brachte als erste deutsche Zeitung 2006 eine Kinderseite, auch mit politischen Informationen; seit 2009 können bayerische Grundschüler einen «Medienführerschein Presse» erwerben in gemeinsamer Aktion von Kultusministerium und Verlagen.

«Zeitungen können bei der Arbeit mit Grundschulkindern eigentlich nur alles richtig machen», schreibt Anja Pasquay, Pressereferentin des Verbands der Zeitungsverleger. «Denn Unterricht wird jetzt noch als neu und aufregend empfunden, Lernen – und Lesen – werden nicht als mühselige tägliche Fron abgelehnt.»

Ansporn, sich fürs Lesen stark zu machen, dürfte für Kultusminister das vernichtende Ergebnis der Pisa-Studien sein, nach denen deutsche Schüler unterdurchschnittlich schlecht lesen können; jeder fünfte 15-Jährige kann nicht lesen oder allenfalls auf Grundschulniveau.

Die Hochschule Heilbronn fand heraus: Achtklässler lesen aber erheblich lieber Zeitung, wenn sie fünf Jahre zuvor am Projekt «Zeitung in der Grundschule» teilgenommen haben. In Finnland lesen zwei Drittel der jungen Leute eine Zeitung. Offenbar wirkt eine intensive Leseförderung in den Schulen. Die ist notwendig, denn Zeitungslesen ist für die Digitalgeneration nur mühsam zu lernen; zu Hause leiten Vater und Mutter sie nur noch selten an, das gemeinsame Frühstück, also das traditionelle Zeitungsritual, gibt es nicht mehr. Der Nutzen einer Zeitung erschließt sich nicht intuitiv.

Ganz verloren sind sie nicht: Nur 25 Prozent der 14- bis 19-Jährigen greifen selten oder nie zu einer Zeitung. In Ländern mit Gratiszeitungen lesen auch die jungen Leute, in der Schweiz sogar mehr als je zuvor.

Was gefällt ihnen an der Zeitung nicht? In ihr steht viel Überflüssiges, sie raubt zu viel Zeit und Mühe und bringt wenig Spaß. Wahrscheinlich brauchen sie eine andere Zeitung als die Erwachsenen. Vorbild könnten die erfolgreichen Gratiszeitungen in der Schweiz oder Skandinavien sein.

Ob die Zeitung im Internet die jungen Leute anzieht, ist ungewiss. Zwar verbringen sie täglich Stunden vor dem Bildschirm, aber nur gut zehn Prozent ihrer Zeit informieren sie sich; Unterhaltung steht vorn und Kommunikation mit Freunden.

Ist an alldem das Internet schuld? Nein, das schleichende Desinteresse der jungen Leute an der Tageszeitung setzte schon in den achtziger Jahren ein, also vor der massenhaften Nutzung des Internets. 1990 nannten Demoskopen des Allensbacher Instituts als Grund das schwindende Interesse an Politik, das private Fernsehen sowie kostenlose Anzeigenblätter und Stadtmagazine.

Junge Leute hätten weder Lust, komplexe Texte zu lesen, noch die Fähigkeit, sich darauf zu konzentrieren. Das Privatfernsehen, vor allem die Musikclips, stand für den mühelosen Konsum von Medien, das Internet folgte. Offenbar ändern junge Leute, wenn sie älter werden, ihr Verhalten nicht. Automatisch werden sie nicht zu Zeitungslesern.

Zusammengenommen bedeutet das: Die Ära, in der man von einer gut gemachten Zeitung sechsmal in der Woche mehrere hunderttausend Exemplare verkaufen konnte, geht vielleicht dem Ende zu. Unter der Minderheit derer, die noch redlich informiert werden wollen, sind viele zufrieden mit dem, was sie den guten unter den

Online-Diensten aktuell entnehmen können – umso mehr, als viele Zeitungen gerade ihre besten Artikel noch kostenlos im Netz anbieten (aber auch erfolgreich experimentieren, wie man exzellenten Journalismus im Netz oder auf dem Handy versilbern kann). Man braucht sich also nicht zu wundern: Das Bedürfnis, sich für gutes Geld Tag für Tag zusätzlich mit einem Bündel raschelnden Papiers zu umgeben, nimmt ab.

Eine häufige und einleuchtende Prognose lautet daher: Die besten Überlebenschancen haben einerseits die aktuellen Wochenzeitungen und Magazine (wie *Spiegel, Stern, Focus, Zeit, FAS* und *WamS*): Vertiefende Information einmal in der Woche – das könnte als Wunsch einer starken Minderheit am Leben bleiben; andererseits Zeitschriften, die ein Lebensgefühl einfangen oder ein Spezialinteresse gescheit und opulent bedienen.

Die Zeitungen aber werden sich umstellen müssen. In den ersten Jahren nach 1945 erschienen sie *zweimal* wöchentlich, weil es mehr Papier nicht gab; doch behielt die sehr angesehene *Deutsche Zeitung und Wirtschaftszeitung* dieses Intervall in den fünfziger Jahren bei. Mit einer Stärkung ihrer Wochenendausgaben könnten die Tageszeitungen sich an die Marktchancen für weniger als sechs Ausgaben pro Woche herantasten.

Ihre andere Überlebenschance wäre, sich beizeiten auf das Unvermeidliche einzustellen: Dass unsere besten Zeitungen seit Jahrzehnten mehrere hunderttausend Stück verkaufen können, ist ein Novum in der Zeitungsgeschichte. Die *Kölnische Zeitung*, die in der zweiten Hälfte des 19. Jahrhunderts als Deutschlands führendes «Intelligenzblatt» galt, und die *Frankfurter Zeitung*, Deutschlands angesehenste zwischen den Weltkriegen, blieben immer unter hunderttausend. «Ich glaube, wir werden in der Zukunft zurückschrumpfen, langfristig», sagte Alfred Neven DuMont, Verleger mehrerer respektabler Zeitungen, 2009. «Wir werden uns zum Teil elitär zurückentwickeln. Wir müssen besser werden, teurer werden.»

«Rastloser Planet sucht neuen Journalismus», inserierte 2011 die *Welt kompakt*. Die Diagnose trifft. Um die Therapie ringen müssen wir alle.

Denn in Gefahr sind nicht allein die Zeitungen, in Gefahr ist die Demokratie. Ohne gute Zeitungen schwächelt eine Demokratie. Wer solch Schwächeln besichtigen will, der schaue nach Italien oder Ungarn, Griechenland oder Russland. Gute Zeitungen gehören zu einer modernen Gesellschaft. Denn die Teilung der Gewalten reicht nicht aus, um die Mächtigen erfolgreich zu kontrollieren. Die Folge sind Korruption, mafiöse Organisationen, Machtmissbrauch, radikale Parteien und der Hang, Demagogen zu Führern zu wählen.

Die Erfindung des Journalismus als wirksamste Kontrolle in der Demokratie geht von der Verführbarkeit des Menschen aus. Ein noch so edler Mensch verfällt in der Regel den Versuchungen der Macht. Er wird selten vom eigenen moralischen Anspruch gezügelt oder von frommen Worten, aber wirkungsvoll durch die Angst, dass seine Verfehlungen und sein ungezügelter Ehrgeiz öffentlich werden könnten.

Aber diese Angst packt ihn nur, wenn es eine Öffentlichkeit gibt, die den Namen verdient. Öffentlichkeit setzt Masse voraus. Nur viele Menschen haben Einfluss, Menschen, die über gleiche Informationen verfügen, die Druck ausüben können, die Wahlen entscheiden, die Demonstrationen und Initiativen organisieren. Die Bürger wissen in der Regel, warum sie starke Zeitungen und gute Redakteure brauchen. Sie wissen, dass Zeitungen ihre Interessen vertreten.

«Meinungsfreiheit ist eine Farce, wenn die Information über die Tatsachen nicht garantiert ist.» (Hannah Arendt)

Service

A. Literatur

Einige Bücher sind nur noch in Bibliotheken oder im Antiquariat zu finden.

1. Klassiker
Barbara Baerns: Öffentlichkeitsarbeit oder Journalismus?
Emil Dovifat: Zeitungslehre
dpa: Alles über die Nachricht. Handbuch der Nachrichtenagentur
Karl-Hermann Flach: Macht und Elend der Presse
Peter Glotz / Wolfgang Langenbucher: Der missachtete Leser
Gerhard Kromschröder: Ach, der Journalismus. Glanz und Elend eines Berufsstands
Ludwig Reiners: Stilfibel
Herbert Riehl-Heyse: Arbeiten in vermintem Gelände – Macht und Ohnmacht des Journalismus
Carl Warren: ABC des Reporters

2. Standardwerke
Walther von LaRoche: Einführung in den praktischen Journalismus
Roderich Reifenrath: Die Blattmacher
Stefan Ruß-Mohl: Journalismus. Das Lehr- und Handbuch
Volker Wolff: ABC des Zeitungs- und Zeitschriftenjournalismus

3. Für Einsteiger und Freie
Elke Ahlswede: Das Praktikum im Journalismus
Berthold L. Flöper / Lothar Hausmann: Freie Journalisten. Der Ratgeber
Gabriele Goderbauer-Marchner: Journalist werden!
Heinriette Löwisch: Journalismus für Dummies
nr-Werkstatt 17: Die Einsteiger. Wie aus Praktikanten Journalisten werden (siehe *Recherche*)
Hans-Joachim Schlüter: ABC für Volontärsausbilder
Henning Noske: Journalismus – Was man wissen und können muss.

4. Handwerk für Profis

Einen knappen, aber meist nützlichen Überblick bietet die *journalistenwerkstatt*, erscheint als Beilage zu: *Medium Magazin, Der Österreichische Journalist* oder *Der Schweizer Journalist*. Die 16-Seiten-Hefte sind auch einzeln zu bestellen. Themen sind: Online recherchieren; Titel & Kleintexte; Der Kommentar usw.

Ethik und Moral

Institut zur Förderung publizistischen Nachwuchses / Deutscher Presserat (Hg.): Ethik im Redaktionsalltag

Wolf Schneider: Die tägliche Desinformation

Interview

Michael Haller: Das Interview (von demselben Autor: Recherchieren)

nr-Werkstatt 13: Interview-Kulturen (siehe *Recherche*)

Layout

Norbert Küpper: Zeitungsdesign – Ergebnisse des *European Newspaper Award* (jährlich als DVD mit vielen Beispielen – www.newspaper-award.org)

Marketing

Klaus Schönbach (Hg.): Zeitungen in den Neunzigern: Faktoren des Erfolgs – 350 Tageszeitungen auf dem Prüfstand

Nachricht

Verena Hruska (Hg.): Die Zeitungsnachricht

Horsch / Ohler / Schwiesau (Hg.): Radio-Nachrichten

Manfred Weise: Die Kurzmeldung

Siegfried Weischenberg: Nachrichtenschreiben. Journalistische Praxis zum Studium und Selbststudium

Online (Internet)

Jeff Jarvis: Was würde Google tun?

Katja Riefler: Kooperation und Konfrontation. Wie müssen Verlage mit Google umgehen?

Katja Riefler / Robin Meyer-Lucht: Paid Content – Welche Bezahlmodelle funktionieren

Werner Lauff: Publizieren auf Casual Devices. Die Tageszeitung auf iPad, iPhone, E-Reader und Co.

Nea Matzen: Online-Journalismus

nr-Werkstatt: Online-Journalismus (siehe *Recherche*)

Frank Schirrmacher: Payback

Porträt

Bernd Röttger: Menschlich gesehen (Hamburger Abendblatt)

PR

Zentralausschuss der Werbewirtschaft: Schleichwerbung in Pressemedien

Presse- und Medienrecht

Udo Branahl: Medienrecht. Eine Einführung

Valie Djordjevic (Hg.): Urheberrecht im Alltag. Kopieren, bearbeiten, selber machen (Bundeszentrale für politische Bildung)

Frank Fechner / Axel Wössner: Journalistenrecht

nr-Werkstatt 19: Presserecht. Praxis-Wissen für den Paragraphen-Dschungel (siehe *Recherche*)

Michael Schmuck: Presserecht kurz und bündig

Radio

Bernd-Peter Arnold: *ABC* des Hörfunks

Walther von LaRoche / Axel Buchholz (Hg.): Radio-Journalismus

Patrick Lynen: Das wundervolle Radiobuch

Recherche

Thomas Leif (Hg.): Trainingshandbuch Recherche

Netzwerk Recherche: Werkstätten zu Themen wie Fact-Checking, Korruption, Lobbyismus, Quellenmanagement, Undercover – Reporter im verdeckten Einsatz, Wirtschaftsjournalismus (Alle Werkstätten sind kostenlos erhältlich; als Buch per Mail: info@netzwerkrecherche.de/ als PDF-Datei zum Herunterladen: www.netzwerkrecherche.de/Publikationen/nr-Werkstatt)

Redaktionsorganisation

Ulf Grüner / Christian Sauer: Qualitätsmanagement in Redaktionen. Das Coaching-Buch für Chefs & solche, die es werden

Klaus Meier: Ressort, Sparte, Team: Wahrnehmungsstrukturen und Redaktionsorganisation im Zeitungsjournalismus

Reportage

Georg Brunold (Hg.): Nichts als die Welt. Reportagen und Augenzeugenberichte aus 2500 Jahren

Schule und Zeitung

Eva und Peter Brand: Die Zeitung im Unterricht

Harald Heuer (Hg.): Achtung: Pressefreiheit – Journalistische Ethik in Beispielen für den Unterricht (Deutscher Presserat)

Sprache

Wolf Schneider: Deutsch fürs Leben; Deutsch für Profis – Handbuch der Journalistensprache

Sol Stein: Über das Schreiben

Statistik / Zahlen

Gerd Bosbach / Jens Korff: Lügen mit Zahlen

TV

Gerhard Schult / Axel Buchholz: Fernseh-Journalismus. Ein Handbuch für Ausbildung und Praxis

Überschrift

Wolf Schneider / Detlef Esslinger: Die Überschrift

Wirtschaft / Ratgeber

Christoph Fasel: Nutzwertjournalismus

Zeitungsgeschichte

Georg Ruppelt (Hg.): Es begann 1609 mit dem Aviso (Leibniz-Bibliothek Hannover)

5. Für Lokaljournalisten

Dieter Golombek / Erwin Lutz: Ausgezeichnet. Rezepte für die Redaktion. Jedes Jahr erscheint ein Ergänzungsband von rund 260 Seiten mit preisgekrönten und fast preisgekrönten Arbeiten des Deutschen Lokaljournalistenpreises.

Drehscheibe (Mediendienst, erscheint monatlich mit Ideen, Konzepten und Beispielen aus Lokalredaktionen sowie Schwerpunktthema und Redaktionskalender; Abonnenten erhalten kostenlos Zugang zum Drehscheiben-Archiv); www.drehscheibe.org

Projektteam Lokaljournalisten (Hg.): Lokaljournalismus – Themen und Management

Themen und Materialien für Journalisten (6 Bände, herausgegeben von der Bundeszentrale für politische Bildung: Die alltägliche Pressefreiheit / Parteien / Ausländer / Wahlen / Geschichte / Wirtschaft; kostenlos bei Vorlage des Presseausweises)

6. Journalistenporträts
Bernhard Pörksen (Hg.): Trendbuch Journalismus. Erfolgreiche Medienmacher über Ausbildung, Berufseinstieg und die Zukunft der Branche
Stephan Weichert (Hg.): Die Alpha-Journalisten. Deutschlands Wortführer im Porträt

7. Jahrbücher
Deutscher Presserat – Jahrbuch
Jahrbuch für Journalisten
Zeitungen (Jahrbuch der Zeitungsverleger)

8. Zeitschriften (in der Regel monatlich)
epd Medien (herausgegeben vom Gemeinschaftswerk der Evangelischen Publizistik) www.epd-medien.de
Journalist (herausgegeben vom Deutschen Journalisten-Verband) www.journalist.de
Media Perspektiven (ARD-Werbegesellschaften) www.media-perspektiven.de
Medium Magazin www.mediummagazin.de
Menschen machen Medien (herausgegeben von ver.di, Fachbereich Medien) www.igmedien.de
Message (vierteljährlich) www.message-online.com
Der Österreichische Journalist www.journalist.at
Schweizer Journalist www.schweizer-journalist.ch
Wirtschaftsjournalist www.wirtschaftsjournalist-online.de

B. Medien-Kodizes

I. Europäische Charta für Pressefreiheit (2009)
Art. 1
Die Freiheit der Presse ist lebenswichtig für eine demokratische Gesellschaft. Journalistische Medien aller Art zu achten und zu schützen, ihre Vielfalt sowie ihre politischen, sozialen und kulturellen Aufgaben zu respektieren, ist Auftrag aller staatlichen Macht.
Art. 2
Zensur ist untersagt. Unabhängiger Journalismus in allen Medien ist frei von Verfolgung und Repressalien, ohne politische oder regulierende Eingriffe des Staates zu garantieren. Presse und Online-Medien dürfen nicht staatlicher Lizenzierung unterworfen werden.
Art. 3
Das Recht von Journalisten und Medien zum Sammeln und Verbreiten von Informationen und Meinungen darf nicht bedroht, eingeschränkt oder unter Strafe gestellt werden.
Art. 4
Der Schutz journalistischer Quellen ist strikt zu wahren. Durchsuchungen von Redaktionen und anderen Räumlichkeiten von Journalisten sowie Überwachungen und Lauschaktionen mit dem Zweck, Informationsquellen ausfindig zu machen oder das Redaktionsgeheimnis zu brechen, sind unzulässig.
Art. 5
Alle Staaten haben sicherzustellen, dass Medien bei der Erfüllung ihrer Aufgaben den vollen Schutz eines unabhängigen Gerichtssystems, der Gesetze und der Behörden genießen. Das gilt insbesondere für die Abwehr von Belästigungen und Angriffen auf Leib und Leben von Journalisten und deren Mitarbeitern. Bedrohungen oder Verletzungen dieser Rechte sind sorgfältig zu untersuchen und durch die Justiz zu ahnden.

Art. 6
Die wirtschaftliche Existenz von Medien darf durch staatliche oder staatlich beeinflusste Institutionen oder andere Organisationen nicht gefährdet werden. Auch die Androhung von wirtschaftlichem Schaden ist unzulässig. Private Unternehmen müssen die journalistische Freiheit der Medien achten. Sie dürfen weder Druck auf journalistische Inhalte ausüben noch versuchen, werbliche Inhalte mit journalistischen Inhalten zu vermischen.

Art. 7
Staatliche und staatlich beeinflusste Institutionen dürfen den freien Zugang von Medien und Journalisten zu Informationen nicht behindern. Sie sind verpflichtet, deren Informationsauftrag zu unterstützen.

Art. 8
Medien und Journalisten haben Anspruch auf ungehinderten Zugang zu allen Nachrichten und Informationsquellen, auch aus dem Ausland. Ausländischen Journalisten sind zur Berichterstattung Visa, Akkreditierungen und andere erforderliche Dokumente ohne Verzögerung auszustellen.

Art. 9
Der Öffentlichkeit jedes Staates ist freier Zugang zu allen nationalen wie ausländischen Medien und Informationsquellen zu gewähren.

Art. 10
Der Staat darf den Zugang zum Beruf des Journalisten nicht beschränken.

II. Der Pressekodex

Über die Moral im Journalismus wacht der Deutsche Presserat. Er entscheidet über Beschwerden, die jeder Leser einer Zeitung oder Zeitschrift an ihn richten kann: Deutscher Presserat, Postfach 7160, 53071 Bonn; www.presserat.de

Die Publizistischen Grundsätze (Pressekodex) hat er in Zusammenarbeit mit den Presseverbänden beschlossen; sie werden immer wieder aktualisiert und durch Richtlinien ergänzt. Dies ist die Fassung von 2008:

> Die im Grundgesetz der Bundesrepublik verbürgte Pressefreiheit schließt die Unabhängigkeit und Freiheit der Information, der Meinungsäußerung und der Kritik ein. Verleger, Herausgeber und Journalisten müssen sich bei ihrer Arbeit der Verantwortung gegenüber der Öffentlichkeit und ihrer Verpflichtung für das Ansehen der Presse bewusst sein. Sie nehmen ihre publizistische Aufgabe fair, nach bestem Wissen und Gewissen, unbeeinflusst von persönlichen Interessen und sachfremden Beweggründen wahr.
>
> Die publizistischen Grundsätze konkretisieren die Berufsethik der Presse. Sie umfasst die Pflicht, im Rahmen der Verfassung und der verfassungskonformen Gesetze das Ansehen der Presse zu wahren und für die Freiheit der Presse einzustehen.
>
> Die Regelungen zum Redaktionsdatenschutz gelten für die Presse, soweit sie personenbezogene Daten zu journalistisch-redaktionellen Zwecken erhebt, verarbeitet oder nutzt. Von der Recherche über Redaktion, Veröffentlichung, Dokumentation bis hin zur Archivierung dieser Daten achtet die Presse das Privatleben, die Intimsphäre und das Recht auf informationelle Selbstbestimmung des Menschen.
>
> Die Berufsethik räumt jedem das Recht ein, sich über die Presse zu beschweren. Beschwerden sind begründet, wenn die Berufsethik verletzt wird. Diese Präambel ist Bestandteil der ethischen Normen.

Ziffer 1
Wahrhaftigkeit und Achtung der Menschenwürde.
Die Achtung vor der Wahrheit, die Wahrung der Menschenwürde und die wahrhaftige Unterrichtung der Öffentlichkeit sind oberste Gebote der Presse.
Jede in der Presse tätige Person wahrt auf dieser Grundlage das Ansehen und die Glaubwürdigkeit der Medien.

Richtlinie 1.1 – Exklusivverträge
Die Unterrichtung der Öffentlichkeit über Vorgänge oder Ereignisse, die für die Meinungs- und Willensbildung wesentlich sind, darf nicht durch Exklusivverträge mit den Informanten oder durch deren Abschirmung eingeschränkt oder verhindert werden. Wer ein Informationsmonopol anstrebt, schließt die übrige Presse von der Beschaffung von Nachrichten dieser Bedeutung aus und behindert damit die Informationsfreiheit.

Richtlinie 1.2 – Wahlkampfberichterstattung
Zur wahrhaftigen Unterrichtung der Öffentlichkeit gehört, dass die Presse in der Wahlkampfberichterstattung auch über Auffassungen berichtet, die sie selbst nicht teilt.

Richtlinie 1.3 – Pressemitteilungen
Pressemitteilungen müssen als solche gekennzeichnet werden, wenn sie ohne Bearbeitung durch die Redaktion veröffentlicht werden.

Ziffer 2
Sorgfalt
Recherche ist unverzichtbares Instrument journalistischer Sorgfalt. Zur Veröffentlichung bestimmte Informationen in Wort, Bild und Graphik sind mit der nach den Umständen gebotenen Sorgfalt auf ihren Wahrheitsgehalt zu prüfen und wahrheitsgetreu wiederzugeben. Ihr Sinn darf durch Bearbeitung, Überschrift oder Bildbeschriftung weder entstellt noch verfälscht werden. Unbestätigte Meldungen, Gerüchte und Vermutungen sind als solche erkennbar zu machen.

Symbolfotos müssen als solche kenntlich sein oder erkennbar gemacht werden.

Richtlinie 2.1 – Umfrageergebnisse
Bei der Veröffentlichung von Umfrageergebnissen teilt die Presse die

Zahl der Befragten, den Zeitpunkt der Befragung, den Auftraggeber sowie die Fragestellung mit. Zugleich muss mitgeteilt werden, ob die Ergebnisse repräsentativ sind.

Sofern es keinen Auftraggeber gibt, soll vermerkt werden, dass die Umfragedaten auf die eigene Initiative des Meinungsbefragungsinstituts zurückgehen.

Richtlinie 2.2 – Symbolfoto

Kann eine Illustration, insbesondere eine Fotografie, beim flüchtigen Lesen als dokumentarische Abbildung aufgefasst werden, obwohl es sich um ein Symbolfoto handelt, so ist eine entsprechende Klarstellung geboten. So sind

- Ersatz- oder Behelfsillustrationen (gleiches Motiv bei anderer Gelegenheit, anderes Motiv bei gleicher Gelegenheit etc.)
- symbolische Illustrationen (nachgestellte Szene, künstlich visualisierter Vorgang zum Text etc.)
- Fotomontagen oder sonstige Veränderungen
- deutlich wahrnehmbar in Bildlegende bzw. Bezugstext als solche erkennbar zu machen.

Richtlinie 2.3 – Vorausberichte

Die Presse trägt für von ihr herausgegebene Vorausberichte, die in gedrängter Fassung den Inhalt einer angekündigten Veröffentlichung wiedergeben, die publizistische Verantwortung. Wer Vorausberichte von Presseorganen unter Angabe der Quelle weiter verbreitet, darf sich grundsätzlich auf ihren Wahrheitsgehalt verlassen. Kürzungen oder Zusätze dürfen nicht dazu führen, dass wesentliche Teile der Veröffentlichung eine andere Tendenz erhalten oder unrichtige Rückschlüsse zulassen, durch die berechtigte Interessen Dritter verletzt werden.

Richtlinie 2.4 – Interview

Ein Wortlautinterview ist auf jeden Fall journalistisch korrekt, wenn es das Gesagte richtig wiedergibt.

Wird ein Interview ganz oder in wesentlichen Teilen im Wortlaut übernommen, so muss die Quelle angegeben werden. Wird der wesentliche Inhalt der geäußerten Gedanken mit eigenen Worten wiedergegeben, entspricht eine Quellenangabe journalistischem Anstand.

Bei Ankündigung eines Interviews in Form einer Kurzfassung ist zu beachten, dass der Interviewte gegen Entstellungen oder Beeinträchtigungen, die seine berechtigten Interessen gefährden, geschützt ist.

Richtlinie 2.5 – Graphische Darstellungen
Die Sorgfaltspflicht verlangt, bei graphischen Darstellungen irreführende Verzerrungen auszuschließen.

Richtlinie 2.6 – Leserbriefe
(1) Bei der Veröffentlichung von Leserbriefen sind die publizistischen Grundsätze zu beachten. Es dient der wahrhaftigen Unterrichtung der Öffentlichkeit, im Leserbriefteil auch Meinungen zu Wort kommen zu lassen, die die Redaktion nicht teilt.

(2) Zuschriften an Verlage oder Redaktionen können als Leserbriefe veröffentlicht werden, wenn aus Form und Inhalt erkennbar auf einen solchen Willen des Einsenders geschlossen werden kann. Eine Einwilligung kann unterstellt werden, wenn sich die Zuschrift zu Veröffentlichungen des Blattes oder zu allgemein interessierenden Themen äußert. Der Verfasser hat keinen Rechtsanspruch auf Abdruck seiner Zuschrift.

(3) Es entspricht einer allgemeinen Übung, dass der Abdruck mit dem Namen des Verfassers erfolgt. Nur in Ausnahmefällen kann auf Wunsch des Verfassers eine andere Zeichnung erfolgen. Die Presse verzichtet beim Abdruck auf die Veröffentlichung von Adressangaben, es sei denn, die Veröffentlichung der Adresse dient der Wahrung berechtigter Interessen. Bestehen Zweifel an der Identität des Absenders, soll auf den Abdruck verzichtet werden. Die Veröffentlichung fingierter Leserbriefe ist mit der Aufgabe der Presse unvereinbar.

(4) Änderungen oder Kürzungen von Zuschriften ohne Einverständnis des Verfassers sind grundsätzlich unzulässig. Kürzungen sind jedoch möglich, wenn die Rubrik Leserzuschriften einen regelmäßigen Hinweis enthält, dass sich die Redaktion bei Zuschriften, die für diese Rubrik bestimmt sind, das Recht der sinnwahrenden Kürzung vorbehält. Verbietet der Einsender ausdrücklich Änderungen oder Kürzungen, so hat sich die Redaktion, auch wenn sie sich das Recht der Kürzung vorbehalten hat, daran zu halten oder auf den Abdruck zu verzichten.

(5) Alle einer Redaktion zugehenden Leserbriefe unterliegen dem

Redaktionsgeheimnis. Sie dürfen in keinem Fall an Dritte weitergegeben werden.

Ziffer 3
Richtigstellung

Veröffentlichte Nachrichten oder Behauptungen, insbesondere personenbezogener Art, die sich nachträglich als falsch erweisen, hat das Publikationsorgan, das sie gebracht hat, unverzüglich von sich aus in angemessener Weise richtig zu stellen.

Richtlinie 3.1 – Anforderungen

Für den Leser muss erkennbar sein, dass die vorangegangene Meldung ganz oder zum Teil unrichtig war. Deshalb nimmt eine Richtigstellung bei der Wiedergabe des korrekten Sachverhalts auf die vorangegangene Falschmeldung Bezug. Der wahre Sachverhalt wird geschildert, auch dann, wenn der Irrtum bereits in anderer Weise in der Öffentlichkeit eingestanden worden ist.

Richtlinie 3.2 – Dokumentierung

Führt die journalistisch-redaktionelle Erhebung, Verarbeitung oder Nutzung personenbezogener Daten durch die Presse zur Veröffentlichung von Richtigstellungen, Widerrufen, Gegendarstellungen oder zu Rügen des Deutschen Presserats, so sind diese Veröffentlichungen von dem betreffenden Publikationsorgan zu den gespeicherten Daten zu nehmen und für dieselbe Zeitdauer zu dokumentieren wie die Daten selbst.

Ziffer 4
Grenzen der Recherche

Bei der Beschaffung von personenbezogenen Daten, Nachrichten, Informationsmaterial und Bildern dürfen keine unlauteren Methoden angewandt werden.

Richtlinie 4.1 – Grundsätze der Recherchen

Journalisten geben sich grundsätzlich zu erkennen. Unwahre Angaben des recherchierenden Journalisten über seine Identität und darüber, welches Organ er vertritt, sind grundsätzlich mit dem Ansehen und der Funktion der Presse nicht vereinbar.

Verdeckte Recherche ist im Einzelfall gerechtfertigt, wenn damit Informationen von besonderem öffentlichen Interesse beschafft werden, die auf andere Weise nicht zugänglich sind.

Bei Unglücksfällen und Katastrophen beachtet die Presse, dass Rettungsmaßnahmen für Opfer und Gefährdete Vorrang vor dem Informationsanspruch der Öffentlichkeit haben.

Richtlinie 4.2 – Recherche bei schutzbedürftigen Personen
Bei der Recherche gegenüber schutzbedürftigen Personen ist besondere Zurückhaltung geboten. Dies betrifft vor allem Menschen, die sich nicht im Vollbesitz ihrer geistigen oder körperlichen Kräfte befinden oder einer seelischen Extremsituation ausgesetzt sind, aber auch Kinder und Jugendliche. Die eingeschränkte Willenskraft oder die besondere Lage solcher Personen darf nicht gezielt zur Informationsbeschaffung ausgenutzt werden.

Richtlinie 4.3 – Sperrung oder Löschung personenbezogener Daten
Personenbezogene Daten, die unter Verstoß gegen den Pressekodex erhoben wurden, sind von dem betreffenden Publikationsorgan zu sperren oder zu löschen.

Ziffer 5
Berufsgeheimnis
Die Presse wahrt das Berufsgeheimnis, macht vom Zeugnisverweigerungsrecht Gebrauch und gibt Informanten ohne deren ausdrückliche Zustimmung nicht preis.
Die vereinbarte Vertraulichkeit ist grundsätzlich zu wahren.

Richtlinie 5.1 – Vertraulichkeit
Hat der Informant die Verwertung seiner Mitteilung davon abhängig gemacht, dass er als Quelle unerkennbar oder ungefährdet bleibt, so ist diese Bedingung zu respektieren. Vertraulichkeit kann nur dann nicht bindend sein, wenn die Information ein Verbrechen betrifft und die Pflicht zur Anzeige besteht. Vertraulichkeit muss nicht gewahrt werden, wenn bei sorgfältiger Güter- und Interessenabwägung gewichtige staatspolitische Gründe überwiegen, insbesondere wenn die verfassungsmäßige Ordnung berührt oder gefährdet ist.

Über als geheim bezeichnete Vorgänge und Vorhaben darf berichtet werden, wenn nach sorgfältiger Abwägung festgestellt wird, dass das Informationsbedürfnis der Öffentlichkeit höher rangiert als die für die Geheimhaltung angeführten Gründe.

Richtlinie 5.2 – Nachrichtendienstliche Tätigkeiten
Nachrichtendienstliche Tätigkeiten von Journalisten und Verlegern sind

mit den Pflichten aus dem Berufsgeheimnis und dem Ansehen der Presse nicht vereinbar.

Richtlinie 5.3 – Datenübermittlung

Alle von Redaktionen zu journalistisch-redaktionellen Zwecken erhobenen, verarbeiteten oder genutzten personenbezogenen Daten unterliegen dem Redaktionsgeheimnis. Die Übermittlung von Daten zu journalistisch-redaktionellen Zwecken zwischen den Redaktionen ist zulässig. Sie soll bis zum Abschluss eines formellen datenschutzrechtlichen Beschwerdeverfahrens unterbleiben. Eine Datenübermittlung ist mit dem Hinweis zu versehen, dass die übermittelten Daten nur zu journalistisch-redaktionellen Zwecken verarbeitet oder genutzt werden dürfen.

Ziffer 6

Trennung von Tätigkeiten

Journalisten und Verleger üben keine Tätigkeiten aus, die die Glaubwürdigkeit der Presse in Frage stellen könnten.

Richtlinie 6.1 – Doppelfunktionen

Übt ein Journalist oder Verleger neben seiner publizistischen Tätigkeit eine Funktion, beispielsweise in einer Regierung, einer Behörde oder in einem Wirtschaftsunternehmen aus, müssen alle Beteiligten auf strikte Trennung dieser Funktionen achten. Gleiches gilt im umgekehrten Fall.

Ziffer 7

Trennung von Werbung und Redaktion

Die Verantwortung der Presse gegenüber der Öffentlichkeit gebietet, dass redaktionelle Veröffentlichungen nicht durch private oder geschäftliche Interessen Dritter oder durch persönliche wirtschaftliche Interessen der Journalistinnen und Journalisten beeinflusst werden. Verleger und Redakteure wehren derartige Versuche ab und achten auf eine klare Trennung zwischen redaktionellem Text und Veröffentlichungen zu werblichen Zwecken. Bei Veröffentlichungen, die ein Eigeninteresse des Verlages betreffen, muss dieses erkennbar sein.

Richtlinie 7.1 – Trennung von redaktionellem Text und Anzeigen

Bezahlte Veröffentlichungen müssen so gestaltet sein, dass sie als Werbung für den Leser erkennbar sind. Die Abgrenzung vom redaktionellen Teil kann durch Kennzeichnung und/oder Gestaltung erfolgen. Im Übrigen gelten die werberechtlichen Regelungen.

B. Medien-Kodizes

Richtlinie 7.2 – Schleichwerbung
Redaktionelle Veröffentlichungen, die auf Unternehmen, ihre Erzeugnisse, Leistungen oder Veranstaltungen hinweisen, dürfen nicht die Grenze zur Schleichwerbung überschreiten. Eine Überschreitung liegt insbesondere nahe, wenn die Veröffentlichung über ein begründetes öffentliches Interesse oder das Informationsinteresse der Leser hinausgeht oder von dritter Seite bezahlt bzw. durch geldwerte Vorteile belohnt wird.

Die Glaubwürdigkeit der Presse als Informationsquelle gebietet besondere Sorgfalt beim Umgang mit *PR*.

Richtlinie 7.3 – Sonderveröffentlichungen
Sonderveröffentlichungen unterliegen der gleichen redaktionellen Verantwortung wie alle redaktionellen Veröffentlichungen.

Werbliche Sonderveröffentlichungen müssen die Anforderungen der Richtlinie 7.1 beachten.

Richtlinie 7.4 – Wirtschafts- und Finanzmarktberichterstattung
Journalisten und Verleger, die Informationen im Rahmen ihrer Berufsausübung recherchieren oder erhalten, nutzen diese Informationen vor ihrer Veröffentlichung ausschließlich für publizistische Zwecke und nicht zum eigenen persönlichen Vorteil oder zum persönlichen Vorteil anderer.

Journalisten und Verleger dürfen keine Berichte über Wertpapiere und/oder deren Emittenten in der Absicht veröffentlichen, durch die Kursentwicklung des entsprechenden Wertpapieres sich, ihre Familienmitglieder oder andere nahestehende Personen zu bereichern. Sie sollen weder direkt noch durch Bevollmächtigte Wertpapiere kaufen bzw. verkaufen, über die sie zumindest in den vorigen zwei Wochen etwas veröffentlicht haben oder in den nächsten zwei Wochen eine Veröffentlichung planen.

Um die Einhaltung dieser Regelungen sicherzustellen, treffen Journalisten und Verleger die erforderlichen Maßnahmen. Interessenskonflikte bei der Erstellung oder Weitergabe von Finanzanalysen sind in geeigneter Weise offen zu legen.

Ziffer 8
Die Presse achtet das Privatleben und die Intimsphäre des Menschen. Berührt jedoch das private Verhalten öffentliche Interessen, so kann es im Einzelfall in der Presse erörtert werden. Dabei ist zu prüfen, ob

durch eine Veröffentlichung Persönlichkeitsrechte Unbeteiligter verletzt werden.

Die Presse achtet das Recht auf informationelle Selbstbestimmung und gewährleistet den redaktionellen Datenschutz.

Richtlinie 8.1 – Nennung von Namen/Abbildungen

(1) Bei der Berichterstattung über Unglücksfälle, Straftaten, Ermittlungs- und Gerichtsverfahren (s. auch Ziffer 13 des Pressekodex) veröffentlicht die Presse in der Regel keine Informationen in Wort und Bild, die eine Identifizierung von Opfern und Tätern ermöglichen würden. Mit Rücksicht auf ihre Zukunft genießen Kinder und Jugendliche einen besonderen Schutz. Immer ist zwischen dem Informationsinteresse der Öffentlichkeit und dem Persönlichkeitsrecht des Betroffenen abzuwägen. Sensationsbedürfnisse allein können ein Informationsinteresse der Öffentlichkeit nicht begründen.

(2) Opfer von Unglücksfällen oder von Straftaten haben Anspruch auf besonderen Schutz ihres Namens. Für das Verständnis des Unfallgeschehens bzw. des Tathergangs ist das Wissen um die Identität des Opfers in der Regel unerheblich. Ausnahmen können bei Personen der Zeitgeschichte oder bei besonderen Begleitumständen gerechtfertigt sein.

(3) Bei Familienangehörigen und sonstigen durch die Veröffentlichung mittelbar Betroffenen, die mit dem Unglücksfall oder der Straftat nichts zu tun haben, sind Namensnennung und Abbildung grundsätzlich unzulässig.

(4) Die Nennung des vollständigen Namens und/oder die Abbildung von Tatverdächtigen, die eines Kapitalverbrechens beschuldigt werden, ist ausnahmsweise dann gerechtfertigt, wenn dies im Interesse der Verbrechensaufklärung liegt und Haftbefehl beantragt ist oder wenn das Verbrechen unter den Augen der Öffentlichkeit begangen wird.

Liegen Anhaltspunkte für eine mögliche Schuldunfähigkeit eines Täters oder Tatverdächtigen vor, sollen Namensnennung und Abbildung unterbleiben.

(5) Bei Amts- und Mandatsträgern können Namensnennung und Abbildung zulässig sein, wenn ein Zusammenhang zwischen Amt und Mandat und einer Straftat gegeben ist. Gleiches trifft auf Per-

sonen der Zeitgeschichte zu, wenn die ihnen zur Last gelegte Tat im Widerspruch steht zu dem Bild, das die Öffentlichkeit von ihnen hat.

(6) Namen und Abbild Vermisster dürfen veröffentlicht werden, jedoch nur im Benehmen mit den zuständigen Behörden.

Richtlinie 8.2 – Schutz des Aufenthaltsortes

Der private Wohnsitz sowie andere Orte der privaten Niederlassung, wie zum Beispiel Krankenhaus-, Pflege-, Kur-, Haft- oder Rehabilitationsorte, genießen besonderen Schutz.

Richtlinie 8.3 – Resozialisierung

Im Interesse der Resozialisierung müssen bei der Berichterstattung im Anschluss an ein Strafverfahren in der Regel Namensnennung und Abbildung unterbleiben, es sei denn, ein neues Ereignis schafft einen direkten Bezug zu dem früheren Vorgang.

Richtlinie 8.4 – Erkrankungen

Körperliche und psychische Erkrankungen oder Schäden fallen grundsätzlich in die Geheimsphäre des Betroffenen. Mit Rücksicht auf ihn und seine Angehörigen soll die Presse in solchen Fällen auf Namensnennung und Bild verzichten und abwertende Bezeichnungen der Krankheit oder der Krankenanstalt, auch wenn sie im Volksmund anzutreffen sind, vermeiden. Auch Personen der Zeitgeschichte genießen über den Tod hinaus den Schutz vor diskriminierenden Enthüllungen.

Richtlinie 8.5 – Selbsttötung

Die Berichterstattung über Selbsttötung gebietet Zurückhaltung. Dies gilt insbesondere für die Nennung von Namen und die Schilderung näherer Begleitumstände. Eine Ausnahme ist beispielsweise dann zu rechtfertigen, wenn es sich um einen Vorfall der Zeitgeschichte von öffentlichem Interesse handelt.

Richtlinie 8.6 – Opposition und Fluchtvorgänge

Bei der Berichterstattung über Länder, in denen Opposition gegen die Regierung Gefahren für Leib und Leben bedeuten kann, ist zu bedenken: Durch die Nennung von Namen oder Fotoveröffentlichungen können Betroffene identifiziert und verfolgt werden. Auch kann die Veröffentlichung von Einzelheiten über Geflüchtete und ihre Flucht dazu führen, dass zurückgebliebene Verwandte und Freunde gefährdet oder noch bestehende Fluchtmöglichkeiten verbaut werden.

Richtlinie 8.7 – Jubiläumsdaten
Die Veröffentlichung von Jubiläumsdaten solcher Personen, die sonst nicht im Licht der Öffentlichkeit stehen, bedingt, dass sich die Redaktion vorher vergewissert hat, ob die Betroffenen mit der Veröffentlichung einverstanden sind oder vor öffentlicher Anteilnahme geschützt sein wollen.

Richtlinie 8.8 – Auskunft
Wird jemand durch eine Berichterstattung in der Presse in seinem Persönlichkeitsrecht beeinträchtigt, so hat das verantwortliche Publikationsorgan dem Betroffenen auf Antrag Auskunft über die der Berichterstattung zugrunde liegenden, zu seiner Person gespeicherten Daten zu erstatten. Die Auskunft darf verweigert werden, soweit
– aus den Daten auf Personen, die bei der Recherche, Bearbeitung oder Veröffentlichung von Beiträgen berufsmäßig journalistisch mitwirken oder mitgewirkt haben, geschlossen werden kann,
– aus den Daten auf die Person des Einsenders, Gewährsträgers oder Informanten von Beiträgen, Unterlagen und Mitteilungen für den redaktionellen Teil geschlossen werden kann,
– durch die Mitteilung der recherchierten oder sonst erlangten Daten die journalistische Aufgabe des Publikationsorgans durch Ausforschung des Informationsbestandes beeinträchtigt würde oder es sich sonst als notwendig erweist, um das Recht auf Privatsphäre mit den für die Freiheit der Meinungsäußerung geltenden Vorschriften in Einklang zu bringen.

Ziffer 9
Schutz der Ehre
Es widerspricht journalistischer Ethik, mit unangemessenen Darstellungen in Wort und Bild Menschen in ihrer Ehre zu verletzen.

Ziffer 10
Religion, Weltanschauung, Sitte
Die Presse verzichtet darauf, religiöse, weltanschauliche oder sittliche Überzeugungen zu schmähen.

Ziffer 11
Sensationsberichterstattung, Jugendschutz
Die Presse verzichtet auf eine unangemessen sensationelle Darstellung von Gewalt, Brutalität und Leid. Die Presse beachtet den Jugendschutz.

Richtlinie 11.1 – Unangemessene Darstellung
Unangemessen sensationell ist eine Darstellung, wenn in der Berichterstattung der Mensch zum Objekt, zu einem bloßen Mittel, herabgewürdigt wird. Dies ist insbesondere dann der Fall, wenn über einen sterbenden oder körperlich oder seelisch leidenden Menschen in einer über das öffentliche Interesse und das Informationsinteresse der Leser hinausgehenden Art und Weise berichtet wird.

Bei der Platzierung bildlicher Darstellungen von Gewalttaten und Unglücksfällen auf Titelseiten beachtet die Presse die möglichen Wirkungen auf Kinder und Jugendliche.

Richtlinie 11.2 – Berichterstattung über Gewalttaten
Bei der Berichterstattung über Gewalttaten, auch angedrohte, wägt die Presse das Informationsinteresse der Öffentlichkeit gegen die Interessen der Opfer und Betroffenen sorgsam ab. Sie berichtet über diese Vorgänge unabhängig und authentisch, lässt sich aber dabei nicht zum Werkzeug von Verbrechern machen. Sie unternimmt keine eigenmächtigen Vermittlungsversuche zwischen Verbrechern und Polizei.

Interviews mit Tätern während des Tatgeschehens darf es nicht geben.

Richtlinie 11.3 – Unglücksfälle und Katastrophen
Die Berichterstattung über Unglücksfälle und Katastrophen findet ihre Grenze im Respekt vor dem Leid von Opfern und den Gefühlen von Angehörigen. Die vom Unglück Betroffenen dürfen grundsätzlich durch die Darstellung nicht ein zweites Mal zu Opfern werden.

Richtlinie 11.4 – Nachrichtensperre
Nachrichtensperren akzeptiert die Presse grundsätzlich nicht. Ein abgestimmtes Verhalten zwischen Medien und Polizei gibt es nur dann, wenn Leben und Gesundheit von Opfern und anderen Beteiligten durch das Handeln von Journalisten geschützt oder gerettet werden können. Dem Ersuchen von Strafverfolgungsbehörden, die Berichterstattung im Interesse der Aufklärung von Verbrechen in einem bestimmten Zeitraum, ganz oder teilweise zu unterlassen, folgt die Presse, wenn das jeweilige Ersuchen überzeugend begründet ist.

Richtlinie 11.5 – Verbrechermemoiren
Die Veröffentlichung sogenannter Verbrechermemoiren verstößt gegen die publizistischen Grundsätze, wenn Straftaten nachträglich gerechtfertigt oder relativiert werden, die Opfer unangemessen belastet und

durch eine detaillierte Schilderung eines Verbrechens lediglich Sensationsbedürfnisse befriedigt werden.

Richtlinie 11.6 – Drogen

Veröffentlichungen in der Presse dürfen den Gebrauch von Drogen nicht verharmlosen.

Ziffer 12
Diskriminierungen

Niemand darf wegen seines Geschlechts, einer Behinderung oder seiner Zugehörigkeit zu einer ethnischen, religiösen, sozialen oder nationalen Gruppe diskriminiert werden.

Richtlinie 12.1 – Berichterstattung über Straftaten

In der Berichterstattung über Straftaten wird die Zugehörigkeit der Verdächtigen oder Täter zu religiösen, ethnischen oder anderen Minderheiten nur dann erwähnt, wenn für das Verständnis des berichteten Vorgangs ein begründbarer Sachbezug besteht.

Besonders ist zu beachten, dass die Erwähnung Vorurteile gegenüber schutzbedürftigen Gruppen schüren könnte.

Ziffer 13
Unschuldsvermutung

Die Berichterstattung über Ermittlungsverfahren, Strafverfahren und sonstige förmliche Verfahren muss frei von Vorurteilen erfolgen. Der Grundsatz der Unschuldsvermutung gilt auch für die Presse.

Richtlinie 13.1 – Vorverurteilung

Die Berichterstattung über Ermittlungs- und Gerichtsverfahren dient der sorgfältigen Unterrichtung der Öffentlichkeit über Straftaten und andere Rechtsverletzungen, deren Verfolgung und richterliche Bewertung. Sie darf dabei nicht vorverurteilen. Die Presse darf eine Person als Täter bezeichnen, wenn sie ein Geständnis abgelegt hat und zudem Beweise gegen sie vorliegen oder wenn sie die Tat unter den Augen der Öffentlichkeit begangen hat. In der Sprache der Berichterstattung ist die Presse nicht an juristische Begrifflichkeiten gebunden, die für den Leser unerheblich sind.

Ziel der Berichterstattung darf in einem Rechtsstaat nicht eine soziale Zusatzbestrafung Verurteilter mit Hilfe eines «Medienprangers» sein. Zwischen Verdacht und erwiesener Schuld ist in der Sprache der Berichterstattung deutlich zu unterscheiden.

Richtlinie 13.2 – Folgeberichterstattung
Hat die Presse über eine noch nicht rechtskräftige Verurteilung eines Betroffenen berichtet, soll sie auch über einen rechtskräftig abschließenden Freispruch bzw. über eine deutliche Minderung des Strafvorwurfs berichten, sofern berechtigte Interessen des Betroffenen dem nicht entgegenstehen. Diese Empfehlung gilt sinngemäß auch für die Einstellung eines Ermittlungsverfahrens.

Richtlinie 13.3 – Straftaten Jugendlicher
Bei der Berichterstattung über Ermittlungs- und Strafverfahren gegen Jugendliche sowie über ihr Auftreten vor Gericht soll die Presse mit Rücksicht auf die Zukunft der Betroffenen besondere Zurückhaltung üben.

Ziffer 14
Medizin-Berichterstattung
Bei Berichten über medizinische Themen ist eine unangemessen sensationelle Darstellung zu vermeiden, die unbegründete Befürchtungen oder Hoffnungen beim Leser erwecken könnte. Forschungsergebnisse, die sich in einem frühen Stadium befinden, sollten nicht als abgeschlossen oder nahezu abgeschlossen dargestellt werden.

Ziffer 15
Die Annahme und Gewährung von Vorteilen jeder Art, die geeignet sein könnten, die Entscheidungsfreiheit von Verlag und Redaktion zu beeinträchtigen, sind mit dem Ansehen, der Unabhängigkeit und der Aufgabe der Presse unvereinbar. Wer sich für die Verbreitung oder Unterdrückung von Nachrichten bestechen lässt, handelt unehrenhaft und berufswidrig.

Richtlinie 15.1 – Einladungen und Geschenke
Schon der Anschein, die Entscheidungsfreiheit von Verlag und Redaktion könne beeinträchtigt werden, ist zu vermeiden. Journalisten nehmen daher keine Einladungen oder Geschenke an, deren Wert das im gesellschaftlichen Verkehr übliche und im Rahmen der beruflichen Tätigkeit notwendige Maß übersteigt. Die Annahme von Werbeartikeln oder sonstiger geringwertiger Gegenstände ist unbedenklich.

Recherche und Berichterstattung dürfen durch die Annahme von Geschenken, Einladungen oder Rabatten nicht beeinflusst, behindert oder gar verhindert werden. Verlage und Journalisten bestehen darauf, dass

Informationen unabhängig von der Annahme eines Geschenks oder einer Einladung gegeben werden.

Wenn Journalisten über Pressereisen berichten, zu denen sie eingeladen wurden, machen sie diese Finanzierung kenntlich.

Ziffer 16

Es entspricht fairer Berichterstattung, vom Deutschen Presserat öffentlich ausgesprochene Rügen abzudrucken, insbesondere in den betroffenen Publikationsorganen.

Richtlinie 16.1 – Rügenabdruck

Für das betroffene Publikationsorgan gilt:

Der Leser muss erfahren, welcher Sachverhalt der gerügten Veröffentlichung zugrunde lag und welcher publizistische Grundsatz dadurch verletzt wurde.

III. NR-Medienkodex (Netzwerk Recherche)

Neue Technologien und zunehmender ökonomischer Druck gefährden den Journalismus. Um seine Qualität und Unabhängigkeit zu sichern, setzt sich das Netzwerk Recherche für dieses Leitbild ein.

1. Journalisten* berichten unabhängig, sorgfältig, umfassend und wahrhaftig. Sie achten die Menschenwürde und Persönlichkeitsrechte.
2. Journalisten recherchieren, gewichten und veröffentlichen nach dem Grundsatz «Sicherheit vor Schnelligkeit».
3. Journalisten garantieren uneingeschränkten Informantenschutz als Voraussetzung für eine seriöse Berichterstattung.
4. Journalisten garantieren handwerklich saubere und ausführliche Recherche aller zur Verfügung stehenden Quellen.
5. Journalisten machen keine PR.
6. Journalisten verzichten auf jegliche Vorteilsnahme und Vergünstigung.
7. Journalisten unterscheiden erkennbar zwischen Fakten und Meinungen.
8. Journalisten verpflichten sich zur sorgfältigen Kontrolle ihrer Arbeit und, wenn nötig, umgehend zur Korrektur.
9. Journalisten ermöglichen und nutzen Fortbildung zur Qualitätsverbesserung ihrer Arbeit.
10. Journalisten erwarten bei der Umsetzung dieses Leitbildes die Unterstützung der in den Medienunternehmen Verantwortlichen. Wichtige

Funktionen haben dabei Redaktions- und Beschwerdeausschüsse sowie Ombudsstellen und eine kritische Medienberichterstattung.
* Es sind stets beide Geschlechter gemeint.

IV. WAZ-Mediengruppe: Verhaltenskodex (2007)
Präambel
Regionalzeitungen genießen im Vergleich mit anderen Medien ein hohes Maß an Glaubwürdigkeit.

Dieses Vertrauenskapital darf nicht gefährdet werden. Der Verhaltenskodex der WAZ Mediengruppe legt fest, welche Regeln strikt einzuhalten sind. Dieser Kodex schreibt eine Grundlinie fort, die die Gründungsherausgeber Erich Brost und Jakob Funke unter Federführung von Erich Brost bereits 1974 im «Roten Buch» für Verlag und Redaktion festgehalten haben. In der Tradition der damals als vorbildlich anerkannten «WAZ-Richtlinie zur Werbung im Textteil» orientiert sich der Verhaltenskodex 2007 an den heutigen Verhältnissen in der Medienwelt. Die verbindlichen Leitlinien dokumentieren den hohen Qualitätsanspruch an die journalistische Arbeit und sichern die gebotene Unabhängigkeit der Redaktion.

Für die klare Trennung zwischen redaktioneller Information und bezahlten Veröffentlichungen ist bei den Tageszeitungen der WAZ Mediengruppe bindend festgelegt:

- Werbetexte, Werbefotos und Werbezeichnungen sind eindeutig kenntlich zu machen. Linien trennen den redaktionellen Teil vom Anzeigenbereich.
- Werbebotschaften dürfen nicht in einer Aufmachung (Schriftart und Typographie) präsentiert werden, die für redaktionelle Beiträge üblich ist.
- Sonderwerbeformen mit ungewöhnlicher Platzierung, Gestaltung oder Form müssen als Anzeige erkannt und gekennzeichnet werden.
- Beilagen und Sonderseiten, bei denen Texte und Anzeigen in einem unmittelbaren inhaltlichen Zusammenhang stehen, sind insgesamt als Anzeige zu kennzeichnen. Das betrifft auch von Werbekunden finanzierte und nicht von der Redaktion verantwortete Beilagen, die den Eindruck eines redaktionellen Produktes erwecken.
- Schleichwerbung in jeglicher Form ist verboten. Bewusste Zuwiderhandlungen haben arbeitsrechtliche Konsequenzen.
- Redaktionelle Kooperationen mit Unternehmen/Verbänden sind klar

auszuzeichnen. Kartenverlosungen dürfen die Unabhängigkeit der Berichterstattung nicht gefährden. Eine der Art nach übliche Überlassung kostenloser Presse-Eintrittskarten ist gestattet. Bei redaktionellen Auslobungen dürfen keine Firmen-Logos gezeigt werden.
- Kopplungsgeschäfte – wie z. B. Anzeigenverkauf gegen Zusage eines redaktionellen Beitrags – sind nicht gestattet. Bei gemeinnützigen Zwecken, etwa der Unterstützung von Aktivitäten des Ruhrgebiets als Kulturhauptstadt oder bei der Spendenaktion für Tsunami-Opfer, ist die Geschäftsführung über die Absichten und ggf. über den Verlauf zu informieren.
- Anzeigenbeilagen, themenorientierte Extras außerhalb des normalen Tageszeitungsrahmens und klar gekennzeichnete Sonderveröffentlichungen unterliegen nicht dem strikten Trennungsgebot dieser Richtlinie.

Trennung von Redaktion und Werbung
Redakteurinnen und Redakteure der Tageszeitungen müssen inhaltlichen Einflussversuchen von Werbekunden oder anderer interessierter Seite widerstehen. Die gebotene publizistische Unabhängigkeit darf nicht gefährdet werden. Redaktionelle Leistung ist nicht käuflich. Wer sich für die Verbreitung oder Unterdrückung von Nachrichten und Berichten durch Geld oder sonstige Vorteilsgewährung bestechen lässt, verstößt eklatant gegen den Verhaltenskodex und wird entlassen.

Geschenke, die das Maß einer kleinen Aufmerksamkeit (z. B. geringfügige Werbeartikel) übersteigen, dürfen nicht angenommen werden.

Reisekosten der Redakteurinnen und Redakteure werden vom Verlag übernommen. Dienstreisen müssen von der Chefredaktion genehmigt werden; jegliche Verpflichtung zu einer Veröffentlichung ist abzulehnen. Für Pressereisen, bei denen der Veranstalter alle Kosten übernehmen will, ist vor einer Zusage der journalistische Wert kritisch zu prüfen. Anzustreben ist die Herausrechnung eines WAZ-Kostenanteils, den der Verlag bezahlt. Von der Grundregel der Kostenübernahme kann abgewichen werden, wenn die Herausrechnung eines Eigenanteils nicht praktikabel ist oder bei den Einladern des Anlasses auf Befremden stoßen würde – zum Beispiel bei Eröffnungsflügen. Reine «Lustreisen» müssen abgelehnt werden.

Die Annahme von Angeboten zu privaten Ferienaufenthalten, auch im Anschluss an Reisen zu dienstlichen Zwecken, ist untersagt.

Bei Berichten über fremdorganisierte Reisen muss zur Transparenz für den Leser die organisatorische Hilfe kenntlich gemacht werden.

Die Überlassung von Autos darf nur zum journalistischen Testzweck erfolgen. Benzinkosten sind vom Verlag zu übernehmen.

Die Inanspruchnahme von Presserabatten ist dem Chefredakteur/der Chefredakteurin anzuzeigen, wenn die Vorteilsgewährung deutlich über den Rahmen handelsüblicher Rabatte hinausgeht. Diese Regelung dient der Vermeidung von Interessenkollisionen.

Beispiel:

Wer die von Fluggesellschaften angebotenen hohen Journalistenrabatte für Privatflüge nutzt, muss dies zwingend dem Chefredakteur/der Chefredakteurin mitteilen. Eine Verquickung von Vorteilsnahme und Berichterstattung ist grundsätzlich auszuschließen.

Auf nicht öffentlichen Vorausinformationen beruhende Insidergeschäfte mit Wertpapieren sind verboten. Eine Vorabunterrichtung darf nur für die journalistische Veröffentlichung, nicht aber geschäftlich und zur persönlichen Vorteilsgewinnung genutzt werden.

Unabhängigkeit der Redaktionen

Die WAZ Mediengruppe hält sich an geltende Tarifverträge. Die Grundsätze des Verhaltenskodex gelten sinngemäß auch für den journalistischen Online-Bereich der WAZ Mediengruppe.

Fragen der journalistischen Ethik sind fester Bestandteil der Aus- und Weiterbildung bei der Journalistenschule Ruhr.

Die vorstehend aufgeführten Regeln dienen der Sicherstellung von Standards für den Qualitätsjournalismus. Sie sollen den Mitarbeitern von Redaktion und Verlag in Zweifelsfällen ein klarer Wegweiser sein.

Für Fragen, die in dieser Selbstverpflichtung der Geschäftsführung und der Chefredaktionen nicht verbindlich geregelt sind, gelten die entsprechenden Bestimmungen in den Publizistischen Grundsätzen des Deutschen Presserates.

Jedes Redaktionsmitglied erhält den WAZ-Verhaltenskodex sowie ein Exemplar der Publizistischen Grundsätze des Presserates.

Ein Ombudsrat klärt in der WAZ Mediengruppe strittige Fragen des Trennungsgebots und der journalistischen Unabhängigkeit. Ihm gehören je ein Vertreter von Chefredaktionen, Anzeigenleitung und Betriebsräten sowie ein Mitglied der Rechtsabteilung an.

Zusatzerklärung der Betriebsräte:
Die unterzeichnenden Betriebsräte begrüßen den Verhaltenskodex als einen weiteren Schritt zur Absicherung des Qualitätsjournalismus, der durch die Selbstkontrolle verstärkt seinen anerkannten Anspruch auf Glaubwürdigkeit untermauert. Die Mitbestimmungsrechte der Betriebsräte der einzelnen Zeitungsgesellschaften bleiben in vollem Umfang gewahrt. Die zwingende Offenlegung privater Inanspruchnahme allgemeiner Vergünstigungen für Journalisten ist aus der Sicht der Betriebsräte nur dann gerechtfertigt, wenn durch sie eine Verknüpfung mit einer möglichen Berichterstattung verbunden ist.

V. Leitlinien zur Sicherung der journalistischen Unabhängigkeit beim Axel Springer Verlag

PRÄAMBEL
Redakteurinnen und Redakteure der Axel Springer AG sind sich der Verantwortung bewusst, die sie für die Information und Meinungsbildung in Deutschland haben.

Unabhängigkeit ist die unverzichtbare Grundlage ihrer Arbeit.

Die Leitlinien konkretisieren das Verständnis der publizistischen Grundsätze des Pressekodex des deutschen Presserats für Axel Springer. Die Einhaltung dieser Leitlinien bei der journalistischen Arbeit aller Redakteure und Redakteurinnen sichert die Rahmenbedingungen, die unabhängigen und kritischen Journalismus bei Axel Springer ermöglichen. Die Chefredakteure sind für die Einhaltung der Leitlinien und ihre Implementierung im Tagesgeschäft verantwortlich.

Werbung
Ziffer 7 des Pressekodex fordert Verleger und Redakteure zu klarer Trennung zwischen redaktionellem Text und Veröffentlichungen zu werblichen Zwecken auf und weist auf die Einhaltung der werberechtlichen Regelungen für bezahlte Veröffentlichungen hin.

Die Journalisten bei Axel Springer
… stellen gemeinsam mit dem Verlag sicher, dass eine Trennung von Anzeigen und Redaktion gewahrt wird. Anzeigen dürfen durch ihre Gestaltung – insgesamt oder durch beherrschende Komponenten – nicht den Eindruck erwecken, sie seien redaktioneller Bestandteil des Titels. Insbesondere auf eine klare Unterscheidbarkeit der Typographie ist zu achten. Im Zweifelsfall muss die Anzeige klar und in ausreichender Größe entsprechend gekennzeichnet werden.

… entziehen sich inhaltlichen Einflussversuchen von Anzeigenkunden oder interessierter Seite und treffen keine Absprachen, die ihre journalistische Unabhängigkeit beeinträchtigen. Merchandising-Aktionen und Medienpartnerschaften sind erforderlichenfalls als solche zu kennzeichnen.

Private und geschäftliche Interessen

Die Verantwortung der Presse gegenüber der Öffentlichkeit gebietet, dass redaktionelle Veröffentlichungen nicht durch private oder geschäftliche Interessen Dritter oder durch persönliche wirtschaftliche Interessen der Redakteurinnen und Redakteure beeinflusst werden. Dies ist Gegenstand der Ziffern 6 und 7 des Pressekodex.

Die Journalisten bei Axel Springer
… berichten grundsätzlich nicht über nahestehende Personen, insbesondere Familienangehörige in Text und Bild, es sei denn, es liegt ein mit dem jeweiligen Vorgesetzten abgestimmter sachlicher Grund vor.

… nutzen ihre Berichterstattung nicht, um sich oder anderen Vorteile zu verschaffen.

… stimmen sich grundsätzlich mit ihrem Vorgesetzten ab, falls durch Mitgliedschaft, Bekleidung eines Amtes oder durch ein Mandat in Vereinen, Parteien, Verbänden und sonstigen Institutionen, durch Beteiligung an Unternehmen, durch gestattete Nebentätigkeit oder durch eine Beziehung zu Personen oder Institutionen der Anschein erweckt werden könnte, dass dadurch die Neutralität ihrer Berichterstattung über diese Vereine, Parteien, Verbände, Unternehmen, Personen und sonstigen Institutionen beeinträchtigt würde.

… beachten mit besonderer Sorgfalt die vom Deutschen Presserat in der Publikation «Journalistische Verhaltensgrundsätze zu Insider- und anderen Informationen mit potenziellen Auswirkungen auf Wertpapierkurse» zusammengefassten gesetzlichen und berufsethischen Verpflichtungen der Presse zu Insiderinformationen.

Einladungen und Geschenke
Die Gefährdung unabhängiger journalistischer Arbeit durch persönliche Vorteilsnahme ist Gegenstand der Ziffer 15 des Pressekodex. Schon der Anschein, die Entscheidungsfreiheit von Journalisten könne durch Gewährung von Einladungen oder Geschenken beeinträchtigt werden, ist zu vermeiden.

Die Journalisten bei Axel Springer

... tragen dafür Sorge, dass alle Kosten (Reisekosten, Bewirtungen etc.), die im Zusammenhang mit Recherchen entstehen, grundsätzlich durch die Redaktion übernommen werden. Ausnahmen sind von der Chefredaktion zu genehmigen.

... nehmen keine Geschenke an, die den Charakter einer persönlichen Vorteilsnahme haben, oder geben diese – falls die Annahme unvermeidbar ist – an den Verlag weiter, der diese karitativen Zwecken zuführt.

VI. RADIO-GUIDEBOOK – Ethische Standards für die Radioarbeit
(2010)
Projektteam Hörfunk der Bundeszentrale für politische Bildung

1) Radio ist Respekt vor dem Hörer

* Programmveranstalter sichern die umfassende redaktionelle Unabhängigkeit ihrer Programme.
* Programmmitarbeiter gewährleisten, dass persönliche Bindungen wie z. B. parteipolitisches oder unternehmerisches Engagement sowie PR-, Coaching- oder Beratungstätigkeiten ihre journalistische Unabhängigkeit nicht beeinträchtigen. Die Mitarbeiter müssen solche Bindungen ihren Vorgesetzten transparent machen.
* Radio sendet in der redaktionellen Fläche keine fertig zugelieferten PR-Beiträge oder aber macht sie als Werbung kenntlich.
* Werden bei der Produktion redaktioneller Beiträge O-Töne aus PR-Quellen verwendet, dürfen sie keine werblichen Botschaften enthalten.
* Nachrichtensendungen sind kein Instrument der Sender-Eigenpromotion. Das schließt nicht aus, dass in ihnen auf vertiefende Informationsangebote verwiesen wird.

* Beim Einsatz von Sonderwerbung in Form von Medienpartnerschaften, Namenspatronaten, Sponsoring und Ähnlichem muss gewährleistet sein, dass die journalistische Unabhängigkeit unangetastet bleibt. Die Partner schließen darüber eine förmliche Übereinkunft.
* Unternehmensberichterstattung muss einen eindeutig erkennbaren redaktionellen Anlass haben.
* Bei Produktvorstellungen muss ein nachvollziehbares Interesse des Hörers angenommen werden können.
* Markennamen sollen in der Programmfläche nur dann genannt werden, wenn es einen wichtigen redaktionellen Grund gibt.

2) Radio ist Fairness

* Radio beachtet den Rechtsgrundsatz der Vertraulichkeit des nicht öffentlich gesprochenen Wortes und macht deshalb keine heimlichen Mitschnitte.
* Sollen Mitschnitte eines Gesprächs gemacht werden, wird der Gesprächspartner grundsätzlich im Voraus darüber informiert. Sein Einverständnis wird in geeigneter Weise dokumentiert (z. B. «on-tape»).
* Radio stellt beim Schnitt von O-Tönen sicher, dass Aussagen nicht sinnentstellt werden.
* Radio macht bei der Ausstrahlung von Call-Ins und Straßenumfragen deutlich, dass die Ergebnisse nicht repräsentativ sind.
* Radio verlässt sich in der Berichterstattung nicht auf eine einzelne Quelle; wo das unabwendbar sein sollte, wird es kommuniziert.
* Radio setzt Sprache stets respektvoll ein und verzichtet v. a. auf sprachliche Stigmatisierung handelnder oder betroffener Personen.
* Radio beachtet die Regeln der Gewinnspielsatzung der Landesmedienanstalten.

3) Radio ist Authentizität

* Radio behauptet und suggeriert in berichterstattenden Formen nichts, was nicht tatsächlich so ist – weder inhaltlich noch in der akustischen Realisierung, etwa beim Einsatz von An- bzw. Absagen und Atmosphäre.
* Radio gibt Material, das von Syndicationanbietern, Networks und Programmpools bezogen wird, nicht offensiv als selbstproduziert aus.
* Radio macht Archivmaterial, wenn es in der tagesaktuellen Berichterstattung verwendet wird, als solches kenntlich.

* Radio stellt Vorproduktionen (u. a. per Off-Air-Editing und Voicetracking produzierte Sendungen) nicht ausdrücklich als live vor.
* Radio-Mitarbeiter verzichten darauf, von anderen geführte Interviews als eigene auszugeben oder aus zugelieferten O-Ton-Bausteinen «Interviews» zu produzieren.

4) Radio ist Verantwortung

* Radio ist dem Gemeinwohl verpflichtet. Die entsprechenden Vorschriften der jeweiligen Rundfunkgesetze sind Grundlage seiner Programmarbeit.
* Radio macht keine Politik und nutzt das Medium nicht, um eigene Interessen zu bedienen.
* Programmanbieter stellen sicher, dass die personelle und materielle Ausstattung der Redaktionen professionelle journalistische Arbeit ermöglicht.
* Programmanbieter bilden ihre Mitarbeiter kontinuierlich aus und fort.
* Radio transportiert die Vielfalt der Meinungen und macht Angebote zur Meinungsbildung.
* Radio behandelt Themen so vielschichtig wie möglich.
* Radio trennt im Programm Nachricht und Meinung und macht Meinung als solche kenntlich.
* Radio setzt auf intensive Recherche und Quellenvielfalt.
* Radio wahrt journalistisch-kritische Distanz zu allen Akteuren.
* Radio achtet darauf, sich nicht instrumentalisieren zu lassen.
* Radio beachtet die gesetzlichen Bestimmungen des Jugendschutzes.

5) Radio ist Transparenz

* Radioanbieter bzw. Radioprogramme geben sich ein Leitbild und machen das auf ihrer Website für das Publikum öffentlich.
* Radioanbieter bzw. Radioprogramme legen ein Stylebook auf und schreiben es regelmäßig fort.
* Radio gibt sich Regeln für betriebsinternes Feedback, für Fehler- und Beschwerdemanagement.

C. Erste Adressen

Journalistenprogramm

Die Bundeszentrale für politische Bildung bietet mit ihrem Journalistenprogramm das umfangreichste und anspruchsvollste Angebot; es wendet sich vornehmlich an Lokalredakteure, Ressortleiter und Chefredakteure von Tageszeitungen. Es hat keine akademische Ausrichtung, sondern konzentriert sich auf den redaktionellen Alltag und ist dem journalistischen Selbstverständnis verpflichtet, wie es im Kapitel 3 unseres Buchs formuliert ist.

Mit Seminaren, Workshops, Redaktionskonferenzen und zahlreichen Publikationen sowie dem Dienst «drehscheibe» (www.drehscheibe.org) unterstützt es die Redakteure dabei, ihre wichtige Rolle im demokratischen Staatswesen zu verstehen und verantwortungsvoll wahrzunehmen. Das Programm bietet unter anderem einwöchige Modellseminare zu journalistischen Grundsatzthemen wie: «Crossmediales Arbeiten in der Redaktion»; «Wirtschaftsthemen für den modernen Lokalteil»; «Storytelling: Lokale Geschichten spannend, elegant und multimedial erzählen»; «Stuttgart 21 ist überall – Das Aufbegehren der Bürger als Chance für den Lokaljournalismus»; «Bieder oder bissig: Neue Lust auf Politik».
Entwickelt werden die Modellseminare und anderen Angebote von einem Beirat mit herausragenden Journalisten, dem «Projektteam Lokaljournalisten».

Zum Journalistenprogramm zählt auch die «KinderMedienKonferenz», auf der rund 150 Journalisten aus allen Medien Fragen diskutieren zu Anspruch und Verantwortung in der Kinder-Berichterstattung.

Auf der Plattform *hoerfunker.de* finden Radiomacher Themen- und Recherchetipps und kommen Sendungen auf den Prüfstand.

Die größte und renommierteste Veranstaltung im Journalistenprogramm ist das jährliche «Forum Lokaljournalismus» für Chefredakteure und lei-

tende Redakteure lokaler und regionaler Tageszeitungen im deutschsprachigen Raum. Dort werden aktuelle Trends und Entwicklungen diskutiert.
www.bpb.de/lokaljournalistenprogramm

Infos bei Arbeitgebern und Gewerkschaften
Deutscher Journalisten-Verband: www.djv.de; Pressehaus 2107, Schiffbauerdamm 40, 10117 Berlin
Deutsche Journalisten-Union in Verdi: www.dju.verdi.de; Paula-Thiede-Ufer 10, 10179 Berlin
Verband österreichischer Zeitungen: www.voez.at; Wipplingerstraße 15, 1013 Wien
Verband Schweizer Presse: www.schweizerpresse.ch; Konradstraße 14, 8021 Zürich

Aus- und Weiterbildung / Stipendien
Eine Aufstellung von deutschen und internationalen Institutionen der Aus-und Weiterbildung für Journalisten sowie von Recherche- und Reise-Stipendien: www.bpb.de/presse/DMBIWY,0,Service.html

Erste Informationen über Medien und Journalisten
Tagesaktuelle Nachrichten aus den Medien: www.meedia.de / kress.de / www.horizont.net / www.turi2.de
Diskussionsforen: www.jonet.org / www.bildblog.de

Journalistenpreise
Einige überregionale Preise sind direkt für Anfänger und Einsteiger ausgeschrieben:
Alexander-Rhomberg-Preis für Journalisten bis 30 Jahre, die sich Verdienste um die Zeitungssprache erworben haben (Gesellschaft für deutsche Sprache in Wiesbaden; www.gfds.de). Preisträger waren 2010 der freie Journalist Christian Salewski; 2008 Britta Stuff *(Die Welt)*; 2006 Roman Pletter *(Die Welt* und *brand eins)*; 2004 Robert Jacobi *(Süddeutsche Zeitung)*;
Axel-Springer-Preis für junge Journalisten bis 30 Jahre (Axel Springer Verlag, Berlin; www.asv.de/aspreis). Preisträger waren 2011 Katrin Blum mit der «Geschichte einer 25-Jährigen, die ihr Neugeborenes in der Stuttgarter Babyklappe abgegeben hatte – und es ein paar Tage später zurückholte»;

Alard von Kittlitz mit «Die Namenlosen» (die anonym im Internet Firmen und Menschen angreifen); Gerald Drissner mit «Glücklich ist tot» (über einen Jungen, den zwei Polizisten in Alexandria totprügelten)

Dies sind die herausragenden Journalistenpreise, vergleichbar den Pulitzerpreisen in den USA:
Deutscher Lokaljournalistenpreis der Konrad-Adenauer-Stiftung für herausragende Berichterstattung im Lokalen, für beispielhafte Initiativen, Aktionen, Konzepte und Serien. Jedes Jahr erscheinen die preisgekrönten und fast preisgekrönten Arbeiten auf einigen hundert Seiten als Buch: «Ausgezeichnet – Rezepte für die Redaktion. Erzählungsband». Das Who's Who der Elite des Lokaljournalismus und ein vorzüglicher Themen-Anreger. Konrad-Adenauer-Stiftung, Markgrafenstr. 15, 10969 Berlin; www.kas.de
Die Sieger der vergangenen Jahre:
Südkurier, Konstanz (2011) für den Relaunch: «Die Redaktion öffnet ihre prominenten Seiten 2 und 3, um die großen Themen der Zeit auf die Region herunterzubrechen» (Jury)
Weser-Kurier, Bremen (2010) für «Neue Nähe zum Leser»
Braunschweiger Zeitung (2009) für die «Bürgerzeitung»
Hamburger Abendblatt (2008) für das Konzept der Großstadt-Lokalredaktion
Zeitungsverlag Waiblingen (2007) für ihre Serien und Extraseiten
Elmshorner Nachrichten (2006) moderieren das Stadtgespräch
Wächterpreis der Tagespresse für Texte, die Missstände aufdecken oder sich um die Abwehr von Einflussversuchen auf die Presse bemühen (Fiduziarische Stiftung «Freiheit der Presse» in 61 116 Bad Vilbel, FFH-Platz 1).
Den ersten Preis 2011 erhielt ein Redaktionsteam der *Berliner Morgenpost*, das als Erstes den sexuellen Missbrauchsskandal am Canisius-Kolleg in Berlin thematisierte; 2010 gewann ein Team des Bonner *Generalanzeigers* für eine Serie über eklatante Missstände beim 200-Millionen-Projekt «World Conference Center Bonn»; 2009 erhielten Matthias Thieme und Jörg Spindler von der *Frankfurter Rundschau* den ersten Preis für die Enthüllung der Spendenaffäre bei Unicef.
Theodor-Wolff-Preis für Artikel, die «geistige Unabhängigkeit und demokratisches Verantwortungsbewusstsein» erkennen lassen (Kuratorium für den Theodor-Wolff-Preis in Berlin; www.bdzv.de/twp).

Preisträger 2011: Mely Kiyak mit der Glosse «Liebe Sakineh Ashtiani» (*Berliner Zeitung*); Uwe Ebbinghaus mit der Reportage «Der Zugnomade» (*FAZ*) und Kirsten Küppers mit «Das wieder gewonnene Gesicht» (taz); Jan Rübel mit der Lokalreportage «Die Tänzer von Zehlendorf» (*Berliner Morgenpost*) und Klaus Harpprecht für sein Lebenswerk.

Der *Egon-Erwin-Kisch-Preis* des *Stern* ging 2011 an Christine Kröger (*Weser-Kurier* / Beste investigative Leistung); Hans Zippert (*Die Welt* / Herausragende humorvolle und unterhaltende Berichterstattung); Stephan Vanfleteren (*DU – Zeitschrift für Kultur* / Beste fotografische Autorenleistung); Susanne Leinemann (*Zeit-Magazin*, Sonderpreis für «Der Überfall»); Wolf Schneider für das Lebenswerk sowie elf Redakteure des *Spiegel* für «besonders verständliche Berichterstattung» in «Ein deutsches Verbrechen».

VG Wort

Die Verwertungsgesellschaft Wort kümmert sich darum, dass Journalisten bei Zeitungen und Zeitschriften für den Nachdruck ihrer Artikel, beispielsweise in Pressespiegeln, Honorare bekommen. Selbst wer nur gelegentlich schreibt, darf einmal im Jahr auf einen Scheck hoffen: www.vgwort.de.

D. Die deutschen Zeitungen

Wer ein Volontariat sucht, der bewirbt sich – am besten nach längerer freier Mitarbeit oder Praktikum – bei einer Tageszeitung. Die meisten, aber nicht mehr alle großen Zeitungen besitzen eine Redaktion, die alle Seiten selber produziert, sei es an einem Newsdesk oder althergebracht mit Ressorts wie Politik, Wirtschaft, Kultur und Sport. Alle Zeitungen in der folgenden Liste bilden gründlich aus, ob an einem Desk, in Ressorts oder in Lokalredaktionen; sie bieten eine kurze theoretische Ausbildung an, entweder im eigenen Haus oder in externen Bildungshäusern.

Quelle für die folgenden Zahlen, die die verkaufte tägliche Auflage im ersten Quartal 2011 nennen, ist das Jahrbuch der Zeitungsverleger 2011/2012. Die deutschen Zeitungen verkauften knapp 24 Millionen Zeitungen, davon:

Tageszeitungen knapp 19 Millionen;
lokale und regionale Abo-Zeitungen 13,5 Millionen (Boulevardzeitungen 3,8 Millionen; überregionale Zeitungen 1,6 Millionen); Sonntagszeitungen 3,2 Millionen;
Wochenzeitungen 1,9 Millionen.

Überregionale Tageszeitungen
1. Süddeutsche Zeitung (Auflage 437 000) – 81667 München, Hultschiner Straße 8, www.sueddeutsche.de
2. FAZ (363 000) – 60327 Frankfurt am Main, Hellerhofstraße 2–4, www.faz.de
3. Die Welt / Welt kompakt (251 000) – 10888 Berlin, Axel-Springer-Straße 65, www.welt.de
4. Handelsblatt (137 000) – 40213 Düsseldorf, Kasernenstraße 67, www.handelsblatt.com

5. Financial Times Deutschland (101 000) – 20459 Hamburg, Stubbenhuk 3, www.ftd.de
6. Ärzte-Zeitung (60 000) – 63263 Neu-Isenburg, Am Forsthaus Gravenbruch 5, www.aerztezeitung.de
7. taz / Die Tageszeitung (55 000) – 10969 Berlin, Rudi-Dutschke-Straße 23, www.taz.de
8. Neues Deutschland (37 000) – 10243 Berlin, Franz-Mehring-Platz 1, www.neues-deutschland.de
9. Junge Welt (19 000) – 10119 Berlin, Torstraße 6, www.jungewelt.de

Regionale Abo-Zeitungen
1. WAZ (mit NRZ, Westfalenpost und Westfälische Rundschau – 754 000) – 45128 Essen, Friedrichstraße 34–38, www.derwesten.de
2. Kölner Stadtanzeiger (zusammen mit Kölnische Rundschau – 328 000) – 50735 Köln, Neven DuMont-Haus, Amsterdamer Straße 192, www.ksta.de
3. Rheinische Post, Düsseldorf (305 000) – 40196 Düsseldorf-Heerdt, Zülpicher Straße 10, www.rp-online.de
4. Thüringer Allgemeine (mit Ostthüringer Zeitung und Thüringische Landeszeitung – 303 000) – Erfurt, Gottstedter Landstraße 6, www.thueringer-allgemeine.de
5. Freie Presse (279 000) – 09111 Chemnitz, Brückenstraße 15, www.freiepresse.de
6. Nürnberger Nachrichten (mit Nürnberger Zeitung und elf Heimatzeitungen – 277 000) – 90402 Nürnberg, Marienstraße 9–11, www.nn-online.de
7. Sächsische Zeitung (252 000) – 01067 Dresden, Ostra-Allee 20, www.sz-online.de
8. Hannoversche Allgemeine Zeitung (HAZ) (mit Neue Presse – 234 000) – 30559 Hannover, August-Madsack-Straße 1, www.haz.de
9. Die Rheinpfalz (230 000) – 67059 Ludwigshafen, Amtstraße 5–11, www.rheinpfalz.de
10. Augsburger Allgemeine (226 000) – 86167 Augsburg, Curt-Frenzel-Straße 2, www.augsburger-allgemeine.de
11. Mitteldeutsche Zeitung, Halle (225 000) – 06112 Halle, Delitzscher Straße 65, www.mz-web.de

12. Hamburger Abendblatt (220 000) – 20350 Hamburg,
    Axel-Springer-Platz 1, www.abendblatt.de
13. Rhein-Zeitung (206 000) – 56070 Koblenz, August-Hoch-Straße 28,
    www.rhein-zeitung.de
14. Münchner Merkur (196 000) – 80336 München,
    Paul-Heyse-Straße 2–4, www.merkur-online.de
15. Volksstimme, Magdeburg (194 000) – 39104 Magdeburg,
    Bahnhofstraße 17, www.volksstimme.de
16. Flensburger Tageblatt / Schleswig-Holsteinischer Zeitungsverlag
    (185 000) – 24937 Flensburg, Nikolaistraße 7, www.shz.de
17. Schwäbische Zeitung (174 000) – 88299 Leutkirch,
    Rudolf-Roth-Straße 18, www.szon.de
18. Leipziger Volkszeitung (167 000) – 04107 Leipzig, Peterssteinweg 19,
    www.lvz-online.de
19. Neue Osnabrücker Zeitung (160 000) – 49074 Osnabrück,
    Große Straße 17–19, www.neue-oz.de
20. Hessisch-Nieders. Allgemeine (HNA) (158 000) – 34121 Kassel,
    Frankfurter Straße 168, www.hna.de
21. Weser-Kurier (mit Bremer Nachrichten 152 000) – 28195 Bremen,
    Martinistraße 43, www.weser-kurier.de
22. Neue Westfälische, Bielefeld (148 000) – 33602 Bielefeld,
    Niedernstraße 21–27, www.nw-news.de
23. Passauer Neue Presse (148 000) – 94036 Passau, Medienstraße 5,
    www.pnp.de
24. Badische Zeitung, Freiburg (146 000) – 79115 Freiburg,
    Basler Straße 88, www.badische-zeitung.de
25. Ostsee-Zeitung (145 000) – 18055 Rostock,
    Richard-Wagner-Straße 1 a, www.ostsee-zeitung.de
26. Berliner Zeitung (143 000) – 10178 Berlin, Karl-Liebknecht-Straße 29,
    www.berliner-zeitung.de
27. Stuttgarter Zeitung (140 000) – 70567 Stuttgart, Plieninger Straße 150,
    www.stuttgarter-zeitung.de
28. Ruhr-Nachrichten (140 000) – 44137 Dortmund,
    Westenhellweg 86–88, www.ruhrnachrichten.de
29. Märkische Allgemeine (140 000) – 14473 Potsdam,
    Friedrich-Engels-Straße 24, www.maerkischeallgemeine.de

30. Saarbrücker Zeitung (139 000) – 66117 Saarbrücken, Gutenbergstraße 11–23, www.saarbruecker-zeitung.de
31. Braunschweiger Zeitung (133 000) – 38114 Braunschweig, Hamburger Straße 277, www.newsclick.de
32. Südkurier (131 000) – 78467 Konstanz, Max-Stromeyer-Straße 178, www.suedkurier.de
33. Main-Post (131 000) – 97084 Würzburg, Berner Straße 2, www.mainpost.de
34. Badische Neueste Nachrichten (131 000) – 76147 Karlsruhe, Linkenheimer Landstraße 133, www.badische-neueste-nachrichten.de
35. Berliner Morgenpost (127 000) – 10888 Berlin, Axel-Springer-Straße 65, www.berliner-morgenpost.de
36. Aachener Zeitung (mit Aachener Nachrichten – 126 000) – 52068 Aachen, Dresdener Straße 3, www.az-web.de
37. Frankfurter Rundschau (125 000) – 60594 Frankfurt/Main, Karl-Gerold-Platz 1, www.fr-online.de
38. Straubinger Tagblatt (125 000) – 94315 Straubing, Ludwigsplatz 32, www.straubinger-tagblatt.de
38. Der Tagesspiegel (122 000) – 10963 Berlin, Askanischer Platz 3, www.tagesspiegel.de
40. Westfalen-Blatt (120 000) – 33611 Bielefeld, Sudbrackstraße 14–18, www.westfalenblatt.de
41. Nordwest-Zeitung (120 000) – 26121 Oldenburg, Peterstraße 28–34, www.nwzonline.de
42. Mittelbayerische Zeitung (119 000) – 93047 Regensburg, Kumpfmühler Straße 9, www.mittelbayerische-zeitung.de
43. Westdeutsche Zeitung, Düsseldorf (117 000) – 40212 Düsseldorf, Königsallee 27, www.westdeutsche-zeitung.de
44. Westfälische Nachrichten (112 000) – 48163 Münster, An der Hansalinie 1, www.westfaelische-nachrichten.de
45. Allgemeine Zeitung (108 000) – 55127 Mainz, Erich-Dombrowski-Straße 2, www.allgemeine-zeitung.de
46. Allgäuer Zeitung (105 000) – 87437 Kempten, Heisinger Str. 14, www.all-in.de
47. Lübecker Nachrichten (101 000) – 23556 Lübeck, Herrenholz 10–12, www.luebecker-nachrichten.de

48. Schwarzwälder Bote (100 000) – 78727 Oberndorf, Kirchtorstraße 14, www.schwarzwaelder-bote.de
49. Südwest Presse (98 000) – 89073 Ulm, Frauenstraße 77, www.suedwest-aktiv.de
50. Frankfurter Neue Presse (96 000) – 60327 Frankfurt/Main, Frankenallee 71–81, www.fnp.de
51. Lausitzer Rundschau (94 000) – 03050 Cottbus, Straße der Jugend 54, www.lr-online.de
52. Heilbronner Stimme (92 000) – 74072 Heilbronn, Allee 2, www.stimme.de
53. Trierischer Volksfreund (91 000) – 54294 Trier, Hanns-Martin-Schleyer-Straße 8, www.volksfreund.de
54. Rhein-Neckar-Zeitung (91 000) – 69117 Heidelberg, Neugasse 2, www.rhein-neckar-zeitung.de
55. Kieler Nachrichten (91 000) – 24103 Kiel, Fleethörn 1–7, www.kn-online.de
56. Märkische Oderzeitung (87 000) – 15230 Frankfurt/Oder, Kellenspring 6, www.moz.de
57. Nordkurier (87 000) – 17033 Neubrandenburg, Friedrich-Engels-Ring 29, www.nordkurier.de
58. Donaukurier (86 000) – 85051 Ingolstadt, Stauffenbergstraße 2a, www.donaukurier.de
59. Darmstädter Echo (86 000) – 64295 Darmstadt, Holzhofallee 25–31, www.echo-online.de
60. Schweriner Volkszeitung (85 000) – 19061 Schwerin, Gutenbergstraße 1, www.svz.de
61. Mannheimer Morgen (83 000) – 68167 Mannheim, Dudenstraße 12–26, www.morgenweb.de
62. Freies Wort (mit Südthüringer Zeitung – 81 000) – 98527 Suhl, Schützenstraße 2, www.freies-wort.de
63. General-Anzeiger (80 000) – 53121 Bonn, Justus-von-Liebig-Straße 15, www.general-anzeiger-bonn.de
64. Der Neue Tag (80 000) – 92637, Weiden, Weigelstraße 16, www.oberpfalznet.de
65. Main-Echo (77 000) – 63741 Aschaffenburg, Weichertstraße 20, www.main-netz.de

66. Fränkischer Tag (71 000) – 96050 Bamberg, Gutenbergstraße 1, www.fraenkischer-tag.de
67. Kreiszeitung (68 000) – 28857 Syke, Am Risteder Weg 17, www.kreiszeitung.de
68. Oberbayrisches Volksblatt (68 000) 83022 Rosenheim, Hafnerstr. 5–13, www.ovb-online.de
69. Wiesbadener Kurier (mit Wiesbadener Tagblatt – 64 000) – 65183 Wiesbaden, Langgasse 21, www.wiesbadener-kurier.de
70. Stuttgarter Nachrichten (63 000) – 70567 Stuttgart, Plieninger Straße 150, www.stuttgarter-nachrichten.de
71. Recklinghäuser Zeitung (62 000) – 45657 Recklinghausen, Breite Straße 4, www.recklinghaeuser-zeitung.de
72. Wetzlarer Neue Zeitung / Zeitungsgruppe Lahn-Dill (60 000) – 35578 Wetzlar, Elsa-Brandström-Straße 18, www.mittelhessen.de
73. Die Glocke (56 000) – Engelbert-Holterdorf-Straße 4–6, 59302 Oelde, www.die-glocke.de
74. Siegener Zeitung (56 000) – 57072 Siegen, Obergraben 39, www.siegener-zeitung.de
75. Frankenpost (55 000) – 95028 Hof, Poststraße 9–11, www.frankenpost.de
76. Gießener Allgemeine (49 000) – 35390 Gießen, Marburger Straße 20, www.giessener-allgemeine.de
77. Nordsee-Zeitung (46 000) – 27576 Bremerhaven, Hafenstraße 140, www.nordsee-zeitung.de
78. Fuldaer Zeitung (46 000) – 36043 Fulda, Frankfurter Straße 8, www.fuldaer-zeitung.de
79. Neuß-Grevenbroicher Zeitung (44 000) – 41464 Neuss, Moselstraße 14, www.ngz-online.de
80. Lippische Landeszeitung (43 000) – 32758 Detmold, Ohmstraße 7, www.lz-online.de
81. Waiblinger Kreiszeitung (43 000) – 71332 Waiblingen, Siemensstr. 11, www.waiblinger-kreiszeitung.de
82. Schwäbisches Tagblatt (42 000) – 72072 Tübingen, Uhlandstraße 2, www.tagblatt.de
83. Offenburger Tageblatt (41 000) – 77656 Offenburg, Marlener Straße 9, www.offenburger-tageblatt.de

84. Offenbach-Post (41 000) – 63071 Offenbach, Waldstr. 226, www.op-online.de
85. Göttinger Tageblatt (41 000) – 37079 Göttingen, Dransfelder Straße 1, www.goettinger-tageblatt.de
86. Hildesheimer Allgemeine Zeitung (41 000) – 31134 Hildesheim, Rathausstraße 18–20, www.hildesheimer-allgemeine.com
87. Westfälischer Anzeiger (40 000) – 59065 Hamm, Gutenbergstraße 1, www.wa-online.de
88. Reutlinger General-Anzeiger (40 000) – 72764 Reutlingen, Burgstraße 1–7, www.gea.de
89. Ludwigsburger Kreiszeitung (40 000) – 71634 Ludwigsburg, Körnerstraße 14–18, www.ludwigsburger-kreiszeitung.de
90. Pforzheimer Zeitung (38 000) – 75172 Pforzheim, Poststraße 5, www.pz-news.de
91. Aller Zeitung / Wolfsburger Allgemeine (37 000) – 38518 Gifhorn, Steinweg 73, www.aller-zeitung.de / 38440 Wolfsburg, Porschestraße 74, www.waz-online.de
92. Ostfriesen-Zeitung (36 000) – 26787 Leer, Maiburger Straße 8, www.ostfriesen-zeitung.de
93. Nordbayerischer Kurier (36 000) – 95448 Bayreuth, Theodor-Schmidt-Straße 17, www.nordbayerischer-kurier.de
94. Soester Anzeiger (36 000) – 59494 Soest, Schloitweg 19–21, www.soester-anzeiger.de
95. Badisches Tagblatt (35 000) – 76530 Baden-Baden, Stefanienstraße 1–3, www.badisches-tagblatt.de
96. Gießener Anzeiger (35 000) – 35396 Gießen, Am Urnenfeld 12, www.giessener-anzeiger.de
97. Eßlinger Zeitung (34 000) – 73730 Esslingen, Zeppelinstraße 116, www.ez-online.de
98. Mindener Tageblatt (34 000) – 32423 Minden, Obermarktstraße 26–30, www.mt-online.de
99. Lüdenscheider Nachrichten (32 000) – 58511 Lüdenscheid, Schillerstraße 20, www.come-on.de
100. Landeszeitung für die Lüneburger Heide (32 000) – 21335 Lüneburg, Am Sande 18–20, www.landeszeitung.de

101. Stader Tageblatt / Buxtehuder Tageblatt (31 000) – 21682 Stade, Glückstädter Straße 10, www.tageblatt.de
102. Deister- und Weserzeitung (31 000) – 31785 Hameln, Baustr. 44, www.dewezet.de
103. Cellesche Zeitung (30 000) – 29221 Celle, Bahnhofstraße 1–3, www.cellesche-zeitung.de
104. Oberhessische Presse (29 000) – 35039 Marburg, Franz-Tuczek-Weg 1, www.op-marburg.de
105. Fränkische Nachrichten (28 000) – 97941 Tauberbischofsheim, Schmiederstraße 19, www.fraenkische-nachrichten.de
106. Dithmarscher Landeszeitung (28 000) – 25746 Heide, Am Wulf-Isebrand-Platz 1–3, www.dithmarscher-landeszeitung.de
107. Dresdner Neueste Nachrichten (26 000) – 01097 Dresden, Hauptstraße 21, www.dnn.de
108. Goslarsche Zeitung (26 000) – 38640 Goslar, Bäckerstraße 31–35, www.goslarsche.de
109. Neue Presse (25 000) – 96450 Coburg, Steinweg 51, www.np-corburg.de
110. Hellweger Anzeiger (25 000) – 59423 Unna, Ostring 2, www.hellwegeranzeiger.de
111. Münstersche Zeitung (25 000) – 48143 Münster, Neubrückenstraße 8–11, www.muensterschezeitung.de
112. Der Patriot (25 000) – 59557 Lippstadt, Hansastraße 2, www.derpatriot.de
113. Grafschafter Nachrichten (25 000) – 48527 Nordhorn, Coesfelder Hof 2, www.gnonline.de
114. Schwäbische Post (25 000) – 73430 Aalen, Bahnhofstraße 65, www.schwaebische-post.de
115. Solinger Tageblatt (24 000) – 42648 Solingen, Mummstraße 9, www.solingen-online.de
116. Waldeckische Landeszeitung (23 000) – 34497 Korbach, Lengefelder Straße 6, www.wlz-fz.de
117. Oranienburger Generalanzeiger (23 000) – 16515 Oranienburg, Lehnitzstraße 13, www.oranienburger-generalanzeiger.de
118. Weinheimer Nachrichten (23 000) – 69469 Weinheim, Friedrichstraße 24, www.wnoz.de

119. Bocholter Borkener Volksblatt (23 000) – 46399 Bocholt, Europaplatz 26–28, www.bbv-net.de
120 Oldenburgische Volkszeitung (22 000) – 49377 Vechta, Neuer Markt 2, www.ov-online.de
121. Nürtinger Zeitung/Wendlinger Zeitung (21 000) – 72622 Nürtingen, Carl-Benz-Str. 1, www.ntz.de
122. Wilhelmshavener Zeitung (21 000) – 26382 Wilhelmshaven, Parkstraße 8, www.wzonline.de
123. Friesisches Tageblatt (21 000) – 26441 Jever, Wangerstraße 14, www.jewo-online.de
124. Ibbenbürener Volkszeitung (21 000) – 49475 Ibbenbüren, Wilhelmstraße 240, www.ivz-online.de
125. Iserlohner Kreisanzeiger und Zeitung (20 000) – 58636 Iserlohn, Theodor-Heuss-Ring 4–6, www.derwesten.de
126. Heidenheimer Zeitung (20 000) – 89518 Heidenheim, Olgastraße 15, www.hz-online.de
127. Die Harke (19 000) – 31582 Nienburg, An der Stadtgrenze 2, www.dieharke.de
128. Zollern-Alb-Kurier (19 000) – 72336 Balingen, Grünewaldstraße 15, www.zollernalbkurier.de
129. Delmenhorster Kreisblatt (19 000) – 27749 Delmenhorst, Lange Straße 122, www.dk-online.de
130. Trostberger Tagblatt (19 000) – 83308 Trostberg, Gabelsberger Straße 4–6, www.trostberger-tagblatt.de
131. Remscheider General-Anzeiger (18 000) – 42853 Remscheid, Konrad-Adenauer-Straße 2–4, www.rga-online.de
132. Altmark-Zeitung/Stendaler Nachrichten (18 000) – 29410 Salzwedel, Vor dem Neuperver Tor 4, www.altmark-zeitung.de
133. Allgemeine Zeitung (18 000) – 48653 Coesfeld, Rosenstraße 2, www.azonline.de
134. Münsterländische Tageszeitung (18 000) – 49661 Cloppenburg, Lange Straße 9–11, www.muensterlaendische-tageszeitung.de
135. Borkener Zeitung (17 000) – 46325 Borken, Bahnhofstraße 6, www.borkener-zeitung.de
136. Die Oberbadische (17 000) – 79539 Lörrach, Am Alten Markt 2, www.oberbadisches-volksblatt.de

137. Haller Tagblatt (17 000) – 74523 Schwäbisch Hall, Haalstraße 5/7, www.hallertagblatt.de
138. Pinneberger Tageblatt (17 000) – 25421 Pinneberg, Damm 9–19, www.pinneberger-tageblatt.de
139. Hanauer Anzeiger (17 000) – 63452 Hanau, Donaustraße 5, www.hanauer-anzeiger.de
140. Böblinger Bote (16 000) – 71034 Böblingen, Bahnhofstraße 27, www.bb-live.de
141. Harzkurier (16 000) – 37520 Osterode am Harz, Gipsmühlenweg 2–4, www.harzkurier.de
142. Backnanger Kreiszeitung (16 000) – 71522 Backnang, Postgasse 7, www.bkz-online.de
143. Münsterländische Volkszeitung (16 000) – 48431 Rheine, Bahnhofstraße 8, www.mv-online.de
144. Der Teckbote (16 000) – 73230 Kirchheim, Alleenstraße 158, www.teckbote.de
145. Rems-Zeitung (15 000) – 73525 Schwäbisch-Gmünd, Paradiesstraße 12, www.rems-zeitung.de
146. Bayerische Rundschau (15 000) – 95326 Kulmbach, E.-C.-Baumann-Straße 5, www.infranken.de
147. Hersfelder Zeitung (15 000) – 36251 Bad Hersfeld, Gutenbergstraße 1, www.hersfelder-zeitung.de
148. Traunsteiner Wochenblatt (15 000) – 83265 Traunstein, Marienstraße 12, www.traunsteiner-wochenblatt.de
149. Traunsteiner Tagblatt (15 000) – 83278 Traunstein, Marienstraße 12, www.traunsteiner-tagblatt.de
150. Harburger Rundschau (15 000) – 21073 Hamburg-Harburg, Harburger Ring 24, www.abendblatt.de
151. Bergsträßer Anzeiger (15 000) – 64625 Bensheim, Rodensteinstr. 6, www.morgenweb.de (Arge Nordbadischer Zeitungsverlage)
152. Saale-Zeitung (14 000) – 97688 Bad Kissingen, Theresienstraße 17–21, www.saale-zeitung.de
153. Emder Zeitung (11 000) – 26721 Emden, Ringstraße 17 a, www.emderzeitung.de
154. Flensborg Avis (5000) – 24941 Flensburg, Wittenberger Weg 19, www.flensborg-avis.de

155. Serbske Nowiny (2000) – 02625 Bautzen, Tuchmacherstraße 27, www.serbske-nowiny.de

Überregionale Wochenzeitungen
1. Die Zeit (505 000) – 20095 Hamburg, Buceriusstraße Eingang Speersort 1, www.zeit.de
2. Bayernkurier (58 000) – 80335 München, Nymphenburger Straße 64, www.bayernkurier.de
3. Das Parlament (57 000) – 10011 Berlin, Platz der Republik 1, www.das-parlament.de
4. Junge Freiheit (19 000) – 10713 Berlin, Hohenzollerndamm 27 a, www.jungefreiheit.de
5. Jungle World (16 000) – 10961 Berlin, Gneisenaustraße 33, www.jungle-world.com
6. Freitag (16 000) – 10117 Berlin, Hegelplatz 1, www.freitag.de
7. Jüdische Allgemeine (6000) – 10117 Berlin, Hausvogteiplatz 12, www.juedische-allgemeine.de

Überregionale Sonntagszeitungen
1. Bild am Sonntag (1,5 Mio) – 10888 Berlin, Axel-Springer-Str. 65, www.bild.de
2. Sonntag Aktuell (637 000) – 70567 Stuttgart, Plieninger Straße 150, www.sonntag-aktuell.de
3. Welt am Sonntag (405 000) – 10888 Berlin, Axel-Springer-Straße 65, www.welt.de
4. Frankfurter Allgemeine Sonntagszeitung (352 000) – 60327 Frankfurt am Main, Hellerhofstraße 2–4, www.faz.de
5. Euro am Sonntag (77 000) – 80796 Müchen, Isabellastr. 32

Boulevard-(Kauf-)Zeitungen
1. Bild (2,9 Millionen) – 10888 Berlin, Axel-Springer-Platz 65, www.bild.de
2. BZ (Berlin) (168 000) – 10719 Berlin, Kurfürstendamm 21/22, www.bz-berlin.de
3. Express (Köln und Düsseldorf) (154 000) – 50735 Köln, Amsterdamer Straße 192, www.express.de

4. tz (138 000) – 80336 München, Paul-Heyse-Straße 2–4,
   www.tz-online.de
5. Abendzeitung (München / Nürnberg) (132 000) – 80335 München,
   Rundfunkplatz 4, www.abendzeitung-muenchen.de
6. Berliner Kurier (119 000) – 10178 Berlin, Karl-Liebknecht-Straße 29,
   www.berlinonline.de
7. Hamburger Morgenpost (109 000) – 22763 Hamburg, Griegstraße 75,
   www.mopo.de
8. Morgenpost Sachsen (98 000) – 01067 Dresden, Ostra-Allee 20,
   www.sz-online.de

E. Die meistbesuchten Nachrichtenseiten im Internet

Die meisten dieser Nachrichtenseiten verfügen über eigene Online-Redaktionen. Die Rangliste ist eine Momentaufnahme aus dem Mai 2011 (ermittelt von der Agof), angegeben sind die Unique User. An der Spitze ändert sich die Reihenfolge selten, auf den weiteren Plätzen oft von Monat zu Monat. Die aktuelle Rangliste ist zu finden bei www.meedia.de.
1. Bild.de (12,9 Millionen); 2. Spiegel Online (10,3 Millionen); 3. Focus Online (8,1); 4.Welt Online (7,7); 5. stern.de (5.9); 6. sueddeutsche.de (5,7); 7. Zeit Online (4,0); 8. RP Online (Rheinische Post, 3,7); 9. FAZ.net (3,5); 10. Abendblatt.de (Hamburg, 3,2); 11. n-tv.de (3,1); 12. Der Westen (WAZ, 2,5); 13. Manager-magazin.de (2,0);14. Berliner Morgenpost (2,0); 15. Handelsblatt Online (1,9); 16. Tagesspiegel.de (1,6); 17. FTD.de (Financial Times, 1,5); 18. Augsburger Allgemeine Online (1,5); 19. Express Online (Köln, 1,3); 20. BZ-Berlin (1,3); 21. taz.de (1,2); 22. Frankfurter Rundschau online (1,1); 23. Merkur-Online (München, 1,0); 24. Badische Zeitung Online (1,0); 25. Kölner Stadt-Anzeiger Online (1,0); 26. tz Online (München, 0,9); 27. Stuttgarter Zeitung und Nachrichten (0,8); 28. mopo.de (Hamburg, 0,8); 29. suedkurier.de (Konstanz, 0,7); 30. Nordbayern.de (0,7); 31. Abendzeitung (München, 0,7); 32. Ruhr Nachrichten.de (0,7); 33. wiwo.de (Wirtschaftswoche, 0,7); 34. Neue Osnabrücker Zeitung (0,6); 35. NWZ-Online (Oldenburg, 0,5); 36. Reuters.de (0,5); 37. HNA online (Kassel, 0,5); 38. Schwäbische Zeitung Online (0,5); 39. Mainpost.de (Würzburg, 0,5); 40. NW-News (Bielefeld, 0,5); 41. Zeitungsgruppe Thüringen (TA, OTZ, TLZ, 0,5); 42. Maerkische Allgemeine.de (0,5); 43. WZ-newsline (Westdeutsche Zeitung, 0,5); 44. Rhein-Zeitung online (0,5); 45. Frankfurter Neue Presse (0,5); 46. Hannoversche Allgemeine Zeitung (0,4); 47. Mitteldeutsche Zeitung (Halle, 0,4); 48. Saarland Online (0,4); 49. Südwest Presse (Ulm, 0,4); 50. Weser-Kurier (Bremen, 0,4).

F. Journalistenschulen

Die Journalistenschulen, vor allem der Medienkonzerne, bieten eine exzellente Ausbildung, erhalten deshalb Tausende von Bewerbungen und suchen nach strengen Verfahren die besten aus. So muss beispielsweise der Bewerber für die Henri-Nannen-Schule schon eine Reportage und einen Kommentar schreiben, um in die Runde der besten 100 zu kommen; dann schreibt er noch eine Reportage, schwitzt in mehreren Tests und spricht mit Chefredakteuren über Gott und die Welt.
Einige Schulen zahlen ein Volontärsgehalt nach Tarif (wie Burda und Holtzbrinck), andere ein niedrigeres Gehalt von etwa 760 Euro (wie die Henri-Nannen-Schule), andere zahlen gar nichts (wie die Kölner Journalistenschule).

Wissenstest bei der Aufnahmeprüfung
Ein Wissenstest ist Teil der dreitägigen Endrunde, in der die Hamburger Journalistenschule die Kandidaten testet. Für 51 Fragen haben sie 45 Minuten Zeit. Eine Reihe von Fragen ist aktuell wie 2010 diese Fragen: «Welcher Sportler gewann 2009 das Wimbledon-Turnier / die Formel 1-Weltmeisterschaft / das 100-Meter-Finale bei der Leichtathletik-WM»; oder: «Bitte nennen Sie das Amt der folgenden Politiker und den jeweiligen Vorgänger: – Ursula von der Leyen / – Karl-Theodor zu Guttenberg / – Kristina Köhler»; oder: «Ein Blick in die Popcharts: Wer sang die Songs Haus am See / Paparazzi / Irgendwas bleibt / Jungle Drum»
Dies ist eine Auswahl der nicht aktuellen Fragen (Antworten unter: www.journalistenschule.de):
 1. Wer steht an der Spitze der Deutschen Bischofskonferenz? / des Rates der Evangelischen Kirche in Deutschland?
 2. Welche Parteien streiten sich üblicherweise vor einem: Zivilgericht? / Strafgericht? / Verwaltungsgericht?

3. Wie viele Menschen leben auf der Erde / in der EU / in Deutschland / in Berlin? (als korrekt wird jede Zahl mit einer Abweichung von maximal 5 Prozent gewertet).
4. Nennen Sie die vier BRIC-Staaten!
5. Das Weiße Haus verhält sich zum Kapitol wie der Kreml zur ...?
6. In welchen drei Ländern leben die meisten Muslime? Bitte als Rangfolge aufzählen.
7. Nennen Sie die Hauptstädte von: Nigeria / Nepal / Neuseeland / Namibia / Nicaragua / Südafrika / Australien!
8. Mit welchen Sportarten verbinden Sie folgende Begriffe: Quarterback / Dunking / Olympisches Dreieck / Kreisläufer / Rochade / Carambolage / Strafrunde.
9. Nennen Sie die letzten zwei Champions-League-Sieger.
10. Nennen Sie den ranghöchsten Gott in der griechischen Mythologie / in der römischen Mythologie / in der germanischen Mythologie?
11. Richard Wagners «Ring des Nibelungen» ist eine Tetralogie. Aus wie vielen Teilen besteht er also, und wie heißen sie?
12. Nennen Sie die Autoren der folgende Werke: Tod in Venedig / Tod eines Handlungsreisenden / Todesarten / Dantons Tod / Tod eines Kritikers / Der Dativ ist dem Genitiv sein Tod.
13. Wie heißt das erfolgreichste Album von Michael Jackson? Und mit welchem Song machte er den «Moonwalk» berühmt?
14. Wer ist Edward Cullen?
15. Die folgenden Bücher sind allesamt Hauptwerke von Nobelpreisträgerinnen für Literatur. Nennen Sie die Autorinnen von «Atemschaukel» / «Die Klavierspielerin» / «Menschenkind» / «Das goldene Notizbuch» / «Die wunderbare Reise des kleinen Nils Holgersson mit den Wildgänsen».
16. Welche Tonart wird auf dem Klavier ohne Benutzung der schwarzen Tasten gespielt?
17. Was war ein Scherbengericht?
18. Wer gelangte durch seine Reisen im Pazifik zu Weltruhm? Christoph Kolumbus / Sir Francis Drake / James Cook / David Livingston.
19 In welcher Reihenfolge (aufgelistet nach Geburtsjahr) haben diese fünf Komponisten gelebt: Johann Sebastian Bach, Gustav Mahler, Johannes Brahms, Ludwig van Beethoven, Antonio Vivaldi?

20. Vier bedeutende Ereignisse der deutschen Geschichte fanden an einem 9. November statt. Welche – und in welchem Jahr?
21. Nennen Sie den Vorgänger von Papst Benedikt XVI.
22. Wie viele Pkw stehen auf dem Mond?
23. Ein US-Amerikaner im T-Shirt friert, wenn er ins Freie tritt und sein Thermometer «thirty degrees» anzeigt. Warum?
24. Womit beschäftigt sich ein Ornithologe / Gerontologe / Glaziologe / Astrologe / Philologe.
25. Welche menschliche Aktivität trägt am meisten zum weltweiten CO_2-Ausstoß bei? Luftverkehr oder Straßenverkehr oder Stromerzeugung oder Müllverbrennung?
26. Wie viele Chromosomen hat eine menschliche Zelle?
27. Ihr Patenkind beschwert sich bei Ihnen: 14 Euro Taschengeld bekomme es, sein Freund hingegen 75 Prozent mehr. Wie viel Taschengeld erhält der Freund insgesamt?
28. Wie viele Würfel von 1 Meter Seitenlänge passen in einen Würfel von 2 Meter Seitenlänge?
29. In welchen deutschen Printmedien finden Sie in jeder Ausgabe folgende Kolumnen bzw. Rubriken? Streiflicht / Prominent ignoriert / Was macht eigentlich? / Das war's / Ehrliche Kontaktanzeigen / Sagen Sie jetzt nichts / Eine Meldung und ihre Geschichte.
30. Was ist ein Hashtag?
31. Was für Zeitungen die Auflage, ist für Webseiten die …? Drei Maßeinheiten des Internets kommen in Frage; nennen Sie sie.
32. Große Firmen verleihen sich gern ein Motto. Zu welchen Firmen aus der Medienbranche gehören diese drei? «All the News That's Fit to Print» / «Don't be evil» / «Think different».
33. Übersetzen Sie präzise ins Englische: «Ob jemand ein guter Journalist ist oder nicht, hängt nicht vom Ergebnis dieses Tests ab. Allgemeinwissen ist nützlich, aber nicht entscheidend. Ich bin überzeugt, dass es wichtiger ist, flüssig Englisch zu sprechen als die neuesten Gerüchte über Brangelina zu kennen. Denn man blamiert sich leicht, wenn man die folgenden Begriffe falsch ausspricht: Wachstum, Zusammenarbeit und Zweck. Fragen Sie Günther Oettinger!»

F. Journalistenschulen

1. Ausbildung für alle Medien

Bauer Journalistenschule
www.bauermedia.com/journalisten-schule-b-004006/
Burchardstraße 11, 20077 Hamburg
Träger ist der Bauer-Verlag
20 Schüler pro Jahrgang/Dauer der Ausbildung: 2 Jahre/Voraussetzung: Abitur

Burda Journalistenschule
www.burda-journalistenschule.de
Prinzregentenstr. 78, 81675 München
Träger ist der Burda-Verlag (*Focus, Bunte, Freundin* u. a.).
30 Schüler pro Jahr/2 Jahre/Studium oder abgeschlossene Berufsausbildung und dreimonatiges Praktikum in einer Burda-Redaktion, max. 29 Jahre

Deutsche Journalistenschule München
www.djs-online.de
Altheimer Eck 3, 80331 München
Der Klassiker der Journalistenausbildung; Träger ist ein Verein, der von diversen Medien unterstützt wird.
45 Schüler (15 Teilnehmer in Kompaktkurs über 16 Monate; 30 Teilnehmer in Blöcken parallel zum Diplom-Journalistik-Studium)/Hochschulreife, max. 29 Jahre

Evangelische Journalistenschule Berlin
www.evangelische-journalistenschule.de
Jebensstraße 3, 10623 Berlin
Träger ist das Gemeinschaftswerk Evangelische Publizistik.
16 Schüler/22 Monate/Studium oder abgeschlossene Berufsausbildung, max. 35 Jahre

Henri-Nannen-Schule
www.journalistenschule.de
Schaarsteinweg 14, 20444 Hamburg
Träger sind die Verlage Gruner+Jahr (*Stern*, *Capital* u. a.) und die *Zeit*.
20 Schüler/18 Monate/Voraussetzung ist nur die perfekte Beherrschung der deutschen Sprache, max. 28 Jahre

Georg-von-Holtzbrinck-Schule für Wirtschaftsjournalisten
www.holtzbrinck-schule.de
Kasernenstraße 67, 40213 Düsseldorf
Träger ist die Verlagsgruppe Holtzbrinck (*Handelsblatt*, *Wirtschaftswoche* u. a.).
8 bis 10 Schüler volontieren bei *Handelsblatt*, *Wirtschaftswoche*, *ntv* u. a. und erhalten in der Schule im Monat eine Woche Unterricht/abgeschlossenes Studium.

Axel-Springer-Akademie
www.axel-springer-akademie.de
Axel-Springer-Straße 65, 10888 Berlin
Träger ist die Axel Springer AG (*Bild*, *Die Welt*, *Hörzu* u. a.).
40 Schüler/2 Jahre/in der Regel Studium oder Berufsausbildung, max. 29 Jahre

Neben dem Studium oder während eines Volontariats bieten sowohl die katholische Kirche in ihrem «Institut zur Förderung publizistischen Nachwuchses» eine Förderung (www.ifp-kma.de) als auch die CDU-nahe Konrad-Adenauer-Stiftung (www.kas.de).

2. Ausbildung mit Studiengebühren

Kölner Journalistenschule
www.koelnerjournalistenschule.de
Im Mediapark 6, 50670 Köln
Träger ist der Verein Kölner Journalistenschule für Politik und Wirtschaft. Die Studiengebühren liegen bei 2000 Euro pro Semester.
20 Schüler / Ab dem 2. Semester verbunden mit Volkswirtschaftsstudium an der Uni Köln / Abitur bzw. «fachgebundene Hochschulreife», max. 24 Jahre

3. Für elektronische Medien

- **Bayerische Akademie für Fernsehen**; www.fernsehakademie.de
- **Electronic Media School** in Potsdam; www.ems-babelsberg.de
- **RTL-Journalistenschule**; www.rtl-journalistenschule.de

4. In Österreich

ist das Kuratorium für Journalistenausbildung führend (www.kfj.at).

5. In der Schweiz

ist das Medienausbildungszentrum (www.maz.ch) die renommierteste und größte Journalismusschule.

G. Hochschulausbildung

Welches Studium ist zweckmäßig für Journalisten? Etwa die Hälfte der Volontäre hat Journalismus oder Medienwissenschaft studiert oder Germanistik; mit deutlichem Abstand folgen Politik und Geschichte, BWL / VWL und Sprachen.

Es gibt über 500 Studiengänge, die mit Medien zu tun haben; die wenigsten taugen für den Journalismus. Ein Verzeichnis aller Hochschulen, die ein Medien-Studium in Deutschland anbieten: www.medienhochschulkompass.de/medien-studiengaenge/ oder www.medienstudienführer.de (hier stellen sich die Hochschulen selber vor). Eine Bewertung vieler Studiengänge unter www.zeit.de (Hochschul-Ranking).

Aus dem großen Angebot ragt das viersemestrige Masterstudium «New Media Journalism» heraus, in dem es sowohl um Technik wie Journalismus geht. Diese berufsbegleitende Weiterbildung findet in Deutschland («Leipzig School of Media» und die Hamburger «Akademie für Publizistik»), Österreich (Salzburger «Kuratorium für Journalistenausbildung») und der Schweiz (MAZ in Luzern) gemeinsam statt; Abschluss ist der «Master of Arts» durch die Universität Leipzig. Kosten pro Semester: 3000 Euro.

Wer lieber in einem Buch blättert, wird in Hömbergs 600-Seiten-Wälzer «Studienführer Journalismus» fündig.

Journalistikstudium

Für das Studium ist stets die Hochschul- bzw. Fachhochschulreife Voraussetzung; es hat in der Regel einen hohen Praxisanteil. Nach den Abschlussprüfungen durfte man sich bislang meist mit dem Titel «Diplom-Journalist» schmücken. Wegen der von den europäischen Bildungsministern 1999 beschlossenen Harmonisierung der Studienabschlüsse sind aber Bachelor und Master immer stärker im Kommen. In Redaktionen

werden akademische Abschlüsse im Journalismus allerdings nach wie vor nicht hoch geachtet. Vorbildlich ist das Stipendiatenmodell in Passau. In den Genuss einer kombinierten Ausbildung von Redaktion *(Passauer Neue Presse)* und Journalistikstudium kommen aber im Jahr gerade sechs Stipendiaten: Institut für Journalistenausbildung, Medienstraße 5, 94036 Passau
www.institut-journalisten.de

Bremen
Internationaler Studiengang Fachjournalistik an der Hochschule Bremen, Valckenburghstraße 3, 28201 Bremen
www.hs-bremen.de/internet/de/studium/stg/isf/
Studenten: 42
Dauer: 7 Semester
Abschluss: Bachelor of Arts
Zugang: Praktikum von 12 Wochen, Eignungsprüfung mit Berücksichtigung der Abiturnote
Im Studium Praxissemester und Auslandssemester

Darmstadt-Dieburg
Studiengang Online-Journalismus an der Hochschule Darmstadt, Campus Dieburg, Max-Planck-Straße 2, 64807 Dieburg
www.online-journalismus-darmstadt.de
Abschluss: Bachelor of Arts
Dauer: 6 Semester
Praktika: 14-wöchige begleitete Praxisphase
Zugang: sechswöchiges Praktikum, NC
Angeboten wird auch ein Bachelor-Studiengang Wissenschaftsjournalismus

Dortmund
Institut für Journalistik, Emil-Figge-Straße 50, 44221 Dortmund
www.journalistik-dortmund.de
Zugang: Nachweis eines sechswöchigen Praktikums, NC
Studenten: 50
Abschluss: Bachelor of Arts / Master of Arts
Dauer: Bachelor 8 Semester, Master 2 Semester

Praktika: 12 Monate Volontariat (zweimonatiges Praktikum gibt es nicht mehr)
Angeboten werden auch Bachelor-/Master-Studiengänge in Wissenschafts- und Musikjournalismus

Eichstätt
Studiengang Journalistik an der Katholischen Universität Eichstätt, Ostenstraße 26, 85072 Eichstätt
www.ku-eichstaett.de/slf/jour
Zugang: zweimonatiges Praktikum, NC
Studenten: 50 (Bachelor)
Dauer: Bachelor 6 Semester, Master 4 Semester
Abschluss: Bachelor of Arts + Master of Arts «Management und Innovation in Journalismus und Medien»
Sonstiges: 1 Pflicht-Auslandsaufenthalt im fünften Semester
Im Studium 12 Monate Praktika

Hamburg
Hamburg Media School, Finkenau 35, 22081 Hamburg
www.hamburgmediaschool.com
Zugang: überdurchschnittlicher erster Hochschulabschluss, sechs Monate Praxiserfahrung
Studenten: 25
Dauer: 6 Trimester (2 Jahre)
Abschluss: Master of Arts
70 Prozent Praktika in 6 Trimestern/Studiengebühren 6000 Euro/Jahr

Hannover
Studiengang in Journalistik, Fachhochschule Hannover,
Expo Plaza 12, 30539 Hannover
www.fh-hannover.de
Zugang: Numerus Clausus
Studenten: 20
Dauer: 6 Semester
Abschluss: Bachelor of Arts
Ein viermonatiges Praktikum im 4. Semester des Studiums

Leipzig

Studiengang Journalistik am Institut für Kommunikations- und Medienwissenschaft der Universität Leipzig (IfKMW) Burgstraße 21, 04109 Leipzig

www.uni-leipzig.de/journalistik2

Zugang: dreimonatiges journalistisches Praktikum und Eignungstest
Studenten: 44
Dauer: 6 Semester mit Volontariat
Abschluss: Master of Arts
Im Studium 9 bis 12 Monate Volontariat

Magdeburg

Studiengang Journalistik/Medienmanagement an der Hochschule Magdeburg-Stendal, Breitscheidstraße 2, 39114 Magdeburg

www.hs-magdeburg.de/studium/s-studienangebot/bachelor/b_journalistik

Zugang: NC
Studenten: 60
Dauer: 7 Semester
Abschluss: Bachelor of Arts
Im Studium 12 Wochen Praktikum und 12 Wochen Auslandsstudium

Sankt Augustin

Bachelor of Science in Technikjournalismus/PR an der Fachhochschule Rhein-Sieg, Grantham-Allee 20, 53757 Sankt Augustin

www.hochschule-bonn-rhein-sieg.de

Zugang: Eignungstest
Studenten: 60 pro Jahr
Dauer: 7 Semester
Abschluss: Bachelor of Science

Nebenfach-Studiengänge
Gießen (Geschichte)
Seminar für Fachjournalistik und Didaktik der Geschichte der Justus-Liebig-Universität, Otto-Behagel-Straße 10E, 35394 Gießen
www.uni-giessen.de

Mainz
Journalistisches Seminar im Institut für Publizistik der Johannes-Gutenberg-Universität, Alte Universitätsstraße 17, 55116 Mainz
www.journalistik.uni-mainz.de

H. Lexikon journalistischer Fachausdrücke

Der Fachwortschatz des Druckgewerbes schleppt schwer an dem halben Jahrtausend seiner Geschichte, der Jargon der Fernsehmacher und der Computer-Freaks an seinen amerikanischen Vorbildern. So wimmelt es von unlogischen, vieldeutigen, verwirrenden Begriffen. Dies Glossar registriert sie lediglich; wir verzichten hier – nur hier – auf jeden Versuch, die Sprache der Zunft zu beeinflussen. Der Journalist muss sie kennen; drucken oder senden sollte er sie nicht.

Abfahren
1. Im Funk: mit der Sendung oder mit dem Abspielen einer Aufzeichnung beginnen.
2. In Zeitschriften: zum Satz oder Druck freigeben.

Abnahme
1. Im Funk: die Begutachtung eines sendereifen Beitrags – technisch durch Ton- oder Bildingenieur, journalistisch durch Hauptabteilungsleiter oder Programmdirektor.
2. In Zeitschriften: letzte Begutachtung der *Blaupause* durch die *Imprimatur*-Abteilung.

Abschießen Bei Boulevardzeitungen und Illustrierten: das Fotografieren einer bestimmten Person ohne deren Einwilligung.

Account Die meist gebührenpflichtige Berechtigung, ins Internet zu gelangen. Das Benutzerkonto ist durch den Namen und ein Passwort geschützt.

AdClick Misst die Zahl der Mausklicks auf ein Werbe-Banner im Internet.

AdWords Google-Anzeigenkunden können Wörter und Wortkombinationen buchen: Sucht ein Nutzer nach diesen Wörtern, erscheint rechts auf dem Bildschirm seine Anzeige.

Affiliation Provision, wenn von einer Webseite Produkte verkauft werden, etwa Bücher für Amazon.

Aggregator Eine Datenbank wie Google News, die Nachrichten sammelt und nach eigenen Kriterien sortiert.

AGOF (Arbeitsgemeinschaft Online Forschung), publiziert vier Mal im Jahr die «internet facts» mit Reichweiten, Visits und Page Impressions.

Aktionsjournalismus
1. Aktionen mit Lesern: Man lädt sie ein, zu spenden, zu wählen (den Sportler des Jahres) oder eigene Gedichte einzusenden. Beliebt bei vielen Lokalzeitungen zur Herstellung von *Leser-Blatt-Bindung*.
2. Aktionen mit Reportern:
   a) erkennbaren Reportern (Straßeninterviews).
   b) getarnten Reportern (verkleidet als Bettler, Bürobote, Ladendieb, Bildredakteur), auch *Rollenreportage*.

Anchor (engl. Anker) ist der Moderator einer Nachrichtensendung.

Android Google-Betriebssystem für Handys und Netbooks, basierend auf dem Betriebssystem Linux.

Anfeaturen sind lockere Formulierungen in einem Bericht.

Anker Hyperlink innerhalb eines Dokuments, um zu einer Information zu kommen, die außerhalb des aktuellen Bildschirms liegt.

Antiqua (lateinische Schrift) Die Familie der Druckschriften, die international üblich und seit 1941 auch in Deutschland verbindlich ist. Vgl. *Fraktur, Grotesk*.

Apps (engl. Applications) Apple verkauft für seine Geräte viele Anwendungen, manche auch kostenlos – etwa Spiele, Wetter, TV-Serien, Zeitungsseiten, Sportergebnisse usw.

Arie In einigen Redaktionen: Spottwort
1. für einen Pflichtartikel zu einem Ereignis, das die Leser gelobt haben wollen, z. B. zum Frühlingsanfang.
2. für einen zu langen Text.

Artikel (von lat. artus = Gelenk, Glied, Teil) Das Geschlechtswort; der Abschnitt eines Gesetzes oder Vertrags; die Warengattung. In Zeitung und Zeitschrift:
1. Jeder Beitrag, der eine gewisse (d. h. ziemlich unbestimmte) Länge überschreitet, z. B. Korrespondentenbericht, Hintergrundbericht, Leitartikel, Essay, *Feature Story*.

2. In manchen Redaktionen: jeder mehr als einspaltige Beitrag.
3. In manchen Redaktionen: der *Lauftext*.
4. Zeitungsfremde bezeichnen häufig sämtliche redaktionellen Texte, ja selbst Anzeigentexte, als «Artikel».

ASCII (American Standard Code for Information) Web-Code, der alle Buchstaben, Ziffern und Satzzeichen wie auf einer Tastatur umfasst.

Atmosphäre Ein *O-Ton*: ständiges Hintergrundgeräusch (Verkehrslärm, Gemurmel, Meeresrauschen), i. U. zum *Geräusch*.

Attachment Anlage zu einer E-Mail.

Audio (lat. audire, hören) Alles, was man im Netz hören kann, als Real Audio, MP3 oder WAV o.Ä.

Aufhänger
1. Meistens: aktueller Anlass zur oder origineller Einstieg in die Darstellung eines (möglicherweise nicht besonders aktuellen) Themas, das andernfalls nicht genügend Leserinteresse wecken oder den Regeln der Zunft nicht genügen würde («Wir brauchen einen Aufhänger!»).
2. Von daher oft: der erste Absatz oder fette *Vorspann*, wenn er den Aufhänger enthält.
3. Von daher in einigen Redaktionen: der Vorspann überhaupt.

Auflage Sie wird nach drei Maßstäben gemessen:
1. die *gedruckte* Auflage, die praktisch nie zu 100 Prozent verkauft werden kann (Ausnahmen: der 12. September 2001, Kriegsausbruch).
2. Die *verbreitete* Auflage:
   - Mitgliederzeitschriften (ADAC, IG Metall) und Anzeigenblätter werden überhaupt nicht verkauft, sondern nur verbreitet (was tendenziell eine geringere Lese-Intensität vermuten lässt).
   - Regulär verkaufte Publikationen verbreiten kostenlos zusätzliche Exemplare («Freistücke»), z. B. an Verlagsangehörige und Geschäftsfreunde, auf Kongressen, zur Neuleser-Gewinnung usw. Die verbreitete Auflage ist die Summe der verkauften und der verteilten Exemplare.
3. Die *verkaufte* Auflage – immer die kleinste der drei. Sie wird wiederum nach Abonnement («Abo») und Einzelverkauf («EV») und Sonderverkauf («SV») unterschieden.

Optimale Auflage: die Auflage, bei der eine Publikation das beste Geschäft macht. Das ist nicht unbedingt bei der *maximalen* Auflage der Fall, weil Druck-, Papier- und Vertriebskosten dann in ein ungünstiges Verhältnis zu den Erlösen kommen können.

Aufmacher
1. In der Zeitung: das Thema auf Seite 1, das die größte *Schlagzeile* trägt – immer über dem *Bruch*, aber nicht immer ganz oben (*Bild, Hamburger Abendblatt*). Oft stehen auch zwei Aufmacher gleichberechtigt nebeneinander. Vgl. *Spitze* (2).
2. In Zeitschriften: das erste große Thema im Heft; auch die Aufschlagseite eines längeren Artikels.
3. Im Funk: die erste Meldung in einer Nachrichtensendung.

Seitenaufmacher: In der Zeitung: das tragende Thema auf anderen Seiten als der ersten.

Aufmachung
1. Der Aufmacher.
2. Die Art, einen Artikel in Text, Bild, Charakter, *Layout* darzubieten, ihn «aufzumachen».

Aufriss s. *Layout*

Aufsager Fernsehjargon: der Reporter-Bericht, wenn der Reporter ständig im Bild ist (*on-statement*), z. B. vor dem Weißen Haus. Vgl. *off – on.*

Aufsetzer s. S. 140

ausschließen Computer: von Bildschirmbreite auf Satzbreite bringen.

Ausschluss Der Zwischenraum zwischen den Wörtern, der im Satz (anders als bei der Schreibmaschine) variabel sein muss, damit die Zeilen voll werden; i. U. zum *Durchschuss*, dem Zwischenraum zwischen den Zeilen.

Ausschuss
1. Die Makulatur: nicht einwandfrei gedruckte Bogen, Produkte oder Exemplare, die nicht verkauft werden.
2. Die Anordnung der Seiten auf dem Druckbogen.

auszeichnen ein Manuskript mit den Anweisungen für den Satz versehen: Schriftart, Schriftgröße, Spaltenbreite.

Autorenzeile enthält den oder die Autorennamen, meist herausgehoben am Anfang, bei manchen Zeitungen und Zeitschriften auch am Ende eines Artikels.

Autotypie (griech. Selbstdruck), Rasterätzung   Im *Hochdruck*:

1. Druckverfahren zur Reproduktion von Fotos und Gemälden (i. U. zur *Strichätzung*).
2. Die dabei entstehende Druckplatte.

Avatar Dreidimensionale Online-Darstellung, meist von Personen.

B2B (engl. Business to Business) Im E-Business Kontakte zwischen Geschäftsleuten, meist durch ein Passwort geschützt.

B2C (engl. Business to Customer) Im E-Business Kontakte zu Privatkunden.

Backlink Link von anderen Webseiten auf die eigene Webseite; wichtig für die Rangfolge bei Google.

Balkon, auch Vorbau Im Funk ein informierender Voraustext zur Einstimmung auf das folgende Interview.

Banner Werbeflächen auf Internet-Seiten oder auch einfach Mitteilungen, die auf dem Bildschirm erscheinen

Barrierefreiheit Internetauftritte sind so gestaltet, dass auch Behinderte, etwa Blinde, die Seite aufrufen und nutzen können.

Bauchladen Die Zeitungen, für die ein Korrespondent freischaffend arbeitet; er wird entweder pauschal oder pro Beitrag bezahlt.

Baud Die Geschwindigkeit, mit der Daten übertragen werden, gemessen in *Bit*/Sekunde, *nicht* Buchstaben/Sekunde. Beim Fernschreiber z. B. besteht ein Buchstabe aus 11 Bit, bei Computern aus 8 Bit.

Beitrag Im Hörfunk: jede Sendung, die weder Musik ist noch Nachricht, Wetterbericht, Verkehrsfunk: *Bericht, Collage, Interview, Reportage, Text.*

Bericht s. S. 139

Bildschirmzeitung Eine elektronische Kopie der Zeitung im Internet.

Bit Die kleinste Informationseinheit des Computers (Strom an oder Strom aus). 8 Bit ergeben 1 *Byte*, das ausreicht, 256 Zeichen zu codieren. 1024 Byte sind ein *Kilobyte* (K), 1024 Kilobyte sind ein *Megabyte* (MB), 1024 Megabyte ein *Gigabyte* (GB). Die Kapazität von Disketten, Festplatten und internem Speicher eines Computers (*RAM*) wird heute in Megabyte angegeben.

Blackout
1. Im Fernsehen: totaler Lichtausfall.
2. In Hörfunk und Fernsehen: das Stottern oder peinliche Schweigen eines Sprechers, der den Faden verloren hat.

Blatt
1. Redakteursjargon für die eigene Zeitung oder Zeitschrift.
2. *In manchen Redaktionen: die Manuskriptseite, i. U. zur Zeitungs- oder Zeitschriftenseite – eine nützliche Unterscheidung (im Spiegel*: 3 Blatt = 1 Seite).

Blattmacher Der Redakteur, der de facto entscheidet, was wo ins Blatt kommt, z. B. der Chef vom Dienst, der Chefredakteur oder sein Vertreter. Vgl. *Editor, Macher, Producer*

Blaupause Blauheft, Ozalid: Bei Zeitschriften eine Lichtpause zur letzten Überprüfung der druckfertigen Seite. Vgl. *Abnahme* (2), *Imprimatur* (2), *Montage* (1).

Blickaufzeichnung s. *Eyetrack*

Blocken Die letzte Zeile einer Bildunterschrift oder eines Vorspanns durch Hinzufügen oder Streichen exakt auf die Länge der übrigen Zeilen bringen, sodass ein Textblock entsteht. Das Blocken, in vielen *Zeitschriften* üblich, erfordert oft viel Mühe und führt nicht selten zu krampfhaftem Deutsch. *Flattersatz* ist für Redakteure angenehmer.

Blog oder Weblog (engl. aus Web und Log) ist ein Tagebuch im Internet, bei dem die aktuellen Einträge vorne stehen. Die meisten Blogs bitten um Kommentare. Blogs aus Bildern und Videos sind Vlogs; Blogs per Handy sind Moblogs.

Blogger
1. Jemand, der ein Blog betreibt.
2. Name für den Internetdienst *blogger.com*, in dem Google Weblogs zur Verfügung stellt.
3. Die deutsche Variante *blogger.de* ist ein privater Blog.

Blogroll ist eine Liste, die auf andere Blogs verlinkt.

Blue Box, auch *chroma-key* Im Fernsehen: ein Trickmischgerät, mit dessen Hilfe Personen im Vordergrund vor einen beliebigen Hintergrund gestellt werden können.

Blurb (amerik.) s. *Teaser*

Body-Copy Der Textblock einer Anzeige. Vgl. *Copy*.

Bookmark Lesezeichen im Internet, um eine Seite zu markieren, die man noch einmal besuchen will; im Internet Explorer heißen sie Favoriten.

Breaking News (amerik.) Brandneue Nachricht; bekannt wurden sie durch das Laufband der Nachrichten-TV-Sender.

H. Lexikon journalistischer Fachausdrücke 413

Brotschrift, Grundschrift   Die Schrift, in der die normalen *Lauftexte* einer Zeitung oder Zeitschrift gesetzt werden.

Browser   Software, wie Internet Explorer und Firefox, die notwendig ist, um Webseiten öffnen zu können.

Bruch
1. In der Zeitung: der Knick in der Mitte. Nur was auf S. 1 *über dem Bruch* steht, wird dem Kaufinteressenten am Kiosk sichtbar.
2. In Zeitschriften: der Knick in der Mitte jeder Doppelseite des aufgeschlagenen Heftes, auch «Bund».

Brutto-Reichweite   zählt die Kontakte zu einer Anzeige in einem festgelegten Zeitraum. s. *Netto-Reichweite*

Buch   s. *Produkt*

Bürstenabzug   s. *Fahne*

Button (engl. Knopf)   Symbol auf einer Webseite, hinter dem ein Link liegt.

Byline (engl.)   In den Nachrichtenagenturen die Autorenzeile («by Johnny Miller»), die dort nur ausnahmsweise verwendet wird und für den Autor eine Ehre ist.

Byte   Computer: die Informationseinheit von 8 *Bit*. 1024 Byte sind ein Kilobyte (KB), 1024 KB ein Megabyte (MB), 1024 MB ein Gigabyte (GB).

Cache (engl. Vorrat)   Daten-Zwischenspeicher.

Caption (engl.)   Das, was das Auge gefangen nimmt, also:
1. die Überschrift.
2. der Bildtext.
3. der Untertitel (Film).

Casual Devices (engl.)   Geräte wie das iPhone, die mit Fingerbewegungen bequem zu bedienen sind.

Channel (engl. Kanal)   Allgemeine Bezeichnung für Mediengattungen wie Zeitung, Radio, Online («alle Kanäle nutzen») oder für eine Abteilung eines Online-Dienstes.

Chat   Eine Konferenz im Netz.

Chinesische Mauer   Die Trennung zwischen Verlag als kommerziellem Unternehmen und der Redaktion.

Cicero, das   Typografische Grundeinheit. 1 Cic. = 12 *Punkt* = 4,51 mm.
1. Maß für den Schriftgrad.
2. Maß für die Breite der Druckspalte und des *Satzspiegels*.

Cliffhanger
1. Offener Ausgang einer Filmgeschichte, um die Spannung auf die nächste Folge zu erhöhen.
2. Online: Teaser, der großen Appetit auf die Fortsetzung des Artikels macht.

Clippings Zeitungsausschnitte. Clipping-Schreiben: Artikel, bes. *Features*, aus Archivmaterial zusammenstellen.

CMS (engl. Content Management System) Das Redaktionssystem zum Arbeiten im Netz, in der Zeitungsproduktion und im Archiv; bisweilen auch für die Organisation von Themen und der Tagesproduktion.

Code Ein Computerprogramm. Programmierer, die ein Programm schreiben, sagen: «Wir coden.»

Collage Im Hörfunk: ein *Beitrag* nur aus *O-Tönen*, ohne *Text*, evtl. aber mit Musik. Vgl. *Beitrag*.

Communication Highway Schnellstraße der Kommunikation. Schlagwort für die schnelle Datenübermittlung per Glasfaserkabel und Satelliten. Datenkompression und neue Übertragungstechniken ermöglichen das 500-Kanal-Fernsehen und den Zugriff auf weltweit vorhandene Daten von jedem Punkt der Erde aus.

Community (engl. Gemeinschaft) Vereinigung von Menschen im Netz, die ähnliche Vorlieben oder Interessen haben (Facebook, Xing u. Ä.); auch Modewort für alle Menschen, die ähnlich denken und handeln.

Content (engl. Inhalt) Alles an Texten, Bildern und Tönen auf einer Webseite.

Contentbude Verächtlicher Ausdruck für Redaktion im Jargon von Unternehmensberatern.

Content Management Die vor allem technischen Redaktionsaufgaben für eine Webseite; sie sind erforderlich, wenn das Redaktionssystem (CMS – Content Management System) keine leichten oder automatischen Arbeitsabläufe ermöglicht.

Content Provider Unternehmer, der mit redaktionellen Texten und Bildern handelt.

Cookie (engl. Keks) Daten, die auf dem Gerät des Nutzers abgelegt und beim nächsten Besuch wieder aufgerufen werden.

Copy Verwirrendes englisches Allerweltswort:
1. *Kopie*, Durchschlag, Abzug, Reproduktion.

2. Gerade nicht die Kopie, sondern das *Original* (Urschrift, Vorlage, Muster).
3. Die Summe von Original und Kopien: Exemplar, Stück, Nummer, Ausfertigung. Daher *Copy-Preis*: Branchenjargon für den Verkaufspreis des einzelnen Exemplars einer Zeitschrift.
4. Das Manuskript, bes. das satzfertige.
5. Der *Lauftext*.

Copy-Desk Nach *Copy* (4): der Schreibtisch, an dem
1. entweder die *eingehenden* Manuskripte der Reporter und Korrespondenten gesichtet und zum Redigieren an die Redakteure verteilt werden, z. B. vom Chef vom Dienst,
2. oder die *redigierten* Manuskripte (*Fahnen*) von einem «Senior Editor» oder *Copy Reader* einer Qualitätskontrolle unterworfen werden.

Die Tätigkeit 2 wird umso seltener ausgeübt, je weniger wichtig der Text und je kleiner die Redaktion ist (Alleinverantwortung des Reporters oder Redakteurs). In großen Zeitschriften ist sie durchweg üblich (*Schlussredaktion*), in größeren Zeitungen bei wichtigen Texten wie Leitartikel, Aufmacher.

Copyleft Ein Urheber lässt zu, dass seine Werke uneingeschränkt und ohne Erlaubnis genutzt werden dürfen.

Copyright Das amerikanische und englische Urheberrecht; wird als Wort auch fälschlich für das deutsche benutzt. Das amerikanische ist im Vergleich zum deutschen kein Persönlichkeits-, sondern ein übertragbares Nutzungsrecht, meist nicht dem Schöpfer gehörend, sondern einem Unternehmen.

Copy Test, Copytest Marktforschung: die Befragung einer Lesergruppe («Stichprobe»), inwieweit die einzelnen Seiten, Beiträge oder Anzeigen einer bestimmten Ausgabe einer Zeitung oder Zeitschrift «genutzt» worden sind. *Nutzung* ist der Oberbegriff für das Lesen von Texten, das Betrachten von Bildern und das Wiedererkennen von Anzeigen.

Cost-per-Click Anzeigenkunde zahlt, wenn der Nutzer auf die Anzeige klickt.

Cost-per-Sale Anzeigenkunde zahlt nur, wenn der Nutzer auf der Internetseite auch wirklich kauft.

Covern (von engl. cover = abdecken, wahrnehmen) Sich um ein Ereignis kümmern, es zum Gegenstand der Berichterstattung machen («Warum habt ihr die Hochzeit nicht gecovert?»).

Crossmedia, crossmedial (engl. quer durch die Medien / medienübergreifend) Verbindung von Medien wie Zeitung, Online, Fernsehen u. a.; ein Modewort:
1. Hinweis in der Zeitung auf einen Link.
2. Newsdesk, an dem die Inhalte für die Zeitung, den Lokalfunk und das Internet entschieden werden.
3. Zusammenarbeit verschiedener Medien.

CSS (engl. Content Scrambling System) Kopierschutz für DVD

Dachzeile s. *Spitzmarke* (1)

Data Mining Gezieltes Auswerten von Usern: Welche Interessen hat er?

Datenbank Verwaltung von Daten; Grundlage für digitale Archive.

Datenjournalismus (Data Journalism) Sammeln und Verknüpfen von Daten, vorzugsweise von Behörden (Web 3.0)

Datenschutz Persönliche Daten der Bürger sind durch Gesetze geschützt; der Deutsche Presserat unterhält einen eigenen Beschwerdeausschuss Redaktionsdatenschutz.

Deep Link Angaben, die gezielt auf eine bestimme Webseite führen.

Desk Der Tisch, an dem der Blattmacher sitzt. Vgl. *Copy Desk, Slot*.

Digital Gap (engl. Digitale Kluft) Die Wissenskluft in der Bevölkerung, die durch die Nutzung digitaler Medien vergrößert wird.

Digital Natives (engl. Digitale Ureinwohner) Die Generation, die schon mit dem Internet aufgewachsen ist.

DIVX Algorithmus, um Video-Dateien zu komprimieren. So passt ein 8-Gigabyte-Film, auf 700 Megabyte komprimiert, auf eine CD.

Dokumentarspiel Im Fernsehen die Entsprechung zum historischen Roman: Zeitkolorit und Staatsaktionen stimmen, Handlung großenteils erfunden. Vgl. *Feature*.

Dokumentation
1. Das Zusammenstellen, Ordnen, Aufbereiten von Dokumenten und anderen Unterlagen, journalistisch unter Einschluss der mündlichen Recherche.
2. Das Zusammengestellte selbst, die Dokumenten-Übersicht.
3. Ein Artikel / eine Sendung, der / die überwiegend aus dokumentarischen Texten / Originalaufnahmen besteht.

4. In großen Verlagen (Gruner + Jahr, *Spiegel*): das Ressort, das die Arbeit 1 vornimmt; ein *Archiv*, das Material nicht nur aushändigt, sondern aufbereitet und den fertigen Artikel anhand des Materials überprüft.
5. Neuerdings: jedes größere Redaktionsarchiv.

Domain Der Kurzname einer IP-Adresse. Der letzte Teil des Namens hinter einem Punkt bezeichnet
1. entweder das Land wie «.de» für Deutschland oder «.uk» für England
2. oder Institutionen wie «.edu» für Universitäten oder «.com» für Firmen oder «.org» für beliebige Organisationen.

Doppelmittel Bei Überschriften: der Schriftgrad von 28 Punkt.

Download Kopieren von Texten und Bildern aus dem Internet auf den eigenen Computer.

dpi (engl. dots per inch) Das Maß für die Auflösung eines Fotos: je höher (die Menge der Daten), desto genauer. Im Internet gilt als Richtwert 72 dpi, bei Zeitungen 200 und höher.

Drehbuch Das Manuskript, das alle *Einstellungen* eines Films enthält, unterteilt nach den sichtbaren Elementen (links) sowie Geräuschen, Musik und dem zu sprechenden Text (rechts). Vgl. *Drehplan, Szenarium*.

Drehplan Im Fernsehen: Das Verzeichnis der mutmaßlichen *Einstellungen*, das vor einer *Live*-Sendung angelegt wird; i. U. zum streng fixierten *Drehbuch*.

DTP Desktop-Publishing: Herstellung von Satz und Layout am Personalcomputer auf dem Schreibtisch.

Dummy (engl.) Attrappe, Schaupackung; Schaufensterpuppe; Versuchspuppe (beim Crashtest); Pappkamerad (Zielscheibe in den Umrissen eines Menschen); daher: Schaustück, Greifmuster einer geplanten künftigen Zeitschrift oder einer neuen Zeitungsseite oder -beilage; gedruckt oder bloß geklebt; meist mit echten Bildern, aber blindem Text. Bei echtem Text nähert sich das Dummy der *Nullnummer* (Pilotnummer, *pilot issue*): einer rundum echten Zeitschrift, mit deren Hilfe Inserenten für die Nr. 1 geworben werden und Verlag, Redaktion und Marktforschung ihre letzten Entscheidungen fällen.

Durchmarsch Hörfunk und Fernsehen: Der Reporter/Korrespondent spricht live ohne Zwischenfragen des Moderators. Vgl. *Statement*.

Durchschuss Der Zwischenraum zwischen den Zeilen (i. U. zum *Ausschluss*, dem Zwischenraum zwischen den Wörtern). «Dann durchschießen wir's eben»: Wir legen mehr Durchschuss, mehr «Luft», zwischen die Zeilen, um einen zu kurzen Text zu strecken; im Bleisatz legte man Bleistreifen zwischen die Zeilen. Ein großer Durchschuss erhöht die Lesbarkeit.

DVD (engl. Digital Versatile Disc)   Silberscheibe, die Texte, Bilder und Filme sowie Töne digital speichert; DVD-R und DVD-RW sind einmal oder mehrmals (RW) beschreibbar.

Dynamische Seiten   im Netz, wie Börsenkurse, ändern automatisch ihren Inhalt.

EBV   Elektronische Bildverarbeitung.

Eckenbrüller   s. S. 140

Editor (engl. Herausgeber)   ist der Blattmacher, im Gegensatz zum Reporter. s. *Blattmacher*

Editorial (engl.)
 1. Ein Artikel, der die Meinung der Redaktion wiedergibt (Leitartikel, *Kommentar, Glosse*). Vgl. *Kolumne*.
 2. Eine Information über redaktionelle Hintergründe oder Interna, z. B. die «Hausmitteilung» im *Spiegel*.
 3. In manchen Redaktionen jeder Artikel auf der Editorial-Seite (Kommentarseite, Meinungsseite), auch wenn er nicht Meinung, sondern Analyse bietet.

Einblendung   In Funk und Fernsehen: das Hineinschneiden von *O-Tönen*.

Einspalter   Ein Artikel, meist kurz, der über eine Spalte geht. s. *Mehrspalter*

Einstellung, *shot*   Im Fernsehen: Szene, die ohne Unterbrechung aufgenommen wird. Durchschnittliche Länge einer Einstellung: 6 bis 10 Sekunden, bei Spielhandlungen mehr. Im Vorspann amerikanischer Krimi-Serien gibt es Einstellungen von einer Achtelsekunde. Das Verzeichnis der geplanten Einstellungen ist das *Drehbuch* oder der *Drehplan*, der tatsächlichen die *shot list*. Vgl. *Zwischenschnitt*.

E-Mail (engl. Electronic Mail)   Ein elektronischer Brief, der auch Bilder und Töne über das Internet an einen anderen Computer schickt.

Ente, Zeitungsente: falsche Nachricht.

Extranet Für exklusive Nutzer über ein Passwort zugänglicher Internet-Bereich.

Eye-Catcher s. *Hingucker*

Eyetrack-Studien messen mit Spezialbrillen oder Kameras im Bildschirm, worauf der Blick fällt beim Lesen von Zeitungen oder Bildschirmseiten und in welcher Reihenfolge gelesen wird. Die bekannteste ist die Poynter-Studie, in Deutschland die Küpper-Studien (s. *Kapitel 40 Das Layout*).

Fahne (im Bleisatz auch Bürstenabzug) Erster Abzug des gesetzten, noch nicht umbrochenen *Lauftextes*, zur Längenkontrolle und Korrektur.

FAQ (engl. Frequently Asked Questions) Sammlung von häufig gestellten Fragen nebst Antworten.

FAZ
1. Die *Frankfurter Allgemeine Zeitung*.
2. Im Fernsehen: Filmaufzeichnungsgerät.

Feature (engl.) Gesichtszug, Charakterzug, typische Eigenschaft, Besonderheit, Attraktion; im Kino: der Hauptfilm. Im Journalismus:
1. Allerweltswort für lebendig geschriebene Texte oder lebendig gestaltete Sendungen abseits des strengen Nachrichtenstils, in vielen Redaktionen unter Einschluss der *Reportage* oder des Korrespondentenberichts.
2. Im engeren Sinn: nur diejenigen Artikel oder Sendungen, die i. U. zur Reportage aus Archivmaterial aufbereitet werden (im Hörfunk: Hörbild, im Fernsehen: Dokumentarbericht).
3. In Boulevardzeitungen: Kurzform für Feature-*Bild*, ein großes Foto mit Bildtext ohne zugehörigen Lauftext.

In Zeitschriften ist das Wort kaum in Gebrauch, weil Nachrichten ohnehin nicht vorkommen.

Verfeaturen oder *Verfietschern*: die trockene Information in ein Feature verwandeln.

Feed Abo für Kurznachrichten in Kurzform.

Feedback (engl.) Rückkopplung, Rückmeldung, Rückwirkung: der Einfluss, den Leser/Hörer/Fernsehteilnehmer auf die Redaktionen nehmen oder zu nehmen versuchen.

Direktes Feedback: Leserbriefe, Hörerproteste, Einspielung von Telefonanrufen in die laufende Sendung.

Indirektes Feedback: Markt- und Meinungsforscher informieren die Redaktionen über ihr Echo.

Fettvoraus   s. *Spitzmarke* (2) und (3)

Feuilleton (franz. Blättchen)   Das unter dem Strich Gedruckte, urspr. Kulturberichte und Plaudereien. Daher heute:

1. Der Kulturteil einer Zeitung.
2. Die geistreiche Plauderei, Leichtgewicht mit Hintersinn («Wiener Feuilleton»), z. B. im «Streiflicht» der *Süddeutschen Zeitung* und in der Feuilletonglosse der *FAZ*. Die Grenzen zur *Glosse* (B) sind fließend.

feuilletonistisch: oft abschätzig für Texte mit zu viel Eleganz und zu wenig Substanz.

Firewall (engl. Brandmauer)   ist ein Schutz, damit ein Fremder die Daten auf meinem Computer nicht ausspähen kann; er schützt Redaktionssysteme vor Viren und dem unbefugten Eindringen von Fremden in das Netzwerk des Verlags.

Flachdruck

1. Die Druckverfahren, bei denen druckende und nicht druckende Teile auf einer Ebene liegen, i. U. zum *Hochdruck* und zum *Tiefdruck*. Die nicht druckenden Teile sind chemisch so behandelt, dass sie Farbe abstoßen. Das wichtigste Flachdruckverfahren ist der *Offset-Druck*.
2. Unkorrekt, aber zum Teil gebräuchlich: das Drucken nicht von Zylindern wie beim Rotationsdruck, sondern von Platten (für Buchdruck und Plakatdruck); korrekt: *Bogendruck*.
3. In der Kunst: die Lithographie.

Flachmann   s. S. 140

Flame   Beleidigungsangriffe im Netz. Flame-Wars legen Diskussionsforen komplett lahm.

Flash

1. Bei Agenturen: die Blitzmeldung (vgl. *Snap*).
2. Im Internet: Graphisch anspruchsvolle Präsentation mit Filmen, Dias und Musik wie in Powerpoint, entwickelt von Macromedia.

Flatrate   Festpreis, unabhängig von Dauer und Umfang der Nutzung, beispielsweise bei Telefon und Internet.

Folksonomy (engl. Verbindung von folks und taxonomy)   Nutzer bewerten gemeinsam Produkte, Kommentare oder Links.

Follower (engl.)   folgt dem Feed eines anderen, etwa bei Twitter.
Follow Up   Im Netz die Antwort auf eine Nachricht.
Flattersatz   Ein Text, der absichtlich nicht geblockt wird (s. *Blocken*), sondern ungerade ausläuft wie auf der Schreibmaschine; dann ist der Flattersatz *linksbündig* (links gerade, rechts flatternd). Es gibt auch *rechtsbündigen* Flattersatz (rechts gerade, links flatternd) oder beidseitigen Flattersatz, der um eine *Mittelachse* gruppiert ist.

Flattersatz ist eine beliebte Form in Zeitschriften, zumal beim *Vorspann* und beim Bildtext. Auch in Zeitungen dringt er vor, vor allem bei Kommentaren und Glossen.

Manche Redaktionen unterscheiden: *Flattersatz* ist nur der von Graphikern ausgeklügelte Zeilenfall. Lässt man den Satz dagegen beliebig rechts auslaufen wie auf der Schreibmaschine, wird von *Rausatz* gesprochen.

Fleisch   s. *Letter*
Flickr   ist ein kostenloser Internetdienst (www.flickr.com) zur Verwaltung von Fotos, die man für alle oder nur bestimmte Nutzer freigeben kann.
Fließsatz, Fließtext   Synonym für *Lauftext*.
Format
  1. Computer: Einteilung von Disketten, CD-ROM und Festplatten in Spuren und Sektoren (*formatieren*, bei Apple: initialisieren).
  2. Computer: Kette von Satz- oder Umbruchbefehlen, die über einen Namen aufgerufen werden kann (auch *Makro*).
  3. Hörfunk: Modewort für Sendeschema. Im Privatradio durchweg, im Öffentlich-Rechtlichen zunehmend wird der gesamte Tag *formatiert*: feste Zeiten für Nachrichten, Werbeblöcke, Textbeiträge usw.

Fotosatz   Die Buchstaben werden durch eine Schablone auf Fotopapier belichtet. Die Buchstaben sind durchsichtig, die Umgebung ist schwarz. Dadurch ist im Gegensatz zum Bleisatz stufenlose Vergrößerung/Verkleinerung möglich. S. auch *Lichtsatz*.

Fraktur   Gebrochene Schrift, gotische Schrift, deutsche Schrift: die Familie von Druckschriften, die im deutschen Sprachraum vom 16. bis 20. Jahrhundert üblich war. Noch 1930 wurde etwa die Hälfte der deutschen Bücher in Fraktur gedruckt. 1941 wurde die Fraktur von Hitler verboten. Heute werden in der deutschen Presse nur noch die Kommentarüberschriften der *FAZ* in Fraktur gesetzt. Vgl. *Antiqua, Grotesk*.

Freie Software stellt den Quellcode, der das Programmieren ermöglicht, allen zur Verfügung, nicht immer kostenlos. «Frei» im Englischen bedeutet nicht unbedingt kostenlos. Richard Stallman, der die Freie Software konzipierte, sagte: «Frei wie in Freiheit, nicht wie in Freibier.»

Fußkasten In einigen Redaktionen: der *Aufsetzer*.

Galgen
1. In Zeitungen und Zeitschriften: jener unbeliebte redaktionelle Freiraum, der dann entsteht, wenn eine Anzeige weder die ganze Breite noch die ganze Höhe füllt.
2. Im Fernsehen: ein Gestell, an dem das Mikrophon so angebracht ist, dass es nicht im Bild erscheint.

Gastkommentar Ein Meinungsartikel von einem Redaktionsfremden. Erscheint er regelmäßig, spricht man von *Kolumne*. Vgl. *Editorial*.

Gatekeeping Entscheidungen von Redaktionen, was sie drucken und was sie aussortieren (Türwächter-Funktion).

Gatewatching Prüfung von Informationen im Internet (Begriff geprägt von Axel Bruns 2005).

GEMA (Gesellschaft für musikalische Aufführungs- und mechanische Vervielfältigungsrechte) Verwertungsgesellschaft wie die VG Wort, aber für Kompositionen; Veranstalter zahlen eine Gebühr, die an Komponisten, Musiker und Verleger weitergegeben wird.

Gemeinfrei sind Werke, deren Urheberschutz abgelaufen ist, meist 50 bis 70 Jahre nach dem Tod des Autors.

Geo-Tagging ist die Zuordnung von Informationen zu einem Punkt auf der Landkarte – etwa ein Unfall auf einer Bundesstraße.

GeoURL Ein Internetdienst (www.geourl.com) bei dem sich jeder mit seinen geographischen Daten registrieren lassen kann; er wird mit einem roten Punkt markiert und ist auf einer Weltkarte für jeden zu finden.

Geräusch Ein *O-Ton*: markantes akustisches Ereignis (Autohupe, zerbrechendes Glas), i. U. zur *Atmosphäre*.

gestorben Je nach Redaktion (Wunder der Sprache!):
1. ein Thema, ein Artikel, ein Funkbeitrag, wenn feststeht, dass er nicht gedruckt oder gesendet werden soll.
2. umgekehrt, wenn feststeht, dass er druck- oder sendereif ist (*Stuttgarter Zeitung:* gestorben = erscheint; beerdigt = erscheint nicht.)

Glosse
  Stufe 1: griech. glossa = Zunge, Sprache.
  Stufe 2: lat./altdeutsch glossa = schwieriges Wort, das der Erläuterung bedarf (vgl. Glossar: Sammlung schwieriger Wörter mit Erklärungen).
  Stufe 3: die Erklärung selbst. Da sie oft an den Rand geschrieben wurde:
  Stufe 4: Randglosse, Randbemerkung. Davon die heutige *Bedeutung* A: der Kurzkommentar.
  Stufe 5: die spöttische Randbemerkung. Davon die heutige *Bedeutung* B: *der sarkastische, satirische Kurzkommentar.*
  In manchen Redaktionen gilt nur die Bedeutung A (die Kurzkommentare in der *Zeit* auf S. 1 rechts, die Leitglosse der *FAZ*), in manchen nur B, in manchen beides durcheinander. Also: nachfragen. Vgl. *Spitze* (1).

Graphik bzw. Grafik (griech. «Schreibkunst») Die Kunst des Schreibens, Zeichnens, Stechens und Radierens, bes. zum Zweck der Vervielfältigung; der Vorgang der Vervielfältigung; das daraus entstehende Kunstblatt. Im Journalismus:
  1. Der Beruf und die Tätigkeit des *Graphikers* (vgl. *Layout*).
  2. Das Ressort der Zeitschrift, in dem der Graphiker und Layouter tätig sind, auch *Layout* genannt.
  3. Die graphische Darstellung, das *Schaubild*, das Diagramm, modisch «Info-Graphik».

Grotesk (Blockschrift, serifenlose Antiqua) Eine Gruppe von Druckschriften, bei denen alle Striche gleich stark sind und an Kopf und Fuß der Buchstaben die An- und Abstriche (Serifen) fehlen, i. U. zur *Antiqua*. Üblich in den Überschriften der *Süddeutschen Zeitung*.

Grundgesamtheit Die deutschsprachige Bevölkerung ab 14 Jahren in Deutschland als Grundlage der Zählungen der AGOF (Arbeitsgemeinschaft Online Forschung), die die Visits und Page Impressions ermittelt.

Hashtag (engl. *hash* ist das Rautenzeichen: #) werden beim Twittern direkt in die eigentliche Nachricht eingefügt.

Headline (engl. Kopfzeile): s. *Schlagzeile, Überschrift*

Heiße Probe Im Fernsehen: Generalprobe vor einer *Live*-Sendung unter Beteiligung der gesamten Technik; i. U. zur Kalten Probe, bei der die Technik noch nicht beteiligt ist.

Herstellung Entgegen dem Wortsinn nicht dasselbe wie *Produktion*, sondern: in Buch- und Zeitschriftenverlagen eine Abteilung zwischen

Lektorat/Redaktion und Setzerei/Druckerei, zuständig für die Überwachung eines korrekten und pünktlichen technischen Ablaufs, für Druck- und Papierqualität, oft auch für Kalkulation. In Buchverlagen ist der Hersteller meist schon für das *Imprimatur* zuständig, bei Zeitschriften wird er nach der Imprimatur-Abteilung tätig.

Hingucker, Hinkucker (engl. *eye-catcher*)   In Illustrierten: ein Foto oder ein anderes graphisches Element, das den Blick auf sich zieht und damit den Beitrag verkaufen hilft («Wir haben noch keinen Hingucker!»).

Hochdruck

1. Das älteste Druckverfahren: Die farbabgebenden, also druckenden Stellen der Druckform sind höher als die nicht druckenden Stellen. Zeitungen wurden früher nur im Hochdruck hergestellt, inzwischen zunehmend im Offset-Druck, einem *Flachdruck*-Verfahren.
2. In der Kunst: der Holzschnitt.

Holzmedien   sind die gedruckten Medien auf Papier (Holz) im Gegensatz zu den digitalen Medien, die sich als «digitale Avantgarde» stilisiert.

Homepage   Die erste Seite eines Internet-Auftritts.

Host   Der zentrale Rechner in einem Netz, der Daten oder Rechenzeit bereithält.

HTML (Hypertext Markup Language)   Die Sprache des Internets, um Texte und Bilder darstellen zu können; ›b‹ bedeutet **Fetter** Text, ›h1‹ Große Überschrift usw.

http (Hypertext Transfer Protocol)   regelt die Verbindung zwischen Server und Browser im Netz.

Hurenkind   Setzerjargon für den unerwünschten Effekt, dass die letzte Zeile eines Absatzes die erste Zeile einer neuen Spalte ist. Hurenkinder gelten als Sünde – jedoch, je nach Redaktion:

1. lediglich dann, wenn die Zeile nur aus einem Wort besteht oder kaum halb voll läuft; *blockt* man sie, so ist die Sünde vergeben.
2. auch dann, wenn die letzte Zeile voll oder fast voll läuft. Der Redakteur muss also streichen oder dazudichten.

illustrieren

1. Illustrationen herstellen, einen Beitrag mit Fotos oder Graphiken versehen (*Graphik* 3).
2. In anspruchsvollen Zeitschriften: abwertendes Wort für das bloße Illustrieren, i. U. zum *Visualisieren*.

Impressum Sowohl in Zeitungen, Zeitschriften und Online-Medien müssen laut Pressegesetz angegeben werden: der Verlag mit Anschrift und die verantwortlichen Redakteure.

Imprimatur Korrekt das Impri*ma*tur (lat. «es möge gedruckt werden», urspr. die kirchliche Druckerlaubnis); in den meisten Setzereien «die Imprimat*ur*»; als Stempel «Imp.»:
1. Die Freigabe zum Druck, erteilt nach Vollzug aller Korrekturen vom (Chef-)Korrektor oder vom Umbruchredakteur.
2. In großen Zeitschriftenredaktionen das Ressort, das die Korrekturen überprüft und den Satz zum Druck freigibt.

Infotainment (engl. Verbindung aus Information und Entertainment / Unterhaltung)

Initial, das Ein übergroßer *Versal*, der den Anfang eines Textes hervorheben oder längere Texte optisch untergliedern soll.

Instant Messaging (IM) Im Netz die Kommunikation zwischen Nutzern.

interaktiv, aufeinander einwirkend, in Wechselwirkung stehend:
1. Überzogenes Modewort für die Chance des Computer- und Internetbenutzers oder Fernsehteilnehmers, aus einem vorgegebenen Angebot eine Auswahl zu treffen (wie in der Zeitung schon seit Jahrhunderten) oder sich mit anderen zu unterhalten oder mit ihnen zu spielen.
2. Die Chance des Zuschauers oder Zuhörers, in Film- oder Hörspielhandlungen so einzugreifen, dass eine andere Handlung abläuft, je nachdem, ob er mit einem Spezialrevolver den Schurken trifft oder nicht.

Internet Der weltweite Zusammenschluss von Computer-Netzen, in dem Abertausende von Rechnern miteinander Verbindung aufnehmen; das World Wide Web ist nur ein Teil des Netzes.

internet facts s. *AGOF*

Intranet Im Gegensatz zum Internet nur einer bestimmten Gruppe, etwa in einem Verlag, zugänglich.

IP (Internet Protocol) Der Übertragungsstandard des Internets.

IP-Adresse bezeichnet eindeutig einen Rechner, sie ist 4 Byte lang (Beispiel: 123 234.45.1).

ISDN Integrated Services Digital Network: integrierte Dienste für die digitale Datenfernübertragung von Schrift, Sprache und Bild. ISDN überträgt 25-mal so schnell wie das herkömmliche Telefonnetz. Für *Internet*-Nutzer ermöglicht ISDN eine schnelle Verbindung zum *Provider* und das gleichzeitige Surfen, Telefonieren und Faxe-Empfangen.

IT-Band, international sound track   Im Fernsehen: ein Tonband, das alle *O-Töne* enthält, sodass bei internationalem Filmaustausch nur der heimische Kommentar zugemischt zu werden braucht.

IVW   Informationsgemeinschaft zur Feststellung der Verbreitung von Werbeträgern; ermittelt und veröffentlicht vierteljährlich die *Auflage* von Zeitungen und Zeitschriften sowie die Einschaltquoten von Internet-Seiten («Page-Impressions»). Vgl. *Käufer*.

Java   Programmiersprache für Computer-Netze.

Javascript   Programmiersprache, um im Internet zu steuern, etwa die Navigation zwischen den Seiten.

Jingle
1. Erkennungsmelodie eines Senders.
2. Erkennungsmelodie für eine Sendung.
3. Ein *Trailer*.

JPEG, Joint Photographic Experts Group   Komprimiert die Zahl der Foto-*Pixel*, um Platz zu sparen und Bilder schnell, aber dennoch in einigermaßen guter Qualität senden zu können, etwa im Redaktionssystem oder im Internet.

Jungfrau   Setzerjargon für eine fehlerlos gesetzte Seite oder Spalte.

Kapitälchen   Großbuchstaben (*Versal*, Majuskel) in der Höhe eines Kleinbuchstabens (Minuskel), sodass auch bei Versalsatz die orthographische Großschreibung erkennbar bleibt: ER HEISST FRITZ.

Karikatur   Der gezeichnete Kommentar.

Kasch   Laut Lexikon: russische Buchweizengrütze; hier jedoch (von «kaschieren»): eine Blende
1. vor dem Objektiv, die einen Teil des Bildfelds abdeckt.
2. vor der Lampe oder dem Blitzgerät, um das Licht zu steuern.

Kasten s. S. 139

Käufer   Derjenige, der den Kauf einer Zeitung oder Zeitschrift tätigt oder das Abonnement bestellt hat – i. U. zum *Leser*. Jede Publikation hat mehr Leser als Käufer. Die Zahl der Käufer wird durch *IVW* ermittelt, die Zahl der Leser durch die *Media-Analyse*.

Kaufzeitung ist eine Boulevardzeitung; sie gibt es meist nicht im Abo.

Kegel Das «Fleisch» der *Letter*, soweit es sich in die Senkrechte erstreckt. «8/8» heißt: eine 8-Punkt-Schrift über dem üblichen Fleisch (dem Leerraum, der Luft) über und unter den Schriftzeichen, also auf 8-Punkt-Kegel. «8/9» heißt: eine 8-Punkt-Schrift mit je einem halben Punkt zusätzlichem Fleisch über und unter dem Schriftzeichen, also auf einem 9-Punkt-Kegel. Dieselbe Wirkung lässt sich mit Regletten erzielen. Vgl. *Durchschuss, Punkt, Vorschub*.

Kill Agenturjargon: das Zurückziehen einer Meldung.

Kinken (Aus der Seemannssprache): Haken, Knoten, grober Fehler (in der Logik, dem Ablauf u. a.).

Klappermeldung Im *Stern* eine Exklusivgeschichte, die die Nachrichtenredaktion in die Agenturen gibt, in der Hoffnung, dass Zeitungen und Sender sie übernehmen und so für den *Stern* Reklame machen.

Kleintexte In Zeitschriften: alles, was nicht *Lauftext* ist, also Überschrift, Vorspann, Bildtexte, Seitentitel, Zwischentitel. Entgegen dem Wortsinn kosten die Kleintexte oft mehr Mühe als der Lauftext.

Knüller, auch Knaller (von mittelhochd. knüllen und jiddisch knellen = knallen, schlagen, stoßen) aufsehenerregende Nachricht, «Schlager», Sensation, großer Auflagen- oder Kassenerfolg. Vgl. *Scoop*.

Kognitive Dissonanz s. *Text-Bild-Schere*

Kolumne (von lat. columna = die Säule, engl. column):
1. Ein Meinungsartikel, den ein Autor (der Kolumnist) regelmäßig an einem bestimmten Platz publiziert,
   - im engeren (engl./amerik.) Sinn ein Gastkommentator,
   - im weiteren Sinn auch ein Redaktionsmitglied. Die engl./amerik. Column ist häufig kein Meinungsartikel, sondern eine Hintergrundinformation.
2. Die Druckspalte einer Zeitung oder Zeitschrift.

Kommentar (von lat. commentarius = Aufzeichnung, Notizbuch)
1. Juristisch und philologisch: die Erläuterung, die erklärende Beigabe (zum BGB, zum «Faust»).
2. Publizistisch: die Kritik, die Wertung, der Meinungsartikel, das *Editorial*, auch die Kolumne. Je nach Länge und Platzierung werden die Meinungsartikel unterteilt in Leitartikel (lang), «Kommentare» im engeren Sinn (mittellang) und Kurzkommentare oder *Glossen* (A).

Entgegen der theoretischen Unterteilung nach 1 und 2 sind auch Leitartikel usw. häufig *keine* Meinungsartikel, sondern bloße Erläuterungen, besonders bei exotischen oder sonst wie komplizierten Themen: erklärende Beigabe, Hintergrund, Deutung, Analyse, «Gebrauchsanweisung» (z. B. zum Verständnis der Lage in Bolivien).

Kommunikation Im Marketing: Oberbegriff für Werbung und PR – obwohl gerade nicht die Zwiesprache, der Austausch von Informationen gemeint ist, sondern die einseitige Berieselung.

kompress setzen (Bleisatz)   Ohne *Durchschuss* setzen. Vgl. *Kegel*.

Konserve   In Funk und Fernsehen die fertig vorliegende Aufzeichnung, i. U. zur *Live*-Sendung.

Kontakte   für Medienforscher die Zahl der Betrachter einer Anzeige.

Konvergenz   Verknüpfung von Text und Bild und Ton im Web 2.0.

Kopfblatt   Eine Zeitung, die mit eigenem Titelkopf und eigenem Lokalteil erscheint, in allen übrigen Teilen jedoch mit dem Mutterblatt identisch ist. Große Provinzzeitungen haben über 20 Kopfblätter.

Korken   Grober Fehler.

Kursivling   In der *FAZ*: Ein Text mit kursiver Überschrift, die seinen saloppen Charakter kennzeichnen soll, z. B. *Feature* oder *Reportage*.

Landing-Page   Eine Webseite, die einen Klick mit dem Eintrag in einer Suchmaschine verbindet.

Lauftext, auch Fließtext   Der zentrale, fortlaufende Text eines Beitrags, i. U. zu den *Kleintexten*. Vgl. *Artikel* (3), *Copy* (5).

Launch oder Relaunch   ist die Umgestaltung einer Zeitung, Zeitschrift oder eines Online-Auftritts, meist im Design, aber auch in Inhalt und Struktur.

Layout (engl.)   Plan, Entwurf, Aufriss, Grundriss, Skizze (in der angelsächsischen Presse aber überwiegend «design»):
1. Die optische Darbietung eines Druckerzeugnisses (Größe und Charakter der Schriften, Bilder und Freiräume).
2. Der für 1 notwendige Arbeitsprozess, auch *Aufriss* genannt (eine Seite «aufreißen», d. h. die Platzverteilung auf ihr skizzieren oder exakt berechnen; i. U. zum *Umbruch*, s. unten). Vgl. *Scribble*.
3. Das Ergebnis dieser Arbeit, die *gelayoutete* Seite, in manchen Redaktionen der *Spiegel*.
4. In Zeitschriften und Boulevardzeitungen das Ressort, das diese Ar-

beit vornimmt, auch *Graphik* genannt. (Sein Chef steht im Impressum unter Bezeichnungen wie: Cheflayouter, Chefgraphiker, Art Director, Graphische Gestaltung, Typographisches Atelier.)

Lead (engl. Führung, Leitung, Vorsprung, Vorhand) In der angelsächsischen Presse, auch in deutschen Redaktionen (das Lead, der Lead):
  1. Der erste Satz einer Nachricht, der «Einstieg» in die Nachricht, ihre Aufzäumung. In diesem Sinn vor allem von Agenturen verwendet, bei denen der erste Satz häufig über die Abdruckquote entscheidet.
  2. Synonym für *Vorspann*, auch wenn er die Länge eines Satzes überschreitet.

Legende (von lat. *legenda* = das zu Lesende):
  1. In manchen Redaktionen Synonym für Bildtext.
  2. Im engeren Sinn: nur der Text unter einer Karte oder *Graphik* (3), der zum Verständnis der Farben und Symbole nötig ist.

Leiche   Setzerjargon: das Fehlen von Wörtern, Sätzen oder Zeilen im gesetzten Text – eine üble Entdeckung, wenn der Umbruch als beendet galt.

Leitartikel   Der wichtigste Kommentar einer Zeitung, meist auf der Titelseite.

Leitglosse   Unscharfe Bezeichnung für einen Kurzkommentar (vgl. *Glosse* A), wenn er an prominenter Stelle steht, z. B. in der *FAZ* auf Seite 1 oben.

Leser   Der, der in einer Zeitung oder Zeitschrift liest, i. U. zum *Käufer*. Ein *Stern*-Exemplar hat im Durchschnitt fünf Leser. Daran wirkt der Lesezirkel mit, der das Exemplar durch mehrere Stationen schleust, darunter solche, wo es dutzendfach gelesen wird (Wartezimmer, Friseur).

Leser-Blatt-Bindung   Die Treue des Lesers zu einer Zeitung oder Zeitschrift. Treue entsteht vor allem durch Gewohnheit, redaktionelle Qualität, *Aktionsjournalismus* (1) und Werbung.

Letter, die   Das Schriftzeichen (Buchstabe, Ziffer oder Satzzeichen) mitsamt dem *Fleisch*, d. h. den nicht druckenden Teilen des Bleikörpers, der das Schriftzeichen trägt. Vgl. *Kegel*.

Lichtsatz, auch Digitalsatz   Die Schriftzeichen werden nicht körperlich gegossen wie im Blei, sondern digitalisiert, d. h. in Punkte und Linien zerlegt. Korrektur findet immateriell statt. Erst beim Belichten des druckreifen Textes auf Film oder Papier werden die digitalisierten Einzelteile wieder zu Schriftzeichen zusammengesetzt. Die Lichtsetzmaschine ist computergesteuert und kann pro Stunde bis zu 10 Millionen Buchstaben setzen. Vgl. *Fotosatz*.

Link   Verbindung zu einer anderen Internet-Seite, die durch einen Mausklick aktiviert werden kann.

Linux   Betriebssystem mit freier Software und offenem Quellcode.

Live   Direktübertragung im Fernsehen, Radio oder Internet (Livestream).

Live-Streaming   Direktübertragung im Netz.

Log (engl. log), Logbuch   Bei den (amerikanischen) Nachrichtenagenturen die tägliche Kontrolle des Abdruck-Erfolgs, des *Play*.

Logfile   Datensystem, das Inhalt und Werbung an den Nutzer liefert und registriert, wie er sich im Netz bewegt.

Lokalspitze   Glosse auf der ersten Lokalseite, meist oben in der rechten oder linken Spalte mit Titeln wie «Guten Morgen».

Lumbeckverfahren, lumbecken, gelumbeckt (nach dem Erfinder Lumbeck)   Die fadenlose Klebebindung von Taschenbüchern, Paperbacks und vielen Zeitschriften (*Geo*, *Capital*); i. U. zur Rückendrahtheftung (Rückenstichheftung, Klammerheftung) wie bei *Stern* und *Spiegel*.

Das Lumbecken ist zwar billiger als das herkömmliche Buchbinden, aber teurer und zeitaufwendiger als die Rückendrahtheftung; außerdem lässt das Heft sich nicht glatt aufschlagen. Doch ist die buchähnliche Wirkung des Lumbeckens bei nicht aktuellen, teuren Zeitschriften (nur bei diesen) erwünscht. Auch hat es einen Vorteil für die Redaktion: Kein *Produkt* (s. dieses) muss symmetrisch in der hinteren Hälfte des Heftes wiederkehren (während beim *Stern* die ersten 16 Seiten immer denselben Drucktermin und dieselbe Papierqualität haben wie die letzten 16 Seiten usw.).

Macher   In manchen Zeitungen und Zeitschriften: der *Produktionsredakteur* oder *Tischredakteur*.

Mailingliste   Verteilerdienst für E-Mails.

Majuskel, die   Großbuchstabe, s. *Versalien*.

Makro   Computer-Jargon: Kette von Satz- oder Umbruchbefehlen, die über einen Namen oder ein Icon (Symbol auf dem Bildschirm) aufgerufen werden kann. Vgl. *Format* (2).

Marketing (von engl. to market = auf den Markt bringen, verkaufen) Die Gesamtheit aller verlegerischen und redaktionellen Maßnahmen, die ein Objekt für Käufer und Inserenten interessant machen.

Mashup (engl. Verknüpfung) Neue Inhalte, meist geographische Daten, werden mit alten Inhalten wie Texten, Tönen oder Bildern verbunden oder mit anderen Webseiten wie Google Maps.

Mater (lat. Mutter) Beim *Hochdruck* eine Tafel aus Pappe oder Kunststoff, in die der fertige Satz eingeprägt wird, um davon die Druckplatte zu gießen.

MAZ

1. Im Fernsehen: magnetische Bildaufzeichnung. Ein mit elektronischer Kamera aufgenommenes Bild kann gleichzeitig *live* gesendet *und* mitgeschnitten werden. Der MAZ-Mitschnitt ermöglicht Archivierung und Kontrolle sowie (beim Sport) die sofortige Wiederholung.

Mazen: im MAZ-Verfahren aufzeichnen.

2. Meldestelle für Anzeigen im Zeitschriftenwesen (überprüft halbjährlich, ob die Verlage die Anzeigen exakt abrechnen).

Media-Analyse (MA) Die alljährlich in der Bundesrepublik stattfindende aufwendigste Marktforschung der Welt. Sie soll die Zahl der *Leser* ermitteln und zugleich die Leserschaft nach Alter, Geschlecht, Einkommen usw. aufschlüsseln. Damit wird sie zur Bibel der Werbeagenturen. Vgl. *Reichweite*.

Megabyte Computer: Standardmaß für die Kapazität von USB-Sticks, Festplatten und internem Speicher. Vgl. *Bit*.

Mehrspalter ist ein Artikel, der sich über mehrere Spalten erstreckt (Zweispalter, Dreispalter usw.).

Meldung s. S. 139

Metadaten enthalten Informationen über Autor und Erstellungsdatum.

Meta-Tags HTML-Befehle, die für den Nutzer unsichtbare Informationen speichern.

Minuskel, die Kleinbuchstabe, i. U. zur Majuskel.

Mittel Bei Überschriften: Schriftgrad von 14 Punkt.

MMS (Multimedia Message Service) ist – wie die SMS – ein Mobilfunkdienst, der mit einer E-Mail Töne, Filme und Graphiken verschickt.

Moblogs (engl. Kombination von Mobile und Blog) Jemand schickt Texte und Bilder von seinem Handy direkt in einen Blog, teilweise per Mail oder SMS

Modem (Abkürzung von Modulator-Demodulator) Gerät, das zwischen Computer und Telefon direkt in die Telefonleitung geschaltet wird. Es übersetzt digitale Daten in analoge und umgekehrt.

Moderation
1. Leitung einer Gesprächsrunde (Talkshow),
2. Selbstverständnis einer Redaktion, die ihre Leser zu Debatten auffordert und das Gespräch strukturiert und öffentlich macht.

Montage
1. Im *Hochdruck*: der Umbruch, wenn er nach *Layout* aus *Lichtsatz* geklebt wird; wird zunehmend durch Bildschirm-Umbruch abgelöst *(Positionierung)*.
2. Im *Flachdruck* und *Tiefdruck*: das Zusammenfügen *(Montieren)* der Texte und Bilder einer Seite nach *Layout* auf einer Folie.
3. Der Raum, in dem die Montage stattfindet.

MP3 (MPEG-1 Audio Layer 3) Verfahren zum Komprimieren von Audiodaten, vom Erlanger Fraunhofer-Institut Anfang der 1990er Jahre entwickelt.

MPEG (Moving Picture Experts Group) Verfahren zum Komprimieren von Filmen.

Multi Client Jemand, der über mehrere PC online geht.

Multimedia Modewort zur Bild-Ton-Text-Verbindung von Zeitung, Online und Handy.

Multi User Mehrere Personen nutzen online denselben Rechner, etwa in einem Haushalt.

Nachricht Eine Information über Tatsachen, die für die Adressaten vermutlich neu und interessant sind und unter diesem Aspekt aus möglichen Zusammenhängen gerissen werden; i. U. zum *Kommentar* (2) unter striktem Verzicht auf die Meinung des Schreibers; i. U. zur *Reportage* ohne subjektive Elemente und Impressionen; i. U. zum Korrespondentenbericht ohne (oder mit vorsichtiger) Deutung; meist ohne die unterhaltenden Elemente des *Features*. Vgl. *Report, Summary.*

Nachspann, Abspann Die Nennung derer, die an einer Fernsehsendung mitgewirkt haben, sofern sie am Schluss der Sendung erfolgt.

Navigation ist die Bewegung mit Maus oder Fingern auf einem Bildschirm oder auf einer Webseite.

Navigationsleiste ist das Inhaltsverzeichnis einer Webseite; die Texte, Bilder und Symbole verweisen auf Ressorts und Rubriken und verlinken darauf.

Navigationspunkt verknüpft Texte oder Bilder im Hintergrund mit einem Dokument.

Neger
1. Im Fernsehen und im Fotoatelier: Bleche oder Stellwände zur Abschirmung unerwünschten Lichteinfalls. Vgl. *Kasch*.
2. Synonym für Ghostwriter (einen, der für Prominente Reden oder Bücher schreibt).

Netto-Reichweite Zahl der Nutzer, die mindestens einmal in einer festgelegten Zeit einen Werbeträger nutzen. s. *Brutto-Reichweite*

Netz Abkürzung für das weltweite Netz, das Word Wide Web (www)

Newsaggregatoren sind Websites, auf denen Informationen aus Nachrichtenseiten gesucht werden und sortiert in Kategorien wie Wirtschaft, Sport, Politik (Beispiel für automatisierte Suche: news.google.de; für redaktionelle Zusammensetzung: www.perlentaucher.de (für Kulturnachrichten).

Newsdesk (engl. Nachrichtentisch)
1. Arbeitsplatz im Newsroom.
2. Moderne, an angelsächsischen Vorbildern orientierte Organisation von Redaktionen, die unterscheiden zwischen Blattmachern, die am Newsdesk sitzen, und Reportern.
3. Der Tisch, an dem die Entscheider, mitunter auch die Blattmacher sitzen; bei einigen Zeitungen wird hier sowohl über die Zeitung wie über Online entschieden.

Newsletter
1. Gedruckt: Ein kurzer Brief mit Nachrichten.
2. Online: Informationsdienst im Abonnement, der einem Nutzer automatisch ins E-Mail-Postfach gestellt wird.

Newsroom (engl. Nachrichtenraum) Großraumredaktion, in der Nachrichten sortiert und redigiert werden.

Netbook (engl.) Kleinstcomputer mit direktem Zugriff aufs Internet.

Netzwerk Verbund von Computern, die Daten austauschen.

Nullnummer s. *Dummy*

Nullzeit Im ZDF 19.00 Uhr, in der ARD 20.00 Uhr, also der (nahezu ausnahmslos pünktliche) Beginn der Hauptnachrichtensendungen.

Nutzungsrecht Ein anderer als der Urheber bekommt die Erlaubnis, ein Werk zu nutzen.

off – on Fernsehen: im On sein = im Bild erscheinen; im Off sein = nicht im Bild erscheinen. Vgl. *Aufsager*.

Offset-Druck Ein Druckverfahren, bei dem druckende und nicht druckende Teile auf gleicher Ebene liegen (i. U. zu *Hochdruck* und *Tiefdruck*). Die nicht druckenden Teile sind chemisch so behandelt, dass sie Wasser annehmen und dadurch Farbe abstoßen. Vgl. *Flachdruck*.

off the record (engl. «weg vom Protokoll»)   Nicht zur Veröffentlichung.

online Der Computer ist im Netz (meist ist das Internet gedacht). Ist er nicht im Netz, ist er offline.

Online First Artikel und Fotos werden schon vor dem Druck ins Netz gestellt.

Open Access Kostenlose, meist wissenschaftliche Veröffentlichungen.

Open-Source-Software (OSS)   s. *Freie Software*.

O-Ton, Originalton   Funk und Fernsehen:
1. Alle akustischen Signale, die das Mikrophon einfängt: Worte, *Geräusche, Atmosphäre*.
2. Im engeren Sinn: nur das eingefangene Wort (i. U. zum *Text*, der im Studio dazugesprochen wird).

O-Ton-Bericht: s. *Bericht mit Einblendungen*. Vgl. *Collage, Einblendung*, IT-*Band*.

Ozalid s. *Blaupause*

Page Impressions (PI) Zählung von Nutzern auf einer Webseite; für Werbekunden entscheidender sind die Visits. s. *Visits*

Page Rank Patentiertes Verfahren, mit dem Google die Popularität einer Website misst; berücksichtigt wird vor allem die Zahl der Links auf eine Seite oder von einer Seite. Larry Page hat das Verfahren entwickelt.

Pagina (lat. Seite)   Seitenziffer. Paginieren: mit Seitenzahlen versehen.

PDF (Portable Document Format) ist ein Format, mit dem Dokumente originalgetreu online verschickt oder archiviert werden können.

Permalink Die eindeutige und dauerhafte Adresse eines Eintrags in einem Blog.

Petit Der Schriftgrad von 8 *Punkt*, der im Zeitungssatz dominiert.

Pica
1. Angelsächsische Maßeinheit für den Schriftgrad: 4,12 mm (etwas weniger als *Cicero* = 4,51 mm). 1 Pica = 12 *Points*. 1 Point = 0,351 mm (etwas weniger als der *Punkt* = 0,375 mm).
2. Genormter Schriftgrad auf der Schreibmaschine: 2,6 mm.

Pixel Punkte, aus denen sich im Druck oder im Computer Bilder zusammensetzen. Je höher die Zahl der Pixel, desto genauer die Details und schärfer das Bild, vor allem bei großformatigen Bildern. Bei Digitalkameras wird in Megapixeln gerechnet (1 Megapixel sind 1 Million Bildpunkte).

Play (engl. Spiel, Spielraum, Bewegung) Bei den (amerikanischen) Nachrichtenagenturen der Abdruck-Erfolg. (Wie viele Zeitungen haben die Rede des Politikers X in der Fassung von *AP*, wie viele in der von *dpa* usw. gedruckt?) Vgl. *Log*.

Plug Ins Hilfsprogramme, um beispielsweise PDF-Dateien mit Acrobat Reader oder Töne mit Real Audio darzustellen.

Podcasting (engl. Zusammensetzung aus broadcasting für senden und Apples iPod) Ein Audio, ein Hör-Blog oder ein Verfahren, um Audio-Dateien im Netz empfangen zu können, meist im Abo.

Point s. *Pica, Punkt*

Portal ist die Einstiegsseite ins Web.

Positionierung Platzierung mit xy-Koordinaten beim Computer-Layout. Vgl. *Layout*.

Posten Ich poste, also schreibe ich einen Text in einen Blog.

Posting
1. Ich habe eine elektronische Nachricht abgeschickt.
2. Der Text einer elektronischen Nachricht.

Prime Time Die Hauptsendezeit: im Hörfunk 7 bis 9 Uhr, im Fernsehen 19 bis 22 Uhr.

Producer
1. Der Blattmacher am Newsdesk s. *Blattmacher*.
2. Im Hörfunk ein Angestellter, der Sendungen technisch vorbereitet und ihren Ablauf überwacht. Oft ist er auch für die Auswahl der Musik zuständig. Bei *Live*-Sendungen nimmt er die Höreranrufe entgegen. Vgl. *Realisator, Produktionsredakteur*.

Produkt Auch Lage, Buch: der Teil einer Zeitung oder Zeitschrift, der in einem Arbeitsgang gedruckt wird. *Zeitungen* bestehen meist aus zwei bis vier Produkten, die lose ineinander gelegt und dadurch für den Leser erkennbar sind; die erste Seite eines neuen Produkts ist ein bevorzugter Platz, z. B. zur Eröffnung des Lokal- oder Wirtschaftsteils.
Zeitschriften bestehen aus bis zu zwölf Produkten, deren Grenzen jedoch wegen der Rückenheftung für den Leser nicht erkennbar sind. Dagegen spielen sie wegen ihrer unterschiedlichen Produktionstermine eine entscheidende Rolle in den Planungen der Redaktion (die frühen *Vorprodukte* – das späte *Hauptprodukt*). Vgl. *Lumbeckverfahren*.

Produktion
1. Der gesamte Prozess der Herstellung einer Zeitung, Zeitschrift oder Sendung, von der Idee des Redakteurs bis zur Beendigung des Druckvorgangs / der Schneidearbeit.
2. Im engeren Sinn: nur der technische Teil von 1, also Satz, Druck, Schneiden.
3. In vielen Zeitschriften: der Dachbegriff für den Arbeitsgang, der mit dem Beschluss, ein Thema aufzugreifen, anläuft: Recherche – Bildbeschaffung – Niederschrift – Layout – Überschrift – Bildtexte.
4. In manchen Redaktionen: die Abteilung, die für die Gestaltung des *Titels* (4) und die Bebilderung von optisch aufwendigen Themen sorgt.

Produktionsredakteur, Producioner, auch «Macher»   In der Zeitung: ein Redakteur, der für ein bestimmtes Ressort oder eine bestimmte Seite die Chef-vom-Dienst-Funktion wahrnimmt, d. h., sie betreut vom Layout über das Satzfertigmachen der Manuskripte und das Formulieren der Überschriften bis zum *Imprimatur*. Vgl. *Producer, Tischredakteur*.

Profiling   s. *Data Mining*

Protokoll   Computer: Regeln, die den Austausch von Daten festlegen (z. B. bei der Übertragung per *Modem* oder beim Drucken).

Provider   Bietet gegen eine Gebühr den Zugang zum Internet (ISP, Internet-Service-Provider).

Proxy-Server (engl. Stellvertreter)   Zwischenspeicher für häufig benötigte Informationen aus dem Internet; er macht das Internet schneller, aber hat teilweise veraltete Informationen.

Punkt   Maßeinheit für den Schriftgrad.
1. In Deutschland (außer bei Computerprogrammen) meist der Didot-

Punkt (nach dem frz. Schriftgießer Ambroise Didot): 0,375 mm. 8 Punkt = *Petit*. 12 Punkt = *Cicero*.

2. In England und Amerika: 1 *Point* = 0,351 mm, 12 Points = 1 *Pica*. In Graphik-Computerprogrammen wird meist der Point benutzt – verwirrenderweise aber auch überwiegend «Punkt» genannt.

Quote (engl.: Zitat)

Quoten ist in der E-Mail-Antwort ein Zitat aus der Originalnachricht.

Rausatz s. *Flattersatz*

Readerscan ist eine Methode des Schweizers Carlo Imboden, um die Nutzung einer Zeitungsseite oder eines Artikels zu messen. s. *Kapitel 53 Was die Leser wollen*

Realisator Im Fernsehen: einer, der Autoren, Reportern, Redakteuren hilft, ihre Ideen in Bilder umzusetzen, sie zu *visualisieren*. Oft hat er überdies ähnliche Funktionen wie im Hörfunk der *Producer*. Auch die Grenze zum Regisseur ist fließend.

Realtime (engl. Echtzeit, live)

Reichweite

1. Die Entfernung, bis zu der ein Rundfunksender störungsfrei empfangen werden kann.

2. In der *Media-Analyse* (MA): die Zahl der Bundesbürger über 14 Jahre, die von einem *Medium* erreicht werden. Sie wird entweder in absoluten Zahlen ausgedrückt (8 Millionen) oder als Prozentsatz der Bundesbürger über 14.

Die Reichweite hat nichts zu tun mit der *Struktur* (in der MA «Zusammensetzung») der Leserschaft. Die *FAZ* hat unter ihren Lesern einen ungleich höheren Anteil von Akademikern als *Bild*, aber die *Reichweite* von *Bild* unter Deutschlands Akademikern ist höher.

Relaunch s. *Launch*

Report Ein Bericht, der *alles über ...* enthält (*Spiegel*-Report über Rauschgift usw.). Er kann, wie das *Feature*, völlig aus dem Archiv stammen, enthält aber meist nicht die unterhaltenden Elemente des Features, auch nicht die subjektiven der *Reportage*. Eine Kurzform des *«Alles über ...»* ist das *Summary*.

Reportage

1. In vielen, zumal kleineren Zeitungsredaktionen: jeder Text abseits der reinen Nachricht, also auch *Features*.

2. Im Hörfunk: ein aktueller Bericht mit hörbarem authentischen Hintergrund («Ich stehe hier auf dem Marktplatz von ...»), meist *live* übertragen.
3. Im engeren Sinn bei Zeitungen und Zeitschriften: eine Information über Tatsachen wie die Nachricht, von der Nachricht jedoch durch dreierlei unterschieden:
   - Sie bringt nur oder überwiegend solche Tatsachen, die der Autor selbst gehört oder gesehen hat. Sie gibt Beobachtungen wieder, nicht Reflexionen.
   - Sie darf subjektive Färbungen und Impressionen enthalten; Urteile zu fällen bleibt dem Leser überlassen.
   - Sie ist nicht hierarchisch aufgebaut wie die Nachricht (im ersten Absatz das Wichtigste, im letzten Absatz das Unwichtigste), sondern dramaturgisch.

Reporter
1. Journalist, der Reportagen schreibt.
2. In angelsächsischen und einigen deutschen Redaktionen der Redakteur, der draußen recherchiert – im Gegensatz zum Editor, der am Newsdesk redigiert. s. *Editor*

Retrievalsprache, -programm, retrieval (von engl. retrieve = wiederfinden, sich zurückholen) Computerprogramm, das Texte in Datenbanken und Archiven sucht. Bei der Suche sind bestimmte Normen oder Kürzel einzuhalten. Es gibt zwei Suchverfahren:
1. Volltext: Es kann nach jedem beliebigen Wort gesucht werden.
2. Deskriptoren: Gesucht wird mit Stichwörtern, die den Inhalt des Textes beschreiben.

Rezension Besprechung eines Buchs, einer Theater- oder Opernaufführung, eines Films o. Ä., stark wertend geschrieben.

Roter Hering Fernsehjargon: ein optisches oder akustisches Hilfsmittel zum Wiedererkennen von Personen oder Situationen (Leitmotiv, «der Mann mit der Augenklappe»). Vgl. *Spitzmarke* (5).

RSS-Feeds (engl.) Kostenlose Kurznachrichten; sie kann man z. B. bei Google abonnieren; sobald neue Nachrichten zu einem Suchwort eintreffen, bekommt man einen Hinweis.

Rubrik (von lat. ruber = rot)
1. Die Überschrift.

2. Eine Spalte, ein Kasten, eine ständige Einrichtung in einer Zeitung oder Zeitschrift (Leserbriefe, Horoskop, Aktuelles Lexikon usw.), oft *Ständige Rubrik* genannt.

3. Die Anzeigenrubrik («Rubrik-Anzeigen» wie Immobilien, Gebrauchtwagen, Bekanntschaften).

Satzspiegel Der bedruckte Teil einer Zeitungs- oder Zeitschriftenseite, d. h. ohne den Außenrand; gemessen in *Cicero*.

Scanner (von engl. scan = absuchen, scharf ansehen) Gerät, das Texte oder Bilder mit einem Lichtstrahl abtastet und für den Computer in digitale Daten überträgt.

Schaufelware Ein Webauftritt, der fast nur Bilder und Texte aus einer Zeitung oder Zeitschrift übernimmt.

Scheckbuch-Journalismus
1. Der Kauf von Informationen, die nur für viel Geld zu haben sind (*Spiegel, Stern*).
2. Der Kauf des Exklusivrechts an einer Information, die sonst frei fließen würde.

Schiff Im Bleisatz: Metallplatte mit Rahmen für den *Umbruch* oder zum Aufbewahren von *Stehsatz*.

Schlagwörter, Schlüsselwörter (Keywords) Die vier oder fünf wichtigsten Wörter in der Überschrift und im Teaser eines Artikels, die die Suchmaschinen aufgreifen. s. *Tags*

Schlagwortwolke s. *Tag-Cloud*

Schlussredaktion In großen Zeitschriften das Ressort, das die Manuskripte prüft: auf Einhaltung der vorgegebenen Länge (vgl. *Layout*), auf grammatische Korrektheit, z. T. auch auf Qualität überhaupt. Vgl. *Copy-Desk, Imprimatur, Produktion*.

Schmalzbohrer Fernsehjargon: Kopfhörer für Regieanweisungen.

Schöndruckseite Im *Hochdruck* (dem noch überwiegenden Druckverfahren für Zeitungen) eine Seite, auf der Fotos (Autotypien) *schlecht* drucken; i. U. zur schön druckenden *Widerdruckseite*. Die Begriffsverwirrung hat historische Gründe. Bei einem 8-Seiten-Produkt sind Widerdruckseiten 1, 3, 6, 8 – Schöndruckseiten 2, 4, 5, 7.

Schriftart s. *Antiqua, Fraktur, Grotesk*

Schriftgrad Die Größe der Schrift, gemessen in *Punkt*. Vgl. Petit, Cicero, Mittel, Tertia, Text, Doppelmittel.

Schusterjunge Der weniger sündige Bruder des *Hurenkinds*: der Effekt, dass die letzte Zeile der Spalte die erste Zeile des neuen Absatzes ist.

Scoop (engl. Schöpfkelle, Schippe; das Abgeschöpfte, der Gewinn, der große Fang) Sensationeller Exklusivbericht, Steigerung von *Knüller*.

Screen (engl. Bildschirmseite)

Screen-Design Layout für den Bildschirm im Gegensatz zum Layout für Zeitungen oder Zeitschriften.

Scribble (engl. Gekritzel, Skizze) Ein roh gezeichnetes *Layout* (2).

Scroll (engl. Schriftrolle, Liste) Zur nächsten Bildschirmseite blättern, scrollen.

Semantische Suche ist eine Suchmaschine, die alltägliche Sätze verstehen kann, etwa die Frage: «Wie ist das Wetter in Berlin?»

Senkel Techniker-Jargon für Tonband.

Server (von engl. serve = dienen, versorgen) Computer, auf den *alle* Benutzer eines Computernetzes zugreifen können; steuert auch zentrale Funktionen wie elektronische Post oder Drucker.

Skype Software zum kostenlosen Telefonieren innerhalb des Internets (Voice over IP) sowie preiswertes Telefonieren ins Festnetz und zu Mobiltelefonen, für Datenübertragung und Video-Telefonate. «Ich skype».

Slideshow (Diaschau) Bilderfolge im Internet, bei der im besten Fall eine Geschichte erzählt wird; werden Fotos und Videos abwechselnd gezeigt: Video-Slideshow

Slot (engl. Schlitz, Durchlass) Der Arbeitsplatz und die Funktion des Chefs vom Dienst oder Schichtführers in den englischsprachigen Agenturen. Der Slotter entscheidet, welche Nachricht gesendet wird. Vgl. *Desk*.

Slow Motion (engl. langsame Bewegung) Im Fernsehen: die Zeitlupe, wenn sie nicht durch Überdrehen bei der Aufnahme entsteht, sondern nachträglich durch elektronische Dehnung eines normal aufgenommenen Films, i. U. zur *quick motion*, dem Zeitraffer.

Slug Stichwort über einer Agenturmeldung zur geographischen oder thematischen Einordnung («Libanon»). *Master Slug*: Oberbegriff zum *Slug* («Nahost»).

SMS Kurznachrichtendienst auf dem Handy mit maximal 160 Zeichen

Snap (engl. Knall, Klick) Bei Agenturen: die Eilmeldung; auch der Satz, aus dem eine Eil- oder Blitzmeldung besteht. Vgl. *Flash*.

Social in verschiedenen Kombinationen wie Social Media, Social Network oder Social Community kennzeichnet Netze, in denen eine Person mit anderen kommuniziert.

Social Bookmarking Lesezeichen im Netz, mit denen ein Nutzer wichtige Webseiten kennzeichnet und dies anderen mitteilt.

Social News sind Nachrichten, die von Nutzern als wichtig ausgewählt werden.

Social Web s. *Web 2.0*

Sonderverkauf oder sonstige Verkäufe Jedes Exemplar, das nicht durch das reguläre Abo oder den Einzelverkauf vertrieben wird – also Bordexemplare, Lieferungen für *Zeitung in der Schule*, verbilligte Exemplare für Cafés oder Arztpraxen (*Die Welt* hatte im 4. Quartal 2002 über 54000 Exemplare Sonderverkauf bei einer Gesamtauflage von gut 210000).

Spam (Spiced Pork And Ham oder Specially Prepared Assorted Meat, meint unbeliebtes Büchsenfleisch, bekannt durch einen Sketch von Monty Python). Massenhaft unverlangte Werbung, Werbemüll im Mail-Eingang.

Spiegel
1. Synonym für das Layout einer Seite, s. *Layout* (3).
2. Vor allem bei Zeitschriften: die schematische, verkleinerte Darstellung aller Seiten einer Ausgabe (auch Heftspiegel, Seitenspiegel, *Struktur*, «Kuchenbrett» genannt). Der *Blattmacher* bestimmt danach die Verteilung der redaktionellen Plätze.

Spieß Im Bleisatz: Buchstabenzwischenraum, der sich hochgeschoben hat und fälschlich mitdruckt.

Spitze
1. In vielen Redaktionen ein Synonym für *Glosse* (A oder B), besonders die *Lokalspitze*.
2. In der *Frankfurter Rundschau*: der Aufmacher!

Spitzmarke
1. Eines der vielen Wörter für die sog. Dachzeile (s. *Überschrift*).
2. Die gefetteten ersten Wörter einer Kurzmeldung oder Personalie, auch *Fettvoraus* genannt.
3. Die Überschrift eines Bildtextes (ebenfalls «Fettvoraus» genannt).
4. In einigen Zeitungen: die Ortszeile vor oder über der Nachricht.

5. Bei den Agenturen die «Ortszeile» oder der «Aufgabeort», um zu zeigen, von welchem Ort der Korrespondent die Nachricht geschickt hat.
6. In Zeitschriften: ein Bildsymbol oder ein Schriftzug, das/der auf jeder Seite eines längeren Beitrags wiederkehrt («Wiedererkenner»). Vgl. *Roter Hering*.

Staffer s. *Stringer*

Statement (engl. Behauptung, Aussage) Im Fernsehen: eine Erklärung oder Stellungnahme, die nicht, wie beim Interview, durch Fragen unterbrochen wird. Vgl. *Aufsager, Durchmarsch*.

Stehsatz Fertig gesetzte Texte, die
1. entweder planmäßig schon für die nächste Ausgabe in Satz gegeben worden sind
2. oder diesmal übrig geblieben sind, aber vermutlich verwendbar bleiben, i. U. zum *Übersatz* (2).

Stichzeile s. *Überschrift* (3)

Story (engl. Geschichte, Erzählung)
1. Ein Feature mit erzählerischem, personalisiertem Anfang – das *Spiegel*-Modell (einem Bericht über japanische Exporterfolge wird das Erlebnis *eines* Japaners oder *eines* deutschen Käufers vorangestellt).
2. Der Kern einer Nachricht, die Aussage, der Knalleffekt. («Und was ist die Story?», fragt der Redakteur ungehalten.)

Storyboard (engl. Drehbuch) Übersicht aller Online-Seiten und ihrer Verlinkung.

Storytelling (engl. Geschichten erzählen) Modisches Wort für Reportagen, in denen Geschichten erzählt werden.

Streaming Live-Übertragung im Netz, die auch für Vorlesungen und Seminare (Webinars) genutzt wird.

Strichätzung Im Hochdruck:
1. Druckverfahren zur Reproduktion von Linien (Zeichnungen, Landkarten), d. h. nicht von Grautönen wie bei der *Autotypie*.
2. Die dabei entstehende Druckplatte.

Stringer Agentur-Jargon für solche Korrespondenten, die freie Mitarbeiter oder Pauschalisten sind; i. U. zum *staffer*, dem zum «Stab» gehörenden, also angestellten hauptberuflichen Korrespondenten.

Struktur Heftstruktur, Blattstruktur (vgl. *Spiegel* 2):
1. Der Anzeigenbelegungsplan, aus dem die redaktionellen Freiräume hervorgehen.
2. Die Verteilung des Redaktionsplatzes auf Ressorts oder Themen. *Strukturkonferenz:* in Zeitschriften ohne feste Ressortplätze das Ringen der Ressorts um den Platz.

Suchmaschine Online-Dienst in Form eines Lexikons, der viele Internet-Seiten nach einem Schlagwort durchforstet mit einem «Agenten» oder «Spider».

Suchmaschinenoptimierung (Search Engine Optimization, SEO) nutzt jeder, der will, dass seine Seiten bevorzugt von einer Suchmaschine gefunden werden.

Summary (engl. Zusammenfassung, Übersicht, Abriss, Kompendium; in deutschen Red. auch «Summy»; syn. mit *abstract, epitome*):
1. Kurzfassung eines längeren Berichts, z. B. kurz auf S. 1, lang auf S. 5.
2. De facto – wenn auch meist nicht so benannt – ein Oberbegriff für ständige Rubriken wie «Stichwort», «Aktuelles Lexikon» oder «Aktuelles Wörterbuch»: *alles über* (Bolivien, die Neutronenbombe, den Dialektischen Materialismus usw.) in 20 bis 40 Zeilen.

Szenarium Rohfassung des *Drehbuchs*. Vgl. *Treatment*.

Tag-Clouds (Schlagwortsammlungen), wie sie Blogger verwenden und mit deren Hilfe man weitere Recherchen zum thematischen Stichwort eines Artikels treiben kann.

Tags Schlagwörter, die der Autor eines Online-Artikels eingibt; vor allem wichtig für Suchmaschinen.

Take, das (engl. Portion)
1. Im Funk: Abschnitt einer Ton- oder Fernsehaufnahme.
2. Bei der Synchronisation: ein Filmabschnitt von 10 bis 30 Sekunden, der isoliert geprobt und synchronisiert wird.
3. Bei den Nachrichtenagenturen (auch «Teil»): die Portion, nach der die Agentur einen längeren Bericht unterbricht, um ihn mit neuem Kopf («Bundestag 2») wieder aufzunehmen – entweder gleich danach oder nachdem aktuellere Meldungen dazwischengeschoben worden sind. Ein Take hat maximal 20 Zeilen bei *dpa* und *AP* (à 65 Anschläge = 160 Wörter), 22 Zeilen bei *Reuters*.
4. Eine Bildschirmseite

Tausend-Kontakte-Preis (TKP) Was kostet es, tausend Kontakte mit einer Anzeige zu bekommen?

Teaser (von engl. tease = reizen, necken) Anschmecker, eine reißerische Vorankündigung:
1. Online: Vorspann auf der Homepage, der neugierig macht auf einen Text, der per Link zu erreichen ist.
2. In Zeitung/Zeitschrift: ein Kasten, der auf eine bevorstehende Veröffentlichung hinweist.
3. In Hörfunk und Fernsehen: eine Kurzvorschau (vgl. *Trailer*).
4. In der Werbung: eine Anzeige, die eine Kampagne einläutet, oft noch ohne Identifizierung des Werbungtreibenden.

Teleprompter, auch Autocue, Abspannroller Im Fernsehen ein Lesegerät (meist im Objektiv der Fernsehkamera), dessen Geschwindigkeit vom Sprecher gesteuert werden kann.

Teleskopie Die Ermittlung der Einschaltquoten beim Fernsehempfang, verwandt mit der *Media-Analyse*.

Teletext Das in Österreich gebräuchliche Wort für *Videotext*.

Tertia Bei Überschriften: Schriftgrad in 16 Punkt.

Text
1. In der Redaktion: (a) *Lauftext*, Fließtext, (b) alles Geschriebene, i. U. zu den Bildern.
2. In der Anzeigenabteilung: der redaktionelle Platz (Text und Bild!), i. U. zu den Anzeigen.
3. Bei Überschriften: der Schriftgrad von 20 Punkt.
4. In Hörfunk und Fernsehen: was von einer schriftlichen Vorlage abgelesen wird (Nachricht, Bericht, Reportage).

Text-Bild-Schere (Kognitive Dissonanz) Informationen in Überschrift und Bild müssen identisch sein; mit anderen Worten: Wenn Micky Maus in der Überschrift steht, muss auch Micky Maus auf dem Bild zu sehen sein.

Thread (engl. Faden) setzt sich im Netz zusammen aus einer Nachricht und allen Antworten und Kommentaren in einem Diskussionsforum.

Thumbnail (von engl. Daumennagel) Ein kleines Bild im Redaktions- oder Agentursystem oder Internet, das durch einen Mausklick vergrößert werden kann.

Tiefdruck, auch Kupfertiefdruck
1. Druckverfahren, bei dem die druckenden Stellen der Druckform tiefer liegen als die nicht druckenden: Winzige Näpfchen werden in Kupfer geätzt oder graviert; nur in ihnen bleibt die druckende Farbe zurück.
2. In der Kunst: die Radierung.

Tischredakteur In manchen Redaktionen: der Redakteur im engeren Wortsinn, der Redigierer, Überschriftenmacher, «Macher», Platzdisponent; i. U. zum Reporter/Korrespondenten. Vgl. *Produktionsredakteur*.

Titel (von lat. *titulus* = der Zettel an der Schriftrolle, der ihren Inhalt mitteilte):
1. Die *Überschrift*, die Schlagzeile (vgl. *Zwischentitel*).
2. Bei Zeitungen: der «Kopf» der Seite 1.
3. Bei Zeitungen mit Kopfblättern: das einzelne Kopfblatt.
4. Bei Zeitschriften: die Titelseite, das Deckblatt, auch *Cover*.
5. Im Hörfunk: das Musikstück.
6. Im Buchhandelsjargon: das Buch, sofern das Werk und nicht das einzelne Exemplar gemeint ist («Die drei Simmel-Titel wurden 200 000-mal verkauft»).

Topic Themen in einem Blog, um diesen zu ordnen und Übersichtlichkeit zu erreichen.

Trailer (von engl. trail = Schleppe, Pfad) In Fernsehen und Hörfunk: Vorspann einer (oder Hinweis auf eine) Sendung, falls er regelmäßig wiederkehrt. Vgl. *Teaser* (2).

Treatment Im Fernsehen: der Text, anhand dessen entschieden wird, ob ein Film gedreht werden soll. Je nach Sender ist dieser Text
- nur 1 bis 5 Seiten lang und damit eher ein Exposé,
- 5 bis 30 Seiten lang und schon mit Elementen des *Szenariums*.

Trojaner Ein Programm, das unbemerkt auf einen Rechner zugreift und Daten zerstört.

Türke, «einen Türken bauen» Im Bildjournalismus und im Fernsehen: durch gestellte Szenen oder raffinierte Schnitte den Betrachter beeindrucken und irreführen.

Tweet 140-Zeichen-Kurznachricht

Twitpic oder Tweetphoto funktioniert wie Twitter, aber zum Hochladen von Fotos

Twitter (engl. Gezwitscher) Textnachricht von höchstens 140 Zeichen, die an viele Nutzer gleichzeitig geschickt werden kann; kostenlose Anmeldung unter www.twitter.com.

Überlauf Der Teil des Textes, der auf eine andere Seite überläuft. Manche Redaktionen unterscheiden: *Überlauf* nur, wenn der Text auf die *nächste* Seite überläuft; sonst *Umlauf* (häufig bei Rückendrahtheftung; vgl. *Lumbeckverfahren, Produkt*).

Die meisten Redaktionen beginnen den Überlauf/Umlauf absichtlich mitten im Satz, um den Leser zum Weiterlesen zu verführen. Die *FAZ* läuft umgekehrt immer nur nach einem Absatz über. Im *Kölner Stadt-Anzeiger* sind Überläufe verboten.

Übersatz
1. Alle fertig gesetzten Texte, die in der jüngsten Ausgabe keinen Platz hatten.
2. Nur die nicht mehr verwendbaren Texte (hinausgeworfene Satzkosten).

Überschrift, auch Titel, Rubrik, «Zeile» Sie kann aus einem, zwei oder drei Elementen bestehen: immer aus der
1. *Hauptzeile, Schlagzeile, Headline* (oft auch *Titel* oder *Rubrik* im engeren Sinn). Meistens ferner aus der
2. *Unterzeile*. Oft (statt der Unterzeile oder zusätzlich zu ihr) aus der unterstrichenen
3. *Dachzeile,* Kopfzeile, Kopftitel, Titelzeile, Vorzeile, Vorschlagzeile, Stichzeile, *Spitzmarke* (1).

Umbruch s. *Layout, Montage, Positionierung*

Unique Client Bei der Agof-Zählung von Internet-Nutzung werden Clients zu Unique Clients, wenn sie an mindestens zwei Kalendertagen in einem Abstand von mindestens 12 Stunden und maximal 35 Tagen auftauchen.

Unique User (engl. einzelner Nutzer) ist für die Agof-Zählung die Basis der *internet facts*: Wie viele Personen haben in einem festgelegten Zeitraum Kontakt mit einem Werbeträger? So werden Reichweiten und Strukturen von Online-Werbeträgern ermittelt.

Unter 3 ist eine vertrauliche Information in einem Hintergrundgespräch; sie darf nicht verwendet werden. Unter 2 darf sie verwendet werden, aber ohne Angabe des Urhebers.

URL (Uniform Resource Locator)   Adresse eines Dokuments im Internet.

User (engl. Teilnehmer, Anwender)   Nutzer im Internet

User Generated Content   ist von den Usern (Nutzern) erstellter Inhalt in sozialen Netzwerken.

Versalien (Sing. der Versal), auch Majuskeln: die Großbuchstaben. NATO kann man in Versalien setzen oder «gemischt»: Nato (ein Versal, drei Minuskeln). Vgl. *Kapitälchen*.

Videoportale   im Internet zum kostenlosen Hochladen und Anschauen von Filmen: My Video, Clipfish, sevenload, Vimeo, Youku; das größte: s. *YouTube*.

Video-Slideshow   s. *Slideshow*

Videotext   (international *Teletext*, in der Schweiz Bildschirmtext) Wird von den Rundfunkanstalten angeboten und drahtlos übermittelt.

Viren   sind Programme, die andere Programme zerstören.

Virtual Community (VC)   s. *Community*

Visits   Zählung von Nutzern eines Internetangebots; sie ist wichtig ist für Werbekunden.

Visualisieren   (von engl. visualize = sich vor Augen führen)
1. In Zeitschriften: die Veranschaulichung eines Textes durch Fotos, Fotomontagen, Zeichnungen, Schaubilder, die weit über das bloße Dazustellen von Bildern (*illustrieren*) hinausgeht. Klassische Felder der Visualisierung sind die Titelbilder von *Spiegel* und *Stern*.
2. Im Fernsehen: das Dazustellen eines Bildhintergrundes (hinter dem Korrespondenten der Kreml, hinter dem Nachrichtensprecher beim Stichwort «Mitbestimmung» ein Tisch mit sechs Hüten und sechs Helmen); im weiteren Sinn: das Ins-Bild-Umsetzen von Ideen. Vgl. *Realisator*.

Vlogs   Blogs aus Bildern und Videos (zum Beispiel «Speak Schneider!» auf sueddeutsche.de).

Voice over IP   Telefonieren über Internet. s. *Skype*.

Vorschub   Im Lichtsatz: die Strecke, um die der Film vorgeschoben werden muss, damit die nächste Zeile belichtet werden kann. Diese Strecke entspricht dem *Kegel* im Bleisatz.

Vorspann, auch *Motto, Lead, Aufhänger*   Meist gefetteter, auch kursiver Voraustext mit zwei völlig verschiedenen Funktionen:

1. In der Zeitung: eine Zusammenfassung des folgenden Lauftextes, die dessen Lektüre allenfalls entbehrlich macht (vgl. *Summary*).
2. In den meisten Zeitschriften, auch in Boulevardzeitungen: ein Anreißtext, der den Sachverhalt nur teilweise darlegt und auf den folgenden Lauftext Appetit machen soll. Vgl. *Lead*.

Waschzettel Ein Text, der von Behörden, Parteien, Vereinen, Pressechefs für die Presse vorbereitet worden ist. Je kleiner die Zeitung, desto größer die Bereitschaft, Waschzettel unverändert abzudrucken.

Web Abkürzung für Word-Wide-Web (www).

Web 1.0 Die Kommunikation im Internet läuft nur in eine Richtung: Das Netz schickt Texte, Bilder, Töne.

Web 2.0 Die Nutzer können reagieren (Rückkanal) durch Kommentare, Blogs, Twitter usw. und sich im Social-Web verbinden.

Webcam Kamera für Internet-Video, oft auf dem Computer installiert oder an einem besonderen Ort wie einer Sehenswürdigkeit oder belebten Kreuzung.

Webcrowler sind die Programme der Suchmaschine, die ihre Rangliste bestimmen durch die Anzahl der Links auf einer und zu einer Seite sowie durch die Schlüsselwörter (Keywords).

Webinars Live-Übertragung von Seminaren im Netz.

Weitester Nutzer-Kreis (WNK) Für die Agof die Zahl der Nutzer, die mindestens einmal in drei Monaten Kontakt mit einem Werbeträger hat.

Whistleblower (engl. jemand der in die Pfeife bläst) erzählt vertraulich von Missständen.

Widerdruckseite s. *Schöndruckseite*

Widget oder Applet Ein Mini-Computer-Hilfsprogramm, das nicht eigenständig betrieben werden kann

Wiki (hawaiianisch = schnell) ist eine Website, die von Nutzern gemeinsam und gleichzeitig bearbeitet werden kann. Bekanntestes Wiki ist das Online-Lexikon Wikipedia.

Wording bedeutet in der Marketing-Sprache das Schreiben einer Webseite.

Workflow (engl.) ist der Arbeitsablauf in einer Online-Redaktion.

WWW World Wide Web, auch einfach Web oder W3, ist eine weltweite Verknüpfung von Informationen im Internet s. *Internet*.

Yellow Press (nach der Schmuckfarbe gelb, die von den amerik. Vorbildern bevorzugt wurde), auch Regenbogenpresse, Soraya-Blätter (weil sie in Deutschland zurzeit von Kaiserin Soraya aufblühten und sich an ihr emporrankten) Publikumszeitschriften, die im Preis wie im Niveau an der unteren Grenze des Marktes liegen.

Yfrog s. *Twitpic*

YouTube das größte Videoportal, in das jeder kostenlos seine Filme stellen kann; 2005 gegründet, 2006 von Google gekauft.

Zeile In manchen Redaktionen ein Synonym für die *Überschrift* («Wir haben noch keine Zeile!»).

Zeitschriften-Typen Von den Marktforschern werden unterschieden:
1. *Publikumszeitschriften* – solche, die sich *an alle* wenden: Illustrierte, Programmzeitschriften, Yellow Press. Dabei wird noch unterteilt:
   (a) general interest magazines – Zeitschriften, die *alles* bringen, i. U. zu den
   (b) Programmzeitschriften.
2. *Zielgruppenzeitschriften* – solche, die sich an einen soziologisch/demographisch bestimmbaren Teil der Bevölkerung wenden, z. B. *Eltern* (*Brigitte* ist ein Grenzfall zwischen 1 und 2).
3. *Spezialzeitschriften* – solche, die sich an den Teil der Bevölkerung wenden, der ein *Hobby* gemeinsam hat, z. B. *Tennismagazin*.
4. *Fachzeitschriften* (*Computerwoche*).
5. *Verbandszeitschriften* (*ADAC-Motorwelt*).
6. *Kundenzeitschriften* (*BMW Magazin* oder *Drogerie-Journal*).
7. *Werkzeitschriften*.

Zeitung in der Schule (ZiSCH), auch «Schule und Zeitung» (SchulZ), «Schüler machen Zeitung (SchmaZ)», «Zeitungstreff», «Schüler in der Zeitung», «Schüler lesen Zeitung» oder «Zeus».   Eine Aktion von Regionalzeitungen, um Jugendlichen das Zeitunglesen schmackhaft zu machen. In der Regel wird sechs bis zwölf Wochen jedem Schüler die Zeitung in die Schule geliefert und im Unterricht besprochen; anschließend recherchieren und schreiben die Schüler, eine Auswahl der Beiträge wird veröffentlicht.

Zielgruppe Eine Gruppe mit bestimmten Merkmalen, die Werbetreibende erreichen wollen – etwa Angler, Höhergebildete, Fußballfans.

Zitate Übernahme von Texten, Bildern oder Graphiken anderer Urheber. Dies ist erlaubt, wenn das Zitat unverändert, nicht sinnentstellend und deutlich mit Quellenangabe gekennzeichnet ist. Die Länge des Zitats ist nicht beschränkt, allerdings muss das Zitat einen deutlich erkennbaren Zweck in einem Text erfüllen.

Zoom auch Gummilinse, Transfokator   An der Fernsehkamera: stufenlose Veränderung der Brennweite, sodass z. B. ein Detail aus dem Hintergrund groß herausgegriffen werden kann.

Zwiebelfisch   Setzerjargon: ein Buchstabe, der aus einer falschen Schrift in den Text geraten ist.

Zwischenschnitt   Im Fernsehen eine *Einstellung* abseits der gerade agierenden Person (eigentlich also «Zwischeneinstellung»). Zwischenschnitte beleben den Ablauf und erleichtern das Schneiden.

Zwischentitel, Zwischenüberschrift   Überschrift im Text zur optischen oder inhaltlichen Gliederung eines längeren Artikels und als Leseanreiz.

Namen- und Sachregister

Die Namen von Zeitungen, Zeitschriften, Nachrichtenagenturen, Sendern, Sendungen und Internet-Suchmaschinen sind *kursiv* gesetzt. Stichwörter aus dem Anhang (ab S. 349) und aus dem Lexikon unbrauchbarer Wörter (S. 68–90) sind hier nur bei besonderem Gewicht noch einmal aufgeführt.

A
Abendzeitung (München) 161, 213, 231, 261 f., 394 f.
Abonnementzeitungen 12, 109, 137, 210, 319
Absätze 243, 245 f.
Abstrakte Sprache (gegen) 62, 64, 84, 195, 284
Adenauer, Konrad 255
«Administration» 67, 69 f.
ADN 120
Agence France-Presse (AFP) 112, 120 f.
Agenturen s. *Nachrichtenagenturen*
Ahlers, Conrad 101
Aids-Berichterstattung 172, 287 ff., 293
air (Kundenmagazin) 336
Akademiker im Journalismus s. *Studium, Ausbildung*
Aktionen, Aktionsjournalismus 69, 212, 319, 321 ff.
Aktionen mit Lesern 323
«Aktivitäten» 68 ff., 83, 304
Aktualität 110, 138, 307, 327
Allgemeinbildung s. *Bildung*
Analyse 12, 31, 108, 136, 146, 174, 177–182, 223 f., 231, 326, 343 («Kommentar»)

Anchorage Daily News 92
Anfang s. *Lead*
Anglizismen 68–90
Anzeigen: Redaktion 26, 125 f., 275, 277, 303
Anzeigenblätter 123, 345
Arbeitsdisziplin s. *Tugenden*
Archiv 123, 184, 188, 206 f., 209, 241
Attribute 56
Auflage 26, 38, 92, 186, 209 f., 213, 323, 335, 409
Aufmacher 12, 40, 107, 117 f., 137, 140, 161, 172, 178, 204, 241, 274, 282, 311 f., 314 f., 326, 410 s. auch *Seite 1*
Aufsetzer 140
Augstein, Jakob 341
Augstein, Rudolf 273
Ausbildung zum Journalisten 230, 303, 338
Autorenzeitung 279 f.
Avanti (Mailand) 228

B
Babel, Isaak 328 f.
Badisches Tagblatt 241, 389
Badische Zeitung 32, 53, 55, 385, 395
Balken 33, 215, 258 f., 264, 274, 277
Barbier, Hans D. 226 f.
Basler Zeitung 96

Bayerisches Staatsforsten Magazin 336
Beamtenjournalismus 12, 14, 109. 137, 210, 319 s. auch *Abonnementzeitungen, Öffentlichkeitsarbeit, Tugenden*
Beethoven, Ludwig van 40, 300
«Befindlichkeit» 72
Begabung 15 f., 331 s. auch *Ausbildung*
«Bekenntnis» 72, 87 f., 270
«bekräftigen» 135, 170
Benn, Gottfried 43
Bentele, Günter 186
Beobachter (Zürich) 184
«Bereich» 72 f.
Bergmann, Hanns-Georg 220 f.
Bericht 139 s. auch *Nachricht*
Berliner Kurier 262, 394
Berliner Morgenpost 38, 278, 321, 382, 386, 396
Berliner Zeitung 55, 61, 246, 278, 382, 385
Berlusconi, Silvio 263
Berufsbilder 331–340
BILD 11, 33, 38, 209–214, 244, 297, 309, 332, 393, 395 s. auch *Boulevardzeitungen*
BILD-Blog 37
Bilder s. *Fotos*
Bildung und Weltkenntnis 15–21, 170, s. auch *Ausbildung, Studium*
Bildunterschrift 218 f., 240, 253–257
bin Laden, Osama 35
Blattmacher 34, 100, 123 f., 273 f., 277, 279 f., 285, 412
Blau, Wolfgang 332
Blickaufzeichnung 241, 260, 419 (Eyetrack)
Blockumbruch 246, 251
Blog, Blogger 9, 24 ff., 29, 35, 37, 45 ff., 99, 103, 112, 127, 331 f., 334, 337, 412
– «Microblogging» 28
Bluewater-Skandal 34, 116

Blum, Joachim 31
BMW-Magazin 336
Böhme, Erich 127
Borderline-Journalismus 157
Bosbach, Gerd 167 f., 352
Boulevardzeitungen 11, 14, 136 f., 173 f., 209 ff., 213, 215, 252 f., 263 ff., 274, 277 («Feature»)
brand eins 380
Braunschweiger Zeitung 129, 323, 381, 386
Brinkbäumer, Klaus 193
Broder, Henryk M. 45
Brouwers, Bart 39
Büchner, Wolfgang 47, 112, 116, 118
Buchwald, Manfred 336
Bundesgerichtshof 98, 125, 296, 298
Bundespressekonferenz 128 ff., 318
Bundesverfassungsgericht 231, 264, 297
Bunte Illustrierte 216, 219
Burda, Hubert 213
Burger, Peter 102
Bürokraten-Jargon s. *Jargon*
Busche, Jürgen 226
Bush, George W. 145, 219

C

Caesar 313
Caroline-Urteil 295 ff.
Charaktereigenschaften des Journalisten s. *Tugenden*
Chat 104, 413
Chefredakteur s. *Redaktion*
Chef vom Dienst s. *Redaktion*
Chronologie 52, 144 f., 151, 155, 185, 194 f., 197
Chruschtschow, Nikita Sergejewitsch 116
Clip-Arts 258
Computer 18, 23, 28, 31, 46, 77, 81, 91 ff., 101, 104, 110, 113, 116, 190, 206, 219, 235, 241 f., 247, 250, 264, 268, 282, 315, 320, 338 f., 342 f.

D

dapd 118, 120
ddp 120, 205
Demokratie 20, 23–26, 97, 141, 290 ff., 317, 319, 347
Design s. *Layout*
Desinformation s. *Manipulation, Informieren*
Deutsch s. *Sprache*
Deutsche Presseagentur (dpa) 34, 47, 60, 110, 112–120, 122, 162, 165 f., 184 f., 214, 268, 271, 349
Deutsche Zeitung und Wirtschaftszeitung 346
Deutscher Presserat s. *Pressekodex*
Diskriminierung 211, 368
Dohnanyi, Klaus von 265 f.
Dovifat, Emil 286, 349
dpa s. *Deutsche Presseagentur*
Drehscheibe 316, 352
Dritte-Welt-Berichterstattung 111, 117

E

Eckenbrüller 140
Editorial s. auch *Kommentar*
Ehrenkodex s. *Ethik, Pressekodex*
EinsExtra 129
Einstieg s. *Lead*
Einwohnerzahlen 92
Elmshorner Nachrichten 381
Eltern 216
Emder Zeitung 246, 277
epd s. *Evangelischer Pressedienst*
Erhard, Ludwig 142
Erste Seite s. *Seite 1*
erzählen s. *Sprache*
Essen & Trinken 220
Ethik des Journalismus 292 f. s. auch *Manipulation, Pressekodex, Presserecht, Tugenden*
Evangelischer Pressedienst (epd) 121, 166
Experten 37, 39, 51, 92 f., 95, 100, 108, 111, 133, 251, 284

Express (Köln) 210, 393, 395
Eyetrack s. *Blickaufzeichnung*

F

Facebook 25 f., 36, 47, 102 f., 312, 337, 343
Fachjargon s. *Jargon*
Fachwissen s. *Studium*
Falkenberg, Viola 159
Feature 139, 183–186, 208, 212, 251, 257, 308, 311, 422
Fechner, Frank 295, 351
Fensterbrüller 312 f.
Fernsehen s. *Radio und Fernsehen, Privatfernsehen*
Financial Times (FTD) 301
Firmenzeitschrift 340
Fischer, Christoph 283
Fischer, Joschka 183 f.
Flach, Karl-Hermann 291 f., 349
Flachmann 140
Flattersatz 246, 267
Flensburger Tageblatt 102, 385
Flöper, Berthold 316 f., 338, 349
Fotos 31, 34, 36, 103, 106, 109 f., 118, 123, 204, 210, 212, 241 f., 245–257, 260, 287, 294 ff., 299, 307, 332, 338 ff., 357 (Symbolfotos)
Frankel, Max 15
Frankfurter Allgemeine (FAZ) 33, 37, 45, 58, 60, 90, 140, 161, 166, 169 f., 174, 204, 214, 226, 228 f., 232, 235 f., 249, 267, 269, 274, 280, 325, 342 f. («Feuilleton»), 384 f., 393, 395
Frankfurter Rundschau 16, 46, 60, 133, 140, 229, 243, 262, 278, 288, 320 («Spitze»), 381, 386, 395
Frei, Bruno 189
Freie Journalisten 282, 303, 338, 340
Freie Presse (Chemnitz) 119, 384
Freundin 218
Frey, Peter 343
Friedrichs, Hanns Joachim 176
Fuldaer Zeitung 102, 388
Fußkasten 140, 422

G

Ganzseitenumbruch 247
Garcia, Mario 245, 267
Gass, Ulrich 239
Gegendarstellung 95, 297, 300
Gegenlesen 67f., 213
Gehrig, Peter M. 116, 190
Generalanzeiger (Bonn) 94f., 209, 211, 230, 381, 387
Geo 220, 216
Gerüchte 357
Glaubwürdigkeit 26, 35, 112, 126, 293, 307, 341 f.
Glosse s. *Satire* (Definition 364)
Glotz, Peter 285, 349
Goebbels, Joseph 159 f.
Goethe, Johann Wolfgang 16, 89
Golombek, Dieter 287 f., 315 f., 352
Google 26, 34, 99, 207, 243, 272
Gorbatschow, Michail 116, 159 f.
Gorki, Maxim 328
Graphik 259, 359, 423 s. auch *Infographik, Layout*
Gravis life (Mitarbeiterzeitschrift) 335
Greenpeace 171
Grobe, Karl 229 f.
Grötz, Claus 97
Guardian (London) 102
Guttenberg, Karl-Theodor zu 101, 342 f.

H

Habsburg, Otto von 181 f.
Hackforth, Josef 283
Halbbildung, universale 20 s. auch *Bildung*
Haller, Johannes 255
Haller, Michael 331, 350
Hamburger Abendblatt 162, 169 f., 190, 204 ff., 381, 385, 395
Hamburger Morgenpost 257, 265, 394, 395
Handelsblatt 32, 278, 383, 395
Handy 43, 308, 346
Hannoversche Allgemeine 57, 384, 395
Hawranek, Dietmar 193
Heddesheim-Blog 36
Heigert, Hans 14 f.
Hellweger Anzeiger (Unna) 344, 390
Herausgeber s. *Redaktion*
Herrgesell, Oliver 301, 305
Herzog, Roman 64
Hessischer Rundfunk (HR) 301
Hintergrundberichte s. *Analyse*
Hintergrundinformation 129, 180
Hitler-Tagebücher 95, 288
HNA (Kassel) 43, 385, 395
Hochmut s. *Journalisten (Hochmut)*
Høeg, Peter 64
Hofberichterstattung 36, 315
Hofmann, Christel 208
Holbrooke, Richard 204
Holzer, Werner 16
Hombach, Bodo 293
Honecker, Erich 133, 142
Horizont 233
Huff, Martin W. 295
Huffington, Arianna 46
Huffington Post (Internet-Zeitung) 46
Husumer Nachrichten 233
Hyperlokal 36, 39, 334

I

Il Secolo (Italien) 96
Imboden, Carlo 308
Impressum 276, 429
Infographik 120, 258 ff.
Informant 94 f., 97, 99, 101, 106, 146
Informationslawine, Informations-Schrott 14 f., 46 f., 124, 324
Informieren
– Journalisten müssen es 9, 13 f., 20 f., 98, 179 f., 289–294, 316–319
– Viele können's nicht 9, 20 f., 131, 134 f., 161
– Viele wollen's nicht 9, 12, 130–134, 174 ff., 179 f.

s. auch *Journalisten, Manipulation, Tugenden*
«Inhalte» 77
«innovativ» 304
inside.mag (Mitarbeiterzeitschrift) 335
interaktiv 35, 103, 260
International Herald Tribune 178 f., 314 f.
Internet 15, 18, 23–29, 32–35, 37 f., 40, 43 ff., 47 f., 65, 92, 94, 96 f., 99–106, 111, 117, 127, 129 f., 168 f., 186, 206, 252 f., 256, 259 f., 266, 271 f., 279, 282, 299, 310, 320 f., 324, 337, 340, 342, 345, 425
Interview 79–87, 135, 140 f., 261 f., 314 f., 323, 357 f.
Intranet 94, 106, 335, 425
Ironie 232, 235 ff., 264, 266 s. auch *Satire*
Irreführung s. *Manipulation, Informieren*

J

Jacoby, Konstantin 312
Jargon
– der Agenturen 165, 184, 314
– der Bürokraten 71, 73, 76 f., 84, 90
– der Experten (Zunftjargon) 74, 77, 79, 81, 85 f., 90
– der Politiker 134
– der Soziologen 76, 85 f.
– des *Spiegels* 127 s. auch *Sprache*
Jean Paul 50
«jede Menge» 68, 77, 302
Journalismus
– missionarischer 173, 180 s. auch *Manipulation*
– sensationsgieriger 95 s. *Boulevardzeitungen, Skandale, Spiegel, Stern*
– überflüssiger 18, 64, 67, 69 ff., 145, 150, 177, 248, 260
– verknöcherter 12
Journalisten
– Definition 335
– Auftrag im demokratischen Staat 9, 13 f., 20, 97, 142, 178 f., 289–294, 316–319
– Ausbildung s. diese
– Begabung s. diese
– Hochmut 17, 127, 308, 340
– Macht 13
– Pflichten s. oben: *Auftrag*
– Rechte s. *Pressefreiheit, Presserecht*
– Tugenden s. diese
s. auch *Redaktion, Ressorts, Freie Journalisten*
Journalistenpreise 380 ff.
– Kisch 104, 180, 193, 197, 382
– Pulitzer 92, 95, 381
– Wächter 95, 381
– Wolff 190, 381
Journalistenschulen 18, 29, 44, 123, 191 f., 303, 333 s. auch *Ausbildung*
Jungen, Oliver 27
Jungfrau Zeitung (Schweiz) 38

K

Kant, Immanuel 293
Karikaturen 72, 76, 224
Kasten 139 f., 251
Katholische Nachrichten-Agentur (KNA) 121
Kerl, Christian 129
Kilz, Werner 277
Kinsey, Alfred 81
Kirch, Leo 231
Kisch, Egon Erwin 189, 196 f.
Kisch-Preis s. *Journalistenpreise*
Klammern und Parenthesen 52, 56 f.
«Klartext» 77
Klimmt, Reinhart 128 f.
KNA s. *Katholische Nachrichten-Agentur*
Knüwer, Thomas 32
Koch, Erwin 104 f.
Kocks, Klaus 301, 303
Kohl, Helmut 159, 226, 249
Köhler, Horst 323

Kölner Stadt-Anzeiger 53, 278, 320, 325f., 384, 395
Kölnische Zeitung 346
Kolumne 32, 40, 232ff., 249, 308, 322, 427
Kommentar und Leitartikel 19, 29, 31, 34f., 66–69, 81, 103, 108, 118, 128, 133, 175, 177f., 192, 223–232, 234f., 237, 243, 246, 264, 274f., 283, 292f., 308f., 311f., 316, 318f., 325, 333, 418 (Editorial), 427
Konjunktiv 65, 148–151, 304
Korff, Jens 167f., 352
Korrespondenten 47–65, 72, 85, 109, 111, 115ff., 119, 121, 123, 128f., 159f., 170, 174, 177, 263, 268, 317f.
Krach, Wolfgang 277f.
Kraus, Karl 82
Krawalljournalismus 12 s. auch *Boulevardzeitungen, Skandale*
«Kreativität» 78, 304
Kritik
– im Kulturteil 224, 232
– im Presserecht 296f.
Krug, Gerhard 195
Küchenzuruf 311–314
Kummer, Tom 157
Kundenmagazin 335
Küpper, Norbert 241–244, 350
«kurzfristig» 78
Kurzzeitgedächtnis 54

L

Lafontaine, Oskar 264
Langenbucher, Wolfgang 285, 349
«langfristig» 79
Larass, Claus 214
La Roche, Walther von 105, 224, 226, 349, 351
Laschet, Armin 168
Lauterbach, Jürgen 95
Layout 65f., 139, 209, 215–218, 240–247, 251, 279, 340, 428
Lead und Vorspann 29f., 64, 144, 146, 175, 218ff., 240ff., 256, 265–272, 282, 428
Lebenshilfe s. *Leser (Dienst am)*
Leibniz, Gottfried Wilhelm 20
Leinemann, Jürgen 64, 207
Leitartikel s. *Kommentare*
lernen s. *Ausbildung, Begabung, Tugenden*
Leser
– Wie er liest 239–247
– Was er wünscht 212f., 306–311
– Dienst am Leser, Service für Leser 212f., 310, 315, 319–323
s. auch *Aktionen, Informieren, Ratgeber, Tugenden*
Leser-Blatt-Bindung 323
Leserbriefe 102, 224, 359
Lindner, Christian 288
Linguistik 41
living bridges (Kundenmagazin) 336
Lokaljournalismus 39, 92, 315ff., 319
Lokaljournalistenpreis s. *Journalistenpreise*
Lokaljournalistenprogramm 100, 287, 316
Lokalredaktion 43, 94f., 100, 102, 107, 117f., 123f., 144, 207, 232, 234, 281, 283, 288, 316–319, 322, 331, 336
Lorentz, Lore 116
Lübbe, Hermann 72
Ludewig Michael 113
Luther, Martin 49

M

Magdeburger Volksstimme 321, 385
Mainka, Iris 197–203
Main-Post (Würzburg) 124, 190, 310f., 386, 395
Manipulation
– durch Politiker und Pressestellen 124ff., 169–173, 176
s. auch *Öffentlichkeitsarbeit, Tugenden (Misstrauen)*
– durch Journalisten 131ff., 174–176, 179f., 251

– mit Fotos 248 ff.
Mann, Thomas 42 f., 326
Matthes, Günter 334
Matzen, Nea 334, 350
«mausern» 79 f.
Medienereignisse 172, 174 s. auch *Manipulation*
Medium-Magazin 340, 349, 353
Meinungsumfragen 42, 160, 168, 183, 259, 320, 357 f.
Meldungen 139 s. auch *Nachricht*
Merkel, Angela 147 ff., 254, 265, 343
Metaphern 73, 77, 79 f., 82 f., 86, 89
Meyer, Philip 96
Meyer, Werner 141
Michalsky, Oliver 37, 103 f.
Minogue, Kylie 211
Minutenprotokoll 145
Misstrauen s. *Tugenden*
Mitarbeiterzeitungen 335, 337
Monitor 175
Monopolzeitung s. *Abonnementszeitungen*
Mozart, Wolfgang Amadeus 16, 193
Müller von Blumencron, Mathias 33, 343
Multhaupt, Mark-Oliver 332
Münchner Merkur 228, 236, 385
Murdoch, Rupert 341
Mussolini, Benito 228

N
N24 129
Nachricht
– Auswahl 134 ff.
– Definition 131, 134 ff., 180
– Rohstoff 141, 173, 258 f.
– Form, Gestaltung 144–151
– Sprache 150 f.
– Nachricht: Feature 150 f.
– Nachricht: Meinung 112, 174 ff., 214, 265 f., 291 f.
Nachrichtenagenturen 31, 65, 109–121
Nachrichtenkarussell 170 ff., 180

Nachrichtenredaktion s. *Ressorts*
Nachrichtenseiten online 395
Nachrichten-Unterdrückung 287–294 s. auch *Informieren, Manipulation*
«nachvollziehen» 80
Nannen, Henri 37, 252, 254, 274, 312
Natur 219
NDR 124
Nebensätze s. *Sprache (Satzbau)*
Nestroy, Johann 17, 80
«Netzwerk» 70, 81, 433
Netzwerk Recherche (nr) 349 ff., 370 f.
Neue Osnabrücker Zeitung 263, 385
Neue Presse (Hannover) 321, 384
Neue Ruhr/Neue Rhein Zeitung (NRZ) 278, 384
Neue Zürcher Zeitung 246, 262 ff.
Neues Deutschland 142, 175, 384
Neues Leben (Petrograd) 327
Neugier s. *Tugenden*
Neven DuMont, Alfred 346
Newsdesk 32 ff., 123 f., 266, 274, 276–285, 433
News management 171 s. *Manipulation*
News-Press (Florida) 102
Newsroom s. *Newsdesk*
Newsweek 159 f.
New Yorker 195
New York Times 15, 47, 271
Niggemeier, Stefan 37
Nordsee-Zeitung (Bremerhaven) 100, 388
«normal» 110
NRZ 278, 384
ntv 129, 395
Nürnberger Zeitung 25, 340, 384
Ny.times.com 271

O
Obama, Barack 46
Oberhessische Presse (Marburg) 95, 390

Obermain-Tagblatt 322
Objektivität (gibt es sie?) 179 f. s. auch *Manipulation*
Öffentlichkeitsarbeit 122–126, 132, 303 ff., 357, 362 f.
Ombudsmann 248 f., 322
Online s. *Internet*
Online First 38, 434
Online-Journalismus 9, 23 f., 26, 28, 30, 32, 34, 36 ff., 40, 42, 44, 46, 48, 103, 342
Online-Nachrichtenseiten 395
Online-Redaktion 31–35, 37 ff., 43 f., 271, 301, 334, 337
Ost, Friedhelm 159 f.

P

Paganini, Nicolò 16
«Paradigma» / «Paradigmenwechsel» 68, 82
Parenthesen 52, 56 f.
Pariser, Eli 24
Pasquay, Anja 344
Passauer Neue Presse 234, 385
Pauschalisten 338 f.
Peichl, Markus 157
Pflichten s. *Journalisten (Auftrag)*
Pharos Tribune (USA) 107
Phönix 129
Photoshop 250, 337
Pieper, Joseph 225
Piktogramme 258
Pincus, Walter 301 f.
Plausibilitätskontrolle 68, 162 f.
Plöchinger, Stefan 38
Plusquamperfekt 80, 138, 144 f.
P. M. 219
Pocher, Oliver 11
Podcast 32, 40 f., 43, 300, 435
Podszadlik, Carsten 299
Politiker-Jargon s. *Jargon*
Politikressort s. *Ressorts*
Polizeistatistik 161 f., 165
Popper, Karl 314
Porträt 121, 131–135, 271, 274

Postman, Neil 274, 317
Poynter-Studie 261
Praktikant 29, 275, 282, 288
Preise s. *Journalistenpreise*
Pressefreiheit 290 ff., 316
– innere 275
Pressekodizes 124, 354–378
Pressekonferenzen 127–130, 216 s. auch *Öffentlichkeitsarbeit*
Presserat s. *Pressekodizes*
Presserecht 106, 286, 288–300
Pressestellen s. *Öffentlichkeitsarbeit*
Prinz, Günter 318 f.
Privatfernsehen 15, 345
Privatsphäre s. *Presserecht*
Prothmann, Hardy 36
Prozentpunkte 167
Public Relations s. *Öffentlichkeitsarbeit*
Pucher, Paul 228
Pulitzer-Preis s. *Journalistenpreise*
Punch line 313

Q

Quellenangaben 146 ff.
Quinn, Stephen 28
Quintilian 41

R

Raddatz, Fritz J. 158 f.
Radio und Fernsehen 10, 12, 24, 26 f., 40, 42 f., 107, 115, 127, 130, 142, 149, 151, 153, 171, 175, 179, 200, 213 f., 216, 235, 279, 282, 286, 302, 306, 308–311, 317, 324 ff., 335, 338 f., 341 f.
Rager, Günther 283, 310
Ratgeber (in Zeitungen) 285, 319–322 s. auch *Leser (Dienst am)*
Rauter, E. A. 212 f.
Readerscan 308 ff., 437
Recherchieren 18, 38, 91 f., 94–105, 117 f., 190, 218, 277, 279 f., 298, 318, 333, 357, 360 ff.

Rechte des Journalisten s. *Pressefreiheit, Presserecht*
Recklinghäuser Zeitung 344, 388
Redakteur (Definition) 331
Redaktion
- Organisation 282
- Redaktionskonferenz 241, 312
- Ressorts s. diese
- Chefredakteur 15 f., 19, 25, 33, 37 f., 47, 68, 94, 103, 112 f., 116, 118 f., 127, 137, 190, 212 f., 214, 217, 228 ff., 236, 255, 264, 273–279, 281, 288, 296, 301, 310, 312, 318 f., 322, 329, 332, 341, 343
- Chef vom Dienst 32, 65, 274 f. («Produktionsredakteur»)
- Herausgeber 46, 229, 273 f., 338
- Sitzredakteur 123
- Verleger 17, 27, 102, 119, 124 f., 273, 275 f., 278, 288, 293, 300, 318, 335, 343 f., 346
- Diskussionsunwilligkeit 274
- innere Pressefreiheit 275
- Machtverhältnisse 273
s. auch *Ausbildung, Berufsbilder, Journalisten*

Redigieren 30, 34, 49–90, 113, 123 f., 150, 154 f., 159, 195, 240, 277, 279, 282, 302, 333
Rehe, Rolf 246
Reich-Ranicki, Marcel 233
Reinhard, Michael 190, 310
Reiter, Markus 24
Rekordsucht s. *Zahlen, Boulevardzeitungen*
Reportage 12, 29, 31, 40, 63, 66 ff., 77, 96, 103, 107, 139, 179 f., 183, 187–205, 212, 217, 244, 257, 262, 278, 308 f., 311 f., 314 f., 326 f., 342 f., 437 f.
Ressorts
- Einteilung 110 f., 276
- Feuilleton, Kultur 51, 111, 114, 140, 216, 224, 232, 264, 280, 284, 309
- Lokalredaktion 281, 311
- Nachrichtenredaktion, Politik 22, 50, 56, 68, 76, 78, 94, 101, 107, 111 f., 114, 121, 123, 133, 137, 205, 216, 225, 227, 244, 258, 263, 266, 280, 282, 285, 301, 309, 345
- Sport 111, 114, 119 ff., 216, 230, 259, 264, 278, 280–284, 309, 318
- Vermischtes, Bunte Seite 111, 114, 185, 214
- Wirtschaft 50 f., 69, 73, 75 f., 78, 84, 94, 111 f., 114, 216, 227, 244, 266, 280, 282, 284, 302, 304, 316, 336
- Auflösung/Zusammenlegung 280
Reuters 74, 120, 395
Rheinische Post 107, 261, 384, 395
Rhein-Zeitung (Koblenz) 102, 288, 332, 385, 395
Rice, Condoleezza 219
Richter, Jürgen 290
Riepl, Wolfgang 25, 341
Ringier, Michael 27
Ritter, Harald 32
Rousseau, Jean-Jacques 313
Rucht, Dieter 24
Rücker, Helmuth 234 f.
Rückgrat s. *Tugenden*

S

Sacramento Bee (Kalifornien) 248, 322
Sahlender, Anton 310
Salzburger Nachrichten 56
Sänger, Fritz 112, 119
Sarkozy, Nicolas 254
Satire 140, 231–237
Sartorius, Peter 181
Schachtelsätze s. *Sprache*
Scheckbuch-Journalismus 287 s. auch *Zeitschriften*
Scherer, Marie-Luise 193 f., 204
Scheuch, Erwin K. 101
Schily, Otto 184
Schlagzeile s. *Aufmacher, Überschrift*
Schlüter, Hans-Joachim 189, 195, 230, 349

Schmidt, Helmut 158 f., 186, 208, 229, 249
Schönbach, Klaus 307, 350
Schraven, David 98
Schreiben s. *Sprache*
Schreibtalent s. *Begabung*
Schrempp, Jürgen und Wolfgang 193
Schröder, Gerhard 148, 183 f., 244
Schülerzeitungen 334
Schulte-Willekes, Hans 209, 211
Schwarze, Michael 235
Segerer, Alois 231
Seidenfaden, Horst 43
Seite 1 137, 140, 179, 274, 311 ff., 315, 327
Seiteneinsteiger 331
Sensationsgier (von Journalisten) s. *Boulevardzeitungen, Skandal*
seriöse Zeitungen s. *Abonnementzeitungen*
Service s. *Leser (Dienst am)*
sid (Sport-Informations-Dienst) 121
Simmel, Johannes Mario 313
Skandale 99, 117, 171–174, 314, 324
 s. auch *Boulevardzeitungen, Spiegel, Stern*
Solschenizyn, Alexander 271
Der Spiegel 12, 30, 37, 60, 64, 71, 77, 79, 94, 99, 101, 127, 133, 153, 155, 173–176, 183 f., 193 f., 204, 207, 244, 257, 273, 275, 277, 327, 343 f., 346, 382, 395 («Scheckbuchjournalismus»), 382, 395
Spiegel Online 30, 33, 97, 118, 271 f.
Spiegel-Urteil 21
Spott s. *Ironie, Satire*
Sprachmarotten s. *Jargon*
Sprache
– Verständlichkeit 42, 54, 270
– Gefälligkeit 21, 150 f., 195 ff., 213, 240 f.,
– Satzbau 53 f., 115, 149, 240 f.
– Wortwahl 68–90, 149 f., 240 f.
– erzählen 149 f., 187 f., 192 ff., 272, 315

– konkret sprechen 62 f., 115, 197
s. auch *Jargon, Redigieren, Synonyme*
Sprachwitz 220, 266
Springer, Axel 209, 273
Stadtmagazine 320, 334
Stahel, Martin 245
Standard (Wien) 55
Statistik s. *Zahlen*
Stern 60, 66, 71, 95, 133, 155, 173–176, 183, 193, 216, 218, 252, 262, 274, 301, 312, 327, 346 («Scheckbuchjournalismus»), 395
Stil s. *Sprache*
Story 67, 108, 379, 442
Strauß, Franz-Josef 261
Streiflicht 143, 232 f., 236
Strengmann-Kuhn, Wolfgang 147
Studium 18, 259, 331, 334
Stuttgarter Zeitung 263, 385, 395
Suchmaschinen 19, 24, 34, 99, 443
Süddeutsche Zeitung 12, 14, 33, 36, 38, 45 ff., 78, 83, 114, 132, 137, 140, 143, 157, 162, 167 f., 174, 181, 183 ff., 193, 214, 226, 232, 236, 264 f., 267, 271, 274, 277 f., 332, 341, 343 («Feuilleton»), 379, 383, 395
 s. auch *SZ-Magazin*
Südkurier (Konstanz) 381, 386, 395
Südthüringer Zeitung 265, 387
Sullivan, Peter 259
The Sun (London) 265
Superlativ (Liebe zum) s. *Zahlen, Boulevardzeitungen*
Synonyme 57–61, 86 f.
Synthese s. *Analyse*
SZ-Magazin 159, 219, 236, 343

T

Tages-Anzeiger (Zürich) 96
Tagesschau 15, 114, 132, 172, 282, 309, 311, 315, 327, 334, 342
Tagesschau.de 334
Tagesspiegel 234, 245, 319, 386, 395
taz 61, 88, 158, 185, 382, 384, 395

Teaser 28 ff., 64, 144, 146, 243, 252, 266 f., 269, 271 f., 444
«Technologie» 70, 86
Telegraaf (Niederlande) 39
Telekommunikation s. *Computer*
Text-Bild-Schere 241, 444
Thierse, Wolfgang 297
Thomas von Aquin 225
Time 164
Tischredakteur s. *Redaktion*
«Todesopfer» 80, 86, 161
«Totschlag» 77, 87
Tübinger Tagblatt 344
Tückmantel, Ulli 107
Tugenden des Journalisten
- Arbeitsdisziplin 15 f.
- Bildung s. diese
- Ethik s. diese
- Fachwissen s. *Studium*
- Freiheit von Hochmut 17, 180, 319 f., 340
- Misstrauen 170 f., 180
- Neugier 17
- Recherchieren (Wille zum) s. dieses
- Rückgrat, Zivilcourage 17, 20, 124, 173
- Selbstvertrauen 15
- Verantwortungsgefühl s. *Journalisten (Auftrag)*
- Weltkenntnis s. *Bildung*
Twitter 27, 29, 46 f., 102 f., 337, 343, 449
Tyrock, Andreas 94

U
«überschatten» 87
Überschrift 64, 79, 96, 140, 160, 162, 178, 181, 211 ff., 218, 220, 236, 240–246, 249, 252 f., 256, 260–267, 271 f., 282, 308 f., 446, 450 (Zwischentitel)
Ude, Albrecht 96 f., 305 f.
Umbruch s. *Layout, Blockumbruch, Ganzseitenumbruch*
Umfragen s. *Meinungsumfragen*

Unabhängigkeit 112, 119, 124, 126, 302, 333
Universität s. *Studium*
Unterhaltung 212, 214, 247, 345
  s. auch *Boulevardzeitungen, Feature, Reportage, Ressorts (Vermischtes), Zeitschriften*
«Untiefe» 87
UPI 120, 268
USA Today 244, 258

V
Varden (Norwegen) 267
Verlautbarungsjournalismus s. auch *Abonnementzeitungen, Öffentlichkeitsarbeit, Tugenden*
Verleger s. *Redaktion*
Vermischtes s. *Ressorts*
Verständlichkeit s. *Sprache*
Vertraulichkeit 361, 379
Video 27, 31–34, 43 f., 103, 300, 333, 447
Vier – Magazin der Hochschule für Künste, Bremen 336
Viva 220
Volontariat 119, 301, 331–335 s. auch *Ausbildung*
Vorarlberger Nachrichten 43
Vorausbericht 358
Vorspann s. *Lead*

W
Wahlkampf 25, 46, 323 f., 357
Waldsterben 172
Wall Street Journal 247, 314
Walser, Robert 233
Walther, Chris J. 258
Waschzettel 448 s. auch *Öffentlichkeitsarbeit*
Washington Post 47
WAZ 98, 119, 124, 278, 293, 299, 332, 369, 384, 395
WDR 40, 124
Weigel, Hans 76
Weizsäcker, Richard von 141, 143

Die Welt 38, 46, 79, 140, 214, 231, 278, 331, 380–383, 395
Welt am Sonntag 158, 169f., 393
Weltkenntnis s. *Bildung*
Werben und Verkaufen 211
«Westbank» 70, 89
Westfalenpost (Hagen) 278, 384
Westfälische Rundschau 278, 384
Westfälischer Anzeiger 233, 389
Westphal, Gert 42
Wiebicke, Jürgen 40
Wiki 28, 101, 115, 448
Wikipedia 96f., 305 s. *Internet*
Wirtschaftswoche 301, 395
Wissen s. *Bildung*
Wissmann, Mathias 162
Wittgenstein, Ludwig 314
Die Woche 261f.
Wolfers, Andreas 303
Wortstellung s. *Sprache (Satzbau)*
Wössner, Axel 295, 351

Y

Yahoo 168
You and me (Mitarbeiterzeitschrift) 335
YouTube 44, 337, 449

Z

Zahlen und Statistik 42, 65, 81, 96, 138, 150, 160–169, 172, 177, 227, 246, 259, 274, 340, 352
ZDF 129, 134, 167, 172, 343
Die Zeit 18, 157f., 197, 208, 224, 262, 275, 382, 393, 395
Zeit-Online 332
Zeitschriften 11, 14, 19, 25f., 66, 107, 119, 138, 152, 173, 184f., 195, 204, 210f., 215–221, 232f., 240, 244, 252–255, 257, 260, 262, 274, 277, 285, 292, 297, 301, 308, 312, 325, 335, 337–340, 346
Zeitung s. *Abonnementzeitungen, Boulevardzeitungen, Redaktion, Ressorts*
Die Zeitung 214
Zeugnisverweigerungsrecht 298, 361
«Zielsetzung» 68, 90
Zimmer, Uwe 212
Zitierung 112, 149, 304
Zivilcourage s. *Tugenden*
Zschunke, Peter 214
Zunftjargon s. *Jargon*
«zurückweisen» 77

Die Autoren

Wolf Schneider leitete 16 Jahre die renommierte Hamburger Journalistenschule (Henri-Nannen-Schule) und ist weiter als Ausbilder an drei Journalistenschulen tätig, außerdem als Seminarleiter für lesbares Deutsch in Wirtschaft, Medien und Behörden. Er ist Kolumnist der *Neuen Zürcher Zeitung*, Honorarprofessor der Universität Salzburg, Träger des «Medienpreises für Sprachkultur der Gesellschaft für deutsche Sprache» und des Henri-Nannen-Preises für das publizistische Lebenswerk.

Schneider, Jahrgang 1925, war Nachrichtenchef der *Süddeutschen Zeitung* und ihr Korrespondent in Washington, Chef vom Dienst des *Sterns*, Chefredakteur der *Welt*, *GEO*-Reporter und neun Jahre Moderator der *NDR-Talkshow*. Er hat 28 Sachbücher geschrieben, darunter die journalistischen Standardwerke «Deutsch für Profis» (2010 durch «Deutsch für junge Profis» überholt), «Deutsch fürs Leben», «Unsere tägliche Desinformation» und die «Gruner+Jahr-Story».

Paul-Josef Raue arbeitet seit drei Jahrzehnten als Chefredakteur renommierter Regionalzeitungen, aktuell der *Thüringer Allgemeinen*, zuvor der *Braunschweiger Zeitung*, *Volksstimme* (Magdeburg), *Frankfurter Neuen Presse* und *Oberhessischen Presse* (Marburg). Er gründete im Januar 1990 mit der *Eisenacher Presse* die erste deutsch-deutsche Zeitung und baute 1998 mit Gabriele Fischer das Wirtschaftsmagazin *Econy* (heute *brand eins*) auf.  Für sein Lebenswerk ehrte ihn die Jury des Deutschen Lokaljournalistenpreises; diesen erhielt er mit seinen Redaktionen – neben Dutzenden anderer Preise – dreizehn Mal, darunter vier Mal den Hauptpreis.

Raue, Jahrgang 1950, ist Ehrenmitglied der Aktion deutsche Sprache, Autor diverser Artikel über den Journalismus, Herausgeber von Sachbüchern zur deutsch-deutschen Geschichte («Meine Wende», «Auf dem Kolonnenweg», «Grenzwanderung») sowie Dozent in der Aus- und Weiterbildung von Journalisten. Er studierte Philosophie und lernte seinen Beruf im ersten Jahrgang der Hamburger Journalistenschule bei Wolf Schneider.

www.journalismus-handbuch.de